Boris Jelzin · Mitternachtstagebuch

Boris Jelzin

Mitternachtstagebuch

Meine Jahre im Kreml

PROPYLÄEN

Meiner Frau Naina Jelzina

Aus dem Russischen von Alfred Frank,
Sergej Gladkich und Franziska Seppeler

© 2000 by Boris Nikolajewitsch Jelzin
Deutsche Ausgabe © 2000 by
Econ Ullstein List Verlag GmbH & Co. KG, Berlin · München
Propyläen Verlag
Alle Rechte vorbehalten
Satz: Utesch GmbH, Hamburg
Druck und Verarbeitung: GGP Media, Pößneck
ISBN 3 549 07120-5
Printed in Germany 2000

Inhalt

Vorwort

Mein erstes Buch *Aufzeichnungen eines Unbequemen* entstand bereits in den Jahren der Perestroika unter Gorbatschow. Damals wollte ich vor allem mich selbst vorstellen und schildern, wer ich bin, woher ich komme und wie mein Leben verlaufen ist. Es war eine Zeit heftiger Auseinandersetzungen zwischen denjenigen, die die Sowjetunion unverändert erhalten wollten, und den neuen Politikern, die um demokratische Werte rangen.

Einer dieser Politiker war ich. Mir fiel bald darauf die Aufgabe zu, das Land durch schwierigste Reformen, heftige politische Krisen und Erschütterungen zu führen. Diese Krisen – die ersten Schritte der russischen Demokratie Anfang der neunziger Jahre – bildeten das Material für das zweite Buch *Auf des Messers Schneide. Tagebuch des Präsidenten*, das 1994 erschien.

In meinem neuesten, dem vorliegenden Buch sind vor allem Ereignisse aus meiner zweiten Amtszeit, 1996 bis 2000, beschrieben. Wahrheitsgemäß und offen will ich über das Karussell der Regierungswechsel, den Zusammenbruch der Staatsfinanzen, die Suche nach einer neuen Führungspersönlichkeit und den harten 1996er Wahlkampf berichten. Außerdem möchte ich ein Resümee »meines Jahrzehnts« in der russischen Politik ziehen.

Mein neues Buch heißt *Mitternachtstagebuch*. Das Genre des Tagebuchs verlangt keine kontinuierliche Erzählweise. Grundlage sind Notizen, die ich mir immer wieder während meiner Amtszeit gemacht habe – bruchstückhaft, hauptsächlich nachts oder frühmorgens. Mitunter wollte ich mich nur vergewissern, was vorgefallen war, manchmal waren es Aufzeichnungen flüchtiger Eindrücke. Jetzt, nach meinem Rücktritt, habe ich die Zeit, diese Aufzeichnungen zu ordnen und mit ausführlicheren Berichten über Ereignisse und Menschen anzureichern.

Vor allem geht es mir um die ungeschönte Darstellung unserer Reformbemühungen und damit um die politische Bilanz des ersten demokratisch gewählten Präsidenten Rußlands.

31. Dezember

Am 28. Dezember 1999 fand die übliche Aufzeichnung der Ansprache des Präsidenten zum Jahreswechsel statt. Dies geschieht gewöhnlich im Repräsentationssaal des Kreml – mit Tannenbaum, goldener Standuhr, gewohntem Ritual und gewohntem Redetext. Das Fernsehteam ging professionell zur Sache. Zum Schluß wünschte ich meinen russischen Mitbürgern ein gutes neues Jahr. Der Text des Teleprompters erlosch.

»Hört zu«, sagte ich trocken. »Meine Stimme war zu heiser. Der Text gefällt mir nicht. Wir machen es noch einmal.«

Die Gesichter der Redenschreiber wurden lang. Anmerkungen zu ihrem Text hatte ich nicht gemacht, was für sie irritierend war. Ich sagte nur: »Ihr müßt am Text arbeiten. Ihr habt drei Tage Zeit. Aufzeichnung am 31. Dezember.«

Auch die Fernsehleute waren verwirrt: »Boris Nikolajewitsch, wieso denn am 31.? Wann sollen wir schneiden? Und wenn es dann noch irgendwelche Änderungswünsche oder, Gott bewahre, irgendwelche Versprecher gibt! Warum sollen wir uns in diese Zeitnot begeben?«

»Ich sag's noch einmal: Aufzeichnung am 31.«

Ich konnte diesen freundlichen Menschen beim besten Willen nicht erklären, was der Grund für meine Laune war. Zum Glück kannten sie mich, meine spontanen Entschlüsse und meine Vorliebe für Überraschungen. Doch verärgert waren sie schon.

Ob einer von ihnen etwas geahnt hat? Dieser Gedanke ließ mich meine Schritte verlangsamen. Die langen Kreml-Korridore lassen einem immer Zeit, zu sich zu kommen und nachzudenken. Nie zuvor hatte ich eine so wichtige Entscheidung für mich behalten.

Dabei traf ich meine Entschlüsse meist allein und schnell. Eine getroffene Entscheidung braucht kein Gerede, keinen Leerlauf, keine Verzögerung. Jede Stunde zählt. Deshalb setzte ich stets sofort den »Transmissionsriemen« in Gang: die Berater, Analysten, Juristen, Abteilungsleiter und zuvörderst den Chef der Präsidialverwaltung, dann natürlich den Pressesprecher, die Fernsehjournalisten und die Medien. So war es immer, seit ich Präsident des neuen Rußlands geworden war.

Heute ist es anders. Heute trage ich die Last einer Entscheidung, die ich für mich ganz allein getroffen habe. Eine schwere Last. Ich wünschte, ich könnte mich jemandem anvertrauen, darf es aber nicht. Wenn die Information durchsickert, ist die Wirkung verpufft, ist der moralische, politische und menschliche Sinn dieses Schrittes vertan: meiner Entscheidung zum Rücktritt.

Ich trete zurück. Freiwillig und klaren Kopfes. Dies ist mein unwiderruflicher Entschluß. Deshalb sind alle Vorgespräche, Prognosen und Spekulationen von Übel. Sie schmälern nur die Bedeutung meines Schrittes.

Heute muß ich es zum ersten Mal kundtun. Ich habe den Chef der Präsidialverwaltung Alexander Woloschin und seinen Vorgänger Valentin Jumaschew nach Gorki-9, meine Residenz am Stadtrand von Moskau, eingeladen. Sie warten im Gästezimmer. Ich bin aufgewühlt. Ich verspüre Lampenfieber wie vor einer Prüfung. Es ist wie der Start einer Rakete in Baikonur.

»Ich bitte um Ihre Aufmerksamkeit. Ich möchte Ihnen mitteilen, daß ich am 31. Dezember von meinen Ämtern zurücktreten werde.«

Woloschin schaut mich entgeistert an, Jumaschew erstarrt geradezu und wartet ergeben, was ich weiter sagen werde.

»Entsprechende Dekrete und der Text für meine Ansprache sind vorzubereiten«, fahre ich fort. Woloschin schaut mich immer noch starren Blickes an. Was mag in ihm vorgehen?

»Sie haben Nerven!« herrsche ich ihn an. »Der Präsident gibt seinen Rücktritt bekannt, und Sie reagieren nicht einmal. Haben

Sie nicht verstanden?« Das sitzt, und Woloschin findet seine Sprache wieder: »Boris Nikolajewitsch, so etwas muß man erst einmal verdauen. Natürlich habe ich verstanden. Als Chef der Präsidialverwaltung müßte ich Sie davon überzeugen, diesen Schritt nicht zu tun. Aber ich tue es nicht, denn Ihre Entscheidung ist absolut richtig und zeugt von Stärke.«

Später erzählte er mir, er sei in jenem Moment so perplex gewesen, daß er beinahe die Fassung verloren habe.

Ich fühle mich erleichtert. Nun sind wir schon drei. Jumaschew ringt nach passenden Worten. Instinktiv hat er die Situation erfaßt: »Ein neues Jahrhundert! Ein neuer Präsident!«

Dann reden wir über die technische Abwicklung – den Text der Fernsehansprache, zu schreibende Briefe, Telefonate, Unterrichtung der Duma und des Föderationsrates, Dekrete, Urkunden. Einen Präzedenzfall, den freiwilligen Rücktritt eines Präsidenten, hat es in der neueren Geschichte Rußlands nicht gegeben.

Einen solchen Schritt hat man von mir nicht erwartet. Selbst Jumaschew, der mich seit mehr als zehn Jahren kennt, ist überrascht. Plötzlich sagt er: »Ich finde es nicht richtig, daß Sie Tanja nichts gesagt haben. Das ist ungerecht. Seit vier Jahren arbeitet sie mit Ihnen, ihr müssen Sie es sagen.«

Normalerweise habe ich meine Familie in meine Entscheidungen eingeweiht, aber diesmal zögere ich. Schließlich geht es um einen Schritt, der allzusehr mit ihrem Schicksal verknüpft ist. Nachdem Woloschin und Jumaschew gegangen sind, lasse ich Tanja rufen. Sie kommt herein und blickt mich erwartungsvoll an.

»Tanja, ich habe soeben meinen Rücktritt angekündigt.«

Sie schaut mich verwundert an, stürzt dann auf mich zu und fällt mir schluchzend um den Hals. Ich reiche ihr ein Taschentuch und versuche, sie zu beruhigen.

»Papa, verzeih mir, es kommt einfach so überraschend. Du hast ja niemandem etwas gesagt.« Dann gibt sie mir einen Kuß.

Lange sitzen wir zusammen. Sie malt mir aus, was für ein schönes Leben wir haben werden. Spazierengehen, durch die

Straßen bummeln, Menschen treffen, Freunde besuchen – und alles ohne Protokoll und Vorschriften! Dabei ist sie immer wieder den Tränen nahe. Warum ich Mama nichts gesagt habe, will sie wissen. »Später, alles später«, erwidere ich.

Später beim Abendessen muß Naina bemerkt haben, daß Tanja aufgewühlt ist. Sie sieht mich erwartungsvoll an, sagt aber nichts. Sollte sie etwas ahnen? Ich glaube nicht.

Für Diskussionen und Zweifel ist es jetzt ohnehin zu spät. Es geht um Stunden. Die politische Zeitbombe ist bereits gezündet, es gibt kein Zurück. Jetzt ist es vor allem wichtig, daß nichts durchsickert. Andernfalls trete ich nicht zurück, zumindest nicht zu diesem Zeitpunkt. Aber mit einer so zuverlässigen Mannschaft müßte es klappen.

Nun folgt der wichtigste Termin: das Gespräch mit Putin. Das zweite und, so nehme ich an, das kürzere. Das erste hatte vor zwei Wochen stattgefunden, am 14. Dezember. Damals hatte mich die erste Reaktion Putins verwirrt: »Ich bin nicht bereit, diese Entscheidung jetzt zu treffen.« Schwäche war es nicht. Putin ist ein kraftvoller Mensch, aber er hatte Zweifel. »Verstehen Sie, Boris Nikolajewitsch, es ist ein sehr schweres Los.«

Ich wollte ihn nicht überreden. Ich erzählte ihm von mir, wie ich nach Moskau gekommen war. Ich war damals etwas über fünfzig, sieben oder acht Jahre älter als er heute. Ich hatte mir gesagt, wenn mir diese Moskauer Bürokraten allzu unerträglich werden, mache ich etwas anderes. Vielleicht in der Baubranche. Ich gehe nach Swerdlowsk oder sonstwohin. Das Leben ist zwar breit wie ein Feld, doch es führt immer nur ein Pfad hindurch. Wie sollte ich ihm das erklären?

»Ich will noch in diesem Jahr gehen«, hatte ich Putin erklärt. »Das ist wichtig. Das neue Jahrhundert Rußlands muß mit der Ära Putin beginnen. Verstehen Sie das? Einst wollte ich mein Leben auch ganz anders gestalten. Ich war mir nicht sicher, ob ich es packe. Aber ich mußte mich entscheiden. Jetzt müssen Sie entscheiden.«

»Rußland braucht Sie, Boris Nikolajewitsch«, hatte er erwidert. »Und ich brauche Sie auch. Erinnern Sie sich an das Gipfeltreffen in Istanbul? Wäre ich hingefahren, wäre die Situation eine andere gewesen. Wir müssen zusammenarbeiten. Vielleicht ist es besser, zu gegebener Zeit zu gehen.«

Ich hatte geschwiegen. Da saßen zwei Menschen und redeten. An einem gewöhnlichen Tag in Moskau, offen und ehrlich. Doch im Gegensatz zu ihm kannte ich den eisernen Griff der Entscheidung. Er läßt einen nicht mehr los. Vielleicht deshalb, weil nicht der Mensch selbst entscheidet, sondern irgend etwas außerhalb seiner.

»Was nun? Sie haben mir immer noch nicht geantwortet.«

»Einverstanden, Boris Nikolajewitsch.«

Und so sind fast zwei Wochen vergangen. Putin hatte die Möglichkeit, in Ruhe alles zu überdenken. Er betritt mein Arbeitszimmer. Ich habe sofort das Gefühl, daß er ein anderer geworden ist. Mir gefällt seine Haltung – entschieden, gefaßt.

Ich erzähle ihm, wie ich den Morgen des 31. Dezember zu gestalten gedenke, welchen Ablauf ich vorgesehen habe: Fernsehansprache, Unterzeichnung von Dekreten, Übergabe des Atomkoffers, Treffen mit den wichtigsten Ministern. Wir korrigieren unseren nunmehr gemeinsamen Plan. Putin gefällt mir gut. Wie er reagiert, wie er einige Änderungen vorschlägt, da stimmt alles.

Solche Arbeitssituationen mag ich. Scheinbar die einfachste Sache der Welt: ein Präsident geht, der andere kommt. Sachlich, nüchtern und den entsprechenden Artikeln der Verfassung der Russischen Föderation gemäß. Wir tun es zum ersten Mal. Wichtig ist, daß alles bedacht wird.

Wir sind fertig. Das Arbeitszimmer des Präsidenten trägt nicht gerade zu Gefühlsäußerungen bei. Jetzt aber, wo ich zum letzten Mal Präsident bin und er zum letzten Mal noch nicht der erste Mann des Landes ist, möchte ich manches sagen. Er vielleicht auch. Aber wir sagen nichts. Wir drücken uns stumm die Hand. Umarmen uns zum Abschied. Die nächste Begegnung findet zwei Tage später statt, am 31. Dezember 1999.

30. Dezember. Jumaschew bringt den Text der Fernsehansprache. Ich lese ihn ein paarmal, korrigiere hier und da. Ich füge die Passage hinzu, daß ich nicht aus Gesundheitsgründen zurücktrete. Ich habe einfach begriffen, daß dieser Schritt an der Zeit ist.

Jumaschew wendet ein, daß niemand auch nur im geringsten daran gedacht habe, mich zum Rücktritt zu bewegen. Vielleicht hat er recht.

Am 31. Dezember erwache ich früher als sonst. Nach dem üblichen Frühstück im Kreis der Familie fordert Tanja: »Nun sag's endlich Mama!«

Ich werde fast feierlich: »Naina, ich habe eine Entscheidung getroffen. Ich trete zurück. Es wird eine Fernsehansprache geben. Guck zu.«

Naina erstarrt, blickt abwechselnd Tanja und mich an. Sie will es nicht glauben. Dann stürzt sie auf mich zu, umarmt mich, küßt mich. »Was für ein Glück! Endlich! Boris, ist das wahr?!«

Bis zur Fernsehansprache sind es noch einige Stunden, aber ich bin schon jetzt bis zum Äußersten angespannt.

Tanja hat recht. Es sieht so aus, daß ich unnötig sentimental werde, daß ich mich lediglich von einem Politiker zu einem einfachen Menschen zurückverwandle. Wenn das nichts ist?

Ein Wagen kommt vorgefahren, das besondere Geräusch gepanzerter Limousinen. Tolja Kusnezow, der Chef des Sicherheitsdienstes, öffnet die Wagentür. Er glaubt, daß wir noch ein halbes Jahr lang jeden Morgen gemeinsam zum Kreml fahren werden. Ich habe ich ihm nichts gesagt, ich werde später, nach dem Rücktritt, mit ihm reden.

8 Uhr früh. Woloschin ruft die Leiterin der Rechtsabteilung der Präsidialverwaltung, Larissa Brytschowa, und den Justitiar Shuikow zu sich. Er gibt ihnen Anweisung, Urkunden für den Rücktritt des Präsidenten sowie zwei Schreiben an die Duma und an den Föderationsrat vorzubereiten.

8 Uhr 15. Ich betrete mein Arbeitszimmer im Kreml. Auf dem

Tisch liegt wie gewöhnlich der Terminplan für den Tag. Aber diesen Plan brauche ich nicht mehr. Den gültigen Plan hole ich aus der Innentasche meiner Jacke. Das Blatt ist zerknittert. Ich glätte es mit der Hand, lege es auf den Schreibtisch und bedecke es mit einer Mappe, damit es keiner sieht. Dabei gibt es nichts zu sehen, es bleiben nur noch Minuten.

Um 9 Uhr tritt der Kanzleichef Valeri Sementschenko ein und bringt die Post: chiffrierte Telegramme, schwergewichtige Berichte von Ministerien, Depeschen vom Außenministerium. Außerdem ein Veto, einige Aufträge für verschiedene Behörden, ein paar Grußadressen zur Unterschrift. Mein Blick fällt auf ein Dokument: die Konzeption der Ansprache. Sie wird nicht mehr gebraucht. Sementschenko gratuliert zum Neuen Jahr und geht.

Die Dokumente, die auf dem Tisch liegen, haben für mich keine Bedeutung mehr, nur noch mein Ablaufplan für den Tag. Wo aber bleibt die Verordnung zur Amtsübergabe? Ich lasse Woloschin rufen. Aufgeregt kommt er mit einer roten Mappe herbei. Also hat es auch ihn erreicht. »Wir haben alles vorbereitet.« Ich schaue ihn streng an: »Irgendwelche Zweifel? Handeln Sie nach Plan.«

»Ich handle nach Plan.«

Feierlich schlage ich die rote Mappe mit dem Dekret auf: »In Übereinstimmung mit der Verfassung und im Zusammenhang mit dem Rücktritt des Präsidenten werden die Vollmachten des Präsidenten auf Wladimir Wladimirowitsch Putin übertragen.« Im Bewußtsein des historischen Augenblicks unterschreibe ich.

Punkt 9.30 Uhr erscheint Putin. Ich bitte den Protokollchef Wladimir Schewtschenko, den Pressesprecher Dmitri Jakuschkin, den Kameramann Georgi Murawjow und den Fotografen Alexander Senzow zu uns.

Aufmerksam betrachte ich sie alle und verlese dann das Dekret. Schewtschenko platzt in die anschließende Grabesstille hinein: »Boris Nikolajewitsch, lassen Sie sich Zeit, eine Woche vielleicht, wir müssen noch nach Bethlehem.« Ich blicke zu Putin. Er ist sehr zurückhaltend, lächelt verlegen. Ich drücke ihm die Hand: »Gratuliere.«

Meine Mitarbeiter stehen unter Schock: Kusnezow, Sementschenko, Gromow, Wawra und all die anderen. Ich sehe noch ihre konsternierten Blicke vor mir. Und die stumme Frage: Warum? Gewiß ist es für sie alle eine Überraschung; allerdings bin ich mir nicht sicher, bis zu welchem Grade.

Es folgt die Fernsehansprache. Ich betrete die Neujahrsdekoration des Studios. Die bekannten Gesichter. Feierlich sehen sie nicht aus. Sie wissen bereits, daß ich zurücktrete. Eine Stunde zuvor hat Woloschin ihnen den Text meiner Ansprache gebracht. Ich gehe zum Tisch. Die Stimme der Sendeleiterin Kaleria Iwanowna ertönt: »Action!« Ich hüstele, trinke einen Schluck Wasser und sage ruhig und gelassen: »Liebe Landsleute! Meine lieben …«

Aufgeregt bin ich kaum, aber eine Träne der Rührung wische ich mir aus dem Gesicht. Als ich das letzte Wort gesprochen habe, ist es so still, daß man die Uhren ticken hört. Irgend jemand beginnt zögernd zu klatschen, dann noch jemand. Schließlich klatscht das ganze Fernsehteam stehend Beifall. Die Frauen verbergen ihre Tränen nicht. Ich bestelle Champagner und überreiche allen anwesenden Damen eine Blume. Dann stoßen wir auf das Neue Jahr an.

Mit einiger Verwunderung merke ich, daß ich guter Stimmung bin. Der Kameramann nimmt die Kassette aus der Kamera. Das wichtigste Dokument. Wichtiger als sämtliche Verordnungen und Schreiben an die Duma: Hier erkläre ich meine Entscheidung. Hiermit endet meine Präsidentschaft und beginnt die Amtszeit von Wladimir Putin.

Mit den Augen suche ich Jumaschew. Er nimmt die Kassette und geht. Ein Panzerwagen steht bereit. Er soll die Kassette zum Fernsehzentrum nach Ostankino bringen. Jumaschew soll persönlich überprüfen, daß die Ansprache Punkt 12 Uhr gesendet wird.

Wie geht es weiter im Terminkalender? Ein Treffen mit dem Patriarchen Alexi II. Zögernd betritt er den Raum. Ich teile ihm meine Entscheidung mit. Nach langem Schweigen sagt er: »Ein mannhafter Entschluß.« Alles andere als kirchliche Worte. Anschließend segnet er mich. Eine Zeitlang unterhalten wir uns zu dritt – der Patriarch, Putin und ich. Es ist gut, daß sich zwischen Putin und Seiner Heiligkeit ein persönliches Verhältnis herstellt. Er kann den Zuspruch eines weisen Mannes gebrauchen.

Der nächste Punkt der Tagesordnung: die Übergabe des Atomkoffers, mit dem der Präsident die Verantwortung für den Einsatz von Kernwaffen erhält. Da dieser Akt für das Publikum der spannendste ist, lasse ich ihn auf Bitte von Dmitri Jakuschkin aufnehmen. Ein weiteres Attribut der Macht des Präsidenten lastet nun auf den Schultern Putins – und ist von meinen genommen. Vielleicht verschwinden nun auch meine Schlafstörungen.

11.30 Uhr. Treffen mit den wichtigsten Ministern. Ein feierliches Essen zum Abschied. Es ist ein Abschied von vertrauenswürdigen Weggefährten. Die Worte, die hier fallen, werde ich nie vergessen.

Kurz vor 12 Uhr ruft Naina plötzlich meine Tochter an: »Tanja, ich habe darüber nachgedacht, heute ist nicht der Tag für einen Rücktritt. Warum soll man die Menschen beunruhigen? Wir wollen das Neue Jahr feiern, und der Präsident macht sich davon. Kann er nicht ein paar Tage warten? Der Jahreswechsel geht vorbei, und dann kann man zurücktreten. Rede mit Papa.«

Tanja antwortet mit eiserner Stimme: »Mama, das ist unmöglich, alles wird gut. Nun beruhige dich und sieh dir die Übertragung an.«

In letzter Minute wird festgestellt, daß es in dem Saal, in dem wir uns versammelt haben, keinen Fernseher gibt. Alles macht sich fieberhaft auf die Suche. Schließlich findet sich in Tanjas Büro ein Gerät.

Das Zusehen fällt mir schwer. Ich will die Augen schließen und den Kopf vergraben. Doch dann schaue ich doch hin, umgeben von Ministern und Generälen. Manche haben Tränen in den Augen. Dabei sind es die härtesten Männer im Lande. Wie sollen da erst die anderen reagieren?

Man trinkt Sekt. Die Lüster, das Kristall, die Fenster – alles leuchtet im Neujahrslicht. Zum ersten Mal an diesem Tag werde ich gewahr, daß Silvester ist. Da habe ich wohl einigen ein schönes Geschenk bereitet!

Kurz nach Mittag verabschiede ich mich von allen. Ich fühle mich erleichtert und froh. Nur das Herz pocht ungewöhnlich, die Anstrengung der letzten Tage macht sich bemerkbar. Vor dem Lift bleibe ich stehen, hole den Federhalter hervor, mit dem ich mein letztes Dekret unterschrieben habe, und schenke ihn Putin. Zum Abschied will ich ihm irgend etwas der Situation Angemessenes sagen, etwa darüber, wie schwer seine Arbeit sein und wie gern ich ihm helfen werde. »Behüten Sie Rußland«, sage ich dann. Er nickt stumm. Ich schließe die Augen und fühle mich plötzlich sehr müde.

Draußen schneit es. Der Schnee im Kreml ist weich und rein. Auf dem Weg zur Datscha läutet das Telefon. Clinton will mich sprechen. Ich bitte darum, er möge gegen 17 Uhr erneut anrufen. Jetzt, als Rentner, kann man sich das ja leisten.

Zu Hause bitte ich Tanja, das Telefon zu hüten, und lege mich schlafen.

Am Abend bin ich, wie immer zu Silvester, Väterchen Frost und verteile an die ganze Familie Geschenke aus dem Sack. Ich selbst bekomme eine Uhr. Später treten wir alle vor das Haus. Funkelnde Sterne, Schneewehen, finstere Nacht. Seit langem bin ich nicht so glücklich gewesen.

Am nächsten Morgen keine Spur von Wehmut.

Wahlkampf mit Tanja

Ende 1995 hatte ich einen Herzanfall, dem ich aber keine große Bedeutung beimaß. Derlei Signale waren typisch für sowjetische Funktionäre gewesen, die sich von ihrem Lebensstil als »Führungskraft« zerrütten ließen. Doch ich sah mich als Ausnahme von diesem Typus, trieb Sport, hatte keinen nennenswerten Bauch, badete im eisigen Wasser, spielte Volleyball und Tennis, lief Ski und liebte ausgedehnte Spaziergänge. Aber vielleicht hatte ich mich getäuscht. Irgendwann, besonders bei Männern ab Mitte vierzig, macht sich das Herz bemerkbar, ganz gleich, ob man Sportler oder Gesundheitsapostel, ein frommer Mönch oder ein Sünder ist.

Das Jahr 1996 begann ich – nach dem Herzanfall und der schweren Niederlage bei den Duma-Wahlen – ziemlich niedergeschlagen. Der Block der Linken, hauptsächlich Kommunisten und Agrarier, verfügte in der neuen Duma immerhin über rund vierzig Prozent der Stimmen. Die sogenannte Regierungspartei (Unser Haus Rußland) Viktor Tschernomyrdins brachte es gerade auf zehn Prozent. Einen Lichtblick im Tschetschenienkrieg gab es nach wie vor nicht. Mit dieser moralischen Hypothek in die zweite Amtszeit zu gehen war wahrlich nicht verlockend.

Naina wollte nicht, daß ich erneut kandidierte. Ich selber fühlte mich ausgelaugt und am Ende. Außerdem empfand ich mich zum ersten Mal im Leben in vollständiger politischer Isolation. Es ging nicht einmal um die miserablen Prognosen. Ich spürte nicht mehr die Unterstützung der Menschen, mit denen ich meine politische Karriere begonnen hatte. Die Intellektuellen, die

Demokraten, die Journalisten – alle schienen sich abzuwenden. Die einen wegen des Krieges in Tschetschenien, die anderen wegen spektakulärer Rücktritte, wieder andere wegen der deprimierenden Entwicklung des Landes. Jeder hatte seine Gründe. Dennoch hatte ich ein seltsames Gefühl. Diese Menschen waren nach wie vor bereit, meine Verbündeten zu sein. Es galt nur, eine alle vereinigende Idee zu finden.

Ende 1995 kam es in meiner engsten Umgebung (zu der natürlich Alexander Korshakow, der Chef meiner Leibgarde, zählte) zu der Überlegung, daß als mein Nachfolger nicht der Wahlverlierer Tschernomyrdin, sondern der Vizepremier Oleg Soskowez geeignet sei. Dieser war ein Wirtschaftsmann, ehemaliger Direktor eines Metallurgiebetriebs, eine durchaus repräsentative Figur, um den Politiker-Generälen, die an die Macht drängten, den Rücken freizuhalten.

Offen hat mir keiner etwas gesagt, aber ich sah, daß Korshakow mich drängte, Tschernomyrdin in den Ruhestand zu schicken. Der weitere Verlauf war abzusehen: Im Angesicht des tschetschenischen Separatismus und der »kommunistischen Gefahr« würde eine halbmilitärische Junta von halbsowjetischen Generälen an die Macht kommen, bestehend aus Korshakow, Barsukow, Soskowez. Es gab noch andere Kandidaten …

Es wäre unehrlich zu sagen, ich hätte mich damals fest entschlossen zur Wiederwahl gestellt. Ich war am Ende meiner Kräfte, die »nächsten Freunde« hatten sich wie ein Rudel, das einen neuen Führungswolf sucht, abgewandt, ebenso diejenigen, auf die ich mich stets hatte stützen können, die »letzte Reserve« sozusagen, die geistige Elite der Nation. Und das Volk? Das Volk verzieh nicht die wirtschaftliche »Schocktherapie«, nicht die Schande der Geiselnahme von Budjonnowsk und des endlosen Kampfes um Grosny. Alles war verloren, so schien es.

Aber gerade in solchen Augenblicken gibt es Klarheit. Und genau mit diesem klaren Kopf beschloß ich an der Jahreswende, mich erneut zur Wahl zu stellen, und wußte, daß ich gewinnen würde. Letztlich gab mein Wille, allen Widrigkeiten zu trotzen, den Ausschlag.

Dann tauchte Tanja auf. Lena und Tanja, meine Töchter, sind aus meinem Leben natürlich nie verschwunden. Aber das eiserne Gesetz – Dienst ist Dienst, Familie ist Familie – habe ich nie gebrochen. Bis zum Frühjahr 1996 …

Jeder Mensch hat seine Gewohnheiten, seinen Charakter, seine Lebensweise. Es ist bekannt, daß Gorbatschow keine Geheimnisse vor seiner Frau hatte. Gewiß hatte er damit recht. In meiner Familie sah es völlig anders aus – über Politik wurde kein Wort gesprochen. Alle Nachrichten erfuhren meine Frau und meine Töchter über den Fernseher. Ich erzählte nichts. So ging es jahrelang. Politische Vorträge wollte ich nicht halten und oberflächliche Gespräche nicht führen.

Doch dann, im Augenblick einer schlimmen Krise, kam mir die Familie überraschend zu Hilfe – in Person meiner Tochter. Tanja war ein »technisch« ausgerichteter Mensch, von Politik keine Rede. Sie war über dreißig, ein selbständiger, reifer Mensch. Sie hatte Mathematik und Kybernetik an der Lomonossow-Universität studiert und bei »Saljut« als Ballistikerin und Programmiererin gearbeitet. Meine politische Karriere betrachtete sie mit einer Mischung aus Achtung, Bewunderung, Sorge und Mitleid. Auch ihr Privatleben verlief in geordneten Bahnen. Ihr Mann, Alexei Djatschenko, ist Konstrukteur in der Raumfahrttechnik. Der erste Sohn, Boris, ging bereits in die Oberschule, Gleb, der zweite, war gerade geboren.

Anfang Januar rief ich einen Wahlkampfstab ins Leben, dessen Chef Soskowez wurde. Ich meinte, wenn er politische Ambitionen hat, so soll er sie beweisen. Fast von Beginn an gab es Skandale. Einer stand im Zusammenhang mit den für die Aufstellung eines Kandidaten erforderlichen Unterschriftenlisten. Die Zeitungen berichteten, daß Eisenbahner und Stahlkocher, die vergleichsweise gut bezahlt wurden, bei der Lohnauszahlung gezwungen wurden, eine Unterschrift für Jelzin zu leisten. Ich ordnete eine Überprüfung an, und es stimmte. Das weltweite

Echo war verheerend. Der Stabschef hatte wohl »vergessen«, daß wir inzwischen in einem anderen Land lebten.

Heute reden wir fast selbstverständlich von »politischer Planung« und »Wahlkampfstrategie«. So weit waren wir damals nicht. Die Gouverneure wurden übelst bedrängt: Ihr sollt, ihr müßt! Grau vor Schreck krochen sie zu Kreuze, aber was hatte das für einen Sinn? Von Strategien und Analysen keine Spur. Soskowez hatte aus einem belanglosen Grund Fernsehleute angebrüllt, weil sie angeblich in den Nachrichten falsch informiert hätten. Damit hatte er Streit zwischen uns und den Fernsehjournalisten provoziert.

Diese Art von Umgang erinnerte mich lebhaft an die früheren Sitzungen des Gebietskomitees der Partei – gleicher Wortschatz, gleicher Tonfall. Tiefste Vergangenheit. Im verborgenen ganz normale Menschen, bei Sitzungen zugeknöpft bis zum Gehtnichtmehr. Ich begriff, daß ich im Stab einen Vertrauten brauche. Jemanden, der mir ehrlich und unvoreingenommen die Lage schildern könnte. Vor allem mußte es jemand sein, der von Gruppeninteressen frei war, die den ganzen Wahlkampf prägten. Eine unbescholtene Persönlichkeit, ohne Intrigen und ohne Leichen im Keller. Woher nehmen?

Eines Tages kam Valentin Jumaschew zu mir ins Sanatorium nach Barwicha. Ich teilte ihm meine Sorgen mit und bemerkte, daß ich nicht mehr Herr der Lage sei. Den Augen Viktor Iljuschins sah ich an, daß die Situation im Stab sich von Tag zu Tag verschlechterte. Man versank langsam aber sicher in einem Sumpf. Der ganze Stab ein einziges Zerwürfnis. Keine Strategie, sowjetische Verhaltensweisen, von Geschlossenheit keine Rede.

»Ich brauche einen verläßlichen Mann im Stab.« Valentin dachte nach. »Warum nicht Tanja?« Anfangs habe ich gar nicht begriffen, wovon er redete, so überrascht war ich. Doch nach einigem Nachdenken fand ich seinen Vorschlag reizvoll. Wie aber würde die Öffentlichkeit, würden Journalisten und Politiker reagieren? Und der Kreml? Andererseits war Tanja der einzige Mensch, der mir alle wichtigen Informationen ungefiltert zukommen lassen konnte. Was man mir nicht ins Gesicht sagen würde, würde man ihr sagen. Sie ist ein ehrlicher Mensch, ohne jede Überheblichkeit. Sie würde mir nichts verheimlichen. Und ich würde ihr voll und ganz vertrauen, jung und klug, wie sie ist, mit meinem Charakter und meiner Lebensfreude.

Mitte März hatte ich ein neues Wahlkampfteam zusammengestellt. Ich war der Chef, mein Stellvertreter war Viktor Tschernomyrdin. Nicht ohne Bangen stellte ich Tanja vor: »Ich möchte Ihnen das neue Mitglied des Wahlkampfstabs präsentieren, Tatjana Djatschenko.«

Zunächst hat niemand begriffen, was da vor sich ging. Ein neues Gesicht, kommt frühmorgens, sitzt bis spät in die Nacht im Büro, nimmt an allen möglichen Beratungen teil, redet mit jedem, stellt naive Fragen. Irgendwann aber wurde klar: In ihrem Beisein waren gewisse Dinge unmöglich. Die Intrigen und die männlichen Eifersüchteleien verschwanden. Ich erfuhr davon erst später, denn diese Beratungen habe ich selbst nie besucht. Tanja kam in diese Kreml-Welt gleichsam aus einem anderen Leben. Ihre natürlichen und schlichten Reaktionen haben gestandene Beamte völlig durcheinandergebracht. Sie fragte einfach: Warum? Sofort trat die von Eitelkeit nur notdürftig überdeckte Dummheit deutlich zutage. Und die Probleme erhielten klare Konturen.

Was empfindet eigentlich der Vater einer erwachsenen Tochter? Es ist eine neue, ganz andere Art von Liebe als gegenüber dem Kind, der Heranwachsenden, der jungen Frau, der jungen Mutter. Es ist jedes Mal anders. Nun aber beobachtete ich bei mir ein erstaunliches Gefühl von Gelassenheit, mit dem ich Tanjas weiblichen Charme, ihre Sanftheit, ihren Verstand und ihre Sensibilität wahrnahm. Gleichzeitig entdeckte ich mit einigem Erstaunen die eigenen genetischen Züge. Dabei ist es ein und derselbe Mensch, der sämtliche Jahre, sämtliche Erinnerungen als teuerstes Gut aufbewahrt.

Zu Beginn waren es nur Gefühle. Widersprüchliche Gefühle, meist aber gute. Tanja war jetzt immer in der Nähe. Ich habe mich ungleich ruhiger gefühlt. Sie tritt an mich heran, zupft mir die Krawatte zurecht, schließt einen Hemdknopf, und schon ist meine Stimmung besser. Die psychische Verfassung ist für einen Präsidentschaftskandidaten von unschätzbarer Bedeutung. Bevor Tanja in den Stab kam, glaubte ich die Belastungen einer neuerlichen Wahlkampagne nicht mehr durchstehen zu können. Die Wahlkampfreisen und -auftritte hatten mir erheblich zugesetzt. Nun aber dachte ich: Nein, ich mache nicht schlapp, ich schaffe es. Und das Wichtigste: Die scheinbar unlösbaren Probleme wurden auf eine natürliche Weise lösbar.

Etwa zu gleicher Zeit fand mein Treffen mit Vertretern der wichtigsten Banken, Rohstoff- und Medienkonzerne statt, darunter Gussinski, Chodorkowski, Potanin, Beresowski und Fridman. Es war ihre Initiative, der ich anfänglich recht zurückhaltend begegnete. Ich wußte, daß ihnen nichts anderes übrig blieb, als mich zu unterstützen, und ich glaubte, es würde um die Finanzierung meines Wahlkampfes gehen. Aber es ging um etwas ganz anderes. »Boris Nikolajewitsch, was in Ihrem Stab passiert, spottet jeder Beschreibung. Dieser Zustand treibt einige Geschäftsleute dazu, mit den Kommunisten zu verhandeln, und andere, die Koffer zu packen. Wir haben keinen seriösen Ansprechpartner. Die Kommunisten werden uns an den Laternenpfählen aufhängen. Wenn wir jetzt die Situation nicht grundlegend ändern, wird es zu spät sein.«

Einen solchen Tonfall und eine so unverblümte Analyse hatte ich nicht erwartet. Doch dabei blieb es nicht, sondern sie boten mir sämtliche ihnen zur Verfügung stehenden Ressourcen an: Information, regionaler Einfluß, Geldmittel und, was das wichtigste war, Menschen. Sie wollten ihre besten Leute für den Stab freistellen: Igor Malaschenko, Sergej Swerew, Wassili Schachnowski, den unabhängigen Soziologen Alexander Oslon und andere junge, energische Fachleute. Was mich jedoch verwunderte und nachdenklich stimmte, war ihre einhellige Auffassung, Anatoli Tschubais gehöre in mein Wahlkampfteam. Er war gerade erst zwei Monate zuvor aus der Regierung gefeuert worden. Die Gruppe um Korshakow und Soskowez hatte es wieder einmal fertiggebracht, sich mit ihm zu überwerfen. Nun also wurde er zum Leiter der »Analytischen Gruppe« ernannt. Und sehr bald erkannte ich, daß Tanja sich in deren Arbeit bestens eingefügt hatte.

Erstmals seit langer Zeit spürte ich einen Anflug von Optimismus. Eigentlich, so dachte ich mir, könnte ich auf effektvolle Gesten und Machtdemonstrationen wie in früheren Jahren verzichten. Es gab andere Ressourcen: junge Menschen mit klarem Verstand, mit einer normalen Sprache, die die Last der Vergangenheit nicht zu tragen brauchen. Sie werden nicht die Interessen ihrer Gruppe, ihres Clans vertreten, sondern ganz einfach arbeiten, weil es sie interessiert und sie dabei etwas verdienen. Man bedenke, daß wir in einem Land mit einem hohen Bildungsniveau leben, wo es trotz aller Schwierigkeiten genug zu tun gibt für junge Leute, wo sie die Möglichkeit haben, sich selbst zu bestätigen, Geld zu verdienen und ihr eigenes Schicksal in die Hand zu nehmen. Auf solche Leute aus Tanjas Generation wollte ich mich stützen. Trotz meines Alters, trotz meiner Parteibiographie und obwohl sie gelegentlich über mich witzelten, war ich dennoch ihr Präsident. Und sie waren meine Wähler. Wenn sie ihre Lebensweise beibehalten wollten, mußten sie zur Wahl gehen. Sie waren meine Hoffnung.

Übrigens hat Tanja, wie mir später berichtet wurde, in den Stabsberatungen ganz offen Dinge gesagt, die die Teilnehmer erröten ließen: »Hören Sie zu, wen wählen wir denn eigentlich? Wieso trifft sich Papa nur mit den Chefs? Warum gibt es keine normalen Menschen um ihn? Das kann doch so nicht weitergehen.« Hätte sie anstelle von »Papa« »Jelzin« gesagt, so wäre der beamtete Seelenfrieden völlig aus den Fugen geraten. Tanja hat sie aufgeweckt und gezwungen, manche Dinge anders zu sehen.

Dennoch war nicht alles so rosig, wie es heute erscheinen mag. Die Jungs der »Analytischen Gruppe« leisteten Schwerstarbeit. Die Verhältnisse im Stab, auch der Umgangston, änderten sich.

Ganz allmählich wurden meine Umfrageergebnisse besser. Doch Ende März glaubte ich, es sei schon zu spät.

Denn auch die politische Situation hatte sich kraß verändert. Die Kommunisten labten sich am süßen Geschmack des nahen Sieges. Ihre Taktik war traditionell: Die Macht will erstürmt werden. Die linke Duma stimmte im Versuch, die nostalgischen Gefühle der Wähler zu wecken, für die Zurücknahme der Vereinbarungen von 1991 und katapultierte damit das Land zurück in sowjetische Verhältnisse. In der Duma sprach man von Gerichtsverfahren und Gefängnis für diejenigen, die im Dezember 1991 die Papiere zur Auflösung der UdSSR unterzeichnet hatten. Eine echte Provokation.

Meine öffentliche Antwort kam prompt. Im Anschluß an eine Sitzung des Sicherheitsrates sagte ich den wartenden Journalisten einige harsche Worte über die Duma. Ich erklärte, daß ich zutiefst empört sei über den Beschluß und es niemandem erlauben werde, verfassungswidrig zu handeln. Um ehrlich zu sein, ich hätte in meiner damaligen Stimmung härtere und entschiedenere Maßnahmen bevorzugt.

Es war klar, daß nun ein Nervenkrieg begann. Auch Korshakow hatte seine »Wahlkampfstrategie« gefunden: »Es ist unsinnig, mit einem Umfrageergebnis von drei Prozent in die Wahl zu gehen. Mit diesen Wahlkampfspielen verlieren wir nur Zeit.« Ich will es nicht verhehlen: Ich habe schon immer schlichte und effektvolle Lösungen bevorzugt. Ich meinte, es sei leichter, den Gordischen Knoten durchzuhauen, als jahrelang zu versuchen, ihn zu lösen. Ich verglich die beiden Strategien, die von der Mentalität der Mannschaften abhingen, und begriff: Jetzt muß ich handeln! Bis zum Juni kann ich nicht warten …

Ich hatte mich endlich entschieden. Einige Dekrete wurden vorbereitet, unter anderem über das Verbot der Kommunistischen Partei, über die Auflösung der Duma und über die Vertagung der Wahlen. Diese Dekrete waren natürlich ein Eingeständnis meines Scheiterns: Ich wurde mit der Krise im Rahmen der Verfassung nicht fertig.

Meine Überlegung war damals folgende: Um den Preis demokratischer Verfahrensweisen und unter Verlassen des Bodens der
Verfassung löse ich eine der wichtigsten Aufgaben, die ich mir
zu Beginn meiner Präsidentschaft gestellt hatte. Mit der Kommunistischen Partei würde es in Rußland endlich ein Ende haben. Für immer.

Am 23. März 1996 fand eine Klausurtagung mit Tschernomyrdin, Soskowez, dem Chef der Präsidialverwaltung Nikolai
Jegorow und den wichtigsten Ministern statt. Ich unterrichtete
sie über meine Idee und bat sie um ihre Meinung. Langes
Schweigen und betretene Gesichter. Überraschend scharf äußerte sich Innenminister Anatoli Kulikow. Die Kommunistische Partei kontrolliere in den meisten Regionen Rußlands die
Macht. Sie werde die Bevölkerung auf die Straße bringen. Er
könne in einer solchen Situation für nichts garantieren. Was
würde passieren, wenn die eine Hälfte der Miliz für den Präsidenten Partei ergreift und die andere gegen ihn? Das hieße Bürgerkrieg. Ähnlich äußerte sich Tschernomyrdin. Er sehe die
Notwendigkeit solch krasser und irreversibler Schritte nicht ein.
Die meisten jedoch unterstützten die Vertagung der Wahlen.
Das Volk wolle gar keine Wahlen, wurde argumentiert. Man
habe sich an mich gewöhnt. Mit den Kommunisten müsse man
endlich mit Entschiedenheit Schluß machen. Das sei jetzt vielleicht die letzte Chance. Abschließend stellte ich fest, daß die
Mehrheit für meinen Vorschlag sei. Die Sitzung sei beendet, ich
müsse nun allein zu einem Entschluß kommen. Mir war klar,
daß ich mich sofort, noch an diesem Tage zu entscheiden hatte –
und ganz allein dafür geradestehen mußte.

Während ich im Arbeitszimmer saß und mit mir rang, rief
Tanja Tschubais an und bat ihn, in den Kreml zu kommen.
»Papa, du mußt auch eine andere Meinung hören.« Ich begriff,
daß sie recht hatte. Tschubais kam herein. Die roten Flecken im
Gesicht zeigten seine Aufregung an. »Wir haben nicht das Jahr
1993«, sagte er. »Der Unterschied liegt darin, daß derjenige, der
den Boden der Verfassung verläßt, als erster verbrennt. Es ist

eine irrsinnige Idee, auf diese Weise mit den Kommunisten fertig werden zu wollen. Die kommunistische Idee sitzt in den Köpfen. Aber per Präsidentendekret kann man den Menschen keine neuen Köpfe anschrauben. Sobald wir ein normales, mächtiges und reiches Land aufgebaut haben, ist es mit dem Kommunismus vorbei. Die Wahlen dürfen nicht vertagt werden.«

Wir sprachen über eine Stunde miteinander. Manchmal brüllte ich fast, wie es sonst nicht meine Gewohnheit ist. Am Ende nahm ich meine Entscheidung zurück. Heute noch danke ich dem Schicksal, Anatoli Tschubais und meiner Tochter Tanja, daß ich in dieser heiklen Situation zur Umkehr bewogen wurde. Ich, der ich über Macht und Autorität verfügte, schämte mich vor denjenigen, die an mich glaubten.

Nach diesem wichtigen psychologischen und ideologischen Sieg wurde Tschubais zusammen mit der »Analytischen Gruppe« zum Zentrum aller politischen Entscheidungen. Der Soziologe Alexander Oslon begann nun Schritt für Schritt ein Wählerprofil zu erstellen, nicht das »statistische Mittel« eines Russen, bei dem Jelzin lediglich zwei bis drei Prozent des Vertrauens genoß, sondern ein präzises Bild, das sich aus den einzelnen Segmenten der Gesellschaft zusammensetzte. Und da wurde rasch klar, daß der konkrete Russe die Dinge ganz anders sieht. Angestellte und Händler, Studenten und junge Fachkräfte, verheiratete Vierzigjährige und noch arbeitende Rentner, die Bewohner des Südens und des Nordens, großer und kleiner Städte – alle erwarteten von den Wahlen das, was für sie das beste war.

Bei der Erörterung verschiedener Ideen fragte am Schluß immer einer: »Und was sagt das Volk dazu?« Alle schauten Oslon an. Und er sprach nach einem Blick in seine Unterlagen das endgültige Urteil. Das Codewort »das Volk« stand bald für Oslons Arbeit in der »Analytischen Gruppe«.

Wir suchten nach einer Zielgruppe für den Wahlkampf, nach einem neuen Ton, einem neuen Stil. Dieser Übergang vom anonymen Amtsrussisch zu einer lebendigen und verständlichen

Sprache, dieses Gespräch mit den gesellschaftlichen Gruppen über ihre jeweiligen Probleme, rief zunächst Verwirrung, später zunehmendes Interesse hervor. »Jelzin ist ein anderer geworden«, sagten damals viele verwundert. Mitte April begann sich dieser Wandel bei Umfragen deutlich bemerkbar zu machen: Die Quote stieg. Fraglos spielten auch die Medien dabei eine Rolle. Die Journalisten begriffen, daß sie mit uns zusammenarbeiten mußten, wenn sie keine kommunistische Zensur wollten.

Igor Malaschenko koordinierte präzise die Zusammenarbeit mit den Fernseh- und Presseleuten. Mit mir machte er ein Experiment: Er legte mir Fotos aus zwei Wahlkämpfen vor, dem jetzigen und dem von 1991. Auf den Fotos von 1996 sah man eine Reihe von Funktionären und das hinter der Absperrung wartende abgestumpfte Volk (in Krasnodar, glaube ich). Auf dem zweiten Bild sah man eine riesige Menschenmenge, bewegte Gesichter, erwartungsvolle Blicke. Dieses Experiment war in der Tat sehr überzeugend. Ich sah das glückliche Gesicht einer Frau, die mir 1991 ihre Hand entgegengestreckt hatte, mir, dem damaligen Jelzin. Ich war vor Rührung den Tränen nahe. Dabei war es gerade erst fünf Jahre her. Plötzlich war die Erinnerung an die bewegenden Begegnungen im Wahlkampf 1991 wieder da, und ich wußte mit einem Mal, was zu tun war.

Das Wichtigste war getan – wir hatten die Wahlstrategie festgelegt. Boris Jelzin war Teilnehmer an diesem Wettkampf, nicht nur Präsident. Er hatte übers Land zu reisen, sich mit Menschen zu treffen und aktiv den Wahlkampf zu gestalten, darunter eine offensive, lebensfrohe Werbekampagne für Jugendliche mit Konzerten und Plakaten. Diese Kampagne verzichtete auf Drohungen und Einschüchterungen (»Wenn ihr Jelzin nicht wählt, dann könnt ihr alle einpacken«), sondern lud einfach dazu ein, zur Wahl zu gehen (»Gib deine Stimme ab, sonst bist du der Verlierer«).

Die Wähler wurden auf diese Weise aufgerüttelt und mit der realen Bedeutung von Wahlen vertraut gemacht. Man konnte natürlich auf einen anderen setzen – Jawlinski, Lebed, Shirinowski –, aber waren sie in der Lage, das Wohlergehen aller zu garantieren, Menschen vor neuen sozialen Unbilden zu schützen? Höchstwahrscheinlich – nein. Aber dieser »neue Jelzin« war wieder voll da, man konnte ihn täglich auf dem Bildschirm sehen. Sollte man nicht diesem vertrauten Menschen das Schicksal des Landes erneut in die Hände legen?

Die Politologen nannten später das Ergebnis der Abstimmung eine »aufschiebende Wahl«. Das heißt, die Menschen stimmten gegen einschneidende Veränderungen, gegen den Austausch der Eliten. Dennoch betone ich das zweite Wort dieser Formulierung. Die Menschen hatten bewußt ihre Wahl getroffen: Der eingeschlagene Weg soll fortgesetzt werden, zumindest bis zum Jahr 2000.

Im Prinzip war es ein ganz normaler Wahlkampf. Wir trafen uns mit allen einflußreichen Gruppen. Wollt ihr überleben? Dann helft mit. Wollt ihr eure Bankgeschäfte weiterführen? Dann helft mit. Wollt ihr Meinungsfreiheit und private Fernsehkanäle? Dann helft mit. Wollt ihr Freiheit der Künste und Freiheit von Zensur und roter Ideologie in der Kultur? Dann helft mit. Und als die »Elefanten« und »Wale« aus Wirtschaft und Kultur merkten, wie kraftvoll sich die junge Mannschaft auf allen Gebieten für Jelzin einsetzte, kamen sie bei uns an. Sie haben in mich »investiert«. Die einen mit Menschen, die anderen mit Dienstleistungen, die dritten mit ihrem Intellekt, wieder andere einfach mit Geld.

Wer hat denn den Kommunistenführer Gennadi Sjuganow daran gehindert, denselben Gruppen seine Garantien und Bedingungen anzubieten? Niemand. Aber er meinte, daß die Mittelschicht und die Intelligenzija nicht den Ausschlag gäben, weil sie in der Minderzahl seien. Er setzte auf die ärmste Klasse, auf die Arbeitslosen in Krisenregionen, auf die Bauern. Aber er hat sich verrechnet. Selbst in diesen Regionen gab es soziale Schichten, die keine Lust hatten, sich von ihrem wenn auch kärglichen Besitz, ihrer freien Lebensweise und den neuen Möglichkeiten – Reisen, Neues entdecken, Sparen für eine Wohnung – zu tren-

30

nen. Ich bin kein Soziologe, aber ich bin absolut sicher, daß gerade diese unauffälligen Menschen das Pendel zu meinen Gunsten haben ausschlagen lassen.

Tanja hatte sich in die Arbeit des Stabes ohne Aufhebens eingefügt. Selbst ich als Vater bemerkte nicht gleich, wie sich durch ihre Präsenz alles veränderte. Tanja erzählte mir einfach von den Beratungen des Stabes, und ich begann anhand dieser Berichte die Gesamtsituation zu erfassen, Dinge zu sehen, die möglicherweise keiner der Jungs gesehen hatte. Ihre eigene Meinung behielt sie in der Regel für sich. Das waren unsere unausgesprochenen Spielregeln, an die sie sich stets hielt. Wenn sie doch einmal sagte: »Papa, ich glaube aber …«, versuchte ich das Gespräch in eine andere Richtung zu lenken. Die wichtigste Bedingung für ihre Arbeit war, daß sie mich unterstützte und nicht versuchte, mir etwas einzureden.

Nach den Wahlen haben wir unsere Erkenntnisse in den Präsidentenalltag einzubringen versucht. Daher die Rundfunkansprachen, die ständige Analyse der öffentlichen Meinung, die Fieberkurven der Gesellschaft. Daher auch unser Sieg bei den Parlamentswahlen 1999 und der Präsidentenwahl 2000.

Ich hatte mir zur Aufgabe gemacht, aus der Präsidialverwaltung einen hochkarätigen Beraterstab zu machen. Die besten Analysten des Landes sollten für den Präsidenten, für die Macht, sprich für die Zukunft des Landes arbeiten. Wenn sie nicht Beamte werden wollten, konnten sie als Berater in jeder anderen Eigenschaft ihren Beitrag leisten. Im Sommer 1996 stellte ich meinen Stab vor eine der wichtigsten kommenden Aufgaben: die Sicherung meiner Nachfolge durch Wahlen. Eine historische Aufgabe, für die es weder in der neuesten noch in der älteren Geschichte Rußlands einen Präzedenzfall gab. Im Jahr 2000 mußte jemand russischer Präsident werden, der die demokratischen Reformen im Lande fortsetzen und die Rückkehr zum totalitären System unmöglich machen würde. Jemand, der die Politik der Einbindung Rußlands in die zivilisierte Staatengemeinschaft fortführen würde. So unverblümt formulierte ich die

31

Aufgabe, die ich meiner neuen Mannschaft stellte. Bis zu den Wahlen 2000 blieben uns noch vier Jahre.

Korshakow hatte die Gefahr nicht erkannt. Er war sicher, daß er Tschubais »absägen« würde. Tanja hatte er gar nicht zur Kenntnis genommen. Als er es dann tat, versuchte er sie aus dem Stab zu vertreiben. »Wieso kommt sie immer hierher wie zum Dienst? Bezieht sie auch Gehalt?« Der Chef des Sicherheitsdienstes kannte mich gut. So hatte er Tanja zum Beispiel verboten, im Kreml mit Hosen zu erscheinen. Sie reagierte mit Humor und trug weiterhin Hosen. Er hatte wohl erwartet, daß sie sich beleidigt fühlen, sich über ihn beschweren würde, was ich überhaupt nicht leiden kann. Ein andermal ließ er sie drei Stunden im Vorzimmer warten.

Hinzu kam die Gerüchteküche: Tanja habe einen ihr nicht zustehenden Raum im Kreml bezogen (was gelogen war). Das brachte mich dann doch auf. Ich rief Korshakow an und sagte: »Gut, lassen Sie sie nicht mehr in den Kreml.« Woraufhin er sie kommen ließ und ihr salbungsvoll bedeutete: »Tanja, ich als alter Freund der Familie kann dir das Betreten des Kreml freilich nicht verbieten. Aber bedenke, Gerede wird es weiter geben ...« Sie ließ sich davon keineswegs beeindrucken. Ihr fester Charakter und ihr klares Denken zeigten ihr den Ausweg aus dieser Situation kleinlicher Sticheleien: Das Ziel war wichtiger. Auf die Arbeit von Analysten, Fernsehleuten und Soziologen – ihrer Konkurrenten schließlich – reagierten Korshakow, Barsukow und Soskowez auf seltsame Weise. Sie kapselten sich ab und wollten niemanden sehen. Was sie unter sich besprachen, wußte ich nicht.

Praktisch jede meiner Wahlkampfreisen war ein Grund, auf meine Tochter stolz zu sein. Tanja arbeitete wie ein Maultier, schlief gelegentlich nur noch drei Stunden am Tag und wollte nichts als das beste Ergebnis. Sie konnte zusammen mit den Redenschreibern Texte zehnmal umschreiben. Niemals werde ich vergessen, wie der »Veteranenbrief« zum 9. Mai entstand. Es war schon einmalig, daß der Präsident zum Tag des Sieges im Zwei-

ten Weltkrieg persönliche Schreiben an jeden einzelnen Kriegs-
teilnehmer schickte. Tanja hatte alles in Bewegung gesetzt, um
diese Leute zu ermitteln. Die Ironie des Schicksals wollte es, daß
der Entwurf des Textes vom nahezu härtesten Opponenten des
Präsidenten Jelzin geschrieben wurde – vom Journalisten Alexander Minkin. Es wurde ein menschliches und anrührendes
Schreiben.

Meine Mannschaft hatte ich auf den Sieg im ersten Wahlgang
eingeschworen. Als man mir Pläne für den zweiten Wahlgang
brachte, ließ ich sie ungelesen zurückgehen. »Wer an den zweiten Wahlgang denkt, kann zur Kur fahren. Einen zweiten Wahlgang wird es nicht geben«, erklärte ich kategorisch. Manche
glaubten, daß ich mir über die reale Situation Illusionen machte.
Keineswegs. Ich wollte lediglich meine Stimmung, meine ganze
Energie den Leuten übermitteln, die in meinem Stab arbeiteten.
Nur so kommt der Erfolg.

16. Juni 1996: der erste Wahlgang. Ich liege vorn, an zweiter
Stelle knapp dahinter Sjuganow, Lebed auf dem dritten Platz.
Der zweite Wahlgang würde also zwischen Jelzin und Sjuganow
ausgetragen werden. Bereits am 17. Juni um 7 Uhr früh lasse ich
die »Analytische Gruppe« im Kreml zusammenkommen. Als
ich den Raum betrete, spüre ich die Spannung meines Teams.
Ob ich gereizt sein und etwas Schroffes sagen würde? Ich lächelte sie nur an und sagte: »Es war eine gute Arbeit. Sagt mir,
was ihr beim zweiten Wahlgang zu tun gedenkt. Wir müssen
siegen.«

Noch vor dem zweiten Wahlgang wollte Korshakow zum
entscheidenden Schlag ausholen. Am 19. Juni um 17 Uhr nahm
der Sicherheitsdienst zwei Berater von Tschubais fest, Lissowski
und Jewstafjew. Begründung: Sie hätten in einem Karton eine
halbe Million Dollar fortgetragen. Als am nächsten Morgen die
Gazetten und das Fernsehen groß darüber berichteten, stellte ich
Korshakow zur Rede: »Brauchen wir das gerade jetzt?« Er antwortete: »Nicht wir machen Lärm, sondern Tschubais.« Offensichtlich hatte sich Korshakow die Rolle der Staatsanwaltschaft

und sämtlicher Rechtsorgane angemaßt, waren maskierte Männer auf seinen Befehl hin bereit, jeden in Handschellen abzuführen, der ihm nicht paßte und seine nur ihm allein bekannten Spielregeln verletzte. Es gab genügend Einwände gegen die Person Korshakow. Längst hatte er die zulässigen Grenzen für einen Sicherheitschef überschritten. Es war gewiß kein günstiger Zeitpunkt, aber mir war klar, daß er unverzüglich entlassen werden mußte.

Am frühen Morgen hatte mir Tanja erzählt, was in der Nacht zuvor geschehen war. Von der Verhaftung hatte sie von Jumaschew erfahren. Kurz darauf hatten Tschubais und mehrere aufgebrachte Mitglieder der »Analytischen Gruppe« bei ihr angerufen. Als sie um Mitternacht Korshakow telefonisch um Aufklärung bat, hatte er ihr geraten, den Morgen abzuwarten und sich nicht einzumischen. Daraufhin war sie zum Sitz von Boris Beresowskis Konzern Logowas gefahren, wo sich Mitglieder der »Analytischen Gruppe« und andere Mitstreiter versammelt hatten. Von der Wachmannschaft erfuhr sie, daß auf dem Dach des Gebäudes Scharfschützen postiert seien und das Gelände von Sicherheitsleuten umstellt sei. Korshakow und Barsukow, Chef des Föderalen Sicherheitsdienstes, des Inlandsgeheimdienstes FSB, waren offenbar entschlossen, niemanden herauszulassen.

Tanja blieb dort bis 5 Uhr morgens und beruhigte die Leute: Solange sie da sei, könne nichts passieren, weder eine Verhaftung noch irgendeine Provokation. Sie hatte recht. Ich denke oft an diese Episode zurück: Hätten sich nur diejenigen, die Tanja in jener Nacht durch ihre Anwesenheit geschützt hatte – Beresowski, Gussinski, Malaschenko –, später daran erinnert und ihren Ehrgeiz gemäßigt! In der Politik tummeln sich aber leider nur allzuhäufig Menschen mit sehr kurzem Gedächtnis.

Korshakow, Barsukow und Soskowez unterschrieben an jenem Morgen des 20. Juni auf meine Anweisung hin ihre Entlassung. Die Ermittlungen ergaben, daß im Fall Lissowski und Jewstafjew gar kein Delikt vorlag. Alle Beschuldigungen erwiesen sich als eine infame Provokation.

34

Die Entlassung Korshakows, Barsukows und Soskowez' war nicht allein die Folge dieses Skandals. Das seit langem gärende Nebeneinander von jungen, zukunftsorientierten Kräften in meinem Stab und denjenigen, die nichts anderes als die Macht zu ergreifen trachteten, brach endlich in einem offenen Konflikt aus. Und ich habe ihn gelöst. Wer offen zum Machtkampf blies, mußte damit rechnen, daß ich eingreife. Und das habe ich getan.

Nach der gewonnenen Wahl erschien Tanja gewohnheitsmäßig zu den Beratungen meines Stabes. Eines Tages kam Tschubais zu mir und fragte, wie mit ihr umzugehen sei, als was sie im Kreml fungiere, welchen Status sie habe? Gute Frage. Die Arbeit eines Staatsmechanismus duldet keine Freizügigkeiten. Die Tradition des »Familienbetriebs« paßte nicht ins Konzept. Mit dem Staat hatte ich einen klaren Vertrag: Laut Verfassung hatte ich mein Amt bis zum Ende der Amtszeit zu erfüllen, und dann war Schluß. Aber was war mit ihr?

Eigentlich hatte ich »Vetternwirtschaft« stets abgelehnt. Ein normaler Mensch unterscheidet doch zwischen Familie und Arbeit. Letztlich aber war diese Art von sterilem Funktionärsleben ein Erbe aus Sowjetzeiten, und vielleicht war meine Ansicht schlicht veraltet. Was war verwerflich an Tanjas Wunsch, mir zu helfen, mich zu schützen? Es waren die ganz normalen Gefühle einer Tochter. Warum sollte ich verpflichtet sein, sie zu mißachten.

Ich erinnerte mich an einen Präzedenzfall in Europa. Claude Chirac, die Tochter des französischen Präsidenten, war seine Beraterin im Wahlkampf. Ich rief also Jacques an und bat ihn, für Tanja einen Kontakt zu Claude herzustellen, als Erfahrungsaustausch sozusagen. Er reagierte sehr freundlich und meinte: »Boris Nikolajewitsch, Sie werden es nicht bereuen.«

Tanja und Claude trafen sich in der Residenz Chiracs. Sie waren fast gleichaltrig und verstanden sich sofort. Claude erzählte Tanja, wie sie im Rahmen der vorhandenen Strukturen für ihren

Vater arbeitete, vor allem im PR-Bereich. Es waren die gleichen Probleme. Die gleichen Zweifel an ihrer Rolle. Auch Claude verspürte als die Tochter des Präsidenten die negative Reaktion der öffentlichen Meinung. Doch sie ermunterte Tanja: »Beachte das einfach nicht. Frauen, die in einer gewissen Nähe zum Präsidenten stehen, wird alles mögliche angehängt. Glaubst du, meine Mama hat es leicht? Sie werden sich daran gewöhnen müssen, Schluß, aus.«

Am Ende des Gesprächs sagte Claude plötzlich: »Gehen wir doch Papa guten Tag sagen.« Eine unerwartete Einladung zum französischen Präsidenten. Chirac empfing Tanja überaus herzlich und sprach von unserem bevorstehenden Treffen. Ihr fiel auf, mit welcher Sorgfalt er »Boris Nikolajewitsch« aussprach. (So hat er mich übrigens immer genannt, denn er wollte mich auf keinen Fall duzen. »Sie können mich ruhig Jacques nennen, ich bleibe bei Boris Nikolajewitsch.«)

»Lassen wir von uns dreien ein Foto machen«, schlug Chirac vor. Es ist eine sehr charmante Aufnahme: der lächelnde Chirac, eingerahmt von zwei heiteren blonden jungen Frauen.

Nach dieser Reise war Tanja überzeugt, daß wir alles richtig gemacht hatten. So ist sie zu meiner Beraterin geworden, zur »Image-Beraterin«, wie die Journalisten es zu ihrer Verwunderung nannten.

Ob ich heute diesen Schritt bereue? Keineswegs. Es war eine der besten Entscheidungen der letzten Jahre. Tanja hat mir mit ihrer unauffälligen Präsenz und ihrem klugen Rat tatsächlich sehr geholfen. Und ich glaube, daß erst das Phänomen Tanja mich dazu gebracht hat, darüber nachzudenken, ob in Rußland nicht die Zeit der Frauen in der Politik gekommen sei. Die militanten Feministinnen brauchen sich darüber nicht zu freuen. Ich möchte, daß in Rußland endlich eine ruhige, glückliche Zeit anbricht.

Herzoperation

Es geschah am 26. Juni, einige Tage vor der zweiten Runde der Wahlen. Gegen 17 Uhr kam ich nach einem anstrengenden Arbeitstag nach Hause. Ich ging einige Schritte durch den Flur und ließ mich dann entkräftet in einem Sessel nieder. Bevor ich in den ersten Stock hinaufstieg, um mich umzuziehen, wollte ich mich erst einmal ausruhen. Plötzlich überkam mich ein überaus seltsames Gefühl – als hätte mir jemand unter die Arme gegriffen und wollte mich forttragen. Jemand mit großer Kraft. Den Schmerz hatte ich noch nicht verspürt, lediglich diese nahezu jenseitige Furcht. Eben noch war ich hier – und im nächsten Augenblick woanders. Es gibt dieses Gefühl der Begegnung dritter Art, einer anderen Realität, von der wir nichts wissen.

Gleich darauf setzte der Schmerz ein. Ein gewaltiger, nicht auszuhaltender Schmerz. Gottlob befand sich in nächster Nähe der diensthabende Arzt Anatoli Michailowitsch Grigorjew, der augenblicklich begriff, was mit mir los war. Er verabreichte mir die bei Herzanfällen notwendigen Medikamente. Ein Bett wurde herbeigeschafft, die erforderliche Apparatur angeschlossen. Von der ersten Sekunde an dachte ich nur: »Herrgott, warum habe ich so ein Pech! Wenige Tage vor dem zweiten Wahlgang!«

Am nächsten Tag gelang es mir mit größter Willensanstrengung, mich aufzurichten. Immer wieder stammelte ich: »Warum? Warum ausgerechnet jetzt!?« Naina versuchte mich zu beruhigen: »Borja, ich bitte dich, sei still, alles wird gut, mach dir keine Sorgen! Hadere nicht!«

Ich beschloß, das geplante Treffen mit Alexander Lebed nicht abzusagen. Am 28. Juni, zwei Tage nach dem Infarkt, wurde das zum Krankenlager umfunktionierte Wohnzimmer in ein Arbeitszimmer verwandelt. Der Kameramann (einer von uns, aus dem Kreml) suchte lange nach Einstellungen, die eine geschäftsmäßige Atmosphäre vermittelten. Vor allem das Klavier sollte nicht zu sehen sein, und schon gar nicht das Bett. Die medizinischen Gerätschaften wurden mit Tüchern verhängt. Tanja beschwor mich: »Papa, steh bloß nicht auf! Bleib im Sessel sitzen!« Doch unter Aufbietung meiner ganzen Willenskraft zwang ich mich aufzustehen.

Lebed war über das Treffen sehr erfreut. Man hatte ihm gesagt, ich sei erkältet, und so stellte er keine überflüssigen Fragen. Was mir auffiel, war seine eigenartige Aufmachung: schwarze Schuhe, weiße Socken, grelles, kariertes Sakko. Im ersten Wahlgang hatte er fünfzehn Prozent der Stimmen erhalten. Und am 18. Juni hatte ich ihn zum Sekretär des Sicherheitsrates ernannt. Wir vereinbarten, daß er sofort, noch vor dem zweiten Wahlgang, und ohne die Bildung einer neuen Regierung abzuwarten, sich dem Problem Tschetschenien widmen sollte. Dies war eine der brennendsten Fragen, und darüber wollten wir uns besprechen.

Die Tage bis zum 3. Juli, dem Tag des entscheidenden zweiten Wahlgangs, waren gezählt. Stündlich kam ich zu neuen Kräften, aber dennoch verbaten mir die Ärzte kategorisch aufzustehen. So stellte sich die Frage, wo der Präsident und seine Familie ihre Stimmen abgeben sollten. Naina bestand darauf, daß man mir, als einem »ordentlichen Patienten«, die Wahlurne ans Bett bringen sollte. »Das ist im Gesetz vorgesehen«, argumentierte sie. »Gesetz hin, Gesetz her, ich will mit allen gemeinsam meine Stimme abgeben«, beharrte ich. Dann rief ich Tanja, um mit ihr zu beraten, was zu tun sei. Die erste Variante, in unserem Moskauer Wahlkreis in der Ossennaja Straße wählen zu gehen, wurde sofort verworfen: der lange Weg, die Treppe, die belebte Straße. Selbst mit meinem Starrsinn begriff ich, daß es unmöglich war. Die zweite Variante war das Sanatorium in Barwicha, nicht weit weg von der Datscha. Dort ließ sich ein vorschriftsmäßiges Wahllokal einrichten. Auch Korrespondenten konnte man dorthin einladen. Nur deren Zahl wäre zu begrenzen gewesen. Ich zweifelte immer noch: »Was soll eine Stimmabgabe in Morgenmantel und Hauslatschen?«

»Es wird ein paar Journalisten weniger geben, aber glaube mir, die wichtigsten Fernsehkanäle und Presseagenturen werden dasein«, beruhigte mich Tanja.

»Wie soll ich aber erklären, daß ich kurz vor der Wahl nach Barwicha gefahren bin?«

»Jeder weiß doch, wieviel Kraft dich der Wahlkampf gekostet hat. Niemanden wird es wundern, daß du zwischen den Wahlgängen einen Kurzurlaub angetreten hast.«

»Klingt nicht überzeugend«, brummelte ich. Dennoch behielt Tanja recht.

Es war klar, daß es zwischen Sjuganow und mir ein Kopf-an-Kopf-Rennen geben würde und alles von Lebeds und Jawlinskis Wählerschaft abhing. Für wen würde sie stimmen? Würde sie überhaupt ihre Stimmen abgeben? Das war meine einzige Reserve, die im zweiten Wahlgang mobilisiert werden mußte. Diese Tatsache und nicht mein Wohlbefinden beschäftigte die öffentliche Meinung. Wie gut, daß außer der Familie, den behandelnden Ärzten und dem engsten Kreis des Wach- und Bedienungspersonals niemand von meinem Infarkt wußte.

Wäre mein Zusammenbruch einen Monat früher passiert, wäre das Wahlergebnis sicherlich anders ausgefallen. Ich hätte mich den Anstrengungen des Wahlkampfs nicht aussetzen können. Sjuganow hätte aufgrund dieses »Geschenks des Himmels« den Sieg davongetragen. Nicht auszudenken.

Am 27. Juni traf sich Tanja mit Tschubais im Präsident Hotel, wo der Stab residierte. Der ganze Terminplan bis zum zweiten Wahlgang, die geplanten Reisen ins Moskauer Gebiet, zu den Unternehmen und Verbänden, mußten abgesagt werden – unter dem Vorwand einer Änderung der Taktik: Der Präsident sei sich seines Erfolges sicher. Dabei durften Nachrichten über meinen Gesundheitszustand unter keinen Umständen durchsickern. Aber war es überhaupt zulässig, diese Information der Öffentlichkeit vorzuenthalten? Darüber mögen sich die Historiker streiten. Ich bin nach wie vor überzeugt, daß die Machtabgabe an Sjuganow oder die Vertagung der Wahlen das schlimmere Übel gewesen wären.

Am Tag des zweiten Wahlgangs fuhr ich unter größten Mühen mit Naina zum Wahllokal. Die Kameras der in- und ausländischen Fernsehsender und die Blicke der Journalisten verfolgten wachsam jede meiner Bewegungen. Ich sammelte meine letzten Kräfte, lächelte und sagte einige Worte zu ihnen. »Hören Sie, ich habe Ihre Fragen schon unzählige Male beantwortet ...«

Den Ausgang der Abstimmung erwartete ich im Bett. Der Sieg hatte den Beigeschmack von Medizin. Dennoch war es ein erstaunlicher, ein phantastischer Sieg. Kaum jemand in meiner nächsten Umgebung hatte daran geglaubt. Trotz aller Prognosen, trotz aller Erwartungen, trotz des Infarkts, trotz der schweren politischen Krisen, die meine erste Amtszeit überschatteten, hatte ich gesiegt. Ich lag im Krankenbett und starrte an die Decke, dabei hätte ich aufspringen und lostanzen wollen. Zum Glück waren mir nahe Menschen um mich, Freunde, Helfer, die mich umarmten, mir Blumen brachten und in deren Augen ich Tränen der Freude und Rührung sah.

In diesen Monaten des Wahlkampfs hatte ich es wahrlich nicht leicht. Die Ärzte folgten mir auf dem Fuß, schlimmer als die Leibwächter. Diese ganzen Spezialköfferchen und besorgten Gesichter konnte ich nicht mehr sehen. Und ständig hieß es: »Boris Nikolajewitsch, passen Sie auf! Schonen Sie sich!« Was konnte ich dazu sagen? Sie taten gewissenhaft ihre Arbeit. Mit Spritzen und Tabletten hielten sie sich hinter Vorhängen und Türen bereit. Und sie hatten gute Gründe: Immerzu hatte ich Herzschmerzen, Beklemmungen, Schwindelanfälle, wie aus dem medizinischen Lehrbuch.

In der Bevölkerung soll die Meinung verbreitet gewesen sein: Das hat der Jelzin nun von seinem Getanze und Gehopse während des Wahlkampfs. Es gab wirklich einen solchen Fall: Zusammen mit dem Sänger Shenja Ossin und seiner Tanzgruppe hatte ich auf der Bühne irgendwelche waghalsigen Bewegungen vollführt. Weder das Herz noch die Warnungen der Ärzte hatten meine Stimmung, meinen unbändigen Wunsch, diese Schlacht zu gewinnen, herabmindern können. Es war das erste Mal, daß ich an einem derart aufwendigen Wahlkampf teilnahm. Ich flog übers Land, trat täglich vor ungeheuren Mengen von Menschen in Stadien, Sportpalästen, Konzerten auf, begleitet vom Lärm, von Pfiffen und dem Applaus des jugendlichen Publikums. Das brachte mich regelrecht auf Touren. Vor jenem unseligen Konzert in Rostow am Don flehte Tanja mich an: »Papa, ich bitte dich – alles, bloß nicht tanzen!« Aber ich war nicht zu bremsen. Diese Ausgelassenheit war keine Behinderung, sondern eine Hilfe.

Das Tanzen hatte also mit meinem Zustand nichts zu tun. Es hatten sich eben Müdigkeit und Streß aufgestaut. Nun hatte ich auf einmal Zeit, im Bett zu liegen und darüber nachzudenken, was mit mir los war. Schon lange vor den Wahlen, im Frühjahr, hatte es ein kollektives Schreiben besorgter Ärzte an Korshakow gegeben, in dem unmißverständlich auf den katastrophalen Zustand meines Herzens hingewiesen und eine dringende Operation anempfohlen worden war. Dieses Schreiben hatte man weder mir noch meiner Familie gezeigt. Ich bekam es erst viel später zu lesen. Darin heißt es: »In den letzten beiden Wochen sind im Gesundheitszustand des Präsidenten der Russischen Föderation, Boris Nikolajewitsch Jelzin, Veränderungen negativer Art eingetreten. Sie stehen im direkten Zusammenhang mit einer drastischen Zunahme von physischen und emotionalen Belastungen. Eine wesentliche Rolle spielt hierbei der häufige Wechsel von Klima- und Zeitzonen bei Langzeitflügen. Der Schlaf ist äußerst reduziert: ca. 3–4 Stunden am Tag. Ein solches Arbeitspensum stellt eine reale Gefahr für Gesundheit und Leben des

Präsidenten dar.« Das Gutachten war von zehn Ärzten unterschrieben.

Zwar hatte Korshakow den Inhalt des Schreibens nicht verhehlt und Tanja mehrfach zu verstehen gegeben, daß, sollte mir etwas zustoßen, sie daran schuld wäre; das Schreiben selbst zeigte er jedoch niemandem. Nun aber erinnerte ich mich eines anderen Schreibens, das anderthalb Jahre zuvor von Ärzten verfaßt worden war und wo es geheißen hatte, ich benötige eine Koronarangiographie, eine Untersuchung der Herzkranzgefäße. Außer den Ärzten wußten nur Korshakow und ich von diesem Schreiben. Der Familie war es ebenfalls vorenthalten worden. Hätte man sich bloß eher meines Herzens angenommen!

Was also sollte geschehen? Ich war kein unheilbarer Patient, aber auch kein leichter Fall. Es gab zahlreiche negative Faktoren. Eine hundertprozentige Garantie konnten die Ärzte nicht geben. Dennoch war eine Bypass-Operation nichts Besonderes. Die Chirurgen kannten sie in- und auswendig. Die Erfahrungen auf diesem Gebiet waren groß. Wenn Sie wollen, hieß es, lassen Sie den Eingriff im Ausland machen. In Rußland seien die Erfahrungen nicht so zahlreich, dafür sei der Aufwand für mich geringer und ich würde es hier besser haben. Und überhaupt sollte ein russischer Präsident von Ärzten seines Landes operiert werden. »Was passiert, wenn ich der Operation nicht zustimme?« wollte ich wissen. Nach einer Pause sagte der Chefarzt: »Ihr Zustand wird sich allmählich verschlechtern. Sie werden ständige ärztliche Hilfe benötigen. Die Arbeitsfähigkeit wird unausweichlich nachlassen. Wie lange Sie dann noch zu leben haben – ob ein Jahr, zwei oder drei – können wir mit Genauigkeit nicht sagen.« Nein, ein solches Leben wollte ich ganz bestimmt nicht. Ich mußte mich entscheiden. Das Herz mußte operiert werden. »Wann?« fragte ich die Ärzte. »Nicht vor Oktober. Erst müssen Sie Ihre Kräfte zurückgewinnen und alle Untersuchungen durchlaufen.« Ich hatte also Zeit, alles zu überdenken und abzuwägen.

Die Vorbereitungen zur Amtseinführung begannen. Am 9. August leistete ich auf der Bühne des Kongreßpalastes den feierlichen Eid auf die Russische Verfassung. Trotz der Klimaanlage war es schwül. Meine Augen brannten. Selten war ich so angespannt gewesen. Es war mir nie leichtgefallen, Ehrungen zu empfangen und mich feierlich zu geben – aber heute war es ganz besonders schwer. Trotz aller Bemühungen der Ärzte fühlte ich mich grauenhaft. Man hatte mir schmerzstillende Medikamente gespritzt, und ich fiel in einen Dämmerzustand. Am Tage zuvor hatten Anatoli Tschubais und ich uns die Köpfe zerbrochen, wie die Zeremonie abgekürzt werden könne. Das war alles andere als einfach: Unter den ausländischen Journalisten und Diplomaten gab es erstklassige Kenner der Kreml-Rituale, Kürzungen würden ihrer Aufmerksamkeit nicht entgehen.

Jegor Strojew, Präsident des Föderationsrates, der mir den Präsidentenorden und Blumen überreichte, und alle anderen Anwesenden litten mit mir. Ich sah es, empfand es mit jeder Faser. Nur keine Bange, dachte ich bei mir. Der Jelzin hält es durch. Hat schon ganz andere Dinge durchgehalten. Die feierlichen, erhabenen Worte des Eides – für mich sind sie an diesem Tag um ein Vielfaches bedeutungsvoller geworden.

Zur Wiederherstellung der Kräfte vor der Operation bedurfte es einer beträchtlichen Zeit. Zunächst fuhr ich in meine Sommerresidenz Sawidowo. Vertraute, geliebte Gegend. Ich hatte große Lust, mich vor dem Krankenhaus mit dieser herrlichen, süßen Luft vollzupumpen. Doch plötzlich spürte ich – ich kann nicht mehr. Ich wurde von Tag zu Tag schwächer, wollte nichts essen und nichts trinken, wollte nur noch daliegen. Ich rief die Ärzte zusammen und fragte sie: Ist das schon das Ende? Mit sorgenvoller Miene beruhigten sie mich: Eigentlich laufe alles nach Plan. Tanja, Lena und Naina waren schockiert. Innerhalb weniger Tage hatte ich abgenommen, war leichenblaß geworden. Die Ursache: Hämoglobinabfall, Anämie. Das war die erste Krise vor der Operation, weshalb diese um einen Monat verschoben werden mußte.

Heute glaube ich, daß sich damals nicht die Müdigkeit oder irgendwelche überflüssigen Medikamente auf meinen Gesundheitszustand ausgewirkt haben, sondern etwas ganz anderes. Meine Stimmung war auf dem Tiefpunkt, weil meine Gebrechen dem Land, der ganzen Welt kundgetan werden mußten. Dies war für mich die schwerste Prüfung.

Damals, Anfang August, traf ich eine schwere Entscheidung: Ich willigte ein, mich »auf Gedeih und Verderb« einem neuen Ärzteteam aus dem Kardiologischen Zentrum auszuliefern. Sie verordneten mir als erstes die längst fällige Koronarangiographie. Geleitet wurde das Team von Aktschurin und Belenkow. Bereits beim ersten Gespräch merkte ich, daß ich Aktschurin vertraute: Er sprach ruhig, aber absolut hart und offen mit mir. Eine Koronarangiographie ist nicht ungefährlich und kann einen neuen Infarkt auslösen. Ich wurde lange und sorgfältig darauf vorbereitet. Die Untersuchung zeigte dann ein wesentlich schlechteres Bild als erwartet: Der Blutfluß war beeinträchtigt, die Gefäße waren verstopft, eine Operation »aus lebensrettenden Gründen« war dringend geboten.

Mit dem Kardiologischen Zentrum gab es ein Problem: Es wurde vom ehemaligen Abteilungsleiter des Gesundheitsministeriums und späteren Gesundheitsminister der UdSSR, Jewgeni Tschasow, geleitet, der seinerzeit für sämtliche Politbüromitglieder zuständig gewesen war. Er war ein ausgezeichneter Spezialist. Doch sein Name weckte unerfreuliche Erinnerungen an das Jahr 1987, als man mich gewaltsam zum Plenum des Moskauer Stadtkomitees der KPdSU verfrachtet hatte. Damals lag ich ebenfalls mit Herzbeschwerden im Krankenhaus und erholte mich vom Plenum des ZK der KPdSU, auf dem ich nach einer kurzen Rede einträchtig zum Schweigen gebracht worden war. Tschasow war mit den Worten in die Klinik gekommen: »Michail Sergejewitsch [Gorbatschow] bittet Sie zu erscheinen, das ist unbedingt notwendig.« Das bedeutete, daß man mich zu Fall bringen wollte, ganz gleich, was das für meine angeschlagene Gesundheit bedeutete. Man pumpte mich mit Medikamenten voll und verfrachtete mich in ein Auto. Tschasow hatte mir übrigens damals vorgeschlagen, sofort Invalidität zu beantragen, was ich entschieden ablehnte. »Er ist doch Arzt«, beschwor mich Naina, doch was hieß das schon? Ein Arzt war auch nur eine zwangsverpflichtete Person. Damals gab es keine unabhängigen Ärzte oder Lehrer – sie alle waren so oder so Parteisoldaten. Und nun, so viele Jahre später, traf ich also Tschasow wieder, lächelte ihn an und drückte ihm die Hand, wenn auch widerwillig. Das Leben ist seltsam.

So viele Jahre lang hatte ich das Selbstgefühl eines zehnjährigen Bengels in mir zu bewahren vermocht: Ich kann alles! Ich kann auf einen Baum klettern, auf einem Floß über den Fluß setzen, mit einem Hubschrauber die Taiga überfliegen, tagelang ohne Schlaf auskommen, Stunden in einem Dampfbad verbringen, jeden Gegner niederschlagen – ich kann alles, was ich will. Und plötzlich ist die Beherrschung des eigenen Körpers dahin. Jemand anderes wird zu dessen Beherrscher: die Familie, die Ärzte, das Schicksal. Wird aber dieses neue »Ich« von den eigenen Verwandten und Bekannten noch gebraucht? Wie werden sie mich aufnehmen? Und erst das ganze Land?

Ich war Verfechter einer harten Position, die zu Sowjetzeiten sehr verbreitet war: Je weniger das Volk von den Gebrechen des Staatsoberhauptes weiß, desto ruhiger ist es. Das Leben ist schwer genug, und die Medien machen es durch die Verbreitung von Hysterie und Gerüchten nicht eben leichter. Die Zipperlein des Präsidenten sind seine persönliche Angelegenheit. Ich habe nicht geschworen, meine Röntgenaufnahmen vorzuzeigen.

Naina und Tanja redeten auf mich ein: »Borja, es ist doch unglaubwürdig, wenn du für so lange Zeit im ungewissen verschwindest.«

Tanja brachte mir die Übersetzung des Briefes von Ronald Reagan an die amerikanische Nation, den er geschrieben hatte, als bei ihm die Alzheimer-Krankheit manifest wurde und in seinem Gehirn irreversible Veränderungen auszulösen begann. Genaugenommen verabschiedete er sich darin von den Amerikanern. Schlichte, sehr schlichte Worte, wie ein Brief aus dem Krankenzimmer, auf einen Zettel gekritzelt. So verkehren nur die Nächsten miteinander.

Ich grübelte. Stand es mir zu, ebenso menschlich und offen, absolut unverhohlen zu den Menschen meines Landes zu sprechen? Meine Umgebung redete mir zu: Nachdem ich einen so offenen, aufrichtigen Wahlkampf geführt hätte, sei es nun unmöglich, die Operation zu verbergen. »Dies ist keine Privatangelegenheit von Boris Jelzin und seiner Familie«, schrieb mir der neue Pressesprecher Sergej Jastrshembski. Dieser Brief wurde mir von Tanja nach Sawidowo gebracht, weil sich meine Mitarbeiter nicht getraut hatten, ihn mit der regulären Präsidentenpost zu schicken. Dort traf ich die endgültige Entscheidung: Gut, ich gebe bekannt, was los ist.

Im Wintergarten gab ich dem Journalisten Michail Lessin ein Interview. Ich empfing ihn in bequemer Freizeitkleidung. Beim Wort »Herzoperation« geriet ich ins Stocken. Als ich die Bilder später im Fernsehen sah, mußte ich insgeheim denken: So, jetzt fängt für dich ein völlig neues Leben an. Aber welches?

In die Zeit meiner Vorbereitung auf die Operation fiel unser vierzigster Hochzeitstag. Mitten im September. Lena und Tanja überraschten uns früh am Morgen. Geheimnisvoll trugen sie eine Untertasse vor sich her, darauf zwei Ringe – einer mit einem Steinchen für Naina, ein zweiter für mich, ein goldener Trauring. So etwas hatte ich nie besessen. Zu unserer Hochzeit hatte ich mir von meinem Großvater fürs Standesamt einen Kupferring geliehen. Das war alles gewesen.

»Brautleute, setzt euch nebeneinander!« Naina wußte sofort, worum es ging. Ich aber habe ein Weile gebraucht, dachte, sie wollten uns etwas Wichtiges mitteilen. Doch dann begriff ich. Mir wurde warm ums Herz, ich empfand eine große Dankbarkeit für meine Mädchen. »Los, Mama, Papa, küßt euch! Tauscht die Ringe!« Die Sonne ging auf – wie schön das Leben doch sein konnte.

Die Operation, durchgeführt von einem Chirurgenteam unter

Leitung von Renat Aktschurin, fand am 5. November 1996 statt. Um 6 Uhr verabschiedete ich mich von der Familie, die später nachkommen wollte. Ich war vollkommen ruhig, mehr noch, ich verspürte ein Anwachsen meiner Kräfte. Tanja bemerkte es als erste: »Wir alle zittern vor Angst, und du hast Nerven wie Stahl.« In die Klinik fuhr ich nicht in der Präsidentenlimousine, sondern in einem Fahrzeug der Sicherung, damit die wartende Journalistenmeute mich nicht erkannte.

Um Punkt 6.30 Uhr fuhren wir durchs Kliniktor. Draußen war es grau, ein leichter Nieselregen fiel. In der Vorhalle wartete eine ganze Kompanie von Ärzten und Schwestern in weißen Kitteln. Mir fiel auf, daß die Ärzte selbst nervös waren. Sehr vertrauenerweckend jedenfalls haben sie nicht ausgesehen. Um die Situation zu entspannen, fragte ich den Leiter des Konsiliums Sergej Mironow: »Haben Sie auch schon das Messer dabei?« Da tauten alle ein wenig auf und lächelten mir zu.

Die Operation begann um 8 Uhr und endete um 14 Uhr. Nicht nur vier, sondern fünf Bypässe wurden gelegt. Sofort nach dem Abschalten der Geräte funktionierte das Herz normal. Den Verlauf der Operation hatte der berühmte amerikanische Herzchirurg DeBakey am Monitor verfolgt. Im Ärzteteam befanden sich auch zwei deutsche Kardiologen, Axel Havenich und Thorsten Wahlers, die Helmut Kohl geschickt hatte.

Zum Glück hatte man Naina und die Töchter nicht in den »Vorführraum« vorgelassen. Ich weiß nicht, ob sie dieses Spektakel verkraftet hätten. Zuvor hatte ich übrigens zwei Dekrete vorbereiten lassen: eines über die Übergabe aller Vollmachten des Präsidenten an Viktor Tschernomyrdin für die Zeit der Operation, ein zweites über deren Rückgabe an mich nach Ablauf des Eingriffs. Später wurde geschrieben, ich hätte, kaum daß ich nach der Operation zu mir gekommen war, nach einem Stift gefragt und das Dekret über die Rückgabe der Vollmachten unterschrieben. Das sei, so hieß es, mein ausgeprägter Machtinstinkt gewesen. Aber um Macht war es mir dabei weiß Gott nicht gegangen. Das ist ein journalistisches Klischee, nichts weiter. Es ging schlicht darum, daß alles nach Plan verlief, Schritt für Schritt. Genau dieses Gefühls hatte ich tatsächlich bedurft.

Nach der Operation brachte man mir ein rotes Kissen – das Geschenk einer amerikanischen Vereinigung von Patienten, die eine Herzoperation erlebt hatten. In ihrem Schreiben hieß es: »Sehr geehrter Boris Nikolajewitsch, wir wünschen Ihnen von Herzen baldigste Genesung.« Ich war gerührt.

Langes Kranksein ist für mich eine Qual. Das weiß meine Familie, das wissen meine Ärzte. Doch diesmal ging es zum Glück mit meiner Genesung und meiner Stimmung rasch bergan. Bereits am 7. November wurde ich in einen Sessel gesetzt. Am 8. durfte ich schon mit Hilfe von Krankenschwestern und Ärzten erste Schritte tun. Der Brustkorb schmerzte fürchterlich. Während der Operation war er zersägt und anschließend mit Stahlklammern zusammengezogen worden. Die aufgeschnittenen Beine brannten. Hinzu kam ein unglaubliches Schwächegefühl, aber gleichzeitig die Empfindung einer ungeheuren Freiheit, Leichtigkeit und Freude: Ich atme. Das Herz tut nicht mehr weh! Hurra!

Bereits am 8. November ließ ich mich trotz Bedenken der Ärzte ins Kreml-Krankenhaus verlegen. Dort hatte ich genügend Zeit, über mein Leben nachzudenken. Ich hatte einige gesundheitliche Katastrophen erlebt. Magendurchbruch, Rückgratprellung nach einem Flugzeugunfall 1990 in Spanien, Infarkte, etliche Operationen und schlimme Schmerzen. Aber dazwischen gab es immer wieder Perioden mit zwanzigstündigen Arbeitstagen, außerordentlicher Aktivität, schwersten physischen und psychischen Belastungen. Ich fiel hin, stand auf und lief weiter. Ich brauchte diese Art zu leben.

Am 20. November wurden die Operationsnähte entfernt. Zum erstenmal ging ich, zusammen mit Naina, Tanja und der Enkelin Mascha, in den Park hinaus. Den wartenden Fernsehjournalisten versprach ich, bald wieder arbeitsfähig zu sein. Draußen war es feucht, still und kalt. Wir gingen einen Pfad entlang, und ich betrachtete die goldbraunen Blätter, den Novemberhimmel. Es war tiefster Herbst. Kein Zweifel, es war auch mein Herbst.

Am 22. November fuhr ich nach Barwicha. Immer wieder beschwor ich die Ärzte: Wann endlich kann ich meine Amtsgeschäfte wiederaufnehmen? Sie meinten, daß ich nach Neujahr in den Kreml zurückkehren könne. Sofort stieg meine Stimmung an. Ich machte Witze und war ausgelassen. Dann wieder hielt ich überrascht inne: Das Herz tat nicht mehr weh. Wie viele Monate, nein Jahre hatte ich mit diesem zugeschnürten Herzen verbracht!

Am 4. Dezember begab ich mich vom Sanatorium auf meine Datscha in Gorki. Die Familie stellte fest, daß ich mich verändert hätte. Ich sei gütiger geworden, meinte Mascha lächelnd. War ich denn vorher böse? »Nein, aber du fängst an, alle um dich herum zu sehen.«

Ich spürte selbst, daß ich mich innerlich verändert hatte. Wie klar, groß und deutlich war die Welt um mich herum, wie teuer und nah war mir alles darin geworden.

Am 9. Dezember wurde ich mit dem Hubschrauber nach Sawidowo geflogen, wo ich endgültig genesen sollte. Dort besuchte mich Helmut Kohl. Eigentlich war es keine diplomatische Visite, er wollte mir bloß Mut machen nach der Operation. Für diese menschliche Geste bin ich ihm noch heute sehr dankbar. Ich lud ihn zum Essen ein und merkte, daß er mich mit seiner Lebenslust anstecken wollte. Er kostete von jedem Gericht, trank russisches Bier. Er ist ein Prachtkerl, natürlich, offen und direkt. Das gefiel mir. Ich stellte ihm meinen neuen Pressesprecher, Sergej Jastrshembski, vor. Er schaute ihn genau eine Sekunde lang an und grinste: »Gut gemacht, Boris. Du hast dir jemanden geholt, der die Journalisten bestens an der Nase herumführen kann.« Später habe ich mehrfach an diese Szene denken müssen. Jastrshembski hatte es manchmal wirklich nicht leicht in seinem Amt.

Am 23. Dezember kehrte ich in den Kreml zurück, womit ich

meinen »beschleunigten« Zeitplan noch um zwei Wochen unterbot. Alle bemerkten, daß ich abgenommen hatte und mich mit Leichtigkeit bewegte. Ich sprach auch viel schneller. Im Spiegel erkannte ich mich kaum wieder: ein verändertes Gesicht, reduziertes Gewicht, ein neues Lebensgefühl. Voller Ungeduld und Tatendrang trat ich vor die Fernsehkameras: »Was ist los im Land? Wie weit ist es mit uns gekommen!« Dabei hatte sich das Land nicht verändert, nur meine Stimmung war eine andere: Ich kann jedes Problem bewältigen!

Der Neujahrstag nahte. Ich wollte mich nicht mit dem gewohnten Zeremoniell im Kreml begnügen, sondern die Menschen auf der Straße sehen: Was tun sie? Wie werden sie das Fest begehen? Also machte ich einen Abstecher ins Kinderkaufhaus, um meinen Enkelkindern Spielzeug zu kaufen. Die Verkäufer umringten und berieten mich. Wann war ich zuletzt in einem Spielzeugladen? Wie herrlich es dort ist! Ich kaufte ein riesiges Auto für Gleb. Ich mag große Geschenke. Ich liebe es zu hören: Opa, das ist ja toll!

Am 31. Dezember fuhr ich zum »Jolka-Fest«. So nannten wir den feierlichen Empfang im Kreml, den gewöhnlich Juri Lushkow veranstaltete. Die Ärzte hatten mir von der Teilnahme abgeraten. Auch Naina war dagegen. Ich aber hörte auf niemanden und befahl den Wachtruppen Bereitschaft. Zum Kreml war es nicht weit, und ich wollte den Feiertag so begehen, wie es sich gehörte.

Kaum im Kreml-Palast angekommen, stellte ich ungewohnte Empfindungen fest. Nach der langen Abwesenheit spürte ich nahezu physisch die Blicke der Tausende. Offenbar war ich dünnhäutiger geworden. Es trifft sicherlich zu, daß einem Politiker im Laufe seiner Karriere eine Art von unsichtbarer Panzerung wächst. Man gewöhnt sich an alles – an die Rücken der Leibwächter, an den stets anwesenden Arzt, an Menschenmengen, ans Schütteln von unzähligen Händen, an den stets geforderten Sicherheitsabstand. Die Routine rettet vor ungeschickten Bewegungen oder Worten. Durch die Operation schien mir diese Routine vorübergehend abhanden gekommen zu sein. Mit Mühe nahm ich ein Glas Sekt, verharrte eine Weile und hielt dann die von mir erwartete Ansprache.

Einige Tage nach Neujahr ging ich in die Sauna. Ich wollte mich lediglich davon überzeugen, daß ich ab sofort wieder ein normaler Mensch war. Ich zog mich aus, doch die Sauna war noch nicht genügend erwärmt. Am 7. Januar brachte man mich mit Verdacht auf Lungenentzündung ins Kreml-Krankenhaus. Naina kann es sich bis heute nicht verzeihen, daß sie nicht aufgepaßt hatte.

Rußland und seine Generäle

Rußland war schon immer stolz auf seine Generäle. Auf die Generäle von 1812, auf die Generäle des Krimkriegs, auch wenn sie nicht siegreich waren, auf die Generäle des Ersten Weltkriegs Michail Skobelew und Alexander Brussilow und auf die großen Heerführer des Zweiten Weltkriegs Georgi Shukow, Konstantin Rokossowski und Iwan Konjew.

Selbst so widersprüchliche Persönlichkeiten wie die Helden des Bürgerkriegs Michail Tuchatschewski, Wassili Blücher und Jona Jakir sind in die Geschichte eingegangen. Bis heute diskutieren wir darüber, ob das Schicksal unseres Landes nicht einen anderen Verlauf genommen hätte, wenn Stalin sie nicht hätte erschießen lassen. Im Großen Vaterländischen Krieg wären gewiß weniger Menschen ums Leben gekommen.

In dem bekannten Film von Nikita Michalkow *Die Sonne, die uns täuscht* gibt es eine erschütternde Szene: Ein roter General wird blutüberströmt zur Lubjanka gefahren. Noch vor einer halben Stunde als Nationalheld gefeiert, ist er nun ein Häufchen Elend, brutal zusammengeschlagen von drei Tschekisten. Nachdem ich mir den Film angesehen hatte, fragte ich mich, wie es so weit hatte kommen können; was war das für eine Zeit! Ein Mann, der eine Armee kommandiert hatte und selbst einen Weltkrieg nicht fürchtete, wurde von einer Sekunde zur anderen zu einem Stück Dreck. Seine einzige Hoffnung – ausgerechnet Stalin anzurufen!

Aber ich dachte auch: Hätten die berühmten roten Generäle nicht der Zivilbevölkerung den Krieg erklärt, wären sie nicht mit dem roten Terror gegen Bauern und Kosaken vorgegangen, hätten sie nicht ganze soziale Schichten ausgerottet, vielleicht hätten sie dann kein so schmachvolles Ende gefunden.

Warum rede ich darüber so ausführlich? Bis zu den Wahlen 1996 hatte eine neue Bewegung russischer Generäle starken Einfluß auf unser Leben ausgeübt. Ich denke an die politischen Ambitionen der Generäle Gratschow, Dudajew, Lebed, Korshakow oder Barsukow. Jeder hat seine Biographie, und über jeden gibt es etwas zu sagen.

Mein zweites Buch endete mit den tragischen Ereignissen des Herbstes 1993. Damals dachte ich, mit dem Kommunismus sei es im Lande ein für allemal vorbei. Niemand wollte es zu Massenunruhen kommen lassen. Als aber der Oberste Sowjet mit seinem Vorsitzenden Ruslan Chasbulatow das Land praktisch an den Rand eines Bürgerkrieges brachte, als Chasbulatow und der selbsternannte »Präsident« Alexander Ruzkoi schließlich am 3. Oktober 1993 das Parlamentsgebäude, das Moskauer Bürgermeisteramt und Teile der Medien unter ihre Kontrolle brachten, mußte unverzüglich hart und schnell gehandelt werden. Es waren für Moskau schreckliche Tage.

Dennoch halte ich es für einen entscheidenden Sieg, daß wir größeres Blutvergießen und den Ausbruch eines Bürgerkriegs zwischen den Anhängern des kommunistischen Obersten Sowjets auf der einen und denen der legitimen Macht des Präsidenten auf der anderen Seite verhindert haben. Da erst begann ich über die Generäle ernsthaft nachzudenken. Mit anderen Worten, ich lernte den Typ des Generals ohne Überzeugung kennen. Äußerlich hart, eisern, willensstark und pflichttreu – so traten sie auf. Die Wirklichkeit sah ganz anders aus.

Wie viele bescheidene, gebildete Zivilisten, die wenig Aufhebens um ihre Person machten, waren in ihren Überzeugungen weitaus aufrechter, in ihrem Handeln weitaus couragierter! Beispiele sind der Bürgerrechtler Andrej Sacharow, der Historiker Dmitri Lichatschow, der ehemalige Bürgermeister von Petersburg Anatoli Sobtschak oder die demokratische Reformpolitikerin Galina Starowoitowa, die ihr mutiges Engagement im November 1998 mit dem Leben bezahlte. Die Liste der Namen ließe sich fortsetzen.

Die ganze Zeit von 1990 bis 1996, davon bin ich heute überzeugt, hing über Rußland die Gefahr des Bürgerkriegs. Viele Russen dachten fatalistisch, so werde es kommen: ein neuer Militärputsch, eine Junta, der Zerfall in kleine und kleinste Republiken, kurzum, eine Variante von Jugoslawien. Oder, wenn man an unsere Geschichte denkt, noch schlimmer – eine Variante des Jahres 1918. Eine schreckliche Vorstellung, aber nicht ausgeschlossen. Damals haben viele aus diesem Grunde das Land verlassen.

Und in der Tat ging die objektive Entwicklung genau in diese Richtung. Das Sowjetimperium wurde jahrzehntelang streng nach Plan aufgebaut. An diesen Plan hielt man sich eisern und unerbittlich, innere Widersprüche wurden nicht zur Kenntnis genommen. Die Möglichkeit, Gebiete aus der Union zu entlassen, hat man nicht einmal erwogen. Die Wirtschaft wurde nicht nach den jeweiligen territorialen Bedürfnissen entwickelt, sondern einheitlich fürs ganze Land, für ein Sechstel der Erde. Als die Sowjetunion auseinanderbrach, sah sich ein beträchtlicher Teil der russischsprachigen Bevölkerung in den einzelnen Republiken, wo sie jahrzehntelang nach jenem Plan in Wirtschaft, Wissenschaft und Kultur gearbeitet hatten, gezwungen zu emigrieren. In den Städten und Regionen, die Lebensmittel einführen mußten, da sie selbst nur Stahl, Panzer, Raketen und ähnliches produzierten, kam es aufgrund des zusammengebrochenen Marktes zur ökonomischen Katastrophe. Zu dem Heer der Arbeitslosen kamen noch die dienstentlassenen Offiziere, nachdem unsere Armeen aus den Ländern Mitteleuropas abgezogen worden waren.

Als es im August 1991 gelang, der Sowjetmacht ein für allemal ein Ende zu setzen, glaubte ich, dies stünde im Einklang mit der herrschenden Meinung im Lande, hatten doch alle einmütig den Kommunismus und die Kommunisten verabscheut und das korrupte Regime angeprangert.

54

Worte bedeuten dem russischen Volk sehr viel. Auch mir geht es so. Das Bedürfnis nach Propaganda, der Glaube an die Macht der Worte ist bei uns unausrottbar.

Die Gorbatschowsche Perestroika und ihr Scheitern, die Schwierigkeiten, die dies mit sich brachte, beherrschten seit Jahren die Gemüter, waren ständig präsent auf den Bildschirmen. Putsche, drückende Alltagssorgen, die wirtschaftliche »Schocktherapie« und der Zusammenbruch der alten Strukturen – wie sollte man sich da ein positives Bild von einem friedlichen, wohlgeordneten Rußland machen? Ich selber dachte damals: Warum etwas forcieren, wozu brauchen wir noch Propaganda? Das neue Leben ist da, das wird die Menschen schon überzeugen.

Das Gefühl der Kränkung und der Verlust des Gewohnten brachten eine neue Generation von Politikern hervor. Einerseits die zornig im Namen der bisher unterdrückten Nationalitäten auftretenden Abgeordneten, andererseits die charismatischen Generäle, die allzeit bereit waren, sich bei beliebigen »Ereignissen« an die Spitze zu stellen.

General Dshochar Dudajew zum Beispiel. Eigentlich ein fähiger Armeegeneral und bedeutender sowjetischer Heerführer. Er leitete die strategische Luftwaffe und kannte sämtliche Landkarten Europas. Ein kluger Mann, möchte man meinen.

Wann faßte er den Entschluß, Rußland abzuschwören und eine Republik im Zeichen der Scharia auszurufen? Vielleicht haben ihm die Karrieren von Chomeini und Gaddafi keine Ruhe gelassen? Ich kann es mir nicht vorstellen. Aber das angestammte Vaterland hatte diesen Mann heimgeholt. Angesichts der dramatischen Ereignisse von 1991 hatten wir die scheinbar kleine Katastrophe von Tschetschenien übersehen. Wir glaubten einfach nicht, daß so etwas möglich ist. Das Ausmaß der Gewalt, das die Republik bereits in den ersten Jahren der Regierung Dudajew erfaßte, war einfach ungeheuerlich. Hunderte, später Tausende von Russen und Tschetschenen verließen das Land, weil man ihr Leben bedrohte.

Die größte Gefahr bestand jedoch nicht einmal in der unfaßbaren Eskalation von Grausamkeit. Auf dem Gebiet der Russischen Föderation entstand eine kriminelle Zone, ein »schwarzes Loch«. Jedes Volk hat seine Kriminellen, da stehen die Tschetschenen nicht besser da als andere Völker. In Tschetschenien aber wurde Banditentum zum legalen Gewerbe, nachgerade zur ersten Bürgerpflicht.

Wenn der Staat sich schlecht und recht bemüht, das organisierte Verbrechen zu bekämpfen, und die Rechtsschutzorgane funktionieren, ist das eine Sache. Eine andere Sache ist es, wenn die lokalen Behörden den Banditen helfen und sie jederzeit mit ihrem Geld, ihren Geiseln und Waffen in diesem »schwarzen Loch« verschwinden lassen.

Vor Beginn des ersten Tschetschenienkrieges im Herbst 1994 wollte die Gesellschaft, die Schrecken des Jahres 1993 noch vor Augen, keine Konflikte mehr. Dudajew aber drohte Rußland mit Terrorakten, mit der Sprengung von Militärobjekten und Atomkraftwerken. Wer so etwas sagt, will nicht verhandeln.

Die Tschetschenen sind bis heute stolz darauf, wie lange und wie oft sie der russischen Übermacht widerstanden haben: im 19. Jahrhundert der Armee des Zaren, im Bürgerkrieg den weißgardistischen Generälen und nach dem Krieg den Tschekisten. Diesen Mythos spielte Dudajew aus. Sein gepflegtes Aussehen – Hut, Krawatte, Schnurrbart – erinnerte in keiner Weise an die heutigen Bandenführer, bis an die Zähne bewaffnete Männer, die Rußland nicht nur verbal, sondern auch mit Taten terrorisieren. Und doch ist Dudajew der geistige Vater dieser Leute. Der gefährliche Mythos von der islamischen Revolution half ihm dabei. Bedauerlich nur, daß die undiplomatische Politik der Sowjetunion zum islamistischen Extremismus beigetragen hatte. Sie hatte den Zionismus bekämpft, Israel verunglimpft, die Palästinenser und andere arabische Bewegungen unterstützt und hatte selbst vor terroristischen Mitteln nicht zurückgeschreckt. Und wie lange hatte der Krieg in Afghanistan gedauert! Dort hatten sich ein importierter Sozialismus und von unseren Geheimdiensten eingeführte terroristische

Methoden fest mit denen islamistischer Extremisten verbunden – und mit dem Haß gegen Rußland, der im Verlauf des Krieges in Afghanistan entbrannt war.

Der Haß der islamistischen Terroristen richtet sich gegen verschiedene Länder – die USA, England, Frankreich, Indien, Israel und Rußland. Entscheidend ist, daß es Atommächte sind, mit entwickelter Technologie, mit Flugzeugen, Raketen und Computern. Diese Länder rufen barbarische Gefühle hervor, die unsere Werte, unsere Welt und unsere Existenz selbst in Frage stellen. Die Zivilisation steht den »Feldkommandeuren«, dem Guerillakrieg, den Geiselnahmen und Terrorakten nahezu ratlos gegenüber. Die entwickelten Länder können die jahrhundertelange Not dortzulande nicht bekämpfen, sie können sie nur lindern. Jeder tut das auf seine Weise. Die Israelis mit Gegenschlägen, Amerikaner und Engländer, indem sie ein riesiges Netz von Geheimdiensten aufbauen, die Anführer verfolgen und gleichzeitig in der Außenpolitik und vor allem in der Weltwirtschaft versuchen, gemeinsame Prioritäten zu finden. Trotz der Massenrepression und der Deportationen, mit denen sie in Algerien vorgingen, haben die Franzosen weitgehend freundschaftliche Beziehungen zu ihren früheren Kolonien aufrechterhalten. Unser Problem war ein ähnliches. Man muß sich nur richtig erinnern, wie es begann, auch wenn die Erinnerung schmerzlich ist, denn wir haben damals auch Fehler gemacht.

Im Sommer 1994 hatte man sich des Tschetschenienproblems ernsthaft angenommen. Die Macht Dudajews war schwach. Das neue Regime stützte sich auf die Clans und Stammesältesten, zwischen denen es offensichtlich um Machtkämpfe ging. Es kam ständig zu bewaffneten Konflikten – in Grosny und am Oberlauf des Terek. Die Produktion kam zum Erliegen, das Volk war zermürbt und glaubte Dudajew kein Wort mehr. Alle wollten Stabilität, egal wie. Es war an der Zeit, einzugreifen. Die Ereignisse in Georgien zeigten Parallelen: Wenn der Republikchef sich zu Übergriffen hinreißen läßt, bildet die maßgebende, in der Regel rußlandorientierte Intelligenz politische Gruppierungen. Weshalb sollte man in Moskau, wo viele einflußreiche Tschetschenen lebten, nicht eine solche Bewegung ins Leben rufen? Als Kandidaten kamen Awturchanow, Gadshijew, Sawgajew in Frage. Unterstützte man die Dudajew-Gegner, so würde das Volk selbst ihn vertreiben. Und sollte es zu bewaffneten Konflikten kommen, galt es, Blutvergießen zu vermeiden. Friedfertigkeit findet immer Unterstützung in der Bevölkerung: Tadshikistan und das Dnjestr-Gebiet hatten es gezeigt. Ich stimmte diesem Plan zu.

Es gab ein weiteres Argument: Bekämpft man die Kriminalität erfolgreich an einem Ort, so kann dies die Situation in ganz Rußland grundlegend verändern. Man mußte in Tschetschenien anfangen und den Aufrührern klarmachen, daß sie nicht straflos bleiben.

Es gab die Theorie, ich hätte den Konflikt mit Tschetschenien verschärft, um meine Autorität als Präsident zu stärken. Das ist Unsinn. Ich wußte, daß die Gesellschaft keinen Krieg wollte und ihn fürchtete. Die Besonderheit der ersten Tschetschenienoperation bestand ja darin, daß ich keine Eskalation wollte. Der Krieg glitt uns jedoch aus den Händen und flammte immer wieder neu auf, in Krasnoarmesk, während der schrecklichen Geiselnahme in einem Krankenhaus in Budjonnowsk 1995 und der totalen Zerstörung Grosnys im Sommer 1996.

Der Sicherheitsrat entschied, militärisch einzugreifen. In der Presse hieß es, ich hätte die Verantwortung von mir gewiesen. Auch das stimmt nicht. Niemals habe ich die Verantwortung auf andere abgeschoben. Befehle erteilten andere, doch ich trug die Verantwortung für den Sturm auf Grosny, für die Bombardierungen und für deren Einstellung. Im Sicherheitsrat, wo die Beschlüsse über den Beginn der Operation gefaßt wurden, wurde kein Protokoll geführt. Es gab freilich Gutachten, die von einer Einmischung in tschetschenische Angelegenheiten abrieten. Diese Argumente habe ich dargelegt und gefragt, was uns erwartet. Die meisten meinten: Wir können nicht tatenlos zusehen, wie sich ein Stück Rußland von uns abtrennt, das wäre der Anfang vom Ende des ganzen Landes.

Einer, der wirklich glaubte, daß eine blitzschnelle Operation gelingen werde, war Pawel Gratschow, der Verteidigungsminister Rußlands von 1992 bis 1996. Deshalb muß ich über ihn ein paar Worte sagen.

Gratschow war ordentlicher Armeegeneral, und ich hielt ihn damals für den idealen Verteidigungsminister, weil er sich im Gegensatz zu etlichen seiner Kollegen aus der Politik herausgehalten hat. Das garantierte dem Staat eine gewisse Sicherheit. Gratschow wollte nichts sein als der richtige Mann am richtigen Ort. Doch ein militärisches Amt innezuhaben ist nicht dasselbe wie eine militärische Operation zu leiten. Die Erstürmung von Grosny in der Nacht zum 1. Januar 1995, die vielen Toten werden wir nie vergessen.

Die Kampagne führten dann andere Generäle weiter, unter der Leitung Gratschows. Doch wie teuer ist uns das Chaos der ersten zwei Monate zu stehen gekommen! Die Freischärler leisteten erbitterten Widerstand, die Armee – das erwies sich in erschreckendem Maße – war auf einen solchen Einsatz nicht vorbereitet. Es gab Gerangel und übelste Obstruktion zwischen den Ministern der sicherheitsrelevanten Ressorts. Die Öffentlichkeit war geschockt. Wieder, wie 1991 und 1993, eskalierte eine Krise. Doch diesmal explodierte ein lokale Krise und wurde zu einem ebenso grausamen wie unsinnigen Krieg.

Rußland mußte sich von einer weiteren uns sehr am Herzen liegenden, doch äußerst gefährlichen Illusion verabschieden – vom Glauben an die Unbesiegbarkeit unserer Armee. Die Armee war keineswegs für alle denkbaren Konflikte gewappnet. Nun sagte niemand mehr: Die Tschetschenen, wer ist denn das? Sind es fünf-, zehn-, zwanzigtausend Mann? Was wollen die gegen unsere Armee ausrichten? Nur zu bald hat sich erwiesen: Die Armee und ihre Kommandeure waren auf einen ganz anderen Krieg eingestellt. Ein nur allzu bekannter Fehler der Generäle. Es wurde ein schwerer, schrecklicher, blutiger Krieg.

Ich erinnere mich noch, wie schwer es mir fiel, mit dem Augenzeugen Sergej Kowaljow zu sprechen, der in den ersten Tagen der Kämpfe auf der Seite der Separatisten stand und dann nach Moskau kam, um auf einer Pressekonferenz darüber zu berichten, welche Zerstörungen, wie viele Opfer er in Grosny gesehen hatte. Vor mir saß ein gestandener Mann, ein Demokrat, in offizieller Mission als Bevollmächtigter der vom Präsidenten initiierten Kommission für den Schutz der Menschenrechte. Wie sollte ich ihm klarmachen, daß in Tschetschenien die Existenz ganz Rußlands als Staat auf dem Spiel stand? Auf meine Argumente hätte er sowieso nicht gehört. Ich hörte ihm zu, nahm seinen Bericht entgegen und dankte ihm. Hätten wir damals, als jede Antikriegsreportage als Verrat empfunden wurde, rigorose Maßnahmen ergriffen und eine Informationssperre verhängt, hätte sich die Lage weiter verschärft.

Mit eisernem Willen zwang ich mich dazu, die scharfe Kritik an der Regierung zu ignorieren, und langsam gewann in der Öffentlichkeit eine gemäßigtere Haltung die Oberhand. Die Menschen verstanden, daß dort unsere Armee, unsere Leute kämpften. Die Militärs machen ihre Sache und die Zivilisten die ihre. Wiewohl mancher damit gerechnet hatte, kam es im Kampf der Positionen zum Tschetschenienkonflikt nicht zur Zerreißprobe.

1995 wurde Rußland von einer neuen Krankheit befallen: Die Russen mochten sich selbst nicht mehr, glaubten nicht mehr an sich und gaben sich auf. Das führt eine Nation in die Sackgasse. Wie kam es dazu? Die Grundlage all dieser Komplexe ist die Infantilität, der kindliche Glaube an die Allmacht des Staates, zu denen die Sowjetmacht die Menschen erzogen hat. Und wenn der Staat einen Fehler macht, wenn der Präsident als einfacher Mensch Gefangener einiger Klischees geworden ist, wie etwa bezüglich der Unbesiegbarkeit der Armee, so wird die ganze Gesellschaft von Hysterie erfaßt. Eine totale, zerstörerische Hysterie, deren Ergebnisse wir heute noch verspüren.

Im Sommer und im Herbst 1996 brachte mich das Schicksal wieder einmal mit einem unserer »Politiker mit Schulterstücken« zusammen. Die Schulterstücke hatte er zu der Zeit freilich abgelegt, aber in seinem Herzen war er General geblieben. Ich meine Alexander Lebed.

In Erinnerung bleibt mir vor allem seine eindrucksvolle Stimme, als er im August 1991 im Weißen Haus zu mir sagte: »Eine Salve aus dem Schützenpanzer – und alle eure Helden springen aus dem Fenster.« Damals habe ich für diesen Generalmajor der Sowjetarmee höchste Achtung empfunden.

Im Laufe der Zeit begann ich zu verstehen, daß sich hinter dem hünenhaften Mann mit dem grollenden Baß der aus seinem gewohnten Milieu herausgerissene, zutiefst verunsicherte Soldat verbarg. Lebed war eine Zeitlang mit Pawel Gratschow befreundet gewesen. Später haben sich ihre Wege getrennt. Gratschow ist der Typ des Generals, der sich strikt an Gesetz und Etikette der Armee hält. Darin fühlt er sich wohl. Lebed, sein ehemaliger Untergebener, ist ein völlig anderer Typ, ein russischer Offizier, der sich plötzlich außerhalb jenes Systems befand, in dem er jahrelang ein kleines, wenn auch wichtiges Zahnrad gewesen war. Mit vierzig Jahren stand er vor der Erkenntnis, daß er sein Leben neu beginnen mußte.

Wenn ich an die Situation der entlassenen Offiziere denke, empfinde ich Schuld. Wir haben sie entlassen und ihnen Wohnungen, neue Jobs und Wohlergehen zugesagt, aber nicht geben können. General Lebed, Prototyp dieses Schicksals, stürzte sich in die Politik wie in eine Attacke. Man stellte ihm Fragen über die internationale Politik, und er donnerte, es sei widerwärtig, Krediten nachzulaufen wie ein Ziegenbock der Möhre. Er warf mit Witzen um sich, präsentierte sich als Kraftmensch und provozierte die Journalisten mit großmäuligen Sprüchen. Aber er brachte in unsere Politik zumindest einen lebendigen, unverfälschten Ton.

Ich spürte, wie sich dieser außergewöhnliche Mensch in tiefster Seele grämte, wie er darunter litt, daß nichts mehr so exakt, klar und organisiert ablief wie in seinem früheren Leben. Die Journalisten erkannten, welche Sympathie ich für ihn hatte, und beeilten sich, Lebed zu meinem Nachfolger zu ernennen. Das war er natürlich nicht.

Am 18. Juni 1996 unterschrieb ich den Erlaß über die Ernennung General Lebeds zum Sekretär des Sicherheitsrates. Er erhielt sehr weitgehende Vollmachten. Er sollte Reformen in der Armee durchführen, die Sicherheit im Land gewährleisten, Verbrechen und Korruption bekämpfen.

Die Hauptfrage blieb natürlich Tschetschenien. Ich hatte vor den Wahlen versprochen, den Krieg zu beenden. Das gesamte Gebiet der Republik, einschließlich der schwer zugänglichen Gebirgsregion, war unter der Kontrolle unserer Streitkräfte. Und dennoch bestand der Konflikt weiter, und Menschen kamen ums Leben.

Keiner wußte, wie dieser Krieg beendet werden sollte. Alle bisherigen Verhandlungsversuche waren ohne Ergebnis geblieben. Die letzten Gespräche von 1995 waren durch den Anschlag auf General Romanow unterbrochen worden. Mit wem, worüber und auf welcher Rechtsbasis sollte man nun Verhandlungen führen? Es herrschte Ratlosigkeit.

Doch Lebed wußte Rat. Unter höchster Geheimhaltung flog er nach Tschetschenien, wo er in der Nacht mit Präsident Aslan Maschadow und General Udugow zusammentraf. Am 14. August 1996, das heißt am Tag nach diesen Gesprächen, unterschrieb er in meinem Beisein den Befehl über die Krisenregelung in Tschetschenien. Die strategische Führung im gesamten Komplex Tschetschenien lag beim Sicherheitsrat. Bereits zwei Wochen später wurde in Chasawjurt eine Erklärung von Lebed und Maschadow über die Prinzipien der Beendigung des Krieges unterzeichnet. Die Frage des Status der Republik wurde bis zum Jahr 2001 vertagt. Die Streitkräfte wurden vollständig abgezogen, gemeinsame Kommissionen gebildet.

Im Grunde legitimierte Rußland damit die selbsternannte Republik Tschetschenien. Es verzichtete auf seine früheren Befugnisse, einschließlich der Entwaffnung der ungesetzlichen Armee. Die Militärs nannten diese Entscheidung Verrat, die Zeitungen Kapitulation und die Duma Abenteurertum. Dennoch wurde sie von der Bevölkerung mit Erleichterung aufgenommen. Alle waren des blutigen Krieges müde und wollten Frieden. Noch wußten wir nicht, daß es den Frieden nicht geben würde.

Bei der Pressekonferenz erklärte Lebed: »Ein bettelarmes Land mit zerrütteter Wirtschaft und den uns zur Verfügung stehenden Streitkräften kann sich nicht den Luxus leisten, einen Krieg zu führen.«

Zuweilen hatte ich das Gefühl, daß hier ein Mann in die Politik gekommen war, der mit seiner Energie die Lösung unserer brennenden Probleme tatsächlich beschleunigen könnte. Möglicherweise hatte ich ihn unterschätzt. Vielleicht war gerade er der junge Politiker, den ich gesucht habe?

»Ich werde nicht Apparatschik, ich lasse mir nicht das Rückgrat brechen, für mich gelten keine Regeln, die das Land in den Untergang führen«, erklärte Lebed. »Millionen Menschen stehen hinter mir, Menschen, deren Söhne in diesem sinnlosen Krieg sterben.« Aber er sagte auch: »Man hat mich nach Tschetschenien geschickt, damit ich mir den Hals breche.«

Daß Lebed mit der Rolle eines Apparatschiks nicht zufrieden sein würde, wußte ich schon vorher. Daß er ein Friedensabkommen mit Tschetschenien in seinem Stil herbeiführen würde, eigenwillig und geräuschvoll, konnte man sich denken. Wie würde er sich weiterhin verhalten?

Die für den unrühmlichen Ausgang des Tschetschenienfeldzugs verantwortlichen Minister wurden entlassen, darunter auch Gratschow. Lebed nahm das ganze Verteidigungsministerium an die Kandare. Zum Beispiel forderte er von mir, sieben Stellvertreter Gratschows zu entlassen und General Igor Rodionow zum Minister zu ernennen. Dabei blieb es nicht. Er begann, Innenminister Anatoli Kulikow zu bedrängen. Auf ihm als Befehlshaber der bewaffneten Kräfte des Innenministeriums hatte die Hauptlast der Operationen in Tschetschenien gelegen. Lebed forschte auch hier nach Putschisten oder Verschwörern und entlarvte Feinde und Diversanten. Der Kampf zwischen ihm und Kulikow trat in seine offene Phase. »Zwei Bären haben in einer Höhle keinen Platz«, erklärte Lebed.

Seine Luftlandetruppen inhaftierten zwei Mitarbeiter des Innenministeriums, einen Mann und eine Frau, die sofort gestanden, daß sie den General observieren sollten. Die Rivalität zweier Machtinstanzen stellt für den Staat immer eine tödliche Gefahr dar. Wenn Generäle gegeneinander Krieg führen, bedeutet das für den Staat und die Zivilbevölkerung höchste Alarmstufe. Generäle kümmern sich nicht um die Verfassung. Eine solche Situation konnte nicht länger geduldet werden. Dazu kamen lautstarke Äußerungen Lebeds zur Außenpolitik. Er drohte mit »Wirtschaftssanktionen« im Falle der Ost-Erweiterung der NATO. Niemand begriff recht, wen er damit meinte. Er verkündete, die russischen Raketen seien voll einsatzfähig, und forderte die Rückgabe der ukrainischen Stadt Sewastopol an Rußland, ohne jemanden diesbezüglich gefragt zu haben. Lebeds Benehmen rief so viel erbitterte Kritik hervor, daß ich reagieren mußte. Auch unter den Zivilisten hatte er keine Freunde. Seine Wortgefechte mit Tschubais verletzten die Grenzen des Anstands. Er forderte offen den Rücktritt des Chefs der Präsidialverwaltung, und Tschubais mokierte sich genauso unverblümt über die geistigen Fähigkeiten des Generals.

Alles das hing mit einem bestimmten Umstand zusammen – mit meiner Herzerkrankung. Nicht zufällig polterte Lebed in den Korridoren der Macht herum. Der Präsident sei schwach und er als General und Politiker bereit und würdig, seinen Platz einzunehmen. Nur er könne in dieser schweren Stunde mit dem Volk reden.

Am meisten beunruhigte mich die Unfähigkeit Lebeds, Verbündete zu finden und Entscheidungen vorher abzustimmen. Er ist lernfähig, dachte ich, bald wird er seine Energie für eine effektive Lösung in Tschetschenien einsetzen. Weit gefehlt. Nach dem Frieden von Chassawjurt wurde klar, daß Lebed sich um das Problem nicht mehr ernsthaft kümmerte. Also übertrug ich Tschernomyrdin einen Teil der Verhandlungen mit den Tschetschenen.

Am 3. Oktober unterschrieb ich einen Erlaß, der Lebed entscheidende Mittel der Einflußnahme entzog. Juri Baturin, dem Sekretär des Verteidigungsrates, wurde die dem Präsidenten unterstehende Kommission für die höheren militärischen Dienstgrade unterstellt. Wer die Mentalität russischer Generäle kannte, wußte Bescheid. Lebed konnte die Generäle nicht mehr durch Beförderungen manipulieren, wie er wollte. Und er begriff rasch: Noch am selben Tag bat er um eine Unterredung in Barwicha, etwa einen Monat vor meiner Operation.

»Boris Nikolajewitsch, Ihre Entscheidung ist falsch«, erklärte er. »Der Verteidigungsrat ist nicht das Organ, das über höhere militärische Dienstgrade und Ernennungen entscheiden kann, weil es von einem Zivilisten geleitet wird. Die Armee würde das nicht verstehen.« Ich machte ihm klar, daß meine Entscheidung nicht zur Diskussion stehe. »Tun Sie Ihre Pflicht. Arbeiten Sie mit dem Ministerpräsidenten und den anderen Regierungsmitgliedern zusammen. Sie können sich doch nicht mit allen zerstreiten.« Lebed runzelte die Stirn und sagte, in diesem Fall werde er zurücktreten. Er drehte sich um und schritt – ganz General – hinaus. Und mir kam der Gedanke, daß dieser so entschieden auftretende Mensch gar nicht so entschlossen ist, wie er erscheinen möchte. Aber vielleicht irre ich mich, man wird sehen.

Ich wartete, aber das Rücktrittsgesuch kam nicht. Am 7. Oktober reiste er nach Brüssel zu einer Tagung im NATO-Hauptquartier. Er hörte nicht auf, skandalöse Pressekonferenzen zu veranstalten und überraschende Erklärungen abzugeben. Meine Administration bereitete inzwischen alles für Lebeds Absetzung vor. Das war gar nicht so einfach, wie es scheinen mag. Seine Autorität beim Militär und bei anderen Machtinstanzen war erheblich. Bei der Bevölkerung erhielt er laut Umfrageergebnissen fast dreißig Prozent Zustimmung. Das war unter den Politikern damals das höchste Ergebnis. Das wichtigste aber war, daß er über eine Art eigenes kleines Verteidigungsministerium gebot, mit seinem Schützling Igor Rodionow an der Spitze, der in der Folgezeit ein eifriger Vertreter der kommunistischen Opposition wurde. In meiner Administration wurde mit dem Schlimmsten gerechnet: dem Einsatz von Luftlandetruppen in Moskau mit dem Ziel, die wichtigsten Ministerien und Behörden zu besetzen. Die Luftlandetruppen – die mobilste und bestausgebildete Waffengattung der Landstreitkräfte – vergötterten Lebed.

Derlei Besorgnissen habe ich keine Bedeutung beigemessen. Mir war klar, daß Lebed nicht so weit gehen würde. Ich sah ihn vor mir, wie er mich angesehen hatte: Ein Pennäler, der seine Hausaufgaben nicht gemacht hat und nun nicht weiß, was er tun soll. Sogar Bedenken gegen seinen Rücktritt hatte ich. War es der richtige Augenblick, die innenpolitische Situation zu verschärfen? Immerhin stand ich vor einer Herzoperation.

Andererseits: Wenn mir etwas zustoßen würde und Lebed an meine Stelle träte? Ein ambitionierter, aber von inneren Widersprüchen zerrissener und unbeherrschter Politiker – das wäre das schlimmste. Um sich selbst zu beweisen, was er kann, würde er vor nichts zurückschrecken.

Lebed selbst spürte, was kommen würde. Er kam ohne Anmeldung nach Gorki–9, überaus nervös, und wurde nicht hereingelassen. Er stand vor dem Tor und brüllte die Wachleute an. Dann rief er über das Ortsnetz an und schrie in den Hörer, man lasse ihn nicht zum Präsidenten. Und wer ihn hindere, sei kein anderer als Tschubais, der schlimmste Feind der russischen Gesellschaft.

Tschubais wurde in der Presse als »Regent« bezeichnet. Der Präsident sei schwer krank, und alles werde vom Regenten geleitet, hieß es. Der Begriff »Regent« – aus der Monarchie stammend und auf unsere Realität eigentlich nicht übertragbar – kam sowohl in der Duma als auch im Föderationsrat in Umlauf, um Tschubais zu diskreditieren.

Lebed also stand draußen und verunsicherte die Wachmannschaft. Wollte er mir die Tür eintreten? Sollten wir die Miliz rufen? Dazu ist es nicht gekommen. Lebed fuhr wieder fort und hatte wahrscheinlich schon einen neuen Plan im Kopf.

Die Situation wurde brenzlig. Tschernomyrdin war genötigt, eine Kabinettsberatung einzuberufen. Lebed wurde nicht eingeladen, denn die Minister ertrugen seine Auftritte nicht mehr. Dennoch erfuhr er von dieser Beratung, stürzte in den Saal und fing an zu krakeelen. Die Minister schwiegen, eine deutliche Abfuhr erteilte ihm nur Kulikow.

Dies alles verstieß so sehr gegen sämtliche Regeln des Anstands und des gesunden Menschenverstands, daß ich gezwungen war, noch am selben Tag seine Absetzung zu verfügen. Wahrscheinlich hätte man ihn früher absetzen sollen, doch ich erinnerte mich, wie ich selbst einmal gewesen war. Mir kam es vor, als erblickte ich mich in einem Zerrspiegel. Schweren Herzens – im direkten und übertragenen Sinne – ging ich ins Krankenhaus. Meine Beziehung zu Lebed blieb sonderbar und zwiespältig. Einerseits dankte ich ihm dafür, daß er die Verantwortung übernommen und den Frieden in Tschetschenien so prompt herbeigeführt hatte. Wenn sich dieser Friede auch als schlecht konzipiert und nicht dauerhaft erwies, hatte ich kein moralisches Recht, ihn zu verurteilen.

General Lebed war stark im Auftreten, aber kein starker Politiker. Heute ist er übrigens nicht mehr General, sondern Gouverneur. Ich bin überzeugt, daß die Schule des Lebens ihm noch manche Erfahrung bringen wird, denn er ist ein außergewöhnlicher Mensch mit besonderen Qualitäten.

Ich befürchte, daß ich in diesem Kapitel ein Bild der russischen Generalität geboten habe, das manchen lauteren Militär beleidigen wird. Viele Generäle wissen, wie sehr ich ihre Verdienste ums Vaterland schätze, wie sehr ich ihnen vertraue. Soll ich deshalb über weniger angenehme Beziehungen schweigen? Allzuoft hing in diesem Abschnitt unserer Geschichte – von 1993 bis 1996 – das Land von Entscheidungen der Generäle und ihren öffentlichen oder internen Auftritten ab, von der spezifischen Logik ihres Denkens und von ihrer Selbstherrlichkeit. Vielleicht bin ich nicht unschuldig daran.

Mit Bedauern denke ich an einen weiteren General, der eine besondere Rolle in meiner persönlichen Geschichte gespielt hat – einen Mann, der mir über Jahre menschlich und freundschaftlich nahestand und den ich für einen Gleichgesinnten hielt. Ich meine General Alexander Korshakow, den Chef der Präsidentenleibwache. Er hat ein Buch geschrieben, von dem es heißt, er wasche darin viel schmutzige Wäsche. Ich habe es nicht gelesen. Ich weiß nur eines: Zehn Jahre lang war er mir treu ergeben, schützte mich im wahrsten Sinne des Wortes mit seinem Leib, teilte mit mir alle Widrigkeiten. Unermüdlich spürte er Feinde auf und entlarvte sie – dieser Eifer war übrigens der Grund, daß wir einander feind wurden. Und dann, in der schwersten Stunde meines Lebens, wollte er mir ein Bein stellen. Warum?

Einige Jahre vorher war er, ein Major des Sicherheitsdienstes, über Nacht zum General befördert worden. Er entwickelte für diesen Dienst außergewöhnliche Fähigkeiten, schuf eine effektive Struktur und schleuste in den FSB seinen Freund Barsukow ein, der zuvor zur Abwehr keine Beziehung gehabt hatte. Korshakow hatte schließlich viel zuviel Einfluß in Händen, was ihn innerlich zerbrach. Um ein erfolgreicher Politiker zu sein, braucht man andere Eigenschaften als die, das politische Spektrum in »Freunde« und »Feinde« aufzuteilen und die Feinde auszuspähen. Daran, daß Korshakow um ein Haar die Macht ergriffen hätte, bin ich voll und ganz selbst schuld. Er war ein Mensch aus meiner Vergangenheit, einer Vergangenheit mit manchem Auf und Ab, mit großen Siegen und schlimmen Niederlagen. Es fiel mir schwer, mich von dieser Vergangenheit zu trennen, aber ich habe es getan.

Nach dem Untergang des allmächtigen KGB hatte es plötzlich eine nie dagewesene politische Freiheit gegeben. Die Menschen mit den Schulterstücken haben sie unterschiedlich genutzt, die einen gut, die anderen weniger gut. Was stand ihnen im Wege?

So seltsam es klingen mag, die innere Reifung der Gesellschaft stand im Wege. Die junge Demokratie hat schnell eine Immunität gegen »Generalsviren« entwickelt: gegen den Populismus, den Hasardismus und die Herrschsucht. Die Meinungsfreiheit und die politischen Institutionen des neuen Rußland schufen ein wirksames Gegengewicht, so daß der Einfluß der Generäle auf die Politik von Jahr zu Jahr weniger gefährlich wurde.

Wenn jemand – möglicherweise in bester Absicht – sagt, bei uns in Rußland gäbe es keine Demokratie, keine Institutionen der Zivilgesellschaft, keine rechtsstaatlichen Strukturen, so ist das doch sehr überspitzt. Es hat sich in allen diesen Bereichen Entscheidendes verändert.

Im Jahre 1993, vielleicht auch schon früher, 1991, habe ich zum erstenmal darüber nachgedacht, was unseren Generälen fehlt. Fehlt es ihnen an Edelmut, an Intelligenz oder Rückgrat? Die Armee ist immer auch Indikator für die inneren Zustände einer Gesellschaft. Ich habe auf den »neuen General« gehofft oder vielmehr auf den, von dem ich als Junge gelesen hatte. Die Zeit verging, und ich habe einen solchen Charakter getroffen – Oberst Wladimir Putin. Aber das ist schon eine andere Geschichte.

Das junge Team um Tschubais

Am 7. Januar 1997 wurde ich mit einer Lungenentzündung ins Krankenhaus eingeliefert. Am 17. Januar setzte die Duma die Amtsenthebung des Präsidenten aus Gesundheitsgründen auf die Tagesordnung. Diese Nachricht erregte neue Besorgnisse in der Bevölkerung.

Wann ein Präsident als handlungsunfähig zu bezeichnen ist und wann nicht, ist in der Verfassung nicht deutlich formuliert. Aufgrund dessen versuchten die Kommunisten in der Duma ein Gesetz einzubringen des Inhalts, daß eine medizinische Kommission dem Präsidenten vorschreiben sollte, welche Krankheiten er haben dürfe und welche nicht. Vernünftige Argumente machten auf die kommunistischen Abgeordneten keinerlei Eindruck. Die Gegner dieses Gesetzes, Abgeordnete des rechten Blocks, brachten zahlreiche Beispiele vor: In diesem Land hat ein Präsident eine Operation auf sich nehmen müssen, in einem anderen Land war er an den Rollstuhl gefesselt, in einem dritten an Krebs erkrankt ... Doch nirgends hat ein Parlament diese Frage so zynisch debattiert!

Meiner Ansicht nach sollte ein Präsident, sobald er fühlt, daß er nicht mehr kann, die Frage der vorzeitigen Wahlen selbst stellen. Sonst nehmen Intrigen und Machtspiele überhand, und es kommt zu politischer Instabilität. Die Duma jedoch hatte ihre eigene Logik. Die Kommunisten hatten seit 1990/91 nur einen Gedanken: weg mit Jelzin. Das blieb bis zuletzt so.

Am 17. Januar 1997 also stimmte die Duma über den Antrag ab, daß der Präsident aus gesundheitlichen Gründen abtreten müsse. Die Abgeordneten der Fraktion »Unser Haus Rußland«

verließen das Plenum. Die Fraktion »Jabloko« lehnte den Antrag des Kommunisten Iljuchin ab. Die Agrarpartei war gespalten. Der Antrag wurde nicht angenommen.

Und ich? Ich ärgerte mich über mich und die Ärzte. Nach einer solchen Operation nicht aufzupassen! Es sah doch alles so günstig aus... Das Herz hatte sofort nach der Operation wieder funktioniert. Ich erholte mich rasch. Und dann das! Entweder hatte ich es zu eilig gehabt oder einen Virus eingefangen oder mich in der Sauna verkühlt. Jedenfalls mußte ich für weitere anderthalb Monate pausieren.

Erst zu meinem Geburtstag im Februar erholte ich mich wieder. Am 23. Februar trat ich zum ersten Mal wieder vor die Öffentlichkeit, zum traditionellen Kreml-Ritual, der Kranzniederlegung am Grab des Unbekannten Soldaten an der Kreml-Mauer im Alexandergarten. An diesem Tag wurde der Posten Nummer 1 auf meine Veranlassung dorthin verlegt. Früher stand dieser Posten am Lenin-Mausoleum auf dem Roten Platz, dort wechselten sich die Soldaten der Kreml-Garde stündlich ab. Heute stehen sie hier, am symbolischen Grabmal aller Soldaten, die für die Heimat gefallen sind.

Ich trete an eine Gruppe von Journalisten heran, altbekannte Gesichter, alle warten darauf, daß ich etwas sage. »So, wie es die Duma getan hat, kann man mit mir nicht umspringen. Ich kann auch zurückschlagen.« Die ersten Worte fielen mir schwer, doch fühlte ich mich in der gewohnten Rolle wesentlich besser. Spannung lag in der Luft. Die Öffentlichkeit wartete auf Taten, sie wartete auf Jelzin, wie sie ihn kannte.

Am 6. März 1997 fand die jährliche Ansprache des Präsidenten an die Föderationsversammlung statt. Diese Rede war von größter politischer Bedeutung, es ging um die weitere Entwicklung des Landes. Außerdem war es die erste Ansprache nach den Wahlen.

Am Text war lange gefeilt worden. Durchaus nicht alle im Saal wollten zuhören. Es gab Geraune und Zwischenrufe. Doch ich achtete nicht darauf. Die Kommunisten spielten ihre übliche

Rolle. Für mich zählte allein, daß die Menschen im Lande meine Stimme hörten und mein Aktionsprogramm erfuhren. »Ordnung in der Führung heißt Ordnung im Land« war der Hauptgedanke. Das Land müsse von der Staatsmacht geführt werden, sonst werde es zum Spielball der Umstände. Es sei an der Zeit, Ordnung zu schaffen, vor allem in den Machtverhältnissen. Das würde ich tun. Es gehe nicht an, daß die Regierung ohne die Aufsicht des Präsidenten nicht in der Lage sei, ordentlich zu arbeiten. Fast keine der Versprechungen sei eingehalten worden, vor allem was die Verbesserung der sozialen Lage betreffe. Folglich sei es höchste Zeit, Struktur und Zusammensetzung der Regierung zu ändern und kompetentere, energische Leute heranzuziehen.

Die Gesetze, die eingebracht und verabschiedet würden, dienten nur den beschränkten Interessen kleiner Gruppen unserer Gesellschaft. Die meisten Abgeordneten wüßten genau, wie schädlich dies für Rußland sei.

Ich erwähnte auch ein Schreiben, das ich von der Föderationsversammlung über die Notwendigkeit der Errichtung eines Parlamentsgebäudes erhalten hatte, dessen Kosten sich auf zehn Milliarden Rubel belaufen sollten. Dieses Geld würde reichen, so rechnete ich vor, um alle Gehaltsschulden des Staates an Lehrer und Ärzte des Landes zu bezahlen.

Der Vorsitzende des Föderationsrates, Jegor Strojew, und Parlamentspräsident Gennadi Selesnjow distanzierten sich sogleich von diesem Schreiben, waren äußerst verlegen und erklärten, das Projekt sei noch gar nicht ausgearbeitet und nur zufällig zu mir gelangt.

Ich sprach etwa eine halbe Stunde lang und war erleichtert. Ich war wieder am Zuge.

Die Worte des Patriarchen Alexi II. in jenem Winter 1997 kamen mir in den Sinn. In seiner geistlichen Weihnachtsansprache ging er direkt auf die Politik ein und nannte die Tatsache, daß den Menschen ihre Renten nicht ausgezahlt würden, eine Sünde. Ich war alarmiert. Probleme, ökonomische Schwierigkeiten, Notlagen – ja, aber *Sünde*? Wessen Sünde? Meine vielleicht?

Während meiner Lungenentzündung hatte ich Zeit gehabt, darüber nachzudenken, wie man eine junge Politikergeneration in die Arbeit einbeziehen könnte, ehe es zu spät ist. Die Sünde besteht nicht darin, daß es Reformen im Land gibt, sondern darin, daß sie zu langsam vorangehen.

Am 24. Februar traf ich mich zum erstenmal seit meiner Krankheit wieder mit Regierungschef Viktor Tschernomyrdin im Kreml. Ich sagte ihm in wenigen Worten, daß ich die Situation für kritisch halte. Gehälter nicht zu zahlen sei eine alte Krankheit der Regierung. Man sah Tschernomyrdin an, daß ihn die ständigen Anstrengungen, die vielen unlösbaren Probleme zermürbt hatten. Wir kannten uns schon lange. Er hat sich nie nach vorn gedrängt und hielt nichts von Machtspielen. Darin lag seine Stärke. Er hielt mir den Rücken frei und war immer ein anständiger, gewissenhafter Mann meines Vertrauens. Er befaßte sich ausschließlich mit der Wirtschaft, doch wenn es nötig war, wie im Jahre 1993 oder zu Beginn des Tschetschenienkrieges und während der Ereignisse in Budjonnowsk, unterstützte er mich sehr kompetent. Vielleicht habe ich ihm nicht die Möglichkeit gegeben, selbständig politisch zu handeln. Das bedaure ich heute. Tschernomyrdin, ein kräftiger Russe und mit freundlichem Gesicht und einer gewissen Bauernschläue, hat sich in die bestehende politische Landschaft eingefügt. Er war ein unersetzlicher Regierungschef in der Zeit der politischen Krisen. Doch nach den Wahlen von 1996 war diese Zeit vorbei, und die Epoche des Aufbaus mußte beginnen.

Ich wollte Tschernomyrdin helfen und eine Regierung bilden, die einen Aufschwung in der Wirtschaft bewirken würde. Der Krieg in Tschetschenien, der so viel Kraft gekostet hatte, war beendet, die Wahlen lagen hinter uns. Das Land brauchte einen Aufschwung, es war des Wartens müde, des ständigen Hin und Her, der fehlenden politischen Konsequenz. Es galt, diesen Zustand zu beenden und endlich Lösungen zu finden.

Freilich konnte ich Tschernomyrdin persönlich nicht dafür verantwortlich machen, daß die Wirtschaft stagnierte. Aber ich sah, was im Lande vor sich ging. Wo waren die Produktionsressourcen in Industrie und Landwirtschaft geblieben, über die wir früher verfügt hatten? Tschernomyrdin stützte sich vor allem auf die sogenannten Direktoren. Er begriff nicht, daß es die Manager mit ihrem neuen Denken waren, die die verschiedenen Zweige der ehemals sozialistischen Wirtschaft aus dem Sumpf ziehen konnten. Die russischen Investoren wollten kein Geld mehr in diese Industrie stecken. Die realen Marktbeziehungen spielten sich auf niedrigstem Niveau ab. Das wiederum begrenzte die Möglichkeiten der wirtschaftlichen Entwicklung, unter anderem auch die Aktivitäten der Banken.

Dennoch: Dank den Anleihen aus dem In- und Ausland, dem Handel mit Rohstoffen und dem Inlandsmarkt mit der rasch wachsenden Schicht kleiner, mittlerer und großer Händler entstanden Arbeitsplätze. Man konnte von einer gewissen Stabilisierung sprechen. Natürlich nicht von Stabilität, vielleicht eher von einer zum Stillstand gebrachten Krise.

Die Regierung Tschernomyrdin, die gleich nach den Wahlen von 1996 gebildet wurde und etwa ein halbes Jahr im Amt blieb, verfügte über gute Fachleute, die mit kühnen Projekten antraten, sich dann aber leider mit frommen Wünschen und guten Absichten begnügten. Einen Reformplan hatten sie nicht aufzuweisen. Eine Mannschaft von Gleichgesinnten mit einheitlicher Konzeption konnte man sie schwerlich nennen. Nach sowjetischen Standards wäre es eine durchaus passable Regierung gewesen, aber die heute erforderlichen einschneidenden Veränderungen der Wirtschaft zu leiten, dazu war sie nicht imstande. Die Verbindlichkeiten entwickelten sich zur Lawine, wir standen vor der totalen Verschuldung. Der Staat konnte die Erzeugnisse der Rüstungsindustrie nicht mehr abnehmen, die Arbeiter bekamen keinen Lohn, nichts floß mehr in die lokalen Budgets, aus denen die Ärzte und Lehrer, die medizinische Versorgung und die Altersfürsorge finanziert werden mußten.

Auch die Idee, Vertreter der Banken in die Regierung einzubeziehen, hat sich nicht bewährt. Der Finanzmogul Wladimir

Potanin, seit Sommer 1996 als Erster Vizepremier für Wirtschaft und Planung zuständig, sollte die Beziehungen zwischen Unternehmern und Staat regeln und die längst fälligen Spielregeln in diesem Bereich langfristig festlegen. Er war der erste aus dieser Riege, der staatliche Funktionen übernahm. Präzedenzfälle gab es nicht. Keiner wußte, wie sich in ein und demselben Kopf Aufgaben der staatlichen Führung und die Interessen riesiger Privatunternehmen vereinbaren würden.

Potanin zeigte Mut und Beharrlichkeit. In seiner Bank traf er Entscheidungen, und am Tag darauf waren sie realisiert. Im schwerfälligen Staatsapparat aber gingen Monate ins Land, nur um etwas abzustimmen. Auf eigene Kosten stellte er erstklassige, teure Spezialisten ein, die für die Regierung die notwendigen Dokumente vorbereiteten: Gesetze, Beschlüsse, Instruktionen. Es war für ihn eine Qual, sich an diese neue Art der Problemlösung zu gewöhnen. Doch er hat sich sogar an die wenig schmackhafte Kost des Weißen Hauses gewöhnt. Den Luxuswagen aus Bankzeiten allerdings durfte er ebenso behalten wie seine Bodyguards.

Tschernomyrdin kam mit Potanin nicht zurecht. Er war der Meinung, daß dieser zu sehr die Interessen seiner ONEXIM-Bank vertrat. Schließlich setzte er durch, daß Potanin entlassen wurde. Mit der Zeit wurde immer deutlicher, daß die im Sommer 1996 gebildete Regierung Tschernomyrdin die wirtschaftlichen und sozialen Probleme nicht zu lösen vermochte. Der Patient braucht einen chirurgischen Eingriff, sagte ich mir.

Anfang März 1997 kam ich mit Tschernomyrdin überein, daß der Chef der Präsidialverwaltung, Anatoli Tschubais, wieder ins Kabinett zurückkehren sollte. Am 17. März wurde er zum Ersten Vizepremier ernannt. Tschubais wollte schon immer in den Bereich der Wirtschaft zurückkehren. Als Chef der Präsidialverwaltung hatte er zwar gute Arbeit geleistet, aber immer erklärt, das sei nicht seine Sache. Doch was konnte er allein in der Regierung bewirken? Ich beschloß, einen weiteren Stellvertreter für Tschernomyrdin zu suchen, eine politisch markante Persönlichkeit. Das war eine Aufgabe für Boris Nemzow.

Die Idee war gut, Tschernomyrdin von zwei Seiten zu stützen. Das würde ihn anspornen und ihm zeigen, daß Reserven durchaus vorhanden sind. Und es gelang. Mit Tschubais und Nemzow, zwei jungen und im guten Sinne aggressiven Vizepremiers, wurde Tschernomyrdin unter Strom gesetzt. Nemzow war als Gouverneur von Nishni Nowgorod eine populäre Figur im Wolgagebiet und in ganz Rußland. Schon bei seinem Erscheinen in der Regierung erhielt er einen Vertrauensvorschuß. Durch die Einbeziehung so junger Leute entstand ein anderes politisches Klima im Lande. Dabei wollte eigentlich keiner von ihnen in den Kreml. Alle haben sich dagegen gewehrt.

Werfen wir noch einmal einen Blick zurück zum Sommer 1996. Gleich am 4. Juli, am Tag nach dem zweiten Wahlgang, sagte mir Tschubais: »Vielen Dank, ich habe in der Wirtschaft viel zu tun, es gibt interessante Angebote, und ich möchte nicht in die Verwaltung zurück.« Mit anderen Worten: danke fürs Vertrauen. Dabei wollte ich ihn als Chef des Präsidialamts einsetzen. Dann kam mir der Gedanke, diesen Posten mit Igor Malaschenko, dem Leiter des Fernsehsenders NTW, zu besetzen. Doch auch er lehnte höflich, aber entschieden ab. Er verabschiedete sich mit den Worten: »Boris Nikolajewitsch, Ihnen werde ich immer helfen.«

Wieder war Tschubais mein Kandidat. Er wußte, wenn wir den Kampf der verschiedenen Gruppen im Kreml weiter dulden – und zwischen dem Staatssekretär Viktor Iljuschin, dem Chef der Präsidialverwaltung Sergej Filatow und dem Sicherheitschef Alexander Korshakow würde dieser Kampf weitergehen –, wird es zu keiner Veränderung im Land kommen. Ein scharfer Schnitt wäre nötig, und den konnte nur der Präsident veranlassen und nicht jemand mit Machtambitionen.

Tschubais verstand das, war aber immer noch unsicher. Dem letzten Argument verschloß er sich dann nicht mehr: Ich muß mich einer Operation unterziehen und absolut sicher sein, daß es während meiner Abwesenheit keine unerfreulichen Vorkommnisse gibt. Tschubais sagte zu.

Ein anderer aus der neuen Politikergeneration, der meine Einladung zur Mitarbeit abgelehnt hatte, war Grigori Jawlinski, Wortführer des reformdemokratischen Blocks »Jabloko«. Tschubais hatte im Sommer 1996 als Chef meines Wahlkampfstabes mit ihm Verhandlungen geführt. Hätte Jawlinski mich damals unterstützt und seine Besorgnis, mit wem er sich da verbünden würde, überwunden, so wären unsere Reformen möglicherweise anders verlaufen. Aber seine weiße Weste war ihm wichtiger gewesen. Dabei hätte er die Gelegenheit gehabt, all denen das Gegenteil zu beweisen, die meinen, als Politiker dürfe man kein Gewissen haben. Mit dem Posten des Ministerpräsidenten wollte ich keinen Handel treiben, aber ich war bereit, das Programm von Jawlinski ernst zu nehmen.

Am schwersten war es mit Boris Nemzow. Im Frühjahr 1997 fragte er Tschubais in seiner lockeren Art: »Wozu braucht ihr mich denn in Moskau? Am besten helfe ich euch in Nishni Nowgorod.« Was man ihm auch über die Notwendigkeit, unseren Reformprozeß zu unterstützen, sagte, er erwiderte ständig: »Und wer wird die Reformen in Nishni Nowgorod vorantreiben?« Tschubais brüllte ihn fast an: »Wenn du schon so schlau bist und uns kritisierst, dann übernimm wenigstens einen Teil der Verantwortung!« Aber Nemzow blieb stur und fuhr wieder nach Hause.

Damals entstand die Idee, daß Tanja nach Nishni Nowgorod fahren sollte, um Nemzow zu überreden. Sie begriff den Kontext, den ich nicht unbedingt aussprechen wollte: Ihr seid doch die jungen Wilden, warum arbeitet ihr nicht zusammen?

Es war schon spät, und es gab weder Flug- noch Zugverbindungen mehr nach Nishni Nowgorod. »Papa, ich fahre mit dem Auto«, erklärte Tanja knapp. Jumaschew rief Nemzow an, um ihm wenigstens mitzuteilen, daß sie unterwegs war. Nemzow wollte es nicht glauben. Es waren immerhin sieben Stunden Fahrt, und mitten in der Nacht allein auf unseren Straßen zu fahren, das wagte kaum jemand. Es verschlug ihm fast die Sprache, als Tanja ihn anrief. »Wo sind Sie?« – »Ich bin im Kreml.« –

»In welchem Kreml?« – »In Ihrem, dem von Nishni Nowgorod …« Erst als Tanja in seinem Büro stand, begriff er, daß es kein Scherz war. Sie haben lange miteinander gesprochen. Am nächsten Tag gab er sein Einverständnis.

Mitte März 1997, nach dem Wechsel von Tschubais aus der Präsidialverwaltung in die Regierung, mußte ich innerhalb weniger Tage einen Ersatz für ihn finden und beschloß, mit Valentin Jumaschew zu reden. Seine Antwort: »Erstens habe ich nicht das nötige politische Gewicht. Zweitens habe ich mich nie in der öffentlichen Politik bewegt. Alle wissen, daß ich Ihr Freund und ein Freund Ihrer Familie bin. Eine solche Ernennung würde seltsam aussehen.«

Ich hörte ihm aufmerksam zu, wollte darüber nachdenken, aber dazu war keine Zeit, weil die Ernennungsurkunde für Tschubais bereits unterschrieben war. Dennoch machte ich mir Gedanken über Jumaschew. Gewiß, er war ein begabter Journalist und ein ausgezeichneter Analytiker. Seit 1987 stand er an meiner Seite und war stets bereit, rund um die Uhr zu arbeiten. Doch der Verwaltungsapparat des Präsidenten ist ein riesiges Amt mit seinen eigenen Regeln und – es läßt sich nicht verschweigen – Traditionen.

Jumaschew widersetzte sich still und beharrlich, er liebte seine Freiheit. Tanja und Tschubais dagegen waren der Ansicht, es sei falsch, aus dem Abseits zu urteilen.

Jeder dieser jungen Politiker, die später eine gute Mannschaft gebildet haben, hatte zunächst seine Gründe abzulehnen. Tschubais fiel es psychologisch schwer, nach dem Skandal im Jahre 1995 wieder zurück in die Zentrale der Macht zu gehen. Nemzow und ein weiterer Vizepremier, Oleg Syssujew, Bürgermeister von Samara, dachten eher an eine Karriere in der heimischen Region und hatten es nicht eilig mit einem Umzug nach Moskau. Jumaschew wiederum war nicht bereit, die Rolle eines Politikers im Lichte der Öffentlichkeit zu spielen. Aber es gab noch eine weitere Komponente dieses Prozesses, die ich als eine Generationsgrenze benennen würde. Diese Menschen, die in den siebziger und achtziger Jahren aufgewachsen waren, konnten sich nicht vorstellen, einmal eine solche Verantwortung zu tragen. Die Macht – das waren für sie Ergraute und Glatzköpfige mit dicken Bäuchen, Parteibonzen mit einer langen Karriere in den Gebietskomitees und im ZK der KPdSU. Auch die Perestroika hatte diese Haltung nicht geändert, denn Gorbatschow hatte sich nicht beeilt, den alten Apparat abzuschaffen. Überdies spielte das alte Trauma der Sowjetintelligenz eine Rolle: Leiten können doch nur Menschen mit dicker Haut und mit Nerven wie Drahtseilen.

Ich versuchte sie von der Notwendigkeit, Verantwortung zu übernehmen, zu überzeugen, so gut ich konnte, aber auch später hat das »junge Team Jelzins« seine unbehaglichen Gefühle nicht überwunden. Ich erinnere mich, wie Jumaschew einmal scherzte: »Wissen Sie, Boris Nikolajewitsch, irgendwie ist das nicht mein Leben. Ich komme mir vor wie der Held in Mark Twains Erzählung *Der Prinz und der Bettelknabe*, dem das Staatssiegel überreicht wurde. Nüsse knacken werde ich damit natürlich nicht, aber Lust hätte ich manchmal dazu …« Das junge Team – das waren nicht nur Minister oder Vizepremiers. In den wenigen Monaten angestrengter Arbeit wurden sie zu wirklichen Mitstreitern.

Manchmal veranstalteten sie sonntags auf der Datscha von Jumaschew ein Picknick mit Schaschlik und Gesang am Lagerfeuer. Über Politik und Wirtschaft zu reden, vermied man. Syssujew und Jumaschew sangen zu zweit zur Gitarre Lieder von Bulat Okudshawa, von Wisbor oder Gorodnizki. Der Romantiker Tschubais kannte alle Texte. Da er nicht besonders musikalisch war, sang er nicht mit, sondern deklamierte zur Musik. Seine Frau Mascha, schön und streng, konnte diese Lieder nicht leiden und saß nur ihrem Mann zuliebe mit am Lagerfeuer. Die Moskauer Ehefrauen gaben den Ehefrauen der Zugereisten Ratschläge: wie man den Alltag in Moskau am besten regeln sollte, welche Schule für die Kinder die beste sei, wie man das eine oder andere persönliche Problem am besten löste.

Maxim Boiko, Minister für Privatisierung, konnte kaum erwarten, daß die Schaschliks gar wurden. Er wurde Vater und wollte unbedingt nach Hause zu seiner Frau. Nemzow hingegen kam mit der ganzen Familie und brachte seine bezaubernde dreizehnjährige Tochter Shanna mit. Sie hatte in Moskau noch keine Freundinnen, und deshalb nahm ihr Vater sie überallhin mit.

Sie alle erzählten mir ausführlich von ihren Treffen an den Sonntagen, luden mich ein, sagten: »Kommen Sie zu uns, wir essen, trinken und singen miteinander.« Ich wollte sie aber nicht stören, sie sollten sich an diesem einzigen freien Tag entspannen. Sie hatten ja die Möglichkeit, mit mir wochentags zusammenzutreffen.

Als Motor der damaligen Mannschaft galt Anatoli Tschubais. Er hat viele neue Leute engagiert und ein schlagkräftiges, intellektuelles Team aus ihnen gemacht. Er war der Initiator und forderte strenge Disziplin. Er brachte die Ideen. Die informelle Verbindung zwischen ihm und mir stellte Tanja her. Dank ihrer war ich immer auf dem Laufenden, was Ideen, Streitgespräche, kleinste Nuancen betraf. Es gefiel mir, wie diese Mannschaft vorging, deren Förderer ich war und mit der ich sympathisierte. Mir gefiel ihre Energie und ihr ergebnisorientiertes Arbeiten.

Obwohl Tschernomyrdin dabei mitgewirkt hatte, Nemzow anzuwerben, blieb er ihm gegenüber sehr zurückhaltend. Tschubais kannte er gut, Nemzow aber nicht. In einer Fernsehansprache ging ich auf die jungen Reformer in der Regierung ein und schrieb in den Redetext: »Viktor Stepanowitsch Tschernomyrdin, haben Sie keine Angst, die werden nicht an Ihrem Sessel sägen!« Er war irritiert, rief die Redenschreiber an und fragte, woher dieser Satz stamme? Auch sie waren verunsichert, denn in ihrer Version stand er nicht. Trotz des Einspruchs der Berater hatte ich ihn eingefügt. Es war keine Kreml-Intrige. Ich wollte ihm nur sagen: Haben Sie keine Angst.

Und langsam begriff Tschernomyrdin, daß er es ohne diese dynamischen jungen Leute nicht schaffen würde. Die stagnierende Wirtschaft bedurfte einer grundlegenden Veränderung, ganz neuer Methoden. Das junge Kommando stand bereit. Es wartete nur auf mein Signal, um seine Pläne in die Tat umzusetzen. Wer von ihnen in der Regierungsarbeit bleiben würde, stand auf einem anderen Blatt. Ich glaubte, mit ihrem unerschütterlichen Siegeswillen würden sie es schaffen.

Die Öffentlichkeit hat das Wirken der jungen Reformer mit großer Hoffnung aufgenommen. Nicht nur die Geschäftsleute, auch die Babuschkas hörten genau hin, was diese Leute sagten. Nemzow, bekannt für seine einfache und lebendige Sprache, seine mit Anekdoten und Scherzen gewürzten Reden, lag in den Umfragen selbst in ländlichen Gebieten bald weit vor Lushkow, Lebed und Kommunistenführer Sjuganow. »Sogar auf dem Dorf tritt Borja Nemzow Sjuganow auf die Füße«, witzelte Tschubais.

Bei meinen Besprechungen mit Tschernomyrdin, Nemzow und Tschubais verhielten sich die beiden Vizepremiers sehr unterschiedlich. Tschubais sprach zurückhaltend und korrekt und bemühte sich, Solidarität mit Tschernomyrdin zu bekunden: zwei Männer, die sich in der Wirtschaft auskannten. Nemzow hingegen hielt sich an gar keine Regeln. Seine etwas vorlaute Redeweise machte Tschernomyrdin zu schaffen. Er wurde nervös und blickte mich verständnislos an. Sein Blick sagte: »Nemzow ist im Unrecht.«

Solche Besprechungen fanden fast jede Woche statt. Wenn ich im Urlaub war, kamen Nemzow oder Tschubais in meiner Residenz mit ihren Spezialisten zusammen und erläuterten ihnen, welche Entscheidungen anstanden. Ich war immer wieder verblüfft, wie sie ihren jugendlichen Eifer in zielstrebige Arbeit umsetzten. Sie paßten glänzend zueinander und waren ein unschlagbares Team.

Zu jener Zeit hatten wir einige längst überfällige Erlasse und Gesetzesvorlagen vorbereitet. Ob Medikamente für Krankenhäuser oder Lebensmittel für die Armee, einen Staatsauftrag konnte nur bekommen, wer Erzeugnisse hoher Qualität anbot, einen angemessenen Preis forderte und zuvor an einer Ausschreibung teilgenommen hatte. Damit wurde dem Mißbrauch ein Riegel vorgeschoben. Die Regierung betrachtete es als ihre wichtigste Aufgabe, Trittbrettfahrern das Handwerk zu legen, die Finanzströme transparent zu machen und der Schattenwirtschaft das Wasser abzugraben.

Natürlich gab es auch Zwischenfälle. Die berühmten weißen Hosen von Boris Nemzow beim Treffen mit dem Präsidenten Aserbaidshans, Geidar Alijew, werden als Verstoß gegen das Protokoll in die Geschichte der neueren russischen Diplomatie eingehen. Eine weitere Episode war die Verpflichtung der Beamten, russische Fahrzeuge zu benutzen. Natürlich hatte Nemzow es gut gemeint. Weshalb sollte man wertvolle Devisen für deutsche oder italienische Autos ausgeben, wenn die Automobilindustrie im eigenen Land dringend Hilfe brauchte? Wie er mir später erzählte, kam er auf diese Idee ganz spontan. Als er einmal ins heimatliche Nishni Nowgorod zurückgekehrt sei, habe er einen vertrauten russischen Wolga neben einem Mercedes und einem BMW stehen sehen und begriffen, daß er hier mit gutem Beispiel vorangehen mußte.

Die Beamten waren schockiert. Sie wollten verständlicherweise nicht auf Autos umsteigen, die ständig kaputtgehen, im Winter nicht anspringen und sich im Sommer in einen glühenden Ofen verwandeln. Nemzow stieg selbst von Mercedes auf Wolga um und bat mich um Unterstützung. Ich sagte zu, zumal ich gerade an einer Rundfunkansprache zum Thema »Kauft russische Waren« arbeitete mit dem Tenor: Wir müssen Waren anbieten, auf die wir stolz sein können. Der Staat muß alles tun, um russische Unternehmen, die Qualitätserzeugnisse herstellen, zu unterstützen. Ich bat die Redenschreiber, einen Satz über Nemzows Initiative einzubauen und zu sagen, daß man Haushaltsgelder besser für russische Erzeugnisse ausgeben solle, wenn sie entsprechenden Importwaren gleichwertig seien. Anschließend erklärte ich dem Chef meines Sicherheitsdienstes, daß ich ab sofort von Mercedes auf SIL umsteige. Als er auf die Treppe des Kreml trat und das uns allen leidvoll bekannte Auto sah, fluchte er innerlich. Seit ewigen Zeiten hießen diese Fahrzeuge im

Volksmund Bonzenschleuder – nicht zu Unrecht, weil in ihnen immer die Mitglieder des Politbüros befördert wurden. Die Kollegen in der Präsidialverwaltung und in der Regierung sabotierten Nemzows Initiative. Sein persönliches Beispiel konnte nicht einmal seine Freunde mitreißen. Sein Auto ging immerzu kaputt, und er mußte ständig die Wagen wechseln. Der Höhepunkt dieser Episode kam, als Nemzows Wolga mitten auf der Straße überhitzt stehenblieb. Er mußte aussteigen, und während die Moskauer mit höhnischem Gelächter an ihm vorbeifuhren – schließlich kannte ihn das ganze Land –, stand er traurig vor seinem dampfenden Wagen und mußte einsehen: Die Idee hatte leider nicht gegriffen.

Ich aber habe einige Zeit tapfer meinen SIL benützt. Dann entschied ich, mich nicht länger zu quälen, und bin erleichtert wieder auf den Mercedes umgestiegen. Die Idee war gut, aber die Autos waren schlecht.

1997 zeichnete sich endlich in der Wirtschaft eine Wachstumstendenz ab. Es war der erste Sieg, wenn auch ein wackliger. Die Mannschaft von Tschubais hatte ihre Ziele deutlich formuliert. Die »Sieben Hauptaufgaben der Regierung« lauteten: 1. Verabschiedung eines Steuergesetzes zum 1. Januar 1999. 2. Reduzierung des Haushaltsdefizits und Verabschiedung eines Haushaltsgesetzes. 3. Effektive Privatisierung; Konkursverfahren, verdeckte Arbeitslosigkeit und Diebstahl in den ehemaligen Staatsbetrieben sind nicht mehr zu dulden. 4. Beginn der Rentenreform. 5. Preiskontrolle nicht per Dekret, sondern durch entsprechende wirtschaftspolitische Maßnahmen. 6. Zinskürzung für staatliche Wertpapiere – leider im Jahr 1997 nicht realisiert, hätte möglicherweise die nachfolgende Krise verhindert. 7. Bodenreform – ein Stein des Anstoßes für alle russischen Reformer.

Nemzow leitete ein nicht minder wichtiges Projekt ein. Es nannte sich »Reform des kommunalen Wohnungsbaus«, betraf aber praktisch jeden Bürger und war für die Herstellung einer funktionierenden Wirtschaft von größter Bedeutung. Seit Beginn der sozialistischen Zeiten waren Gas, Wärme und Strom staatlich subventioniert. Aus welchen Mitteln? Die Betriebe erhielten immense Steuerauflagen, und daraus wurden die Subventionen für den Wohnungsbau gespeist. Aufgrund dessen waren russische Unternehmen nicht konkurrenzfähig. Die Idee war einfach: Die Subventionen werden nur für Geringverdienende, Rentner, Großfamilien usw. aufrechterhalten. Für die übrigen Bürger sollten die Preise Schritt für Schritt angehoben werden.

Ein Projekt, an dem Oleg Syssujew beteiligt war, galt der Sozialreform. Das sowjetische Erbe hat uns ein weitverzweigtes – wenn auch marodes – System sozialer Unterstützungsleistungen hinterlassen. Nun war es notwendig, von der Sozialhilfe nach dem Gießkannenprinzip zu einem System der Unterstützung der Bedürftigen überzugehen.

Bedauerlicherweise blieben viele dieser Vorhaben aus verschiedenen Gründen auf der Strecke. Der wichtigste Grund war der blindwütige Widerstand des linken Blocks in der Duma. Die kommunistischen Abgeordneten, die das Parlament kontrollierten, waren sehr einverstanden mit der Situation der totalen Armut: Der Staat verteilte, und der Bürger befand sich in der Rolle des demütigen Bittstellers. Arme und Obdachlose würden immer für die Kommunisten stimmen; Selbständige, unabhängige Menschen würden das nie tun, glaubten sie.

Leider bedurften praktisch alle Programme der Regierung einer Gesetzesänderung, das heißt der Unterstützung der Duma, und hier konnte ich Tschubais nicht helfen. In der Duma erwartete uns eine harte Blockade sämtlicher Initiativen. Dennoch versuchten die Reformer zu tun, was in ihrer Macht stand. Im Weißen Haus tauchten viele neue Gesichter auf. Tschubais brachte seine bewährte Mannschaft von jungen Ökonomen mit: Kudrin, Ignatjew, Boiko und andere. Einige von ihnen arbeiten bis heute in der Regierung.

Nemzow brachte aus Nishni Nowgorod eigene Manager mit: Brewnow, Dmitri Saweljew und nicht zuletzt Sergej Kirijenko.

Sie alle waren kaum über dreißig Jahre alt. Heute weiß ich, daß bei weitem nicht alle der großen Verantwortung gewachsen waren. Einige haben nach Skandalen ihre Ämter niederlegen müssen. Damals aber waren alle voller Hoffnung, auch ich. Ich hoffte, daß bereits im zweiten Halbjahr 1997 oder Anfang 1998 eine spürbare Veränderung im Land eintreten werde.

Dann aber trat etwas ein, womit ich nicht gerechnet hatte – ein Krieg der Banken. Die Medien überschlugen sich. Die im Rahmen der Privatisierung stattfindende Versteigerung der größten russischen Telekommunikationsgesellschaft Swjasinwest war die Schlagzeile über Wochen. Tag für Tag sendeten die Fernsehanstalten ORT und NTW verwirrende Berichte unter dem Motto: Nieder mit den Konkurrenten. Es war beinahe mitleiderregend, die Moderatoren zu sehen: Nervös saßen sie vor ihren Telepromptern und mühten sich, nichts durcheinanderzubringen.

Anfangs dachte ich: Solche Versteigerungen sind übliche Praxis, es gibt Gewinner, Verlierer und Unzufriedene. Meine Berater waren etwas angespannt, meinten aber, das sei nichts Besonderes, nur der Konkurrenzkampf zweier Gruppen um Einfluß – Business eben.

Gut, aber warum ist unsere Presse in zwei Lager geteilt? Wieso bringt die Hauptnachrichtensendung *Wremja* täglich etwas über Swjasinwest? Ich mußte eingreifen.

Der Medienzar Wladimir Gussinski war am meisten am Kauf der Swjasinwest-Aktien interessiert. Er führte lange Verhandlungen mit den zuständigen Regierungsvertretern, sprach mit den Militärs, mit dem Föderalen Sicherheitsdienst FSB, der föderalen Behörde für elektronische Überwachung FAPSI und bemühte sich um ein enges Zusammenwirken von Zivil und Militär. Mit Hilfe westlicher Investitionen wollte er einen großen, modernen Medienkonzern errichten.

Einerseits hatte Gussinski als Medienunternehmer natürlich einen Anspruch auf den Kauf von Swjasinwest-Aktien. Tschubais aber sagte zu mir: »Wenn wir ihm Zugeständnisse machen, wird diese Versteigerung zur Farce. Andere Finanzgruppen, andere Investoren haben dasselbe Recht zum Aktienkauf. Für uns gibt es nur ein Kriterium: Wer mehr zahlt, gewinnt.« Er argumentierte logisch. Später, als ich sein Buch *Privatisierung in Rußland* gelesen hatte, begriff ich besser, worum es gegangen war, und erkannte, wo er recht und wo er unrecht hatte.

Eine so komplexe und instabile Wirtschaft wie die russische durfte man nicht von einem Tag auf den anderen ins kalte Wasser werfen. »Privatisierung à la Tschubais« war ein solcher abrupter Übergang. Der Staat nahm Kredite von Privatunternehmen auf, und diese erhielten dafür Aktien großer Staatsbetriebe. So entstand eine Schicht von Unternehmern und Geschäftsleuten und mit ihr eine soziale Basis der Reformpolitik. Doch viele, die sich an der Versteigerung von Aktien der Staatsbetriebe beteiligten, fühlten sich getäuscht.

»Vielleicht sollten wir nicht mit Swjasinwest anfangen, wenn es so einen Trubel gibt?«, fragten manche. Anatoli Tschubais aber blieb fest und überzeugte mich, daß es nur auf diese Art mit der russischen Wirtschaft wieder aufwärts gehen würde: »Boris Nikolajewitsch, ohne Investitionen aus dem Ausland, ohne die Schaffung von Firmen mit ausländischem Kapital werden wir den Staatshaushalt nicht sanieren und unsere sozialen Probleme nicht lösen, und vor allem – es wird nie den Aufschwung geben, den Sie erwarten. Die werden schon kommen, wenn sie merken, daß es uns ernst ist mit der Privatisierung von Staatsbetrieben. Und wenn der Staat die Spielregeln ändert, müssen die Banken folgen. Unsere Banker halten sich für die Herren im Lande. Auch nach den Wahlen wollen sie Zinsen von uns haben. Diesen Zahn muß man ihnen ziehen. Sonst fressen sie uns auf. Und wir werden nichts erreichen.«

Mit der Zeit aber zeigte sich, daß Tschubais nur eine Geisel in dem nun ausbrechenden Kampf der Banker war. Er mußte, ohne es wirklich zu wollen, eine Finanzgruppe gegen die andere ausspielen. Er pokerte mit der Unternehmerelite und verlor die Distanz. Die veränderten Spielregeln des Marktes machte er sich politisch zunutze.

Mit besonderem Zorn reagierte Tschubais auf den Widerstand von Wladimir Gussinski und des Milliardärs Boris Beresowski. Dabei waren sie es, die ihm im Februar 1996 angeboten hatten, den Wahlkampfstab für die Präsidentenwahlen zu leiten. »Das hat nichts zu bedeuten«, reagierte er auf meine Einwände. »So wie sie damals zu Ihnen gekrochen kamen, weil sie nicht wußten, wo sich verstecken, werden sie heute wieder ankommen.« Er war ein Marktwirtschaftler, doch was sein Temperament anging, verhielt er sich wie ein Bolschewik. Über die Folgen dieser Kämpfe innerhalb einer vorher so guten Mannschaft war ich bestürzt.

Auf jeden neuen Hetzartikel gegen Tschubais und Nemzow, jeden neuen Angriff im Fernsehen reagierte ich gereizt. Immer, wenn ich die Morgenzeitungen aufschlug, dachte ich: »Verstehen die denn nicht, daß sie mit einem Angriff auf den Präsidenten nichts erreichen?« Der Einsatz eines riesigen Medienapparats, um die Verteilung der Finanzen zugunsten des einen oder anderen Konzerns zu beeinflussen, schockierte mich.

Rückblickend verstehe ich die Ursachen jenes überraschend einsetzenden Bankenkrieges. Die Jungreformer hatten versucht, die der realen wirtschaftlichen Situation nicht entsprechenden Gesetze allein mit dem Instrument des Marktes zu überwinden. Doch es gibt nicht ohne Grund das Prinzip, neue ökonomische Regeln nur mit aufschiebender Wirkung einzuführen. Neue Steuern, neue Tarife muß man vorher ankündigen, damit der Markt sich darauf einstellen kann. Aber man wollte es schnell machen, am liebsten sofort. Während der Wahlen schickten sich Banker an, direkt auf die Staatsmacht einzuwirken und hinter dem Rücken der Politiker das Land zu lenken. Gerade waren wir der Gefahr eines kommunistischen Putsches entgangen, hatten Institutionen einer zivilen Gesellschaft geschaffen, schon tauchte eine neue, gefährliche Herausforderung auf.

Im heutigen Rußland wie auch in der übrigen Welt nennt man die einflußreichen Vertreter der Wirtschaft »Oligarchen«. Das Wort hat einen kriminellen Beigeschmack. Diese Leute sind je-

doch keine Paten, sondern Vertreter von großen Kapitalgesell-
schaften, die enge, komplexe Beziehungen mit dem Staat eingegangen sind. Das zieht die Aufmerksamkeit der Öffentlichkeit,
das Feuer der Kritik auf sie und veranlaßt Journalisten und
Rechtshüter, das Leben und Tun dieser Unternehmer bis ins
kleinste Detail zu durchleuchten. Der Einfluß des Großkapitals
auf die Macht ist praktisch in jedem Land unausbleiblich. Die
Frage ist nur, welche Formen dieser Einfluß annimmt.

Rußland ist ein unabhängiger Staat geworden und hat wirtschaftliche Umwandlungen begonnen. Vor allem mußten zwei
eminent wichtige Aufgaben gelöst werden: Erstens die Freigabe
der Preise, also die Einführung eines freien Marktes, so rigoros,
wie man unter Peter I. die Kartoffel in Rußland eingeführt hat.
Zweitens die Schaffung von Privateigentum. Staatliches Eigentum mußte privatisiert werden. Das war sowohl eine politische
als auch eine wirtschaftliche Aufgabe. Anders wären Reformen
überhaupt nicht möglich gewesen. Dies mußte sehr rasch geschehen, folglich auch mit den dabei unvermeidlichen Fehlern
und unter den Pfiffen der Unzufriedenen. Dazu brauchten wir
eine Klasse von Eigentümern.

Und wenn sich der neue Eigentümer eines ehemaligen Staats-
betriebes als unfähig erwies, mußte er sein Unternehmen an einen anderen verkaufen, der klüger und effektiver damit zu wirt-
schaften in der Lage war. So geschah es oft. Manche sagen, wir
hätten das Staatseigentum verschleudert und Barrieren errichtet,
um westliches Kapital nicht mitbieten zu lassen. Hätten sich die
Erdöl-, Metallurgie-, Chemie- und sonstigen Unternehmen, um
die es ging, in westeuropäischen oder nordamerikanischen Händen befunden, wären sie allerdings um vieles teurer gewesen. Für
unseren Staatshaushalt jedoch waren die erzielten Dollarmillio-
nen von allergrößter Bedeutung.

Aber auch westliche Banken haben bei uns investiert, sonst
gäbe es keine russischen Kapitalisten, keine russischen Privat-
eigentümer. Es war klar, daß fünf Jahre nach dem Zusammenbruch des Sozialismus eine Konkurrenz mit dem westlichen

Kapital nicht möglich war. Nicht einmal die Summen, die für die Privatisierung von Unternehmen aufzubringen waren, standen Rußland zur Verfügung. Das waren Kredite, die russische Unternehmer auf dem internationalen Finanzmarkt aufnehmen konnten. Die Frage liegt nahe, wieso sich unsere Unternehmer nicht mehr Geld geliehen haben. Dann hätte der Staat seine Betriebe teurer verkaufen können. Der Grund ist einfach: Mehr hat uns keiner gegeben. Man gab nur so viel, wie die russischen Unternehmer zurückzahlen konnten. So berechnete sich der Wert eines Betriebes, nicht mehr und nicht weniger.

Ich mache darauf aufmerksam, daß die wichtigste Etappe der Privatisierung im Jahre 1996 praktisch abgeschlossen war. Nur einzelne Betriebe wurden danach noch privatisiert, darunter auch Swjasinwest.

Die großen Investmentbanken der Welt hatten Bedenken, größere Summen in Rußland zu investieren. Unsere Unternehmer aber wagten das für sie sehr große Risiko, denn wenn die Kommunisten die Wahlen 1996 gewonnen hätten, wäre ihre erste Amtshandlung die Verstaatlichung des gesamten Privateigentums gewesen. Nachdem sie Dollarbeträge in dreistelliger Millionenhöhe investiert hatten, waren Stabilität und Beständigkeit der Staatsmacht für die russischen Geschäftsleute absolut vorrangig.

Im März 1996 boten diese Geschäftsleute selber an, meinen Wahlkampf zu unterstützen. Niemand hat sie darum gebeten oder dazu verpflichtet. Sie kamen nicht, um Jelzin zu unterstützen, sondern sich selbst, ihr Geschäft, ihre Dollar-Millionen, deren Rückzahlung in Kürze fällig war. Sie brauchten für ihre Geschäfte politische Stabilität. Eine stabile Gesellschaft sichert dem Unternehmer einen größeren Gewinn. Ist die Gesellschaft instabil oder ist der Wahlausgang unsicher, kann sein Unternehmen unter Umständen nichts wert sein. Deshalb waren die Unternehmer 1996 bereit, jede Menge Geld in den Wahlkampf und die Politik insgesamt zu investieren. Daher ihre rege Anteilnahme an den politischen Vorgängen in Rußland.

Nach den Wahlen verzeichnete der russische Markt einen beträchtlichen Aufschwung, weil der Weltmarkt auf die politische Stabilität in Rußland entsprechend reagierte. Der Wert aller großen Unternehmen, die für Hunderte Millionen Dollar gekauft worden waren, bemaß sich nun in Milliardenhöhe.

Wer russische Oligarchen als primitive Geldwäscher darzustellen versucht, denkt zu kurz. Dennoch ist es an der Zeit, darüber nachzudenken, ob das Bestreben der Oligarchen, auf die Politik, die Staatsmacht und die Gesellschaft einzuwirken, nicht auch Gefahren für den Staat mit sich bringt. Man mußte diesem Prozeß einen Rahmen setzen. Die Versteigerung von Swjasinwest war einer dieser Versuche.

Vielleicht habe ich das Ausmaß dessen, was hier vor sich ging, nicht gleich erkannt. Aber eines begriff ich: Großes Geld floß in die Politik. Dieses »politische Geld« ist es, das heute eine ernstzunehmende Gefahr für die Entwicklung Rußlands darstellt; nicht die Kommunisten, nicht Bürgerkrieg oder Putsch, nicht der regionale Separatismus, nicht unsere kleinen Bonapartes in Generalsuniformen, sondern das große Geld, die Leute, die sich gegenseitig bekriegen und die politischen Strukturen einzureißen drohen, die wir mit so viel Mühe aufgebaut haben.

Die Finanzelite hat auf unterschiedliche Weise versucht, den Staat zu lenken: Eine Bankengruppe »bearbeitete« Moskauer Beamte und den Oberbürgermeister, eine andere die Gouverneure, dritte – wie Beresowki oder Gussinski – haben sämtliche Ressourcen zur Schaffung von mächtigen Medienkonzernen eingesetzt, das heißt, sie wollten die Massenmedien monopolisieren. Ich kann mich noch erinnern, welche Schlacht um eine der ältesten russischen Zeitungen, die *Iswestija*, geschlagen wurde. Vertreter zweier konkurrierender Unternehmen rannten den Zeitungsleuten buchstäblich nach, um als erste die Aktien aufzukaufen. Die Journalisten arbeiteten zunächst widerwillig für die neuen Eigentümer, bald jedoch mit einem Eifer und einer Leidenschaft, die einer besseren Sache würdig gewesen wäre. Die Situation hatte sich geändert.

In den verschwiegenen Räumen der Finanzinstitute, wo bisher nur die üblichen Bankgeschäfte getätigt worden sind, gibt es neuerdings Machtzentralen, die erheblich in die Politik eingreifen und die Strukturen unserer Gesellschaft beeinflussen. Demokratische Werte lassen sich weder kaufen noch verkaufen. Trotzdem gibt es immer noch etliche, die glauben, genau das müsse und dürfe man tun.

Bereits vor der Versteigerung von Swjasinwest hatte sich Jumaschew auf meine Bitte hin mit Potanin und Gussinski getroffen. Potanin – nach seinem Rückzug aus der Regierung frei von moralischen Skrupeln – kämpfte mit allen Mitteln. Jumaschew schlug ihnen vor, das Problem friedlich zu lösen, ohne einen Medienkrieg gegen die Regierung. »Schließlich könnt ihr euch doch untereinander einigen und beide Geld in Swjasinwest investieren. Euer Schaukampf schadet euch selbst und allen anderen.« Dieses Angebot stieß auf wenig Gegenliebe.

Bei der Versteigerung selbst, am 25. Juli 1997, wurden zwei Kuverts geöffnet. Jeder der Investoren hatte ausländische Partner gewonnen. Auf der einen Seite boten spanische Investoren mit, auf der anderen der berühmte Finanzmogul George Soros. Das Gebot von Gussinski lag unter der Summe, die Potanin investieren wollte. Diese Differenz hat uns, so sollte sich zeigen, zwei schwere Regierungskrisen und möglicherweise auch eine Finanzkrise beschert. Der harte Kampf ohne Bandagen innerhalb des Big Business beeinträchtigte nicht nur die Wirtschaft, sondern gefährdete auch die Stabilität des gesamten politischen Systems.

Einer meiner Berater meinte damals: »Es würde mich nicht wundern, wenn wir in einem Jahr irgendeinen General an der Spitze unserer Verwaltung haben und an der Spitze der Regierung einen Kommunisten.« Diese Prognose fand ich makaber. Wer hätte gedacht, daß ein Jahr später tatsächlich General Nikolai Bordjusha Chef des Präsidialamts und Jewgeni Primakow, der deutlich den Kommunisten zuneigte, Regierungschef werden würde?

Später erfuhr ich, daß Gussinski und Beresowski damals Tschubais einreden wollten, der Potanin-Bank ONEXIM, die im Grunde mit Staatsgeldern, mit Geldern des Zolls arbeitete, seien von der Regierung bewußt bessere Bedingungen eingeräumt worden, so wie schon 1995. Potanin habe damals – auf dem Höhepunkt der Privatisierung – die Rohstoffperle Norilsk-Nickel im Norden Sibiriens, die immerhin für ein Fünftel der Weltnickelproduktion sorgt, zu einem Spottpreis an sich gebracht. Tschubais konterte: »Und was ist mit Beresowskis Sibneft und Gussinskis NTW? Wer hat ihm eigentlich die beste Sendezeit und die größte Reichweite zugeschanzt?«

Trotz des nicht endenden Streits habe ich gegen eine Revision der Ergebnisse dieser Versteigerung entschieden protestiert. Tschubais war damals nicht nur den scharfen Angriffen von Journalisten und militanten Abgeordneten ausgesetzt. Für eine Überprüfung der Verfahren im Falle Swjasinwest wie auch Norilsk-Nickel plädierten damals auch Innenminister Kulikow, Justizminister Stepaschin und sogar Tschernomyrdin. Die unterschiedlichsten politischen Kräfte, die diese Situation in ihrem Interesse zu nutzen suchten, beteiligten sich an der Kontroverse. So hielt ich es für meine Pflicht, öffentlich zu erklären, die Regierung stehe hinter dem Ergebnis der Versteigerung.

Aber die Unruhe hörte nicht auf. Der Ton der Presse wurde wütender, Vorwürfe steigerten sich zu Beschimpfungen, man durfte sich keiner Illusion hingeben – der Krieg zwischen der Regierung und der Finanzelite des Landes war nicht vorbei, sondern hatte eine neue Phase erreicht. Ich mußte intervenieren und beschloß, mich mit den Bankleuten zusammenzusetzen.

Am 15. September 1997 fand das Treffen im Kreml statt. Am runden Tisch saßen: Fridman (Alphabank), Smolenski (SBS-Agro), Gussinski (Most-Bank), Chodorkowski (Rosprom), Winogradow (Inkombank) und Potanin (ONEXIM). Ein Kreml-Saal macht immer Eindruck. Man ist bei der Staatsmacht zu Gast und nicht sonstwo. Die Banker hörten aufmerksam zu, einige machten sich Notizen. Mein Gedanke war ganz einfach: Wenn ihr glaubt, auch weiterhin Zinsen aus dem Staatshaushalt zu bekommen, so irrt ihr euch. Wollt ihr aber überleben, dann müßt ihr dazu beitragen, daß der Staat gestärkt wird. Das aber heißt: Trennt Geschäft und Politik, dann braucht ihr keine Finanzkontrolle zu fürchten. Die Banker schienen damit einverstanden zu sein. Einmütig erklärten sie, daß sie diesen Konflikt satt hätten. Sie seien bereit, nach neuen Spielregeln zu spielen. Aber diese sollten langfristig gelten und nicht jeden Monat, jedes Quartal neu festgelegt werden. »Arbeiten wir zusammen, und hört bitte auf, Druck auf die Regierung auszuüben«, appellierte ich an sie. Scheinbar zufrieden ging man auseinander.

Dennoch spürte ich, daß sie in Wirklichkeit nicht so dachten wie ich. Solche Beratungen habe ich in meinem Leben unzählige Male durchgeführt und jedesmal das angestrebte Ergebnis erzielt. Hier aber – trotz Versprechungen und freundlicher Mienen – Funkstille. Es kam zu keinem tragbaren Kompromiß, weder die eine noch die andere Seite gab nach.

Am 4. November kamen Tschubais und Nemzow zu mir nach Gorki-9. Sie erklärten, es drohe eine politische Krise, Drahtzieher seien Beresowski und Gussinski. Um Schlimmeres zu verhindern und seinen Einflußbereich einzuschränken, müsse Beresowski als stellvertretender Sekretär des Sicherheitsrates entlassen werden. Ein Mann, der Geschäft mit Politik verwechsele, könne ein solches Amt nicht innehaben. Er untergrabe in unzulässiger Weise die Autorität der Staatsmacht.

Es kam mir in den Sinn, daß es Tschubais gewesen war, der kaum ein Jahr zuvor auf die Ernennung Beresowskis gedrungen hatte. Damals gab ich ihm recht.

Was war geschehen?

Ernannt hatte ich ihn seinerzeit, weil ich, um das Land zu demokratisieren, kluge und kompetente Mitarbeiter wie ihn brauchte. Dabei spielte keine Rolle, ob sie mir sympathisch waren oder nicht. Beresowski war ein hervorragender Mitstreiter für die Durchsetzung der demokratischen Reformen, doch ein schwieriger Verbündeter. An ihm störte mich manches – sein überheblicher Ton, sein skandalumwitterter Ruf, aber natürlich auch, daß man ihm nachsagte, er sei die graue Eminenz im Kreml.

Dieses Image hatte er sich selber aufgebaut. Im Klub seines Konzerns Logowas versammelte er einflußreiche Leute, Medienchefs, Politiker, Banker. In diesen Klubgesprächen brillierte Beresowski mit seinen überraschenden Einfällen, und nicht selten wurde dabei auch gespielt, wurden Figuren auf dem politischen Schachbrett hin und her geschoben.

Realen Einfluß auf die Entscheidungen des Präsidenten hat der Mann, der selbst einmal behauptete, er habe Jelzin nur ein paarmal gesehen, nie gehabt. Doch wann immer sich die politische Lage verschärfte, erschien er auf den Bildschirmen und gab seine kritischen Kommentare ab. Sendezeit hatte er jedesmal genug. Und im Volk entstand der Eindruck: Das also ist derjenige, der unser Land führt.

Dieses Benehmen war ich schon lange leid. Tschubais und Nemzow gaben mir den Anlaß, den »lästigen Schatten« loszuwerden. Und dennoch hatte ich das ungute Gefühl, daß Tschubais hiermit selbst ins offene Messer lief.

Die Reaktion der Betroffenen auf Beresowskis Amtsenthebung ließ nicht lange auf sich warten. Seine Leute von ORT und NTW taten fast alles, um Tschubais als Schurken, Gauner und Emporkömmling anzuprangern. Nur wenige wußten, daß er in Wirklichkeit wegen seiner Prinzipienfestigkeit und seiner aufrechten Überzeugungen intern den Ruf des »liberalsten Bolschewiken« hatte.

Die Ereignisse überstürzten sich. Die Information über das noch nicht erschienene Buch *Privatisierung in Rußland* lag bereits auf dem Tisch von Innenminister Kulikow. Die Kopie des Buchvertrages lag im Verlagshaus Sewodnja. Die Autoren – Tschubais, Boiko, Mostowoi und Kasakow (erster Stellvertreter im Präsidialbüro) – hätten, wie es hieß, jeder 90 000 Dollar Honorar bekommen. Kasakow entließ ich sofort, dann kamen die anderen an die Reihe. Die Presse reagierte in gewohnter Weise und sprach von Bestechung.

Tschubais schrieb mir einen Brief. Er erklärte, das Buch sei bereits erschienen und der Vertrag entspreche den gesetzlichen Bestimmungen. Er fühle sich aber schuldig, weil er die Reaktion der Öffentlichkeit auf ein solches Honorar nicht bedacht habe. Er übernehme die Verantwortung. Meine Begegnungen mit ihm wurden von da an wesentlich seltener.

Der »Buchskandal« war ein schwerer Schlag für mich wie für die Regierung. Mit einem Mal war die ganze junge Mannschaft verschwunden – sowohl aus dem Präsidialamt als auch aus dem Weißen Haus. Tschubais war nicht mehr Finanzminister, blieb aber einer der Vizepremiers. Auch Nemzow war als Energieminister entlassen, behielt jedoch das Amt eines Vizepremiers. An seiner Stelle wurde Sergej Kirijenko zum Minister für Energie ernannt, eine scheinbar unspektakuläre Entscheidung.

Nun war es an der Zeit, über das politische Phänomen Anatoli Tschubais nachzudenken. Er hatte die erstaunliche Gabe, sich innerhalb von Tagen, Wochen und Monaten erbitterte Feinde zu schaffen. Wie läßt sich das erklären? War es sein Charakter, war es seine Verantwortung für die Privatisierung, die für die gesamte postsowjetische Gesellschaft schließlich wie ein rotes Tuch wirkte? Seine weitere Laufbahn sollte zeigen, daß es, ganz gleich mit welcher Materie er sich beschäftigte, mit der Elektrizität zum Beispiel, stets zu Rangeleien kam. Paradoxerweise wurde er gerade deshalb geachtet. Gehaßt, gefürchtet – und geachtet. Prügel bezog er von allen Seiten; er war die beliebteste Zielscheibe, sowohl für die Kommunisten als auch für die liberalen Journalisten, für einen Teil der Intelligenz wie für die Unternehmer. Hatte er eine Idee, so war er von ihr wie besessen, darin bestand auch für mich seine Anziehungskraft. Ich werde nie vergessen, was für eine andächtige Stille entstand, wenn Tschubais irgendwo sprach. Ein Politiker kann nicht für alle bequem sein, er kann nicht von allen mit Wohlwollen aufgenommen werden, das kenne ich ja von mir. Wer ein richtiger Politiker ist, muß bei dem einen oder anderen anecken. Tschubais konnte mühelos den Arbeitseifer des Erwachsenen mit dem Elan der Jugend verbinden.

Wenn ich ihn ansah, dachte ich, er ist nicht nur ein versierter, wenn auch fachsimpelnder Ökonom, sondern ein Vertreter der Generation, die nach mir kommt. Und sie wird kommen.

Im Herbst und Winter 1997/98 sagte mir Tschernomyrdin mehrfach: »Mit Tschubais stimmt etwas nicht. Er ist ein anderer Mensch geworden. Er ist unduldsam und hört nicht mehr zu. Die Arbeit mit ihm ist schwierig. So ist er bei Ihnen im Kreml geworden. In meiner Regierung war er ganz anders.« Das Gespann Tschernomyrdin/Tschubais, von dem ich mir so viel versprochen hatte, ging auseinander. Während des Buchskandals zeigte es sich besonders deutlich: Der Regierungschef ging auf Distanz. Die letzte Stütze für Tschubais blieb ich. Die Isolation der Jungreformer von der politischen und wirtschaftlichen Elite und womöglich von der Gesellschaft insgesamt wurde immer offenkundiger. Jene Affäre war die Bananenschale, auf der die Mannschaft der Jungreformer ausrutschte. Überflüssig, ärgerlich und bedauerlich.

Je stärker der Druck der öffentlichen Meinung, der Medien und der Banker auf mich wurde, desto klarer wurde mir: Euch gebe ich Tschubais nicht her! Ich lasse mich nicht erpressen. Wann und wie ich ihn aus der Regierung entferne, ist allein meine Entscheidung. Dennoch war die Lage traurig, denn Tschubais war politisch so angeschlagen, daß seine Autorität so bald nicht wieder hergestellt sein würde. Doch zum Wundenlecken blieb keine Zeit. Die Wirtschaftsreform mußte ohne Verzug fortgesetzt werden.

Kirijenko

Im Frühjahr 1998 entschied ich endgültig: An die Regierungsspitze muß ein anderer Mann, von Tschernomyrdin muß ich mich trennen.

Die Kraft Tschernomyrdins lag in seiner grandiosen Fähigkeit, Kompromisse einzugehen. Er kann jeden mit jedem versöhnen, er fürchtet keine Konfliktsituation. Doch der größte Kompromiß, den er »aussitzen« wollte – der Kompromiß zwischen den neuen marktwirtschaftlichen Strukturen und dem Arbeitsstil der Direktoren aus der Sowjetzeit –, war nicht länger tragbar. Außerdem würde Tschernomyrdin nicht in der Lage sein, das Land nach meinem Rücktritt im Jahre 2000 stabil zu halten. Dazu mußte ein jüngerer und kräftigerer Mann her.

Besonders kontrovers waren die Beziehungen zwischen Tschubais und Innenminister Anatoli Kulikow, einem vehementen Gegner der Privatisierung und der liberalen Wirtschaft überhaupt. Mehrfach hatte er bei Kabinettssitzungen nicht nur die ökonomischen Reformen kritisiert, sondern Tschubais und Nemzow auch direkt beschuldigt, ihre Politik fördere Machtmißbrauch, zerrütte das Land und bringe Bettler und Verbrecher hervor. Tschubais blieb ihm die Antwort nicht schuldig.

Diesem Konflikt, der sich immer mehr ausbreitete, mußte ein Ende gesetzt werden. Ein Minister, der seine Karriere zu Zeiten des Tschetschenienkonfliktes begonnen hatte, eignete sich nicht als Retter der Wirtschaft. Es war nicht abzusehen, wohin uns seine wirtschaftlichen Konzeptionen und Methoden führen würden. Auf der anderen Seite verlor auch Tschubais langsam an Elan. Des Postens des Finanzministers enthoben, blieb er zwar ein Theoretiker der Reformen, war als Motor jedoch ungeeignet. Einen solchen aber brauchte ich dringend. So kam ich zu dem Schluß, daß ich, wenn ich die Regierung Tschernomyrdin entlasse, auch die beiden Vizepremiers Tschubais und Kulikow entlassen müsse. Ich mußte die beiden Extreme trennen, zwei chemische Elemente, die das ganze Labor in die Luft zu sprengen drohten.

In meinem politischen Leben habe ich oftmals solche Opfer gebracht und Rochaden nicht gescheut. Kaderwechsel unter Jelzin war für die Medien ein gefundenes Fressen. Aber ich darf daran erinnern, daß kein sowjetisches Staatsoberhaupt je unter solchen Bedingungen arbeiten mußte: wütende Obstruktion im Parlament, absolute Pressefreiheit und immer neue Wellen der politischen Krise. Um den Status quo zu wahren, mußte ich immer wieder neue Figuren einführen, die einen austauschen, andere opfern. Bei jedem Zug galt es, die Gesamtstrategie und die Hauptaufgabe im Auge zu behalten.

Im Zusammenhang mit der Entlassung Tschernomyrdins dachte ich darüber nach, wer die wirtschaftlichen Reformen, die Jegor Gaidar eingeleitet hatte, zu Ende führen würde. Wer könnte einen Durchbruch bei den Investitionen, im Staatshaushalt und in der Steuer- und Bodenpolitik erreichen? Wer könnte der neue Motor einer jungen Regierungsmannschaft sein?

Übrigens bin ich nach wie vor sicher, daß meine Entscheidung für Gaidar im Jahre 1991 richtig war. Ich halte die Freigabe der Verbraucherpreise und das Projekt der Liberalisierung, das man damals »Schocktherapie« nannte, für richtig. Es stimmt, Rußland hat diesen Schock nur unter größten Schwierigkeiten überstanden, und immer noch leiden viele unter seinen Folgen. Für mich aber war vor allem wichtig, daß wir uns ein für allemal von der kommunistischen Wirtschaft losgesagt haben.

Der Verlauf der Reformen war freilich nicht immer ideal. Die Direktoren igelten sich ein und verhielten sich wie Partisanen. Dennoch hat Gaidar das Wichtigste geleistet: Er brachte jedem – vom Minister bis zum Lagerarbeiter – bei, marktwirtschaftlich zu denken und zu rechnen. Und ich bin sicher: Hätte man seiner Mannschaft noch ein Jahr gegeben, die Wirtschaft wäre vorangekommen, die Abläufe in der Industrie hätten begonnen, normal zu funktionieren, und die Investitionen des Westens, von denen jede unserer Regierungen träumte, wären angelaufen.

Wer den Alltag Ende der achtziger Jahre nicht erlebt hat, mag auf die ökonomischen Reformen von Gaidar schimpfen. In den Achtzigern war ich Kandidat, dann Mitglied des Politbüros und Parteichef von Moskau, und ich erinnere mich sehr genau, in welch verzweifelter Lage sich das Land in jenen Jahren befand, von denen die Kommunisten so gerne faseln.

Gewiß, alle Betriebe arbeiteten, aber mit welchem Ergebnis? In den Geschäften, selbst in Moskau, gab es kaum etwas zu kaufen. Zucker, Tabak und andere notwendige Produkte waren nur auf Lebensmittelkarten zu erhalten. Das Land hatte die humanitäre Hilfe aus dem Westen auf schnellstem Wege aufgebraucht. Und ich darf erinnern – das waren viele Millionen Dollar. Die verdeckte Inflation war wesentlich größer als die heutige, offene.

Damals berieten wir im Politbüro ernsthaft die Möglichkeit, die Lagerbestände des Militärs auf den Markt zu bringen, die »strategische Reserve«, und wer wird je das Schlangestehen vergessen? Der Übergang zum freien Handel und die Freigabe der Preise haben sofort Waren auf den Markt gebracht. Doch das Programm der Liberalisierung erforderte die vereinten Anstrengungen der ganzen Gesellschaft, aller Schichten der Bevölkerung und sämtlicher politischer Bewegungen. Genau das geschah in den osteuropäischen Ländern. Und genau das geschah auch im riesigen China, wo die Reformen von der Kommunistischen Partei initiiert wurden und nicht einer dagegen Widerspruch erhob.

In unserem Fall lief es ganz anders. Nicht ein einziger Gesetzentwurf von Gaidar kam durch den Obersten Sowjet. Anstelle von gemeinsamen Bemühungen und Toleranz trafen wir nur auf dumpfe Unzufriedenheit und später auf harten Widerstand. Das war der Preis für die politische Freiheit, die keineswegs automatisch auch freie Wirtschaft bedeutete, im Gegenteil: Die wirtschaftliche und die politische Freiheit standen oftmals im Widerspruch zueinander.

Den Obersten Sowjet aufzulösen, der damals den Reformen im Wege stand, war in den Jahren 1991 und 1992, kurz nach den schweren politischen Erschütterungen und dem Zerfall der Sowjetunion, nicht möglich. Die Regierung der Reformer konnte mit dem kommunistischen Parlament nicht zusammenarbeiten. Und ich sah mich gezwungen, mich von der Regierung Gaidar zu verabschieden. Gaidar übergab sein Reformwerk an Tschernomyrdin.

Es begann eine Phase der langsamen, vorsichtigen und sehr widersprüchlichen Umwandlung der Wirtschaft. Das System der Banken und Kredite begann zu funktionieren, die Privatisierung lief an, es entstand ein Markt der Waren und Dienstleistungen, und wir lernten die ersten russischen »Bisnesmeny« kennen. Verglichen mit dem Sowjetsystem, in dem die Menschen jahrzehntelang in Angst vor der übergeordneten Instanz lebten und an Privatkonkurrenz gar nicht dachten, war es eine wahre Revolution, nicht nur in der Wirtschaft und Politik, sondern auch im Bewußtsein.

Die fünf Jahre der Ministerpräsidentschaft von Tschernomyrdin waren eine bewegte Zeit. In diesen Jahren gab es zahlreiche Währungsreformen, schwerwiegende politische Krisen, große Projekte und große Hoffnungen – aber auch große Niederlagen. Es gelang uns nicht, den Monopolismus in der Wirtschaft zu überwinden, den Niedergang der Produktion, das System der wechselseitigen Abhängigkeiten, das Korruption und Diebstahl Vorschub leistete. Es gelang uns nicht, nennenswerte Mittel in die alte Industrie zu investieren. Und das Wichtigste: Es gelang uns nicht, das Leben der Menschen wirklich zu verbessern.

Am Samstag, dem 21. März 1998, kam Tschernomyrdin zu mir nach Gorki-9. Das Gesprächsthema war das übliche: nicht ausgezahlte Löhne, unzureichende Einhaltung der Haushaltsverpflichtungen. Ich machte eine Pause, holte tief Luft und sagte: »Viktor Stepanowitsch, ich bin mit Ihrer Arbeit unzufrieden.« »In welchem Sinne, Boris Nikolajewitsch?« Nachdem ich die Versäumnisse seiner Regierung aufgezählt hatte, schaute er mich mit dem verständnisvollen Blick des erfahrenen Apparatschiks an und verabschiedete sich dann mit den Worten: »Ich werde darüber nachdenken, Boris Nikolajewitsch.« Die hohe, schwere Tür schloß sich langsam hinter ihm.

Wie verhält man sich, wenn man einen langjährigen Mitstreiter zum Rücktritt auffordern muß? Diese Frage quälte mich jedes Mal aufs neue. Derjenige, der gehen muß, begreift meist, wie schwer mir die Entscheidung gefallen ist. Aber es bleibt für ihn immer eine Kränkung. Kluge, verläßliche Leute absetzen zu müssen ist bitter. Doch man sollte auch die andere Seite der Medaille sehen: Vor wenigen Jahren sah die politische Szene des neuen Rußlands traurig aus. Wenn ich einem Politiker die Chance gebe, das Amt eines Regierungschefs oder stellvertretenden Regierungschefs zu übernehmen, mache ich nicht nur seinen Namen bekannt, auch seine Taten bekommen größeres Gewicht. Ich bin mir sicher, daß Gaidar, Tschernomyrdin, Kirijenko, Primakow, Stepaschin, Tschubais und andere die politische Bühne gerade dank solch unerwarteter Entscheidungen betreten haben. Manchmal denke ich sogar: Eine andere Möglichkeit, neue Leute in die Politik einzuführen, hatte ich ganz einfach nicht. Bei Tschernomyrdin ist es mir wahrscheinlich am schwersten gefallen. Er hatte mich mehrmals gerettet, aber jetzt durfte ich ihn nicht bedauern.

Tschernomyrdin war robust, und seine Stärke lag in seiner Anpassungsfähigkeit – für die schwierigen Lebensbedingungen in der Sowjetunion wahrscheinlich überhaupt das wichtigste. Aber jetzt lebten wir in einer anderen Zeit, und der künftige Präsident brauchte andere Qualitäten. Er indes glaubte fest an eine längerfristige politische Perspektive.

Damals wurde viel geschrieben über meine Beziehungen zu Tschernomyrdin. Er sei in den USA wie ein künftiger Präsident empfangen worden und das habe eine Rivalität zwischen uns geschürt. Doch auf kompetente, durchsetzungsfähige Leute, die mit mir zusammenarbeiten, bin ich nicht eifersüchtig. Im Gegenteil, ich habe immer den Kontakt zu ihnen gesucht – und auch gefunden. Wenn ich also geglaubt hätte, daß Tschernomyrdin als künftiger Präsident die schmerzhaften und unpopulären Reformen in der sozialen Sphäre durchsetzen und einen ökonomischen Durchbruch erzielen würde, dann hätte ich unbedingt einen Teil der Vollmachten des Präsidenten an ihn übergeben und ihm geholfen, sich auf die Wahlen vorzubereiten.

Aber ich sah, daß Tschernomyrdin die Wahlen nicht gewinnen würde. Die politische Erfahrung sagte mir, daß er zu vorsichtig regierte, zu viele Kompromisse einging. Außerdem wollten die Menschen ein neues Gesicht.

Die Entlassung Tschernomyrdins bereitete ich von langer Hand vor. Ich suchte sorgfältig nach einem anderen Kandidaten, ließ mich beraten und führte viele Gespräche. Aus dem Kreis der Kandidaten hatte ich von vornherein zwei bekannte Politiker ausgeklammert: Jawlinski und Lushkow. Ich wollte nicht, daß an die Stelle Tschernomyrdins jemand trat, der eine Last von Schulden und persönlichen Verpflichtungen gegenüber der eigenen Partei oder Teilen der politischen und wirtschaftlichen Elite trug. Ich wollte einen Regierungschef finden, der frei wäre von Gekungel und seiner früheren politischen Logik. Einen guten Verwalter und Ökonomen.

Es gab in der Regierung zwei sehr starke Wirtschaftsfachleute. Zum einen Nikolai Axenenko, Minister für Verkehrswesen. Der erste der »Staatsmonopolisten«, der in seinem Bereich tiefgreifende Reformen durchgeführt hatte, konnte der Marktwirtschaft neue und starke Impulse geben. Er hatte im sensiblen sozialen Bereich bereits wichtige Schritte getan, indem er sämtliche Krankenhäuser, Polikliniken, Sanatorien und Kindergärten der Eisenbahner kostenlos an die jeweiligen Gemeinden übergeben und damit die Eisenbahngesellschaften von einer riesigen Schuldenlast befreit hatte. Die Löhne konnten wieder pünktlich ausgezahlt werden. Er lehnte Kompensationswirtschaft ab, zumindest strebte er an, daß seine Gesellschaften mit Geldmitteln wirtschafteten, sich normal entwickelten und keinem die Möglichkeit gaben, Geld in die eigene Tasche zu stecken. Der zweite Mann war Wladimir Bulgak, zuständig für den Kommunikationsbereich. Hier gab es große Firmen, die mit hochentwickelten Technologien arbeiteten und bereits auf dem Weltmarkt vertreten waren. Wirtschaftlich gesehen war dieser Zweig der erfolgreichste.

Doch bei beiden Männern bestand die Gefahr, daß sie Lobbyarbeit für die eigene Branche leisten und die anderen an die Wand drücken würden. Schon Tschernomyrdin hatte kein Hehl aus seinem Lobbyismus für einige Erdölgesellschaften und, allen voran, den Energiegiganten Gasprom gemacht, den er praktisch mit eigenen Händen aufgebaut hatte. Ich konnte mich weder für Bulgak noch für Axenenko entscheiden. Wer von den Kandidaten war noch übriggeblieben?

Sergej Dubinin, Vorstandsvorsitzender der Zentralbank. Während unseres Vorgesprächs im Kreml sprach ich wahrscheinlich zum erstenmal in der langen Zeit mit ihm ausführlich nicht nur über das Bankgeschäft, sondern auch über die Probleme der Wirtschaft und die politische Situation im Lande. Dubinin war ein Fachmann und ein interessanter und außergewöhnlicher Mensch. Aber die Zentralbank ist ein Finanzinstrument, bei dem vom jeweiligen Chef viel zuviel abhängt. Ich wollte keine neuen Probleme auf diesem sensiblen Gebiet. Außerdem reagierte Dubinin in Krisensituationen zu impulsiv.

Dann Andrej Nikolajew, der ehemalige Chef des Föderalen Grenzdienstes, vom Schlage der gebildeten Generäle. Zu aufbrausend. Also auch er nicht.

Boris Fjodorow? Er besaß Erfahrung, Wissen und Entschlußkraft. Andererseits waren alle Ökonomen aus Gaidars Mannschaft politisch viel zu ambitioniert. Einer von ihnen, Tschubais, hatte gerade die Regierung verlassen. Eine solche Lösung hätte also keine Logik. Blieb nur Sergej Kirijenko. Nicht zufällig erschien er mir von Anfang an als höchst perspektivreicher Kandidat. Das würde eine überraschende Ernennung werden.

Kirijenko, damals fünfunddreißig Jahre alt, ein Freund von Nemzow, war mit diesem aus Nishni Nowgorod gekommen, hatte einige Monate als Erster Stellvertreter des Ministers für Energie gearbeitet und war erst vor kurzem zum Minister berufen worden. Im Gespräch mit ihm beeindruckte mich sein Stil: gelassen und absolut konsequent. Aufmerksame Augen hinter den runden Brillengläsern. Hundertprozentig korrekt, zeigte er keine Emotionen, die Zurückhaltung in Person. Er hatte etwas vom Klassenbesten, aber er war nicht Gaidar, kein Elfenbeinturmgelehrter und Revolutionsdemokrat. Er gehörte zu einer anderen Generation – zur Generation der Manager, der Direktoren, der jungen Unternehmer. Sein größter Pluspunkt: absolute Unabhängigkeit von jeglichen politischen oder Finanzgruppen. Und gerade dank seiner Jugend würde er Konflikte und ihre unangenehmen Folgen nicht scheuen. Ein Technokrat als Regierungschef. Genau das, was das Land jetzt brauchte ...

Ein Risiko? Natürlich, aber ein zu verantwortendes. Würden wir jetzt die Reformen nicht vernünftig durchführen, würden wir auf der Stelle treten. Ich hatte nicht mehr das Recht zu warten. Also entschied ich mich für Kirijenko. Ich wollte der »Zweiten Reihe«, den Jungen noch eine Chance geben. Zusammen mit ihm würden ganz gewiß neue Leute kommen.

Dieser Schachzug kam für meine Gegner völlig unerwartet, weder die Kommunisten noch die Oligarchen waren darauf gefaßt.

Von der Presse und von der Öffentlichkeit war ein gewisser Vertrauensvorschuß zu erwarten: Kirijenko war in der Lage, Hoffnungen und positive Emotionen zu wecken. Eine völlig neue, unbelastete Persönlichkeit. Und genau das war jetzt besonders wichtig. Es war wahrscheinlich das Entscheidende.

Am Abend des 21. März, am selben Tag, als ich mich mit Tschernomyrdin getroffen hatte, bat ich Jumaschew und Jastrshembski zu mir. Ich erklärte ihnen, daß ich entschlossen sei,

Tschernomyrdin zu entlassen. Mit ihm würden auch Tschubais und Kulikow das Amt niederlegen müssen. Ich bat sie, die nötigen Presseerklärungen und Urkunden vorzubereiten. Beide machten einen betroffenen Eindruck und baten mich, die Entlassung vom Samstag auf Montag zu vertagen. Die Erklärung war recht einfach: Es ist Wochenende, und viele sind auf der Datscha. Es sei nicht ratsam, am Wochenende eine Krisensituation im Lande auszulösen. Die Absetzung Tschernomyrdins jedoch bedeute eine ernsthafte politische Krise.

Eine Entscheidung auf die lange Bank zu schieben, liegt mir nicht. Politik ist eine sehr empfindsame Sache, und die Wahl des richtigen Zeitpunktes erfordert nahezu chirurgische Präzision. Eine bereits gefällte Entscheidung duldet keine Verzögerung. Sonst läuft sie Gefahr, vom Gang der Ereignisse überholt zu werden.

Dennoch überzeugten mich Jumaschew und Jastrshembski davon, daß eine Entlassung nicht als spontane Eingebung, sondern als Ergebnis wohldurchdachter, weitreichender Erwägungen erscheinen müsse. Dies bedeutete: den Anfang der nächsten Arbeitswoche abwarten.

Am Ende des Gesprächs fragte Jumaschew vorsichtig: »Boris Nikolajewitsch, auf welchen Namen lautet die zweite Urkunde?«

Es entstand eine kleine Pause. Wenn zwei Menschen diese wichtige Information kennen, ist das schon viel. Drei sind zuviel.

»Am Sonntag sage ich es«, beschied ich ihn. »Wir treffen uns noch einmal morgen nachmittag.«

Am folgenden Tag ließ ich Jumaschew kommen und sagte: »Bereiten Sie eine Ernennungsurkunde auf den Namen Sergej Kirijenko vor.«

Nachts erwachte ich und ging in mein Arbeitszimmer, um noch einmal über meine Entscheidung nachzudenken. Tschernomyrdin seine Entlassung mitzuteilen fiel mir verdammt schwer. Ich dachte an 1992. Wie schwer war es gewesen, in das politische und wirtschaftliche Leben des Landes Stabilität zu bringen! Tschernomyrdin hatte stets an meiner Seite gestanden und war bemüht gewesen, mich zu entlasten und die Verantwortung auf seine Schultern zu nehmen. Ein zuverlässiger, treuer und mit allen Wassern gewaschener Regierungschef, der in der kritischsten Situation bestehen konnte. Vielleicht machte ich einen Fehler.

In der Nacht ist die Endgültigkeit einer getroffenen Entscheidung besonders deutlich, treten aber auch Zweifel stärker hervor.

Die Gefahr der politischen Vereinsamung, ein »Rücktrittssyndrom« gibt es im Leben eines jeden Politikers, zumal eines Präsidenten. Jeder treue Verbündete in der Politik ist Gold wert, und es ist gefährlich, ihn abzusetzen. Tschernomyrdin war ein solcher Verbündeter. Und dennoch mußte ich mich von ihm trennen, so wie ich mich von Tschubais hatte trennen müssen. Nun drohte mir die politische Isolation.

Und doch habe ich eine besondere Beziehung zum Risiko. Es gibt in jeder Gefahrensituation einen Moment der Bewußtwerdung. Das Gehirn fängt wie von selbst an zu arbeiten, sucht und findet automatisch einen Ausweg. Die besten, treffsichersten Entscheidungen fallen mitunter in Extremsituationen. So war es auch hier.

Montag, der 23. März, im Kreml. In mir wuchs die Anspannung. Der Termin mit Kirijenko war auf 7 Uhr früh angesetzt. Noch vor dem Treffen mit Tschernomyrdin. »Wenn Sie mir diese Aufgabe anvertrauen, bin ich dazu bereit«, sagte er ohne Zögern. Ein Kämpfer! Ich konnte mit meiner Entscheidung zufrieden sein.

Der Abschied von Tschernomyrdin war bitter. Ich fand nicht die richtigen Worte, um ihm zu erklären, was mich die ganzen Monate beschäftigt hatte: Wir brauchen eine neue Generation von Politikern! Ich sagte nur, das Jahr 2000 sei nicht mehr weit, er möge sich auf die nächsten Wahlen vorbereiten, man müsse jetzt mit der Arbeit beginnen. Er war niedergeschlagen. Man sah ihm an, daß er zum Rücktritt moralisch nicht bereit war. Ein loyaler, kluger Mann. Aber kein Präsident des Jahres 2000.

Mit Kirijenko kam erstmals ein so junger Mann an die Spitze des Landes. Zum erstenmal wurde einer ganz anderen Generation von Politikern eine solch große Chance gegeben und ein Mann an die Spitze der Regierung gestellt, der sich in der Wirtschaft auskannte und wußte, was not tat. Ich war voller Optimismus und Hoffnung.

Es gab nun also in Rußland die Regierung, von der ich ein Jahr zuvor geträumt hatte.

Diplomatie ohne Schlips und Kragen

Der Rücktritt von Tschernomyrdin und die Ernennung von Kirijenko fielen zeitlich mit dem berühmten informellen Treffen dreier Staats- und Regierungschefs zusammen: Boris Jelzin, Helmut Kohl und Jacques Chirac trafen sich am Donnerstag, dem 26. März 1998 in der Nähe von Moskau. Heute ist nur noch Jacques Chirac im Amt.

Kohls Regierungszeit wurde von einem epochalen Ereignis gekrönt: der Vereinigung der beiden deutschen Staaten. In meiner Amtszeit brach das kommunistische Sowjetimperium zusammen, und Rußland trat in eine neue politische Ära ein.

Kohl stellte sich nach fünfzehn Jahren im Amt zur Wiederwahl und wollte erneut Regierungschef werden. Viele rieten ihm davon ab. Trotz der hohen Achtung, die er genoß, wollte Deutschland den Wechsel. Er beachtete das nicht und verlor. Mir hat dieses Beispiel vor Augen geführt, daß zu den politischen Aufgaben eines Präsidenten auch gehört, rechtzeitig zurückzutreten. Dazu braucht man Willensstärke.

Mit der Macht ist es doch so: Nur Unbeteiligten erscheint sie attraktiv, in Wirklichkeit fühlen sich viele von uns schon nach wenigen Jahren innerlich leer. Unter jedweden Umständen, in jeder politischen Situation die richtige Taktik zu finden ist eine Belastung, die einem alle physische und seelische Kraft abverlangt. Entgegen der gängigen Auffassung habe ich mich nie an die Macht geklammert und war immer bereit, aus eigenem Entschluß zu gehen, auch in den Jahren 1996 und 1999. Wiederholt habe ich mit meinen Mitarbeitern über meinen vorzeitigen Rücktritt gesprochen und erklärt, ich sei müde und das Land sei meiner müde. Aber die Gefahr bestand, daß der Prozeß der Demokratisierung und die in Gang gesetzten Reformen abgebrochen würden. Wer wäre in der Lage gewesen, die Verantwortung für das Land zu übernehmen – die Wirtschaft in der Krise, das Parlament auf Linkskurs und die Demokratisierung erst in den Anfängen? Rußland in dieser Lage neuen politischen Wirren auszusetzen, hatte ich nicht das Recht.

Zurück zu unserem Treffen »ohne Schlips und Kragen«. Diese Idee kam mir 1997 in Straßburg, als Chirac, Kohl und ich gemeinsam auf Fragen von Journalisten antworteten. Damals haben wir ein solches Treffen vereinbart. Anfänglich wollte ich es in meiner Heimat, in Jekaterinburg, veranstalten. Ich wollte mit ihnen zu Fuß über die Grenze zwischen Europa und Asien gehen, ihnen zeigen: Bis hier reicht Europa, hier ist seine geographische Grenze. Und ich wollte sie natürlich auch mit dem mächtigen Ural beeindrucken. Das war mein Plan. Doch es gelang nicht, die Terminkalender von drei Staatsmännern zu koordinieren, und ich wollte das Treffen nicht verschieben. Deshalb fand es in einem Erholungsheim bei Moskau statt. Chirac und Kohl trafen nach Mitternacht ein und mußten bereits am nächsten Tag zurückfliegen. Es war eine kurze, aber inhaltsreiche Begegnung.

Kohl und Chirac waren für mich nicht nur politische Partner. Alle drei waren wir Kinder der Kriegszeit. Wir gehören einer Generation an, sind geradlinige, offene und, man kann schon sagen, herzliche Menschen. Von Anfang an gab es Sympathie zwischen uns. Die russische Presse hat dieses Treffen sehr wohlwollend kommentiert. Jacques Chirac nannte es eine Weltpremiere. Selbst strengste Beobachter fanden es außergewöhnlich. Andererseits wurde zu Recht festgestellt, daß unsere »Strickjackendiplomatie« das Atlantische Bündnis nicht bedrohe. Die Disziplin innerhalb der NATO ist eisern, und ich bin sicher, daß Kohl wie Chirac die Begegnung mit den Amerikanern abgesprochen haben.

Nur wenige wissen, daß in der Vorbereitungszeit hinter den

Kulissen mancherlei vor sich ging. Als erste wurden die Engländer unruhig. Über verschiedene diplomatische Kanäle sendeten sie Signale an unser Außenministerium; sie wollten an dem Treffen teilnehmen. Einerseits freute ich mich, andererseits wollte ich das festgelegte Programm nicht erweitern; auch hätte die Anwesenheit des erst kurz zuvor gewählten Tony Blair das psychologische und politische Klima wie auch das Besondere der Zusammenkunft gestört. England und die USA waren das Rückgrat der NATO. Die Kontakte zwischen Deutschland, Frankreich und Rußland brachten ein Element der Freizügigkeit in das Atlantische Bündnis. Entscheidend für mich aber war, daß Tony Blair einer anderen Generation angehörte. In seinem Beisein wäre alles zu offiziell geworden. Der Sinn dieses Treffens aber war ein freundschaftliches, privates Beisammensein von drei Staatschefs. Kurzum, wir gaben dem britischen Außenministerium zu verstehen: Erst müsse ein Treffen dieser Art ausprobiert werden, dann wolle man weitersehen.

Während der Vorbereitungen meldeten auch die Italiener und andere Europäer ihr Interesse an. Doch wir blieben zu dritt.

Mir ging es darum, über eine Konzeption von »Groß-Europa« nachzudenken, eine Region bis zum Ural als Raum für eine völlig neue europäische Politik. Keine Politik der Blöcke und Allianzen. Wir haben über eine Reihe von Projekten gesprochen, die geeignet wären, eine Politik der menschlichen Kontakte zu fördern: ein gemeinsames Transportflugzeug des 21. Jahrhunderts, auf der Basis des russisch-ukrainischen Großraumtransporters AN- 70; einen Verkehrskorridor London–Paris–Berlin–Warschau–Minsk–Moskau, später vielleicht über Jekaterinburg bis nach Sibirien, Autobahnen und Hochgeschwindigkeitszüge inbegriffen; die Schaffung von schnellen Einsatztruppen für Technik- und Naturkatastrophen; den Austausch von Studenten und Doktoranden zwischen den Hochschulen von Rußland, Frankreich und Deutschland und die Gründung einer gemeinsamen Universität; die wechselseitige Anerkennung der Hochschulabschlüsse in allen drei Ländern. Außerdem haben wir verabredet, eine Ausstellung »Moskau – Berlin – Paris« zu veranstalten und den Historikern unserer Länder vorzuschlagen, gemeinsam eine »Europäische Geschichte des 20. Jahrhunderts« herauszugeben.

Alle drei sahen wir es als unsere Aufgabe an, etwas gegen das Ungleichgewicht zu tun, das durch die Ausweitung der NATO in Europa entstand. Kohl sagte wörtlich: »Frankreich und Deutschland tragen eine besondere Verantwortung für die Politik der Europäischen Union und wollen alles tun, damit nirgends – weder in der Welt noch in Moskau – der Eindruck entsteht, daß die Prozesse in Europa zu einer Isolierung Rußlands führen.«

Bereits beim ersten Treffen mit den Journalisten habe ich mein Europa-Konzept deutlich erklärt: »Es gibt keine weißen Flecken in Europa mehr. Es gibt nur noch eine Welt auf diesem Kontinent. Auf unserem Kontinent.«

Die Atmosphäre dieses Treffens war von einem Gedanken getragen: den Bestrebungen Amerikas den Willen zur Zusammenarbeit in Europa entgegenzusetzen.

Damals war ich sehr froh und spürte frischen Wind in der politischen Atmosphäre. Die Mienen von Kohl und Chirac erschienen mir anders als bei offiziellen Gipfeltreffen und Konferenzen, und ich las in ihren Blicken Verständnis für mein Anliegen. Heute, zwei Jahre später, zeigt sich, daß wir bereits damals sehr unterschiedliche Auffassungen von den Aufgaben solch einer Troika hatten. Als Interessenvertreter der europäischen Stabilität wollten sie mich von riskanten Schritten und unbedachten Appellen an die NATO abhalten. Ich jedoch träumte von einer humanitären, aber nichtsdestoweniger wirksamen Achse Moskau–Berlin–Paris.

Ich vergesse nie, welch große Bedeutung diese informellen Treffen für Rußland hatten. Denn erst vor kurzem ist unser Land Mitglied der Gruppe der Sieben geworden, die nun G 8 heißt, und nimmt am internationalen Dialog teil. Deshalb war mir jede Unterstützung von seiten meiner Freunde außerordentlich wichtig. Ich spürte, daß sich die Position Rußlands mit jedem Gipfeltreffen festigte. Die informellen Beziehungen haben viel dazu beigetragen. Mancher wird widersprechen, wenn ich sage, praktische Diplomatie habe viel mit Psychologie zu tun. Wer Gipfeltreffen kennt, der weiß, wie viel von einer vertrauensvollen Atmosphäre zwischen den Beteiligten abhängt und wie wichtig diese Gespräche außerhalb des Protokolls, eben »ohne Schlips und Kragen« sind.

Es gab einen Talisman in unserer Troika, ein von Kunstschmieden aus dem Ural gearbeiteter goldener Schlüssel mit einem Erdball, auf dem die Hauptstädte der drei Staaten leuchteten, und dazu drei silberne Becher. Man konnte den Erdball abschrauben und als Zeichen der Freundschaft einander die Becher reichen. Als ich das einmal tun wollte, gelang es mir nicht. Das Gelächter war natürlich groß. Ich bat Jastrshembski um Hilfe. Mit Mühe und Not klappte es, die Becher wurden ausgeteilt. Ich zeigte den Gästen und Journalisten den Schlüssel und fragte: »Wo sind die beiden anderen Schlüssel?« Helmut Kohl hat mich immer gut verstanden; er lächelte und sagte: »Alles klar, Boris, der Schlüssel bleibt bei dir. Rußland hat den Schlüssel, aber er gehört uns allen.«

Ich wollte den beiden ein Geschenk machen. Keines zum Nachhausetragen, sondern etwas, an das sie sich erinnern würden. Pelageja, ein hochbegabtes dreizehnjähriges Mädchen, sang russische Lieder für die Gäste. Ihre wunderbare Stimme begeisterte Helmut Kohl, und Jacques Chirac lud die Sängerin zu einem Auftritt nach Paris ein. Ich bin ihr für ihren Beitrag zur großen Politik bis heute dankbar.

Die angelsächsische Welt hat auf dieses Dreiertreffen mit einiger Aufregung reagiert. Die britische Presse schrieb, dies sei ein Schritt zu einem »kaum verhohlenen antiamerikanischen Bündnis in Europa«. Aber im ganzen war die Reaktion sehr gut, weil alle verstanden, welche Perspektiven solche Treffen eröffneten.

Das internationale diplomatische Protokoll hat mir zu schaffen gemacht. Häufig verstieß ich gegen seine Regeln. Einfach aus einem inneren Gefühl heraus und weil ich mit Widerwillen an das strenge Reglement der Sowjetdiplomatie dachte. Doch selbst wenn ich manche Vorschrift nicht einhielt, begriff ich die Bedeutung des Protokolls. Es ist die jahrhundertealte Erfahrung: Staatsoberhäupter treffen sich nicht als Kumpel, sondern als Vertreter von nationalen Interessen, als Bevollmächtigte ihrer Länder. Doch mein Streben nach Offenheit entsprach gelegentlich nicht dem vorgegebenen Protokoll.

Meine Erklärungen klangen schroff, und meine Pressesprecher, erst Jastrshembski, später Jakuschkin, hatten es nicht leicht, sie zu kommentieren. Sah man aber mein Auftreten im Zusammenhang mit den schwierigen Verhandlungen der Repräsentanten der G 7, waren sie durchaus verständlich. Die Presse beachtete diesen Kontext nicht und warf mir undiplomatisches Verhalten vor. In meiner Anfangszeit als Präsident hatte ich mich so darstellen wollen, wie ich war, und ich denke, das ist mir auch gelungen.

Mit Vergnügen erinnere ich mich, wie ich Ende September 1997 Jacques Chirac während seines Moskau-Besuches in ein Restaurant einlud. Zum offiziellen Programm gehört normalerweise ein festliches Essen im Kreml, ich aber wollte meinem Gast ein russisches Lokal zeigen, wie es heute in Moskau viele gibt, teure und weniger teure. Jastrshembski riet zur »Zarenjagdhütte« unweit unserer Datscha. Mit seinem zünftigen Interieur – überall Bärenfelle, Trophäen, Jagdgewehre – war es zu der Zeit das beliebteste russische Restaurant. Das war auch für mich ein besonderes Ereignis, etwas, das ich, voll in Anspruch genommen von offiziellen Verpflichtungen und Empfängen in der Residenz, seit sehr langer Zeit nicht mehr erlebt hatte. Es mußte wohl dreißig Jahre her sein, noch in Swerdlowsk.

Ein Restaurantbesuch ist für einen russischen Präsidenten schwer machbar. Die Gelegenheit, neben ganz normalen Menschen zu sitzen, bietet sich allein schon aus Gründen der Sicherheit praktisch nie. So habe ich mit Chirac diese Tradition gebrochen und eine neue begründet. Ein Jahr später führte er mich in Frankreich in ein kleines, gemütliches Restaurant.

In der »Jagdhütte« saßen wir zu acht am Tisch: Jacques mit seiner Frau Bernadette und Tochter Claude, ich mit Naina und Tanja und die beiden Dolmetscher. Mir gefiel die Dolmetscherin von Chirac sehr gut – zierlich, brünett, eine echte Französin, mit blitzschneller Reaktion und hervorragenden Russischkenntnissen. Von Chirac wird übrigens erzählt, er sei russophil. In seiner Jugend habe er sich für Puschkin begeistert und seine Gedichte rezitiert.

Der Tisch war günstig gewählt: Wir saßen etwas abseits, und niemand störte uns. Von allen Getränken gefiel Chirac am besten der Wodka »Juri Dolgoruki«. Wir redeten lebhaft, lachten, erzählten Jacques und Bernadette etwas über russische Traditionen und russisches Essen. Es gab keine Journalisten und Korrespondenten, nur unsere Kameraleute.

Über die informellen Treffen mit Helmut Kohl, mit Angeln, russischem Dampfbad und ähnlichem, könnte man lange erzählen. Ehrlich gesagt, wir vergaßen häufig jede Diplomatie und scherzten wie alte Freunde.

Dann aber blies plötzlich ein kalter Wind. Buchstäblich von einem Jahr zum anderen änderte sich die Haltung des Westens. Was waren die Ursachen?

Im August 1998 kam es bei uns zur Finanzkrise, auf die ich noch zu sprechen komme. Darauf folgte das »Herbstfieber« mit der Ernennung eines neuen Regierungschefs. So mußte das zweite Dreiertreffen auf unbestimmte Zeit vertagt werden. Und dann brach die Kosovo-Krise aus.

Auf die Finanzkrise in Rußland haben westeuropäische Staatsmänner mit größtem Mitgefühl reagiert, meldeten sich telefonisch und boten technische Hilfe an, empfahlen Spezialisten. Und dennoch war unsere Zahlungsunfähigkeit, die Aussetzung der Schuldentilgung für die internationale Politik eine sehr schmerzhafte Angelegenheit.

Der Krieg in Jugoslawien hat es den Amerikanern dann erlaubt, die nordatlantische Solidarität in die ihnen genehme Richtung zu lenken. Die Frage ist nur: Was hat Europa diese »Blutsbrüderschaft« gekostet? Ich bin fest davon überzeugt, daß man den Gedanken neuer Beziehungen zwischen den Menschen und den Staaten in Europa, die Idee eines großen Europa, wieder aufgreifen wird.

Aber zurück zum Jahr 1997. Am 1. November traf ich mich mit dem japanischen Ministerpräsidenten Rytaro Hashimoto in der Nähe von Krasnojarsk zum Angeln. Dieses informelle Treffen hatte einen völlig anderen Hintergrund als die, von denen bisher die Rede war. Krasnojarsk, eine Stadt ziemlich genau in der Mitte zwischen Moskau und Tokio, wurde nicht zufällig gewählt: Sie liegt weit weg von den neugierigen Augen der Journalisten. Man hätte beinahe glauben können, daß es sich um einen touristischen Ausflug von zwei Staatsmännern an einen großen sibirischen Fluß handelte. Doch in Wirklichkeit wurden hier wichtige Dinge entschieden. Das Problem der Südkurilen schwelte seit langem und bremste praktisch jegliche Zusammenarbeit zwischen Japan und Rußland. Es verhinderte nicht zuletzt den Friedensvertrag, auf den die Völker beider Länder seit Ende des Zweiten Weltkriegs warteten. Am Jenissej ging es nicht nur um Fische, es ging um den Frieden.

Der damalige Gouverneur von Krasnojarsk, Valeri Subow, hatte zwei wunderbare Häuschen bereitgestellt, in denen unsere Delegationen untergebracht wurden. In seiner grellgelben Daunenjacke ähnelte Hashimoto einem Fotokorrespondenten, und tatsächlich, wie es sich für einen echten Japaner gehört, fotografierte er immerzu. Trotz des Regens, der Kälte und des eisigen Windes war er von unserer Natur, den herrlichen Wäldern, dem Fluß und der sauberen Luft beeindruckt. Ich war guten Mutes.

Die Angelstelle war einige Kilometer von der Residenz vorbereitet. Es wehte ein starker Wind, und die Lufttemperatur betrug um die zwei Grad. Am Ufer standen eine rasch zusammengezimmerte Hütte mit Fellen, mit denen man sich später zudecken konnte, und einige Zelte. In einem von ihnen wurde, wie man riechen konnte, Fischsuppe zubereitet. Wenn sie schon fertig ist, warum noch angeln, fragte ich mich. Die Angelstelle bestand aus mehreren künstlichen Becken. Hier mache der Fluß einen Knick und die Strömung sei nicht so stark, hieß es. Die riesigen Angelruten lagen bereits im Wasser, was mir auch nicht besonders gefiel: Man will sie ja schließlich selber auswerfen. Hashimoto trat heran, zog an der Rute und freute sich ungemein – schon hing ein Fisch am Haken. Eine Überraschung für den Gast, sozusagen. Ich schmunzelte innerlich. Die eigentliche Überraschung aber kam erst noch. Der Jenissej ist ein sehr eigensinniger Fluß mit starker Strömung. Er hatte wohl etwas gegen unsere Art zu angeln, denn seine Wellen fegten alle künstlich errichteten Dämme hinweg. Die Fische waren verschwunden. Es goß in Strömen, der Wind peitschte, wir beide aber standen und angelten. Ich wußte nicht, was ich meinem Gast sagen sollte, und er wußte es auch nicht. Das dauerte fast eine Stunde, bis wir fürchterlich froren. Wärmen konnte man sich nur mit Wodka, was mir zu diesem Zeitpunkt kategorisch verboten war. Hashimoto aber löffelte seine Fischschuppe und lächelte. Die Felle und die gelbe Jacke schützten ihn vor der Kälte.

Den schwierigsten Teil der Verhandlungen führten wir in einer nicht weniger ungewöhnlichen Situation: auf einem Fischkutter. Sowohl mir als auch Hashimoto war die Lage klar: Ohne Friedensvertrag geht es nicht weiter. Dieser Vertrag mußte endlich geschlossen werden wie 1975 das Helsinki-Abkommen oder wie der Vertrag über die Wiedervereinigung Deutschlands. In der Kurilen-Frage sind die Japaner zu keinen Zugeständnissen bereit. Aber auch wir können keine Zugeständnisse machen; die territoriale Integrität Rußlands ist Verfassungsprinzip. Weder das Parlament noch die Öffentlichkeit würden einer einseitigen Revision der Nachkriegsgrenzen zustimmen – eine Sackgasse. Aber Sackgassen darf es in der internationalen Politik nicht geben!

Ein Friedensvertrag mit Japan bedeutet für uns künftige japanische Investitionen in die Industrie, in die Energiewirtschaft und in die Eisenbahnen Sibiriens, im Grunde also eine beginnende Wiedergeburt Rußlands nicht vom Westen, sondern vom Osten her. Andererseits leben auf den Südkurilen seit Generationen Russen. Wie will man ein solches geopolitisches Problem lösen?

Das Problem der japanischen »Nordgebiete« wurde oft erörtert. Den Japanern wurden verschiedenste Varianten angeboten: gemeinsamer Besitz, Erschließung, Pacht für neunundneunzig Jahre und ähnliches mehr. Sie waren der Meinung, daß es ihre Inseln seien. Bei den Verhandlungen dachte ich kurzzeitig, ob ich diesen Gordischen Knoten nicht einfach durchhauen sollte. Es gab eine einzige juristische Variante, bei der die Japaner die Inseln nutzen konnten, ohne unsere staatliche Integrität zu verletzen. Aber davon habe ich nach kurzem Nachdenken Abstand genommen. Die Zeit von Geheimprotokollen ist vorbei. Von der Wiederaufnahme dieser Praxis ist nichts Gutes zu erwarten.

Aber ohne Ergebnis wollten wir uns nicht trennen. Wir schlugen Japan etwas anderes vor: Trennen wir doch das Problem der Zugehörigkeit der Inseln von den Fragen der ökonomischen Zusammenarbeit. Die Japaner nannten dies die »drei neuen Prinzipien«: Vertrauen, gegenseitiger Nutzen und langfristige Perspektive.

Das Vertrauen hatte sich bereits am Ufer des Jenissej eingestellt, wo wir vom Sie zum Du übergingen. Unsere persönlichen Beziehungen erreichten, wie Journalisten schrieben, eine »neue qualitative Ebene«. Wir wollten unseren Ländern wenigstens die Perspektive eines Friedensvertrages nach Hause bringen. Auf der Pressekonferenz erklärten wir, ein Friedensvertrag zwischen Rußland und Japan solle spätestens im Jahr 2000 unterschrieben werden. Einige konkrete Beschlüsse wurden schon gefaßt, zum Beispiel über gemeinsame Fischereirechte und über Bankgarantien für japanische Investitionen. Es waren gute Nachrichten für die Japaner und für die Russen. Leider haben wir es nicht geschafft, unser Versprechen einzulösen. Doch seit Krasnojarsk hat sich das Klima in unseren Beziehungen deutlich verbessert.

Zum Abschied bekam ich von Rytaro ein Geschenk: einen

japanischen Strampelanzug für unseren neugeborenen Enkel Iwan.

Einen ganz besonderen Platz in meinen Erinnerungen nimmt mein Besuch im Vatikan im Februar 1998 ein. Papst Johannes Paul II. ist für mich eine Legende des 20. Jahrhunderts. Nach der Revolution, das heißt fast ein Jahrhundert lang, hatte unser Land keine diplomatischen Beziehungen zum Vatikan unterhalten. Erst 1990 waren sie – angeregt durch entsprechende Schritte von Papst Johannes Paul II. – wiederhergestellt worden. In den mehr als zwanzig Jahren seiner Amtszeit hat Johannes Paul mit einer Vielzahl von Präsidenten und Premierministern gesprochen, doch ich glaube, unser Gespräch war auch für ihn ein besonderes. Wir sprachen russisch miteinander. Der Papst ist im Polen der Nachkriegszeit aufgewachsen und beherrscht seitdem die russische Sprache. Es hat mich beeindruckt, wie sorgfältig er seine Worte wählte. Zunächst schien es, daß dieser gebeugte alte Mann sich gar nicht wohl fühlte. Doch als er seinen Blick auf mich richtete, war ich erstaunt, welch lebendiger Geist aus seinen Augen sprach. Ich sagte ihm, daß mir persönlich sehr viel daran läge, ihn einmal in Moskau zu empfangen. Dieser Satz war sehr gewagt, vor allem im Hinblick auf die Haltung der Russisch-orthodoxen Kirche. Aber ich sprach ihn aus, weil ich allergrößte Hochachtung für das Wirken des Papstes habe, für seine Bemühungen um Frieden und Eintracht zwischen den Menschen in der Welt. Alle früheren Päpste haben sich nicht zu den Sünden ihrer Vorgänger bekannt. Der jetzige Inhaber des Heiligen Stuhls jedoch hat erklärt: Auch die Kirche beging in der Vergangenheit Sünden. Dazu zählte er das Schisma, den Beitrag der Katholischen Kirche zur Zerstörung der Einheit aller Christen, die Religionskriege, die Inquisition, den Fall Galilei. Auch zum Schweigen angesichts des Totalitarismus hat er sich geäußert.

Johannes Paul II. hat selbst immer den Kommunismus bekämpft (und ist wahrscheinlich deshalb als der erste Nicht-Italiener der jüngeren Geschichte zum Papst gekürt geworden). An

118

ihm beeindruckt mich auch, wie vielseitig er ist: Philosoph, Sportler, Schauspieler, Dichter, Politiker. Aber für mich persönlich ist das Interessanteste, auf welche Weise es ihm gelungen ist, Bewegung in die festgefügte Institution der Römisch-katholischen Kirche zu bringen mit seiner Rastlosigkeit, seiner Reformfreudigkeit und der Autorität seiner Persönlichkeit. Wahrscheinlich liegt genau darin sein Geheimnis. Ich schenkte ihm ein Bändchen seiner ins Russische übersetzten Gedichte. Er dankte, wünschte mir Gesundheit und fragte plötzlich, ob er die gesamte russische Delegation kennenlernen dürfe. So etwas hatte ich in meiner langen Laufbahn noch nicht erlebt: Im riesigen Audienzsaal des Vatikans standen alle, die mit mir nach Italien gekommen waren – Kraftfahrer, Wachleute, der Friseur, alle Berater und Dolmetscher, so um die dreißig Personen. Jedem gab der Papst die Hand und schenkte ihm zur Erinnerung einen Rosenkranz. Seine Blicke und Gesten waren nicht die des Mannes im höchsten Kirchenamt, sondern die eines Priesters aus Berufung.

In völligem Kontrast zu den Treffen »ohne Schlips und Kragen« stand einer der für mich – im Sinne des Protokolls – wichtigsten Staatsbesuche in Moskau: der Besuch Ihrer Majestät, der Königin von Großbritannien und Nordirland, Elisabeth II., und seiner Königlichen Hoheit Prinz Philipp, Herzog von Edinburgh, im Jahre 1994. Für unsere Presse und die politische Elite waren allein schon diese Titel wie auch das königliche Zeremoniell und das bis ins letzte festgelegte Protokoll derart ungewohnt, daß den Gesichtern der Kreml-Beamten, die schon manches gesehen hatten, eine gewisse Nervosität anzusehen war. Dafür gab es Gründe: Zum Beispiel wußten nicht alle einen Smoking zu tragen und besaßen diesen wahrscheinlich gar nicht. Diejenigen aus der Garderobe des Außenministeriums waren schnell vergeben. Manche begaben sich in die Theater, um im Kostümfundus etwas Passendes zu finden, mußten sich aber davon überzeugen, daß Theatersmokings mit denen der offiziellen Kleiderordnung wenig gemein haben.

In Wirklichkeit war der Rußlandbesuch der Queen keineswegs so ungewöhnlich. Die englische Königin besucht jedes Land offiziell immer nur ein einziges Mal. Doch solange das Haus Windsor regiert, hatte nie ein britischer Monarch russischen Boden betreten. Nach der Oktoberrevolution war dies im Grunde unmöglich, weil die Bolschewiken die Zarenfamilie Romanow, die mit den Windsors verwandt war, ermordet hatten. Ein Land, das nach dieser Bluttat keine Reue zeigte, konnte die Königin nicht besuchen.

Doch es kam die Zeit der Reue. Nach dem Untergang der Sowjetunion gedachte Rußland aller in den Jahren der Revolution, des Bürgerkriegs und der Repression unschuldig Ermordeten. So war die Visite der Queen eine historische Anerkennung der Tatsache, daß unser Land endlich zur Gemeinschaft der zivilisierten Nationen gehört.

Ich wollte ihre Tage in Rußland nicht nur festlich, sondern auch herzlich gestalten. Gemeinsam sahen wir im Bolschoi-Theater das Ballett *Giselle*. Als Prinzessin hatte die Queen diese Inszenierung vor mehr als vierzig Jahren in London gesehen, mit der legendären Galina Ulanowa in der Hauptrolle. Diesmal tanzte die Ulanowa-Schülerin Nadeshda Gratschowa. Für die Königin war dies wohl nicht nur ein normaler Theaterbesuch, sondern das Wiederaufleben einer Jugenderinnerung. In der Theaterloge trug sie ihre Krone, ein nach wie vor eindrucksvolles Symbol der britischen Monarchie.

Neben den Besuchen von historischen Stätten und Heiligtümern Rußlands (des Kreml, der Petersburger Eremitage, der Kirchen und Paläste, des Memorial auf dem Piskarjow-Friedhof) hatte die Königin die Möglichkeit, unser Leben von einer ganz anderen, nicht zeremoniellen Seite kennenzulernen. Sie wurde zum Beispiel zur Probe einer Theatergruppe in einer für ihre englische Tradition bekannten Moskauer Schule eingeladen, deren Schüler gerade Shakespeares *Hamlet* im Original einstudierten. Sie sprach mit den Jugendlichen, die auf diese Weise eine leibhaftige Königin kennenlernten. Ich glaube, beide Seiten hatten Spaß an der Begegnung.

Mir aber bleibt das königliche Geschenk in Erinnerung: ein schlichtes Schränkchen aus poliertem Holz. Ich öffnete es und hatte einen märchenhaften Duft in der Nase: Es enthielt eine Vielzahl von winzigen Schubladen, in denen sich Päckchen mit Pflanzensamen aus dem Garten der Queen befanden – ein wahrhaft königliches, englisches Geschenk. Naina, Lena und Tanja haben diese Samen von exotischen Pflanzen lange studiert und im Treibhaus ausgesät. Natürlich gedeihen längst nicht alle bei uns in Rußland – viele stammen aus den weit entfernten ehemaligen südlichen Kolonien Großbritanniens. Einige Pflanzen sind leider eingegangen. Mit anderen hatten wir Glück, und sie erfreuen noch heute das Auge. So hat die königliche Familie eine bleibende Erinnerung in unserem Familiengarten hinterlassen.

Einst spielten kirchliche Würdenträger und gekrönte Häupter eine entscheidende Rolle in der Politik. Heute sind sie die Ausnahmen von der Regel. Eine dieser Ausnahmen ist der spanische König Juan Carlos I. Seine Biographie stellt ein Paradoxon in der politischen Geschichte des 20. Jahrhunderts dar. Um eine dauerhafte Erhaltung franqistischer Traditionen in Spanien zu gewährleisten, hatte der faschistische Diktator Franco die Wiedereinführung der Monarchie beschlossen. Zu diesem Zweck hatte er – in Absprache mit dem Vater, dem Grafen von Barcelona – den zehnjährigen Thronfolger Juan Carlos zur Ausbildung in die Heimat geholt. 1969 war er durch Franco zum Thronfolger ernannt worden. Der junge König teilte jedoch mitnichten den Haß des Generals gegen eine republikanische, demokratische Gesellschaftsordnung. Im Gegenteil: Juan Carlos wurde zum Garanten von Reformen im Land. Nach dem Tod Francos 1975 erließ er eine Generalamnestie, ließ politische Parteien wieder zu, setzte den Regierungschef ab und verhinderte schließlich 1981 einen Militärputsch. Spanien wurde ein demokratisches Land und dankt es heute noch dem König. Gerade seine kompromißlos demokratische Haltung hat zahlreiche politische Krisen entschärft.

Es bereitete mir große Freude, den König und seine bezaubernde Gattin Sophia 1994 in Madrid und 1997 in Moskau zu treffen. Ein wunderbares Paar, zwei eindrucksvolle, außerordentlich lebhafte und demokratisch gesinnte Menschen. Naina plauderte mit Königin Sophia über Kunst, ich sprach mit dem König über die Jagd. Denn er ist wie ich ein leidenschaftlicher Jäger. Die Visite in Spanien 1994 bleibt mir durch ihre besonders freundschaftliche Atmosphäre unvergeßlich, aber auch aus persönlichen Gründen. Während meines Besuches in Barcelona traf ich den Chirurgen wieder, der mir vier Jahre zuvor nach einem Flugzeugabsturz durch eine hochkomplizierte Rückgratoperation sehr geholfen hatte. Ich war beglückt, diesen freundlichen Arzt und die Klinik wiederzusehen, wo man mich vor dem Schicksal einer Querschnittslähmung bewahrt hatte.

Als der König uns den Prado zeigte und über Goya und Velázquez sprach, sah ich in ihm nicht nur den Monarchen, sondern auch den Menschen, der aufgrund seines außergewöhnlichen Schicksals zum Liebling Spaniens geworden ist. Und ich beneidete ihn ein wenig, weil er der Tagespolitik mit ihren erhitzten Auseinandersetzungen und Skandalen fernbleiben durfte. Es ist wohl nicht ohne Grund, daß sich viele Menschen von der Institution der Monarchie bis heute nicht trennen mögen. In Spanien jedenfalls, das sich schmerzlich von einem totalitären System lösen mußte, erwies sich der König als Retter.

Sehr aufschlußreich waren auch meine informellen Treffen mit dem Staatspräsidenten der Volksrepublik China, Jiang Zemin. Nachdem die Beziehungen unserer Staaten viele Jahre lang sehr unterkühlt waren, wird China allmählich zu einem unserer wichtigsten strategischen Partner in der Welt. Es ist ein Land mit einer sich rasch entwickelnden Wirtschaft, das sich für eine multipolare Welt und ein pluralistisches Herangehen an die Lösung von komplizierten internationalen Problemen einsetzt. China ist zugleich ein mächtiger Staat im militärpolitischen Sinne. Dabei sind die Zeiten, in denen das kommunistische China von der Welt völlig isoliert war und allenfalls als asiatische Gefahr angesehen wurde, vorbei. Heute ist China ein Land, das zwar seine

Eigenart und auch die seit Maos Zeiten bestehenden Verwaltungsstrukturen beibehält, sich aber dennoch dramatisch verändert: Es ist modern und dynamisch geworden. Und es ist ein wichtiger Verbündeter Rußlands.

Die russisch-chinesischen Treffen ohne Protokoll begannen 1997. Die chinesische Seite schlug vor, ein anstehendes Gipfeltreffen in Moskau zu einem informellen Dialog umzugestalten. Uns wie auch den Chinesen fiel dies schwer. Mit China verband sich in unseren Köpfen immer noch das Bild von Menschen in zugeknöpften halbmilitärischen Jacken. Mit Jiang Zemin, der übrigens recht gut Russisch spricht, versuchte ich unsere Begleiter auf eine entspannte Art des Umgangs miteinander einzustimmen.

Die nächste Begegnung in China verlief erstaunlich herzlich. Unser Botschafter in Peking, Igor Rogatschow, war hierbei sehr hilfreich. Er ist in China verliebt und kennt es in- und auswendig. Möglicherweise ist er der einzige Botschafter in Peking, der von den Chinesen auf der Straße erkannt und gegrüßt wird. Rogatschow erinnerte sich daran, daß Jiang Zemin besonders gern zwei russische Lieder singt: *Es steht ein Felsen an der Wolga* und *Moskauer Abende*. Und plötzlich fing er tatsächlich an, aus vollem Herzen zu singen. Die Stimmung in dem riesigen Empfangssaal war sofort wie verwandelt. Da Boris Nemzow Improvisationen liebte, beschloß auch er, ein russisches Lied anzustimmen, doch plötzlich versagte ihm die Stimme. »Boris Jefimowitsch, vor internationalen Treffen auf höchster Ebene sollten Sie besser üben«, riet ich ihm. Bei unserer letzten Begegnung 1999 setzte sich Rogatschow selbst ans Klavier und begleitete das Staatsoberhaupt der Volksrepublik China. Ich erinnerte mich an unsere vorherigen Zusammenkünfte und dachte: Jetzt ist es wirklich ein informelles Treffen!

Peking ist eine riesige, brodelnde Stadt. Alles ist so ungewohnt, manchmal ist man ganz verwirrt davon. Vor dem Rückflug nach Moskau geschah das auch Tanja. Sie stand früh auf, um mir beim Packen zu helfen. Dann kehrte sie in ihr Hotelzimmer zurück und stellte fest, daß ihr Gepäck verschwunden war. Naina hatte ihren Koffer zusammen mit anderen Sachen schon zum Flughafen befördern lassen. Eine Stunde vor dem Abflug stand Tanja in Peking ohne Oberbekleidung. Die Frauen telefonierten und liefen aufgescheucht herum auf der Suche nach irgend etwas Brauchbarem. Ich aber konnte gar nicht aufhören zu lachen. Meine Tochter ärgerte sich: »Papa, was gibt es da zu lachen? Wie soll ich reisen?« Doch kurz danach in der Maschine, als sie sich in irgend jemandes übergroßem Gewand neben mich setzte, lachte sie selber.

Während unserer Besuche in China fühlten wir uns immer wohl und fröhlich, und wir erinnern uns besonders gern an Peking. Eine traditionelle chinesische Tuschmalerei – rote Mohnblumen auf weißem Grund – bekam ich dort einmal als Geschenk. Nach wie vor ist es eines meiner Lieblingsbilder in unserer Wohnung.

Bei einem Abendessen im Kreise der Familie von Jiang Zemin sprachen die Frauen über ihr Lieblingsthema: die chinesische Küche. Gekocht wird in China wirklich sehr gut. Und ich liebe chinesischen Tee. Bei jedem unserer Treffen schenkte mir Jiang Zemin »kaiserlichen Blattee« und traditionelle chinesische Teeschalen mit Deckel. Besonders erinnerlich blieb mir aber der köstliche chinesische Reiswein. Ein winziges Gläschen wird in heißes Wasser gestellt, man nimmt einen Schluck, und schon strömt das süße Aroma durch den ganzen Körper.

Ich denke überhaupt, daß die Chinesen eine besondere Mission haben: Sie leben in einem Land mit jahrtausendealter Kultur und Geschichte, bewahren ihre Traditionen, ihre eigene Philosophie. Als mich Jiang Zemin in seine Residenz einlud und in die »Laube des Mondes« führte, ein luftiges Gebilde am Ufer des Kanals, habe ich das besonders deutlich spüren können. Dort standen zwei Sessel und nichts weiter. Ein Ort der Meditation.

Unsere Gedanken gingen zurück in die fünfziger Jahre, als er in Moskau als Student bei SIL ein Praktikum absolvierte. Wir erinnerten uns der Studienzeit, wo für uns – Russen wie Chinesen – die größte Delikatesse gezuckerte Kondensmilch in blauen Büchsen war, unerträglich süß, aber damals der größte Hochgenuß. Was für Zeiten haben wir seitdem durchgemacht, wie viele Konflikte haben die Welt erschüttert, wie viele Menschen haben die politische Bühne betreten und wieder verlassen!

Am 23. November 1998 besuchte er mich im Krankenhaus. Es war der Besuch eines Freundes. Niemals zuvor habe ich internationale Begegnungen im Zentralen Kreml-Krankenhaus veranstaltet, doch für Jiang Zemin machte ich eine Ausnahme. Wir mußten uns treffen, um unsere Positionen abzustimmen.

Ende 1999 war ich wieder in Peking. Damals hatte ich mich bereits entschlossen zurückzutreten, doch noch wußte keiner davon. China war das Land, in das ich zum letzten Mal als Staatsoberhaupt reiste. Die Chinesen haben schon immer unsere Idee der multipolaren Welt unterstützt. Mehr noch, der in den letzten Jahren in Gang gekommene russisch-chinesische Dialog ist eines der wenigen politischen Instrumente, mit deren Hilfe diese Idee umgesetzt werden kann. Unsere strategische Partnerschaft ist stark und kann von seiten Dritter entstehende Konflikte abwenden. Heute, da die Grenzen der GUS-Staaten zu Afghanistan und Pakistan zuweilen zu Brennpunkten werden, wo immer wieder lokale Konflikte mit den Taliban und anderen islamistischen Extremisten aufflammen, gewinnt die militärische Zusammenarbeit mit China eine neue Qualität. Wir brauchen unbedingt dessen Unterstützung für die Schaffung eines Systems der kollektiven Sicherheit in dieser Region. Andernfalls müßten nicht nur wir, sondern müßte die ganze Welt schlimme Folgen fürchten.

Der Handel mit China ist eine der wichtigsten Fragen der wirtschaftlichen Entwicklung Rußlands, ob es sich um Weltraum- oder Rüstungstechnologien handelt oder um einfache Kosumgüter, die in beträchtlichen Mengen über die Grenze gehen. All dies sichert Millionen einfacher Menschen die Existenz. Es ist sehr wichtig, diesen Handel zu fördern und mit staatlichen Garantien zu unterstützen.

125

Es gibt eine Vielzahl von Problemen, bei denen eine gemeinsame Haltung von China und Rußland die internationale Lage verbessern kann: die Beziehungen zwischen den Staaten in Südasien, wie zum Beispiel Indien und Pakistan, die Korea-Frage und vieles mehr. Das Wichtigste während der Verhandlungen mit Jiang Zemin: Wir stimmen in der Einschätzung der Weltlage überein. Wir sehen sie durchaus nicht schwarzweiß wie noch vor fünfzehn Jahren. Die schwierigsten Prozesse der heutigen Welt – die Globalisierung der Wirtschaft, die Entwicklung von Informationstechnologien, der intensive Dialog über Menschenrechte – drängen uns zu einem neuen Verständnis der Weltordnung. Wer wird strategisch den Ton angeben? Lassen sich Spielregeln entwickeln, die die Interessen aller Länder berücksichtigen?

Wir waren uns auch in dieser Frage einig: Die Entwicklung in der Welt kann nicht von einem Zentrum aus gesteuert werden. Man darf nicht nur auf ein System der internationalen Sicherheit setzen, das amerikanische. Es geht nicht an, für die Erhaltung der demokratischen Werte zu autoritären Mitteln zu greifen. Man darf aber auch nicht zum Kalten Krieg zurückkehren. Um dies zu verhindern, bedarf es eines ständigen Dialogs zwischen gleichberechtigten Partnern.

Der Klub der G 8

Birmingham, England, Mai 1998. Gipfeltreffen der G 8. Mitten in der Debatte klappt Tony Blair seine Mappe zu und sagt: »So. Sechzehn Uhr. Ins Stadion schaffe ich es nicht mehr, aber ich sehe mir das Spiel wenigstens im Fernsehen an. Wissen Sie denn nicht? Heute spielen Arsenal und Newcastle! Pokalfinale.«

Volles Verständnis der Anwesenden. Die Ministerpräsidenten Italiens, Kanadas und Japans, die Präsidenten der USA, Rußlands und Frankreichs, der deutsche Bundeskanzler – alle begeben sich plaudernd zum Fernsehgerät. An diesem Tag dürfte unser Thema wohl kaum zum Abschluß gebracht werden. Der Fußball hat Vorrang.

Noch heute muß ich schmunzeln, wenn ich daran denke, wie der italienische Ministerpräsident Romano Prodi während des Spiels stichelte: »Sieh doch mal, Tony, was der Spieler da für eine tolle angelsächsische Nase hat!« In den stärksten Klubs der englischen Liga gaben nämlich gerade die Italiener den Ton an. Tony machte den Spaß mit. Hinter ihm saß schweigend sein Tagungsassistent – wie im Sitzungssaal. Meist sind diese Leute Wirtschaftsspezialisten. Jetzt sah auch er sich das Spiel an.

Ich habe meinen Bericht über die Gipfeltreffen der G 8 bewußt mit dieser Anekdote begonnen. Der Leser soll einen Eindruck vom Geist erhalten, der in diesem Klub herrscht. Denn die G 8 ist ein Klub. Ein Klub der informellen Kommunikation zwischen den Führern der acht stärksten Industrieländer der Welt. Es mag paradox erscheinen, aber dieser Klubgeist und der zwanglose, freundschaftliche Ton machen die von allen Beteiligten konsequent eingehaltene Tagungsordnung aus. Mögen die

Teilnehmer wechseln, der Charakter der Tagung bleibt. Für diese Art des ungezwungenen Umgangs ist die G 8 ja auch 1975 geschaffen worden, damals noch als Gruppe von sechs Ländern. Die führenden Politiker der einflußreichsten Länder der Welt veranstalteten halbtägige Zusammenkünfte zu freimütigen Gesprächen. Bald wurde klar, wozu das gut war. Die Klubtreffen wurden mit der Zeit zu einem eminent wichtigen Instrument der Weltpolitik. Die offene Atmosphäre ermöglichte es den Staats- und Regierungschefs, bekannte oder neue Probleme auf unkonventionelle Art zu erörtern und die Positionen einander anzunähern. Man mußte sich nicht bestimmten Regeln des internationalen Protokolls unterordnen.

Offizielle Staatstreffen, bei denen multi- oder bilaterale Verträge unterzeichnet werden, haben dagegen ein strenges Reglement. Ihr zeitlicher Ablauf wird ein halbes Jahr vorher von den Außenministerien abgestimmt. Eine Unmenge von Dokumenten wird erarbeitet – Informationen, Redetexte, Entwürfe –, alles wird im voraus festgelegt. Die Welt entwickelt sich heute viel zu schnell, als daß nach einer derart vorgefertigten Geschäftsordnung eine Lösung der vielen Probleme zu erwarten wäre. Darum entstand die Idee der G 6, dann G 7 und G 8 – einer stabilen, internen Beratungsform. Die Teilnehmerzahl ist begrenzt. Nichts dringt an die breite Öffentlichkeit. Es gibt lediglich ein kurzes, allgemein gehaltenes Kommuniqué.

Wie und warum Rußland in diesen Klub aufgenommen wurde, darauf möchte ich jetzt eingehen. Michail Gorbatschow hatte als Präsident der UdSSR bereits gefordert, daß die G 7 zur G 8 werden müsse. Doch erst in den neunziger Jahren begann man Rußland zu Gipfeltreffen einzuladen, zunächst nur als »Sondergast« ohne Teilnahme an der Erörterung von Finanz- und Wirtschaftsfragen. Ich spürte, daß die Formel »sieben plus eins« vielen genügte. Auf diese Weise konnte man eine größere Nähe zu Rußland herstellen und ihm zugleich das Gefühl vermitteln, als Schüler in einer Prüfung zu sitzen. Für unser Land war das inakzeptabel. Wenn Rußland einbezogen werden sollte, dann durfte

1 Mit Ehefrau Naina
2 Mit Tochter Tatjana (Tanja) Djatschenko, August 1997

3 Beim Angeln in Sawidowo

4 Die Familie. Hinter dem Ehepaar Jelzin von links nach rechts: Schwiegersohn Valeri Okulow, Tochter Lena, die Enkel Katja, Mascha und Boris, Tochter Tanja mit Sohn Gleb, Schwiegersohn Alexej Djatschenko

5 Erholungsfahrt mit dem Motorschlitten

6 Auf dem Höhepunkt der Popularität: Boris Jelzin mit der russischen Fahne vor dem Parlamentsgebäude nach dem Scheitern des Militärputsches gegen Gorbatschow im August 1991

7 Die Niederschlagung des Putsches vom Oktober 1993 durch Jelzin-treues Militär: das brennende Parlamentsgebäude in Moskau, 4. Oktober 1993

8 Ruslan Chasbulatow (Mitte) und Ex-Vizepräsident Alexander Ruzkoi (rechts in Uniform) nach ihrer Festnahme im »Weißen Haus«, dem Sitz der Duma

9 Wahlkampf 1996 in Moskau

10 »Gemeinsam werden wir siegen«. Wahlplakat für die Stichwahl zu den
    Präsidentschaftswahlen 1996

11 Wahlkampf 1996: während eines Rockkonzerts in Rostow

12 Mit dem kurzzeitigen
Sicherheitsberater
Alexander Lebed im Kreml,
1996

13 Vereidigung auf die
russische Verfassung im
Kongreßpalast des Kreml,
9. August 1996

14 Mit Alexander Korshakow
    (links), seinem ehemaligen
    Leibwächter und späteren
    Chef der Sicherheitskräfte

15 Anatoli Tschubais, einer der
    engsten Berater Jelzins, 1997

16 Mit dem amerikanischen Herzspezialisten Michael DeBakey im Moskauer
Zentral-Krankenhaus im September 1996

17 Mit dem Operationsteam des Moskauer Kardiologischen Zentrums nach der
Herzoperation im November 1996

18 Mit Valentin Jumaschew, dem Chef der Präsidialverwaltung, Mai 1998

19 Mit Ministerpräsident Jewgeni Primakow, Dezember 1998

20 Mit dem Oberhaupt der
    russisch-orthodoxen Kirche,
    Patriarch Alexi II.

21 Während der Beisetzungszeremonie für die sterblichen Überreste der ermordeten
    Zarenfamilie in St. Petersburg, 17. Juli 1998

es keinen doppelten Maßstab geben. Entweder wir sind Klubmitglied, oder wir sind es nicht.

1997, in Denver, erhielt Rußland zum erstenmal den Status eines vollberechtigten Teilnehmers. Von da an war unsere Delegation in fast allen Sitzungen dabei. Ich denke, hier hatte sich unsere feste Position zur NATO-Osterweiterung ausgewirkt, die ich wenige Monate zuvor beim russisch-amerikanischen Gipfel in Helsinki dargelegt hatte. Damals hatte ich erklärt, daß die Erweiterung ein Fehler sei, der zu einer neuen Ost-West-Konfrontation führen werde. Leider irrte ich mich darin nicht.

Das Gipfeltreffen in Helsinki im März 1997 hatte wegen der gespannten innenpolitischen Lage in beiden Ländern einen dramatischen Hintergrund. Ein Detail hat sich mir besonders eingeprägt: Clinton kam im Rollstuhl. Er war kurz zuvor gestürzt und hatte sich einen Sehnenriß zugezogen. Für mich war es nicht nur wegen der NATO-Diskussion eine außerordentlich wichtige Reise. Denn meine Herzoperation lag noch nicht lange zurück. Alle rechneten wohl mit einem geschwächten Jelzin und einem vor Gesundheit strotzenden Clinton. Und nun saß der amerikanische Präsident im Rollstuhl. Die Bilder, wie ich ihn ein paar Meter schob, gingen um die Welt. Viele sahen eine Parallele zur Konferenz von Jalta 1945, wo US-Präsident Roosevelt ebenfalls im Rollstuhl gesessen hatte. Ich glaube, es war Clinton ein wenig peinlich, von mir geschoben zu werden, aber er lächelte tapfer. Das Bild war symbolisch: Rußland hilft Amerika.

Bill Clinton ist eine markante Persönlichkeit in der Geschichte der USA. Während seiner Amtszeit erlebte die amerikanische Wirtschaft einen imposanten Aufschwung. Er hielt die ganzen 1990er Jahre an, die USA wurden zur unumstrittenen Führungsmacht. Clinton führte das Land ins Zeitalter der Informationstechnologie, in der es mit seinem gewaltigen intellektuellen Potential die unangefochtene Spitzenstellung einnimmt. Er hätte es verdient, zum Nationalhelden der USA erkoren zu werden, hat er doch die Aufgabe erfüllt, die keiner seiner Vorgänger zu bewältigen vermochte: einen Wirtschaftsaufschwung herbeizuführen und dabei den mittellosen Schichten der Gesellschaft eine soziale Grundsicherheit zu bieten. Trotzdem betrachten die Amerikaner Clintons Leistungen paradoxerweise ausschließlich durch die Brille der Affäre mit Monica Lewinsky. Zu Beginn seiner zweiten Amtszeit sank sein Ansehen auf einen absoluten Tiefstand. Zum erstenmal seit langer Zeit sah sich ein Präsident der USA einem Impeachment-Verfahren ausgesetzt. Zur Amtsenthebung kam es glücklicherweise nicht, doch die Vernehmungen des Präsidenten wurden zum öffentlichen Spektakel.

Das ist der Preis der Macht. Jeder Schritt, den der erste Mann im Staat tut, wird genau verfolgt. Wehe, er leistet sich einen Fehltritt oder gibt sich eine Blöße. Wer dieses Amt bekleidet, dem wird nichts nachgesehen, keine Fehler und erst recht keine Skandale. Aber an der Spitze der Gesellschaft steht ein lebendiger Mensch mit lebendigen Reaktionen. Kaum ein Wähler legt sich darüber Rechenschaft ab, daß auch eine starke Persönlichkeit ganz normale menschliche Fehler haben kann.

Andererseits hat der Lewinsky-Skandal bestätigt, daß die Einhaltung moralischer Normen für einen Staatsmann oberstes Gebot ist. Für die Bevölkerung ist der Gedanke unerträglich, daß das Handeln des ersten Mannes im Staat von zufälligen Faktoren bestimmt sein kann. Wer sich um die Präsidentschaft eines Landes bewirbt, darf das nicht außer acht lassen. Auch wenn er wie jeder Mensch vor Fehlern nicht gefeit ist, hat er sozusagen nicht das Recht, welche zu begehen. Clinton wollte verhindern, daß die Amerikaner von seiner Affäre mit Monica Lewinsky erfahren, mußte jedoch erkennen, daß das nicht möglich war. Was die amerikanische Öffentlichkeit und mit ihr die Justiz nicht akzeptieren konnten, war seine schwankende Position.

Die Amtsenthebungsverfahren, zu denen es in Amerika und Rußland kam, sind nicht miteinander zu vergleichen. Doch daß sie zeitlich zusammenfielen, betrachte ich als Schicksalszeichen und Warnung für die Gesellschaft: Die Moral aggressiv als politisches Mittel einzusetzen kann ungeheuer zerstörend wirken. Es bringt nichts Konstruktives hervor.

In der Duma wurde mir vor allem der Zerfall der Sowjetunion zur Last gelegt. Dahinter verbarg sich das gleiche Verlangen, mit dem Präsidenten abzurechnen, wie es bei Clinton der Fall war. Mir verübelte das politische Establishment, genauer gesagt sein linker Flügel, die harten wirtschaftlichen Entscheidungen und deren konsequente Umsetzung. Clinton stellte seine politischen Konkurrenten derart in den Schatten, daß ihnen nichts anderes übrigblieb, als zu außerpolitischen Mitteln zu greifen, nämlich zu Enthüllungen und Provokationen. Ähnliches gilt für das gegen mich angestrengte Amtsenthebungsverfahren.

Nachdem die Kommunisten auch die zweiten Wahlen verloren hatten, setzten sie alles daran, mich meines Amtes zu entheben. Dazu mußte alles mögliche herhalten: Der Zerfall der UdSSR wurde einer »Verschwörung« angelastet, die Fehler des ersten Tschetschenienkrieges galten nun als Verbrechen, die Schwierigkeiten in der Wirtschaft als »Genozid am russischen Volk«. Jeder meiner Schritte, jedes Wort, jedes gesundheitliche Problem wurden zum Anlaß genommen, um einen politischen Skandal zu entfachen und in der Duma eine Obstruktionstaktik zu betreiben.

Dennoch denke ich, daß die Geschichte alles an seinen Platz stellen und jedem Gerechtigkeit widerfahren lassen wird. Unsere beiden Amtsenthebungsverfahren haben einen Wendepunkt in der gesellschaftlichen Entwicklung in Rußland wie den USA markiert. Zwei völlig verschiedene Länder, mit völlig verschiedener politischer Kultur, gesellschaftlicher Moral und Geschichte, sollte man meinen. Doch allgemeine Gesetzmäßigkeiten kommen auch in derart ungleichen Situationen zum Tragen. Mit dem Eintritt ins neue Jahrhundert präsentiert sich die moderne Gesellschaft dank Glasnost, Meinungsfreiheit und Massenkommunikation weitgehend offen und transparent. Der Staatschef, will er sein Amt behalten und eine effektive Politik betreiben, muß sich dieser Herausforderung stellen und alle Fragen ehrlich beantworten, selbst wenn die öffentliche Meinung Rechenschaft über sein Privatleben verlangt. Der Präsident hat die Pflicht, auch in solchen schmerzlichen Kollisionen Mut und Würde zu beweisen. Mir will scheinen, daß Clinton das letzten Endes auch getan hat.

Nun zu etwas anderem. Ich erinnere mich noch gut an unsere ersten Treffen. Dieser junge, ewig lächelnde, kraftvolle, energiegeladene, gutaussehende Mann beeindruckte mich. Clinton war für mich die Verkörperung der neuen Generation in der Politik, und offenbar bedeutete der persönliche Kontakt mit mir auch ihm etwas. Mit meinen politischen Entscheidungen verband sich in seinen Augen der Zusammenbruch des Kommunismus, der für Amerika im 20. Jahrhundert die Hauptgefahr dargestellt hatte. Er war bereit, uns entgegenzukommen – kein amerikanischer Präsident vor ihm (und nach seiner Ansicht wird auch keiner seiner Nachfolger es ihm gleichtun) ist so oft nach Moskau gekommen, hat so viele intensive Gespräche mit der Regierung unseres Landes geführt und sich in solchem Maß dafür eingesetzt, daß uns umfangreiche Hilfe sowohl wirtschaftlicher als auch politischer Art zuteil wurde.

Zuweilen hatten wir beide den Eindruck, daß mit unseren Treffen eine neue Weltordnung, eine neue Zukunft für den gesamten Planeten begründet würde. Illusionen waren das wohl nicht, doch das Leben erwies sich entgegen unseren Vorstellungen als wesentlich komplizierter. Es stellte sich heraus, daß bei weitem nicht alle demokratischen Institutionen in Rußland sofort funktionierten. Die Verbreitung demokratischer Werte in der Gesellschaft gestaltete sich schwieriger und schmerzhafter, als wir zu Beginn der neunziger Jahre angenommen hatten. Und es zeigte sich, daß durchaus nicht alle komplizierten Konflikte in der Welt von Rußland und Amerika in gleicher Weise gesehen werden. Es kann Interessenunterschiede geben, an die man jedoch sachlich herangehen muß. Was Rußland angeht, so reicht zum Beispiel die Unterstützung von seiten der internationalen Finanzinstitutionen nicht aus, um die Voraussetzungen für den wirtschaftlichen Aufschwung zu schaffen.

Nach der Euphorie zu Beginn der neunziger Jahre bedeuteten

diese Einsichten einen Schock für die russische Gesellschaft. In ähnlicher Weise legte sich bei den Amerikanern die mit Rußland verbundene Euphorie – durch eine gezielte Informationspolitik wurde Rußland in den Augen des amerikanischen Bürgers zu einem Land des Banditentums und der Korruption. Dabei ergänzten sich diejenigen, die in den USA mit der »prorussischen« Politik des Weißen Hauses unzufrieden waren, mit denen, die in Rußland die Politik des Kreml ablehnten. Die Errungenschaften des russisch-amerikanischen Dialogs gingen in gewissem Umfang verloren.

Meines Erachtens handelt es sich jedoch um einen vorübergehenden Rückschlag, der in keiner Weise den gewaltigen historischen Schritt nach vorn aufhebt, den wir in der Zeit der Kontakte von »Bill und Boris« gemacht haben. Es wurden Möglichkeiten des russisch-amerikanischen Zusammenwirkens geschaffen, die keinerlei Skandale, keine Intrigen und kein Konjunkturdenken zerstören können. Amerika und Rußland haben aufgehört, potentielle Feinde zu sein. Sie sind zu potentiellen Freunden geworden. Das weitere hängt von den künftigen Präsidenten ab. Und von den Menschen selbst, von den Russen und Amerikanern.

Ende 1996 erhielt ich von unserem Geheimdienst eine chiffrierte Meldung über den triumphalen Wahlsieg Bill Clintons, der gerade für eine zweite Amtszeit zum Präsidenten gewählt worden war. Dieses Telegramm enthielt eine Voraussage darüber, auf welche Weise die Republikaner die enormen politischen Probleme, die vor ihnen standen, lösen würden. Da Clintons Faible für hübsche junge Frauen bekannt sei, planten seine Gegner, in nächster Zeit in seine Umgebung eine junge Provokateurin einzuschleusen. Sie solle einen Riesenskandal auslösen, der das Ansehen des Präsidenten ramponieren sollte.

Ich erinnere mich, daß ich angesichts dieser Meldung den Kopf schüttelte und dachte: Was für Sitten! In diesem Fall hielt ich die Voraussage jedoch für gar zu exotisch. Sollte es so weit kommen, glaubte ich, würde Clinton mit seinem Realitätssinn und mit Hilfe seines Mitarbeiterstabes den hinterhältigen Machenschaften schon beizeiten auf die Schliche kommen. Bei unserem letzten Treffen wollte ich ihm den Text dieses chiffrierten Telegramms schenken – als Andenken. Doch dann entschloß ich mich, ihn nicht unnötig zu verletzen; die ganze Affäre hatte ihn ohnehin schon schwer genug mitgenommen.

Amerika, Mai 1997. Brütende Hitze, fast vierzig Grad. Die Kolonne schwarzer Limousinen mit den Staats- und Regierungschefs. So ein Schauspiel bekommt man in Denver nicht gerade oft zu sehen. Auf der Straße bilden sich Staus, die Leute steigen aus und klettern auf die Wagendächer, um uns zu betrachten. Unsere SIL scheinen sie mächtig zu begeistern. Sie johlen und winken – das sind ja ihre fünfziger Jahre! Die Mode der Riesenwagen, die praktisch Panzer auf Rädern sind.

Um dieses Treffen gab es einen ungeheuren Presserummel. Die G 7 hat sich in die G 8 verwandelt. Rußland ist in den elitären Staatenklub aufgenommen worden. Was geht da vor sich? In den russischen Zeitungen meldeten sich skeptische Stimmen zu Wort: Was sollen wir in der G 8, was können wir mit ihr zu beraten haben? Unsere Probleme sind doch ganz andere! Auch wurde zu bedenken gegeben, daß Rußlands Beitritt zum Klub niemanden zu falschen Schlüssen verleiten solle; das sei lediglich ein Vorschuß.

Natürlich handelte es sich um einen Vorschuß. Die Wirtschaft der übrigen sieben Länder befand sich im Aufschwung, während unsere erst aus der Krise herauszukommen versuchte. Zur Beratung der Finanzminister, auf der es um die Korrektur der Währungskurse gehen sollte, waren wir denn auch nicht eingeladen, hier gab es für uns nichts mitzuerörtern; der Rubel war leider nach wie vor schwach. Dasitzen und zuhören, wie Amerikaner und Japaner darüber verhandeln, ob der Yen gegenüber dem Dollar aufgewertet werden soll, sei für uns einstweilen sinnlos, so der Tenor der russischen Presse.

Als ich die kritischen Artikel in unseren Zeitungen las, fragte ich mich, wann wir Russen wohl ein normales Verhältnis zu uns selbst entwickeln werden. Es liegt doch auf der Hand, daß man in die G 8 nicht einfach so, der politischen Konjunktur wegen, aufgenommen wird. Rußland gehört zu den einflußreichsten Ländern der Welt. Es hat einzigartige Möglichkeiten zu bieten: unermeßliche Naturreichtümer, Hochtechnologien, einen riesigen Binnenmarkt, hochqualifizierte Arbeitskräfte, eine dynamische Gesellschaft. Aus diesem Grund sind wir in der G 8. Was soll das Gerede von den »armen Verwandten«? Nein, als fünftes Rad am Wagen habe ich mich nie gefühlt. Im Gegenteil, ich spürte immer deutlicher, daß man uns mit wirklicher Achtung begegnete.

Technisch läuft die Arbeit der G 8 folgendermaßen ab: Am Verhandlungstisch sitzen die Staats- und Regierungschefs, hinter ihnen ihre Assistenten. Jedem steht ein Direkttelefon zur Verfügung, das ihn mit dem Stab verbindet, der sich aus Fachleuten des Finanz-, Außen- und Verteidigungsministeriums sowie des Nachrichtendienstes zusammensetzt. Mein Assistent bei den Treffen der G 8 war in den letzten Jahren Alexander Liwschiz gewesen. Die Beratung beginnt. Gewöhnlich geht es reihum. Jeder Staatschef hat sein Thema. Dann folgt die Diskussion. Vor mir liegt entsprechend aufbereitetes Material zu »meinem« Thema. Doch die Situation kann sich schlagartig ändern. Der Assistent ist verpflichtet, in Sekundenschnelle zu reagieren, aus dem Stab Informationen heranzuholen, sie mir schnellstens vorzulegen, Lösungsvarianten für das neue Problem vorzuschlagen.

Manchmal hatte Liwschiz einiges durchzustehen. Bei dem Gipfeltreffen in Birmingham zum Beispiel kam es zu einer dramatischen Episode. Kohls Assistent wartete mit der Information auf, daß Pakistan soeben, während dieses Treffens, einen Kernwaffenversuch durchgeführt habe. Liwschiz setzte sich unverzüglich mit Generalstabschef Kwaschnin in Verbindung. Binnen einer Minute erfuhr er, unsere Aufklärung habe den Versuch bestätigt. Clinton aber hatte eine präzisere Version zu bieten: Die eigentliche Detonation sei bisher nicht erfolgt, es habe lediglich eine Simulation gegeben, einen vorgetäuschten Versuch, um den

Nachbarn Angst einzujagen. Der Test selbst fand erst einige Tage später statt.

Liwschiz, Zivilist vom Scheitel bis zur Sohle, war auf diese Weise durch unzuverlässige Informationen in die Bredouille geraten. Er bekam damals einen kräftigen Rüffel von mir, das heißt, er durfte den Buckel für unsere Verantwortlichen aus den »Machtbereichen« hinhalten.

Die Fragen, die auf den Gipfeltreffen der G 8 behandelt werden, würde ich in drei Problemkreise untergliedern. An erster Stelle stehen die Wirtschafts- und Finanzfragen. Hier sind unsere strategischen Ziele klar: Aufhebung der Rußland betreffenden Restriktionen, endgültige Anerkennung als marktwirtschaftlich orientierter Staat und Aufnahme in die Welthandelsorganisation, den Pariser Klub. Die Situation ist doch paradox. Einerseits werden uns IWF-Kredite gewährt, wird unsere finanzwirtschaftliche Stabilität gestützt. Andererseits wird unser Export mit protektionistischen Barrieren behindert. Wir könnten längst auf dem Weltmarkt beträchtliche Gewinne erzielen mit Exportgütern wie Edelstahl, anderen Metallen und Uran, mit einigen Technologien sowie mit unseren Exporten auf dem riesigen Waffenmarkt. Aber sobald wir einen größeren Vertrag mit einem Drittland zum Beispiel auf dem Gebiet der Raumfahrt abschließen, beginnen die Amerikaner unmerklich, mitunter auch ganz offen Druck auf unsere Regierung auszuüben. Als es uns gelungen war, auf den lateinamerikanischen Waffenmarkt vorzudringen und die ersten Hubschrauber und Flugzeuge zu verkaufen, veranstalteten die amerikanischen Botschaften Briefings und organisierten eine Kampagne in der dortigen Presse.

Auf einigen Gebieten sind wir also längst Konkurrenten. Und längst ist es auch an der Zeit, das zu sehen. Ich bin allerdings davon überzeugt, daß all diese Restriktionen vorübergehender Natur sind. Ebenso wie der Rückgang unserer Industrieproduktion und die Auswirkungen der Finanzkrise vorübergehender Natur sind. Kontinuierlich geführte Verhandlungen mit der G 8 werden zweifellos Früchte tragen.

Der zweite G 8-Themenkreis betrifft die Sicherheitspolitik sowie aktuelle Probleme der Weltpolitik. Ich möchte an das außerordentliche Gipfeltreffen über atomare Sicherheit Anfang 1996 in Moskau erinnern. Das war das erste in Rußland veranstaltete Gipfeltreffen und in Anbetracht dessen von größter politischer Bedeutung. Ich habe bereits davon gesprochen, wie schwierig meine Wahlkampagne 1996 anlief. Daß die Staats- und Regierungschefs der G 7 Moskau als Tagungsort wählten, war für mich eine moralische Unterstützung von unschätzbarem Wert. Sie trafen ihre Wahl wesentlich früher als viele namhafte Vertreter der politischen Elite Rußlands.

Die atomare Sicherheit beschäftigt die G 8 in letzter Zeit in zunehmendem Maße. Die Gefahr einer neuen Runde des atomaren Wettrüstens – jetzt bereits in Ländern, die bisher nicht zu den Atommächten gehörten – ist ungeheuer groß. Was die Menschheit seit den siebziger Jahren befürchtet hat, ist eingetreten: Die atomare Technologie ist in falsche Hände geraten. Das stellt die führenden Länder vor völlig neue Aufgaben.

Eigentlich ist die Lösung komplexer internationaler Probleme, auch was die Sicherheitspolitik anbelangt, die Domäne anderer internationaler Organisationen. Doch das Moskauer und danach das Kölner Gipfeltreffen haben der Welt demonstriert, daß es die G 8 war, die der NATO und Rußland und der gesamten Europäischen Union geholfen hat, aus der Sackgasse herauszukommen. Die Konsultationen der G 8 zum Kosovo, die übrigens auf Initiative Rußlands gegen den Wunsch einiger Länder zustande gekommen sind, lieferten den nötigen Impuls, um den Verhandlungen von Talbott, Milošević, Ahtisaari und Tschernomyrdin einen »zweiten Atem« zu verleihen.

Der dritte Themenkreis, der regelmäßig im Klub behandelt wird, sind die globalen Probleme der Entwicklung der Menschheit. Vor allem als Forum zur Behandlung dieser Fragen wurde der Klub seinerzeit ins Leben gerufen, damit neue, unwägbare Entwicklungen die Weltgemeinschaft nicht spalten. Hier sind primär Ökologie und Demographie zu nennen. Für Deutschland zum Beispiel besitzt die Erhaltung der Wälder einen großen Stellenwert. Der dort vergleichsweise einflußreichen Ökologiebewegung mußte Kanzler Kohl und muß zumal sein Nachfolger Schröder Rechnung tragen.

Große Sorgen bereitet den Europäern und den Japanern die Vergreisung ihrer Gesellschaften. Der Anteil der älteren Generation wird immer höher, und daraus resultieren Probleme in bezug auf die Beschäftigung, die Rentenfinanzierung und die Einstellung zur heutigen Welt, die sich hauptsächlich auf junge, gesunde Menschen orientiert. Ein wichtiges Problem, aber ehrlich gesagt war mir bei der Erörterung nicht ganz wohl in meiner Haut. Die Situation der russischen Rentner sieht weitaus dramatischer aus, denn bis heute sind bei uns die Probleme der Rentenversorgung und der sozialen und medizinischen Betreuung ungelöst.

Manchmal kommt es bei der Erörterung globaler Fragen zu unvorhergesehenen Situationen. Ich erinnere mich, wie ich bei einem Gipfeltreffen Clinton über die Schulter sah und bemerkte, daß er auf das gleiche Thema einzugehen beabsichtigte wie ich: das Jahr–2000-Problem der Computer. Die Beiträge werden der Reihe nach gehalten, und es ergab sich, daß ich direkt vor ihm dran war. Was tun? Als ich meine Rede begann, wurde Clinton blaß. Ich beschloß, mich mit einem fünfminütigen Beitrag zu begnügen – ich hatte mich sehr gründlich auf das Thema vorbereitet –, und brachte eine lebhafte Diskussion in Gang, damit Bill sich mühelos einschalten konnte. Ich denke, er hat mir die Sache nicht übelgenommen.

Doch auch für mich gab es manchmal Überraschungen, etwa eine spontane Diskussion über die Verkehrspolizei. Ich hatte gar nicht gewußt, daß die penetrante Art und die mitunter ungerechten Strafen, die man von unseren »Gaischniki« kennt, eine internationale Erscheinung sind. Hierzu hatte fast jeder etwas zu sagen. Clinton fiel ein, daß man an der mexikanischen Grenze auch solchen Typen begegnet.

Von Anfang an vertrat ich auf den Gipfeltreffen den Stand-

138

punkt: Die G 8 gibt keine Sondererklärungen zu Rußland ab! Wenn ihr meint, daß die Zeit noch nicht reif ist, Rußland in gewisse Runden einzubeziehen – bitte schön, das ist euer Recht. Aber Rußland durch Sonderentscheidungen von den anderen Teilnehmern abheben – nein. Das ist eine falsche Position. Zu einer solchen Situation kam es 1999 in Köln, als der Beschluß gefaßt wurde, einen Standpunkt der G 8 zur Finanzkrise in Rußland zu formulieren. Auf mein Drängen wurde dann eine gemeinsame Erklärung zu den Auswirkungen der globalen Finanzkrise und zur Sicherheit der nationalen Finanzsysteme angenommen, die einige Rußland betreffende Punkte enthielt. Manchen mag meine Beharrlichkeit übertrieben erscheinen, doch Rußland darf auf keinen Fall als ein Land dastehen, das sich die Lösung seiner Probleme abnehmen läßt.

Einige Bemerkungen zur Position Japans in der Frage des Beitritts Rußlands zur G 8. Als 1997 die NATO-Erweiterung in Angriff genommen wurde und wir uns genötigt sahen, mit den westlichen Ländern hierzu abgestimmte Entscheidungen zu treffen (ich erinnere daran, daß die Bedingungen unseres Dialogs mit der NATO in einem in Paris verabschiedeten Dokument vereinbart wurden), erhob Japan plötzlich entschiedenen Einspruch gegen die Aufnahme Rußlands. Als Grund wurde die Unterschiedlichkeit der Wirtschaftspotentiale und der Finanzsysteme ins Feld geführt. Für mich war indessen offensichtlich, daß der Einwand von einer politischen Komponente unserer Beziehungen herrührte: der Südkurilen-Frage. Japan glaubte, daß wir den Beitritt zur G 8 mit der Aufgabe unserer Position zur NATO-Osterweiterung »erkauften«, und wollte daraus politischen Vorteil ziehen. Die Zugehörigkeit zur G 8 ist jedoch das eine, politische Abkommen sind etwas ganz anderes. Einen Handel kann es hier nicht geben.

Die Möglichkeit, in Pausengesprächen mit Clinton, Chirac, Schröder, Blair, Prodi, Hashimoto oder Jean Chrétien zwanglos, ohne irgendwelche Rücksichten aufs Protokoll, gemeinsame Vorschläge zu besprechen, ist der ungeheure Vorteil solcher Gipfeltreffen. Auf ihnen ist alles möglich, Gespräche zu zweit, zu dritt, zu viert. Bei Staatsbesuchen ist so etwas undenkbar.

Wir gehen hinaus in die Grünanlage. Es ist Sommer, die Sonne scheint. Chirac tritt zu mir, und wir führen ein kurzes, zweiminütiges Gespräch, mit dem der Boden für künftige globale Vereinbarungen bereitet wird. Experten gehen an die Arbeit, und dann kommt es zur Unterzeichnung bedeutender internationaler Dokumente. Der Grundstein dazu aber wurde in diesen zwei Minuten gelegt.

Noch eine Impression vom Gipfeltreffen in Denver. Als kultureller Teil war der Besuch eines Konzerts von Chuck Berry angesetzt. Tags zuvor hatten alle Gipfelteilnehmer Cowboykleidung geschenkt bekommen, und Clinton erschien in diesem Aufzug, in Stiefeln und breitkrempigem Hut. Der Saal bereitete uns einen herzlichen Empfang. Der fast siebzigjährige Rockstar weckte bei den Konzertbesuchern nostalgische Gefühle. Mir hingegen war diese Musik fremd. Seinerzeit habe ich russische Romanzen gesungen, Lieder von Fradkin, Dunajewski, Pachmutowa. »Entschuldigt, Freunde«, sagte ich, »bei uns in Moskau ist tiefe Nacht. Ich werde schlafen gehen.« An diesem Abend reduzierte sich die G 8 zur G 7. Einigen Gipfelteilnehmern, hieß es, seien bei dem Konzert die Augen zugefallen. Wegen der Hitze natürlich, nicht wegen der Musik. Bill aber war begeistert.

Überhaupt ist die völlig offene Atmosphäre für mich das wichtigste an den Gipfeltreffen. Ich meine, daß solchen Begegnungen die Zukunft gehört. Das persönliche Du, der freundschaftliche Umgang sind keine Formsache, sondern ein grundlegender Wesenszug dieser Treffen. Ein Wesenszug des neuen Jahrhunderts.

Mittagessen. Die kleinsten Scherze werden mit großem Beifall aufgenommen. Der Tisch der Assistenten steht fünf, sechs Meter von unserem entfernt. Kohl tritt zu ihnen; er hat einen etwas eigenwilligen deutschen Humor, und alle sind gespannt, was er sagen wird. »Seid ihr etwa hergekommen, um hier Mittag zu essen?« donnert er los. »Essen werden wir, ihr dürft schön arbeiten!« Das allgemeine Gelächter entspannt die Atmosphäre, aber einige Assistenten sind doch blaß geworden.

Auf einem der letzten Gipfeltreffen der G 8 fiel mir plötzlich auf: Ich bin ja hier, was Alter und politische Erfahrung betrifft, der Senior.

Ich erinnere mich an den feinsinnigen François Mitterrand. Mit ihm begann der Dialog zwischen Rußland und Frankreich. Bis heute kann ich jenen festlichen Empfang nicht vergessen, den er im Elysée für mich gegeben hat. Es war eine bewußte Wiederaufnahme einer unterbrochenen historischen Tradition, der großen Freundschaft unserer beiden Völker. Mir tat er ehrlich leid – nachdem er so viele Jahre dem Dienst an Frankreich geweiht hatte, fand er keine Zeit, für sich selbst zu leben; seine letzten Jahre verdunkelte eine schwere, qualvolle Krankheit.

Sein Nachfolger Jacques Chirac ist ein völlig anderer Mensch – offen, locker, emotional. Auch mit John Major, dem früheren britischen Premierminister, verband mich viel. Er war ein fabelhafter Diplomat, der mich während der beiden Putsche von 1991 und 1993 moralisch unterstützte. Äußerlich wirkte er britisch nüchtern, innerlich aber war er ein warmherziger, freundlicher Mensch. Ihn löste Tony Blair ab, ein lebhafter, leidenschaftlicher, sehr direkter Politiker. Wie würde ich mit dieser neuen Politikergeneration in der G 8 auskommen? Sie waren ja nicht einfach nur jünger. Sie sahen die Welt anders. Und auch mich betrachteten sie mit anderen Augen. Besonders bewegte mich diese Frage, als mein Freund Helmut Kohl, mit dem ich zahlreiche Begegnungen hatte, aus dem Klub ausschied. Uns war es immer leichtgefallen, einander zu verstehen, denn wir waren uns in der Reaktionsweise und in den Umgangsformen ähnlich. Wir betrachteten die Welt von der Warte der gleichen Generation. Außerdem wollten wir das Eis, das sich in der Nachkriegsepoche zwischen der UdSSR und der Bundesrepublik gebildet hatte, möglichst rasch zum Schmelzen bringen. Nach dem Fall der Berliner Mauer erschien uns das außerordentlich wichtig.

Gerhard Schröder, ein Politiker der jüngeren undogmatischen

Generation, würde in den Beziehungen zu Rußland einen anderen Umgangsstil einführen – einen nüchterneren, rationaleren. Das war mir von Anfang an klar. Dennoch gab es für mich in diesem Prozeß des Kennenlernens der neuen europäischen Führungspersönlichkeiten nicht nur eine psychologische Barriere, sondern auch einen positiven Sinn. Leichter als jedem anderen würde es mir gelingen, die Kontinuität der Beziehungen zu Rußland zu sichern. Um so mehr, als ich in der G 8 der älteste und erfahrenste war.

In der G 8 gab es keine Rangordnung, doch Alter und Erfahrung machten Helmut Kohl für mich immer zu unserem informellen ersten Mann. Nachdem er ausgeschieden war, ging diese Stellung auf mich über. Irgendwann hatte er einmal scherzhaft gesagt: »Keine Bange, Boris, wenn du die Wahlen verlierst, verschaffe ich dir Arbeit in Deutschland. Ich weiß ja, daß du ein Diplom als Bauingenieur hast.«

Zeit ist ins Land gegangen. Helmut und ich haben aufgebaut, was uns in unserem Leben möglich war. Mein großer Wunsch ist es, daß unser gemeinsamer Bau, die Beziehungen zwischen unseren Ländern, niemals einstürzen, daß er, festgefügt, die Jahrhunderte überdauern möge. Ich hoffe, daß mein Diplom tatsächlich dazu beigetragen hat.

Regierungsalltag

Alltag im Kreml. Ich betrete mein Arbeitszimmer. Einige Schritte, und ich bin an meinem Schreibtisch. Diesen Tisch kenne ich wie meine Westentasche, wie ein in der Schulzeit auswendig gelerntes Gedicht. Auf ihm liegen die Mappen mit den Unterlagen – die roten Mappen, die weißen, die grünen – in einer ganz bestimmten Reihenfolge, die sich im Laufe der Zeit bewährt hat. Wenn jemand diese Ordnung ändert, werde ich unruhig und gereizt. Links vom Tisch stehen die Telefone, meine Direktverbindungen zu allen führenden Politikern und überhaupt zu jedem Menschen im Land.

Die wichtigsten Mappen sind die roten. Sie enthalten die Vorlagen, die dringend gelesen, und die Dokumente, die sofort unterschrieben werden müssen. Der Stapel zeigt mir, wie viele Entscheidungen heute anstehen. Alle diese Papiere – Verordnungen, Erlasse, Ernennungs- oder Entlassungsurkunden, Schreiben an Regierungsorgane, Begnadigungsgesuche – setzen jeweils eine ganze Kette von Aktivitäten in Gang, greifen in das Leben vieler Menschen ein, verwandeln sich in politische Strategie und Taktik. Ihr Inhalt steht am nächsten Tag in der Presse und wird umgehend in den Nachrichten gesendet, manchmal nur in den nationalen, oft auch in den internationalen Medien.

Was heute in der roten Mappe liegt, ist morgen Resultat des Handelns, politisches Ereignis. Jedes Dokument muß also gut bedacht sein, sonst geht etwas schief. Rechts von den roten Mappen liegen die weißen. In ihnen spiegelt sich das Leben unseres Staates. Sie zeigen mir, ob der Staatsapparat gut oder schlecht funktioniert, wo es knirscht oder wo die Räder blockieren. Dokumente verschiedener Ministerien und Behörden müssen koordiniert werden. Das betrifft zwar meinen Verantwortungsbereich nicht direkt, aber hinter jeder Zeile verbergen sich überaus komplizierte Zusammenhänge. Geheimberichte oder Anträge von Regierungsmitgliedern, Berichte des Verteidigungsministeriums oder des staatlichen Sicherheitsdienstes, Finanzierung von staatlichen Programmen – hier geht es um Vorgänge, über die nicht in den Nachrichten informiert wird. Jedes dieser Dokumente zeichne ich ab, notiere meine Stellungnahme.

Die grünen Mappen enthalten hauptsächlich Gesetze. Gesetze, die das Leben der Bürger regeln. Meine Unterschrift unter einem solchen Gesetz macht es auf Jahre und Jahrzehnte hinaus zur Norm für alle Bürger. Es gilt also genau zu prüfen, ob sie in Kraft treten sollen oder nicht.

Das ist von viel größerem Gewicht als irgendeine andere politische oder personelle Entscheidung. Ein Beispiel: Am 22. Juli 1997 lag die Rede an die Bürger Rußlands anläßlich meiner Ablehnung des Gesetzes über die Glaubensfreiheit und die Freiheit religiöser Vereinigungen auf meinem Schreibtisch. Dort hieß es: »Es war eine schwere Entscheidung, denn dieses Gesetz wurde von 370 Abgeordneten der Staatsduma, von der Russisch-orthodoxen Kirche und zehn weiteren religiösen Vereinigungen Rußlands unterstützt.« Dieses Gesetz war zustande gekommen, weil es nach dem Zerfall der UdSSR zu einer Invasion von Missionaren aus den verschiedensten Ländern der Welt gekommen war. Neben ehrenwerten Menschen mit guten Absichten gab es darunter Geschäftemacher und Seelenfänger. Religiöse Sekten füllten die Säle von leerstehenden Filmtheatern und Kulturpalästen. Sie warben Anhänger unter Studenten und Schülern. In der Folge kam es auch zu Tragödien: Menschen verließen ihre Familien, die Arbeit, ihr Studium, Kinder liefen von zu Hause weg, vagabundierten und erlitten schwere psychische Schäden. Die orthodoxe Kirche appellierte angesichts dieser kriminellen und halbkriminellen Umtriebe an die Regierung, sie solle die in der Verfassung garantierte Glaubensfreiheit einschränken. Das Gesetz wurde von der Duma angenommen und schränkte die Aktivitäten von neuen religiösen Vereinigungen rigoros ein. Im Grunde kam dies einem Verbot von anderen Konfessionen als der russisch-orthodoxen gleich. Daraufhin gab es in der Öffentlichkeit erbitterte Diskussionen. Sowohl die Intellektuellen als auch die rechten Parteien und die Liberalen forderten vom Präsidenten, sein Veto einzulegen, weil dieses Gesetz der verfassungsmäßig garantierten Glaubensfreiheit widersprach. Der Papst, Präsident Clinton, sämtliche Oberhäupter der Weltreligionen, Parlamentarier aller Länder äußerten sich dazu. Auch meine Berater waren der Meinung, daß ich dieses von der Duma angenommene Gesetz ablehnen müsse.

Andererseits schrieb mir Alexi II., Patriarch von ganz Rußland, Oberhaupt der Russisch-orthodoxen Kirche: »Das Gesetz unterscheidet die Religionen völlig zu Recht nach ihrer Entstehungszeit und ihrer Verbreitung in Rußland. Es schafft die Voraussetzungen für den Schutz des Individuums und der Gesellschaft vor zerstörerischen pseudoreligiösen und pseudomissionarischen Aktivitäten, die offenkundig die geistige und physische Gesundheit der Menschen, die nationale Besonderheit unseres Volkes, die Stabilität und den inneren Frieden in Rußland bedrohen.«

Dies war die Position unserer Kirche. Es ging also um eine ganz sensible Frage. Jahrzehntelang hatte es bei uns keine Religionsfreiheit gegeben, nun suchten plötzlich Tausende von Neubekehrten Erlösung bei diversen Propheten, ohne die Tradition unseres Landes zu verstehen und die Unterschiede zwischen der einen und der anderen Konfession richtig zu kennen. Die Russisch-orthodoxe Kirche erklärte, es sei unredlich, diese Unbedarftheit in religiösen Fragen auszunutzen, wie das heute durch die zugereisten Prediger geschehe. Man dürfe nicht tatenlos zusehen, wie sie die Leichtgläubigkeit der Menschen ausbeuteten.

Damit hatte die Kirche durchaus recht. Die russische Verfassung ist jedoch kein Dokument, das man je nach Situation verändern kann. Hat der Staat das Recht, den Menschen vorzuschreiben, was sie glauben und was sie nicht glauben sollen? Wir dürfen unsere Bürger nicht entmündigen, das war mein Standpunkt.

Das Recht auf freie Ausübung des Glaubens muß wie das Recht, Opposition zu üben, das Recht, seine Meinung frei zu äußern, oder das Recht, anders zu leben als die Mehrheit, fest in der Verfassung verankert sein. Selbst wenn es in unserem Land nur ein paar tausend Katholiken gibt, muß dieses Gesetz ihrem geistlichen Leben einen Rahmen bieten. Tut es das nicht, kann ich es nicht unterschreiben. Ich erinnerte mich nur zu gut, wie zu Sowjetzeiten Sektenanhänger verfolgt wurden. Wer nicht in die Kirche ging, sondern in ein Bethaus, riskierte die Verfolgung durch den KGB. Sollten wir diese Praxis fortsetzen? Nein und nochmals nein.

Was sollte ich tun? Unterschrieb ich das Gesetz, würde sich die gesamte zivilisierte Welt von uns abwenden und uns von neuem politisch isolieren. Lehnte ich es ab, dann würde dies die Russisch-orthodoxe Kirche und die traditionell in Rußland wirkenden Konfessionen mit ihren vergleichsweise geringen Mitteln hart treffen. Die westlichen religiösen Gemeinschaften, die über Milliarden Dollar verfügen, würden ins Land einfallen und sie einfach an den Rand drängen.

Die Lösung fand sich wie immer in der Mitte. Gegen das Gesetz legte ich mein Veto ein. Zugleich schlug ich Veränderungen vor, die die Einwände der Russisch-orthodoxen Kirche und der anderen traditionellen Konfessionen berücksichtigten und das missionarische Wirken von Pseudoreligionen eindämmten. Ich unterbreitete dem Föderationsrat und der Duma meine Änderungsvorschläge: garantierte Religionsfreiheit für Islam, Buddhismus, jüdischen Glauben und andere traditionelle Konfessionen sowie die Akzeptanz sämtlicher Weltkirchen in unserem Lande. Mit diesen Änderungen wurde das Gesetz angenommen.

Eine der grünen Mappen ist die schwierigste für mich. Hier geht es um Leben oder Tod. Die von dem bekannten Schriftsteller Anatoli Pristawkin geleitete Begnadigungskommission tagte einmal wöchentlich. Nachdem die Experten – Juristen und Psychologen – Stellung genommen hatten, kamen ihre Gutachten auf meinen Tisch. Es waren grauenhafte Dokumente. »Bürger B., nicht vorbestraft, geboren 1971, Mutter lebt noch. Zum Tode verurteilt wegen Mordes an Wachdienstleiter Leutnant P. mit einer Maschinenpistole und wegen schwerer Körperverletzung, begangen an dem Soldaten D.«

Ich erinnere mich wieder: Ein Soldat, der seinen Vorgesetzten erschossen hatte. Ein blutjunger Mensch. Hatte er die Belastungen des Militärdienstes nicht ertragen? Was mag ihn zu dieser Tat getrieben haben? Klar, er ist schuldig, er hat einen jungen Offizier erschossen, sicher einen Familienvater. Aber kann man nicht für fünfzehn Jahre Haft plädieren, zumal es bei uns für solche Taten keine Amnestie gibt?

»Bürger M., geboren 1973, alleinstehend, nicht vorbestraft, zum Tode verurteilt wegen Vergewaltigung und Ermordung eines minderjährigen Mädchens sowie wegen Vergewaltigung von drei Minderjährigen.« Durch Präsidentenerlaß wurde die Todesstrafe in fünfundzwanzig Jahre Haft umgewandelt. Später hat ein anderer, der sich freiwillig stellte, den Mord an dem Mädchen gestanden. Das Urteil wurde revidiert, und M. wurde für die von ihm begangenen Verbrechen zu fünfzehn Jahren Haft verurteilt.

Rechtsprechung kennt keine Ausnahmen. Vergewaltigung von Kindern muß hart bestraft werden. Vor einigen Jahren jedoch haben wir unter dem Druck des Europarates ein Moratorium für die Todesstrafe eingeführt. Viele waren dagegen und argumentierten: Schwerverbrechen erfordern die Höchststrafe. Die Ermittler und die Richter, die Staatsanwälte und die Öffentlichkeit kennen aus verständlichen Gründen bei solchen Verbrechern keine Gnade. Denken wir nur an die Geschichte des brutalen Gewalttäters Tschikatilo. Wie viele Unschuldige wurden verdächtigt und verurteilt, bevor man den Schuldigen fand.

Wenn man vor der grünen Mappe sitzt, helfen einem die Expertengutachten nicht viel. Sie hat mir oft schlaflose Nächte bereitet. »Gott möge ihm gnädig sein«, mit diesem Trost habe ich meine Zweifel zu beschwichtigen versucht, wenn ich wieder einmal ein Begnadigungsgesuch abgelehnt hatte. Noch schlimmer war es, wenn jemand für ein Verbrechen erschossen worden war, das er nicht begangen hatte. Ein nicht mehr korrigierbarer Justizirrtum.

Doch nun zu der Mappe, die ich am liebsten aufschlage: die Mappe mit den Auszeichnungsurkunden. Es ist wichtig und erfreulich zu wissen, daß es Menschen gibt, die sich verdient machen. Ich führe als Beispiel einige Auszeichnungen des Jahres 1997 an. Der Schriftsteller Viktor Astafjew erhielt den Orden »Für Verdienste um das Vaterland«, den höchsten Staatsorden. Es gibt die I. Klasse für die obersten Repräsentanten der Staatsmacht; Astafjew erhielt die II. Klasse. Er lebt im Dorf Owsjanka bei Krasnojarsk, wo er unter anderem eine Dorfbibliothek aufgebaut hat. Ich finde, er ist ein Lew Tolstoi unserer Tage. Auch Akademiemitglied Nikolai Bassow, einer der Erfinder der Lasertechnik und Nobelpreisträger, eine Legende unserer Wissenschaft, trägt diesen Orden.

Michail Kalaschnikow, der Konstrukteur der bewährten russischen Maschinenpistole, wurde 1997 mit dem Andreasorden ausgezeichnet. In jenem Jahr wurde den Schöpfern des Films *Die weiße Wüstensonne* der Staatspreis verliehen, fünfundzwanzig Jahre nach seinem Entstehen. Die Filmemacher meinten, das sei jetzt zu spät, eine rückwirkende Auszeichnung sei lächerlich. Seinerzeit hatte man ihnen vorgeworfen, sie hätten die Revolution nicht mit dem gebotenen Ernst behandelt. Ich aber war der festen Überzeugung: Wenn man einem so populären und guten Film nicht eine Auszeichnung verleiht, welchem dann? So wurden – ein Vierteljahrhundert nach der Uraufführung – der Regisseur Wladimir Motyl, die Schauspieler Anatoli Kusnezow, Spartak Mischulin und weitere Mitwirkende an diesem brillanten Film ausgezeichnet.

Aber manchmal lief es auch ganz anders. Der achtzigste

Geburtstag von Alexander Solshenizyn, der in den siebziger Jahren des Landes verwiesen worden und erst vor kurzem nach Rußland heimgekehrt war, stand bevor. Das Jubiläum sollte angemessen gefeiert werden. Für mich stand fest: Für sein Lebenswerk soll auch Solshenizyn mit unserem wichtigsten Orden – dem Andreasorden – geehrt werden. Gleichzeitig ahnte ich, daß es mit ihm nicht leicht werden würde. Er war immer ein Oppositioneller gewesen, und obwohl er in die Heimat zurückgekehrt war, stand er allem, was hier geschah, sehr kritisch gegenüber. Und tatsächlich berichteten mir meine Berater in Kulturfragen: Alexander Solshenizyn wird die Annahme dieses Ordens höchstwahrscheinlich ablehnen.

Eigentlich mußte ich ihn auszeichnen. Im Falle einer Ablehnung aber entstünde eine sehr peinliche Situation. Wie würden diejenigen reagieren, die mit diesem Orden ausgezeichnet worden sind oder werden sollen? Warum in der Öffentlichkeit so viel Aufhebens darum machen, wenn er den Orden nicht will? Andererseits sagte ich mir: Sicher ist Solshenizyn verbittert über die Lage der Menschen im neuen Rußland. Das entspricht seiner Mentalität. Gerade diese hat ihn zum Ankläger des Sowjetsystems gemacht und ihm geholfen, sein schweres Leben heldenhaft zu ertragen. Später würde er diesen Orden vielleicht anders bewerten. Ich unterzeichnete die Urkunde über die Auszeichnung und schrieb einen persönlichen Brief an Solshenizyn. Darin erläuterte ich ihm, daß diese Ehrung im Namen aller dankbaren Bürger Rußlands erfolge. Ich gab der Hoffnung Ausdruck, daß er seine Entscheidung einmal ändern werde. Und selbst wenn er das nicht tut, bin ich sicher, daß ich in diesem Fall richtig gehandelt habe.

Ich komme auf die roten Mappen zurück. Enthalten sie wirklich alle wichtigen Dokumente? Und was passiert, nachdem ein Papier unterzeichnet ist?

Der Leiter der Präsidialkanzlei, Valeri Sementschenko, ist für alle Unterlagen mit dem Vermerk »Besonders wichtig«, »Streng geheim« oder »Vertraulich« verantwortlich. Diese dürfen nur von Hand zu Hand und quittiert weitergereicht werden. Sementschenko kommt mit den Schriftstücken, berichtet mir, ich lese sie durch und unterschreibe, wenn nötig. Dann schickt er sie per Kurier zum Empfänger, den er vorher telefonisch über die interne Leitung informiert hat. In der Regel sind es Berichte der Geheimdienste, Informationen über neue Waffen, Berichte über Krisensituationen und diplomatische Aktivitäten.

Sementschenko kenne ich seit meiner Zeit im Moskauer Stadtkomitee der KPdSU. Als ich 1987 als Erster Sekretär abgesetzt wurde, mußte auch er den Hut nehmen. Meinetwegen wurde er abserviert. Im Jahre 1990 bat ich ihn, im Obersten Sowjet aufzuräumen. Seitdem sind wir unzertrennlich. Am Ende eines jeden Arbeitstages verstaut er die Mappen im Panzerschrank. Er ist es, der für Ordnung auf meinem Schreibtisch sorgt. Jeder meiner Vermerke, jeder Entscheid von mir wird augenblicklich denen zugeleitet, für die sie gedacht sind, und das seit zehn Jahren, pünktlich und zuverlässig. Auf Sementschenko kann ich mich verlassen.

Ich bitte Wladimir Schewtschenko, den Protokollchef, zu mir. Wir besprechen den Terminplan:

Mittwoch, 3. September. 10 Uhr. Aufzeichnung einer Rundfunkansprache.

10.45 Uhr. Verabschiedung von Roman Herzog, Präsident der Bundesrepublik Deutschland

11.35 Uhr. Telefongespräch mit Leonid Kutschma

11.45 Uhr. Treffen mit Justitiar Krasnow

12 Uhr. Treffen mit Innenminister Stepaschin

13 Uhr. Treffen mit dem Sekretär des Sicherheitsrates Kokoschin

15 Uhr. Einweihung des Platzes vor der Christi-Erlöser-Kathedrale

19 Uhr. Einweihung des neuen Operngebäudes von Boris Pokrowski.

Ein solcher Terminplan wird bereits einen oder anderthalb

Monate zuvor aufgestellt. Eine Abweichung, selbst von fünf Minuten, kann ich mir nicht leisten. Ich komme ungern zu spät. Meine Töchter haben wiederholt mein Zeitgefühl getestet. »Papa, wie spät ist es?« fragten sie plötzlich. Und immer konnte ich, ohne auf die Uhr zu schauen, auf die Minute genau die Zeit angeben. Auch an meinem Schreibtisch ist diese Fähigkeit von großem Nutzen. Außerdem habe ich den Protokollchef, der mich rechtzeitig an meine Termine erinnert. Freilich ist das Betätigungsfeld von Schewtschenko weitaus größer. Seit 1991 begleitet er mich bei allen offiziellen Terminen durch das Labyrinth des Protokolls. Er ist immer an meiner Seite und beachtet jedes Detail des diplomatischen Protokolls auf heimischem wie internationalem Parkett.

Oftmals hat er sich in seiner Funktion als Protokollchef eingeschaltet, um mich im Gespräch mit Clinton, Chirac oder anderen Staatsoberhäuptern daran zu erinnern, daß bis zum nächsten Punkt der Tagesordnung nur fünf Minuten blieben. Diese Beharrlichkeit wurde mit Achtung quittiert. In all den Jahren hat er nicht ein einziges Mal versagt.

Die Papiere sind unterschrieben, der Terminplan ist abgestimmt. Doch vor Beginn meiner Arbeitstreffen und Telefonate muß ich noch Zeitungen, Zeitschriften, Presseberichte und Ergebnisse soziologischer Umfragen durchsehen. Anders kann ich mir den Beginn meines Arbeitstages nicht vorstellen. Ich sehe die Wochenübersichten der Print- wie auch der elektronischen Medien durch und informiere mich über die Ergebnisse der regelmäßigen Meinungsumfragen zur Popularität führender Politiker und Parteien.

Während ich mir das Wichtigste notiere, wird es Zeit, die Rundfunkansprache aufzuzeichnen, die ich seit 1996 allwöchentlich halte. Ein Thema, an das ich mich gut erinnere: Gibt es bei uns überhaupt eine Mittelschicht? Welche sozialen Schichten und Gruppen gehören dazu? Wird sie in dieser Wirtschaftskrise überleben? Findet der Präsident in ihren Reihen tatsächlich breite Unterstützung, wie Soziologen es behaupten? Ich lege meinen

Standpunkt dar und argumentiere: »Die Bürger stehen vor der Alternative: Arbeiten wie bisher, für geringen Lohn, oder etwas riskieren, ein Unternehmen gründen, vielleicht eine Autowerkstatt, ein Fotoatelier, eine Sanitärfirma, einen privaten Kindergarten. Das ist natürlich mit vielen Schwierigkeiten verbunden. Man muß den Betrieb anmelden, Material und Aufträge beschaffen, um Kunden kämpfen und sich gegen die Konkurrenz durchsetzen. Doch viele haben das Ziel erreicht, haben das Risiko gewagt und sich Schritt für Schritt hochgearbeitet. Ihnen gebührt unsere Anerkennung.«

Es war ein gutes Thema. Doch wenn ich heute den Text wiederlese, denke ich, man hätte manches anders sagen müssen. Man hätte den Beamten untersagen müssen, Privatinitiativen zu behindern, man hätte den Privatunternehmern Unterstützung zusichern müssen und sie nicht mit dem Begriff »Kleinunternehmer« kränken dürfen. Denn was diese soziale Gruppe leistet, ist für das Land etwas sehr, sehr Wichtiges.

Wenn Schewtschenko kommt und mich daran erinnert, daß der Sicherheitsrat zusammengekommen ist, weiß ich, daß sich die ständigen Mitglieder und geladenen Gäste bereits versammelt haben. Heute geht es um die Verteidigungskonzeption Rußlands. Ich greife zur Mappe »Beratungsunterlagen«.

Auf dem Weg durch die langen Korridore des Kreml bleiben noch fünf Minuten, um mich auf die Sitzung einzustimmen, mir die umfangreichen technischen Unterlagen wieder ins Gedächtnis zu rufen, die ich am Vortag studiert habe. Was für eine Armee brauchen wir? Eine, die vorbereitet ist, mit strategischen Raketen einen Weltkrieg zu führen, mit Vergeltungswaffen, die auf Planquadrate des Gegners ausgerichtet bereitstehen? Oder soll sie ihre Ressourcen einsetzen, um schnelle Eingreiftruppen aufzustellen, von denen wir zu wenige haben, noch dazu nicht so ausgebildet, wie es erforderlich wäre? Tschetschenien war dafür eine bittere Lehre. Eine Verteidigungskonzeption darf sich nicht von den Aufgaben des Tages leiten lassen, sie muß für längere Frist gelten.

Man hat einmal gesagt, ich sei eine Entscheidungsmaschine. Das stimmt. Aber eine Maschine, die denkt und fühlt und die Welt in ihren Zusammenhängen zu durchschauen bemüht ist. Und wer gern witzelt: Was macht ein Präsident? – Er liest Dokumente, den habe ich hoffentlich eines Besseren belehrt.

Gutnachbarschaftlich

Rußland hatte es schwer mit seiner Übergangswirtschaft. Doch noch schwerer hatten es wahrscheinlich die Menschen in den anderen Ländern der GUS. Daß die Republiken der ehemaligen UdSSR jede für sich auf dem Weltmarkt bestehen und von ihrer Unabhängigkeit profitieren könnten, erwies sich als Illusion, ebenso die Annahme, ohne die Last der wirtschaftlichen Verbindlichkeiten gegenüber den »kleinen Brüdern« würde Rußland einen unerhörten Aufschwung erleben. Mich bedrückte, welche schlimmen Folgen der Zerfall der Sowjetunion für das Leben der Menschen hatte. Trug ich Schuld daran? Wenn man hier überhaupt von Schuld sprechen will, dann muß man sie den Geschichtsprozessen des 20. Jahrhunderts zuweisen, die Schritt für Schritt die Strukturen des riesigen Reiches zerstört haben.

Eine simple Analogie: Wenn Mann und Frau sich trennen, sollten normale, freundschaftliche Beziehungen zwischen ihnen aufrechterhalten bleiben, schon wegen der Kinder und deren Zukunft. Wenn Republiken sich selbständig machen, geht es nicht um die Aufteilung von Tisch, Bett und Kochtöpfen, sondern nicht zuletzt um Waffen. Deshalb war es so wichtig, diese »Scheidung« friedlich zu beenden und das Atomwaffenpotential unangetastet zu lassen. Später wurde vereinbart, es vollständig an Rußland zu übergeben. Aber ein Beispiel für ein Staatengebilde wie die heutige GUS läßt sich in der Weltgeschichte nur schwerlich finden. Vor kurzem noch galten für die Menschen ein und dieselben Gesetze, sie arbeiteten in einer einheitlichen Wirtschaft, ihr Alltag verlief ähnlich, sie hatten dasselbe Bildungssystem – sie lebten in *einem* Staat. Wir verstanden einander ohne Schwierigkeiten. Wir alle fuhren in den gleichen Autobussen, bezahlten unsere Gewerkschaftsbeiträge, schauten uns dieselben Filme an und erzählten uns dieselben Witze. Kurzum, wir waren Menschen, die im selben geistigen Raum lebten.

Klimatisch, geographisch, historisch, national außerordentlich verschieden, bildeten die Republiken einen gemeinsamen politischen Raum. Aus dieser paradoxen Einheit von Gegensätzen ist heute die Gemeinschaft unabhängiger Staaten geworden.

Heute wird in Rußland und in den Ländern der GUS viel darüber gestritten, ob von dieser Gemeinschaft noch etwas geblieben ist; es heißt, die GUS stehe einer wirklichen Integration im Wege. Die Beziehungen zwischen den Ländern müßten ausschließlich bilateral sein, dann würden unsere komplizierten Probleme mit einem Mal gelöst werden. Diesen Standpunkt teile ich nicht. Die GUS ist objektive Realität. Vor allem ist sie ein gemeinsamer Markt. Ich wüßte nicht, wie die Menschen sonst für ihre Familien sorgen sollten. Ohne diesen gemeinsamen Markt von Arbeit, Waren und Dienstleistungen könnte keiner der Mitgliedsstaaten seinen Haushalt sichern. Es ist schwer vorstellbar, wie dieser Markt ohne offene Grenzen existieren könnte.

Ferner ist die GUS auch ein gemeinsamer Energiemarkt, und Energie ist die Basis der Wirtschaft. Die zwangsläufig entstandene Monopolstellung Rußlands bedeutet nicht, daß es ein Diktat auf diesem Gebiet ausübt. Aber diese Stellung Rußlands führt zwingend zur wirtschaftlichen Integration der GUS-Länder. Außerdem besteht ein gemeinsamer, wenn auch nicht einheitlicher Kultur- und Informationsraum. Schließlich haben wir das System der kollektiven Sicherheit. Der Konflikt in Karabach, das Tschetschenienproblem, die Zusammenstöße mit islamischen Extremisten in Mittelasien betreffen uns alle schmerzlich. Diese Tragödien haben uns gelehrt, daß wir nur miteinander die blutigen Wunden heilen können, die dort entstanden sind. Ich bin davon überzeugt, daß wir eines Tages auch ein einheitliches Finanzsystem haben werden, ein entsprechendes Rechtsschutzsystem, koordinierte außenpolitische Aktivitäten, möglicherweise sogar ein gemeinsames Parlament. Eine weitere Integration halte ich für unausweichlich. Deshalb geht es nicht an, unsere Nachbarn auszugrenzen, wenn es auch oft schwerfällt, die Verbindungen mit ihnen herzustellen und aufrechtzuerhalten. Besonders schwer für die GUS war das Jahr 1997. Wir hatten viele Schwierigkeiten zu überwinden. Die größte war seltsamerweise der Vertrag zwischen Rußland und Weißrußland. Die Weißrussen sind Slawen. Sie sind nicht nur unsere nächsten westlichen Nachbarn, sondern ihre Geschichte ist mit derjenigen Rußlands so eng verwoben, daß wir uns immer als Blutsbrüder fühlten. Deshalb sind unsere Beziehungen innerhalb der GUS besonders geartet. Die Staatsoberhäupter erhielten bereits 1996 den Auftrag, einen Vertrag über die vollständige Integration vorzubereiten. 1997 war dieser Vertrag fertig. Er wurde vom damaligen Vizepremier Valeri Serow vorbereitet. Von weißrussischer Seite wurde er von Außenminister Iwan Antonowitsch und dem Kanzleichef des Präsidenten von Weißrußland Mjasnikowitsch paraphiert. Als der Text den beiden Präsidenten zugeleitet wurde, zeigte sich, daß er den von mir abgesegneten Plänen für einen neuen föderativen Staat in keiner Weise entsprach. Es war ein vollkommen neues Statut, im wesentlichen verfaßt von zwei Mitgliedern der Kommunistischen Partei (dem Vorsitzenden des Duma-Ausschusses für die GUS, Tichonow, und von Antonowitsch selbst, der nach Minsk gezogen war und die Staatsbürgerschaft gewechselt hatte).

Daß der Außenminister von Weißrußland gleichzeitig auch eines der aktivsten Mitglieder der russischen Kommunisten war, hatte erstaunlicherweise niemanden gestört. Was sich die beiden ausgedacht hatten, bedeutete nichts anderes als daß Rußland schließlich seine Souveränität verlieren würde. Es sollte ein neuer Staat mit einem neuen Parlament und einer neuen Exekutive, einem sogenannten Obersten Unionsrat, entstehen. Die Beschlüsse dieses Organs wären für den Präsidenten, die Regierung und für sämtliche Exekutivorgane Rußlands bindend gewesen.

156

Im Statut hieß es unter anderem, daß der Oberste Rat der neuen Föderation abwechselnd alle zwei Jahre vom weißrussischen und vom russischen Präsidenten geführt werden sollte. Das bedeutete, daß der weißrussische Präsident Alexander Lukaschenko zwei Jahre lang das Oberhaupt der Russischen Föderation sein würde, dann erst wieder der russische Präsident. Über das Parlament hieß es: »Die Teilnehmerstaaten schaffen die Voraussetzungen für die Umwandlung der Parlamentarischen Versammlung zu einem repräsentativen und gesetzgebenden Organ der Union, das von den Bürgern der Union direkt gewählt wird.« Die Regelung über die Parität im Parlament – jeweils fünfunddreißig Mitglieder – rief ebenfalls Erstaunen hervor: In Rußland leben einhundertfünfzig Millionen Menschen, in Weißrußland zehn Millionen.

Es sollte sich herausstellen, daß nicht nur die Kommunisten die Sowjetunion um jeden Preis wiederherstellen wollen. Doch was für sie ein Ziel des politischen Kampfes, ein ideologisches Postulat ist, bedeutet anderen Russen Schmerz und Sorge um die in den anderen Republiken lebenden Verwandten, Kollegen, Freunde.

Dmitri Rjurikow, mein Berater in internationalen Fragen, war Anhänger dieses unbedachten und für Rußland abträglichen Föderationsplans. Das Dokument wurde nicht nur vom Sprecher der Staatsduma und einer Vielzahl von russischen Amtsträgern unterstützt, es lag bereits unterschrieben auf dem Tisch von Präsident Lukaschenko. Ich mußte meine Kanzlei einschalten. Die Juristen entdeckten eine Reihe von himmelschreienden Verstößen gegen die russische Verfassung, und ich schrieb einen Brief an Lukaschenko mit der Bitte, die Vertragsunterzeichnung zu vertagen, damit die Bevölkerung Gelegenheit bekäme, über die einzelnen Bestimmungen zu diskutieren. Iwan Rybkin, Sekretär des Sicherheitsrates, erhielt die delikate Aufgabe, den Brief zu überbringen. »Bleiben Sie so lange, bis Lukaschenko sein Einverständnis gibt«, sagte ich ihm. Rybkin seufzte schwer, nickte und flog nach Minsk. Schon auf dem Flughafen erwartete ihn eine Überraschung – Lukaschenko erzählte ihm fast wörtlich den Inhalt meines Schreibens. Rjurikow hatte ihn bereits informiert. Eine Woche später entließ ich ihn. Rybkin und Lukaschenko haben viele Stunden miteinander verbracht und hinterließen, wie böse Zungen behaupteten – den diplomatischen Gepflogenheiten unserer Völker entsprechend –, nicht wenig Leergut. Rybkin kehrte zerschlagen nach Moskau zurück, und am 21. Mai 1997 wurde ein neuer Vertragstext unterschrieben, der schon eher wie eine Absichtserklärung zur staatlichen Vereinigung aussah. Bei der Unterzeichnung war Lukaschenko blaß, aber gelassen. Wir beide waren absolut davon überzeugt, daß es früher oder später zur staatlichen Integration kommen müsse. Und tatsächlich fand sie im Jahre 2000 statt: Die Vereinigung der beiden Länder wurde Realität.

Ich war schon immer dafür, daß innerhalb der GUS bilaterale oder multilaterale Vereinbarungen geschlossen werden. Ob und wann sie solchen Bündnissen beitreten, sollten die Länder selbst entscheiden. Voraussetzung aber sind realisierbare Bedingungen. Leider gibt es nach wie vor Defizite bei der wirtschaftlichen Integration von Rußland und Weißrußland: etwa die mangelnde Transparenz des weißrussischen Finanzmarktes und eine Gesetzgebung, die der Marktwirtschaft und der Privatisierung entgegenwirkt. Sollte es Rußland gelingen, Weißrußland in den gemeinsamen Markt einzubeziehen, wäre das ein großer Erfolg. Doch dazu bedarf es radikaler Reformen in der weißrussischen Wirtschaft.

Ich habe etliche Einwände gegen den Führungsstil von Alexander Lukaschenko und seinen Umgang mit den Medien. Es sei nur an die Verhaftung des Journalisten Pawel Scheremet wegen Filmaufnahmen an der litauisch-weißrussischen Grenze erinnert. Doch wenn wir auch in bestimmten Fragen konträre Positionen einnehmen, sind wir als Präsidenten unserer beiden Länder verpflichtet, freundschaftliche Beziehungen zu pflegen. Nur so kann die Union Rußlands und Weißrußlands zu einer Lokomotive der GUS werden.

Ich hoffe sehr, daß der Prozeß der demokratischen Reformen in Weißrußland vorankommt. Rußland wird sein Bestes dazu tun. Wie dieses Beispiel aus dem Jahre 1997 zeigt, darf man die Beziehungen zwischen einzelnen Ländern der GUS, die sich gelegentlich sehr problematisch entwickeln, nicht innenpolitisch instrumentalisieren. Das versuchten russische Kommunisten, als sie diesen Vertrag – koste es, was es wolle – durchboxen wollten.

Ein zweites Beispiel. Wer darf über die Schwarzmeerflotte in Sewastopol verfügen? Eine Frage, die zum Prüfstein unserer Beziehungen zur Ukraine wurde. Diese Beziehungen sind ein besonders schwieriges Thema. Wir betrachten die Ukrainer ebenso als unsere Brüder wie die Weißrussen. In Sprache, Bräuchen, Lebensweise sind wir uns sehr ähnlich. Mehr noch: Kiew war die Hauptstadt der alten Rus. Die Ukraine ist die Heimat unserer nationalen Identität und unserer Geschichte. Ohne sie ist Rußland unvorstellbar. Aber im 20. Jahrhundert drängte sie zur Unabhängigkeit und wollte ihren eigenen Weg gehen. Davon zeugen viele historische Ereignisse, Kriege und Aufstände. Die Demokratie gab der ukrainischen Gesellschaft einen kraftvollen Impuls zur Trennung von Rußland.

Mit dem ukrainischen Präsidenten Leonid Kutschma traf ich mich wiederholt. Aber meine erste offizielle Visite in Kiew habe ich immer wieder gerade wegen der Schwarzmeerflotte vertagt. Die Ungewißheit in unseren Beziehungen wuchs, Verträge kamen nicht zustande. Im Mai 1997 gab es dann endlich einen Durchbruch: meine offizielle Visite in Kiew, der Verhandlungen zwischen den beiden Regierungschefs vorausgegangen waren.

Im Mai blühen in Kiew die Kastanien, eine Menge heiterer Menschen begrüßte uns. Ich erinnere mich, daß ich im Stadtzentrum das Auto habe anhalten lassen, um den Bürgern von Kiew die Hände zu schütteln. Dabei hörte ich viele herzliche Worte. Doch es gab nicht nur Wohlwollen, man sah auch Plakate mit antirussischen Losungen.

Fünfeinhalb Jahre lang hatte die Schwarzmeerflotte niemandem gehört. Sie befand sich in einem miserablen Zustand. Die

Besatzungen der Schiffe wußten nicht, welchem Staat sie dienten, wer ihre Gehälter, Renten und Sozialbeiträge zu zahlen hatte. Von den 400 000 Einwohnern von Sewastopol war ein Viertel mit dem Schicksal der Flotte verbunden. Diese Menschen warteten auf eine Entscheidung. Der Beschluß über die Aufteilung der Flotte war ein großer Sieg, sowohl für die Ukraine als auch für Rußland.

Die Vertragsbedingungen sahen folgendermaßen aus: Rußland bekam die Buchten von Sewastopol, die südliche und die Quarantänebucht, in der 338 russische Kriegsschiffe stationiert waren, zur Pacht. Die jährliche Pacht beträgt achtundneunzig Millionen Dollar, die gegen die Verbindlichkeiten der Ukraine für russisches Gas aufgerechnet werden. Zum Zeitpunkt der Unterzeichnung beliefen sich diese, nach unserer Schätzung, auf drei Milliarden Dollar. Die Pacht für die Militärbasen, einschließlich der Infrastruktur von Sewastopol, wurde für zwanzig Jahre abgeschlossen.

Alle atmeten auf. Die lange unlösbar scheinende Frage war, wenngleich mit Schwierigkeiten und einer Reihe von Zugeständnissen, gelöst. Die Ukraine bekam einen Teil der Flotte und konnte einen Teil ihrer Schulden tilgen. Das Problem konnte von der Tagesordnung gestrichen werden. Wir bekamen die Möglichkeit der Kontrolle über das Schwarze Meer und das Mittelmeer, wo eine große Zahl unserer Handels- und Frachtschiffe unterwegs sind. Das war für Rußlands Prestige von großer Bedeutung.

Nun endlich konnten wir den Vertrag über Freundschaft und Zusammenarbeit abschließen, der all die Jahre auf Eis gelegen hatte. Gemeinsame wirtschaftliche Projekte, Zollabkommen, Schuldentilgung – alles bekam mit der Lösung der Sewastopolfrage neue Impulse.

Nicht alle in Rußland und in der Ukraine waren mit diesem Ausgang einverstanden. Die Teilung der Flotte entzog den ukrainischen Nationalisten wie unseren Linken jeglicher Couleur die Argumentationsbasis. Den Linken hatte sich selbst ein so bedeutender Politiker wie Juri Lushkow angeschlossen. Er nannte es paradox, daß wir Sewastopol praktisch von uns selber pachten. Wollte er der Ukraine den Krieg und Sewastopol zu einem Stadtbezirk von Moskau erklären?

Noch eine Episode: Am 23. Oktober 1997 fand die Klausurtagung der Staatschefs der GUS im moldawischen Kischinjow statt. Zunächst lief alles wie gewohnt: Begrüßung am Flughafen, Empfang, Fototermin. Ich befand mich in Arbeitsstimmung und erwartete keinerlei Überraschungen.

Aber die kamen, als wir uns an den Verhandlungstisch gesetzt hatten. Die Präsidenten vertraten einer nach dem anderen unnachgiebige antirussische Positionen. Jeder von ihnen hatte einen Katalog von Forderungen mitgebracht.

Ich hörte aufmerksam zu und begriff: Im Grunde ging es hier nicht um Ansprüche. Hinter jedem Satz standen die eigenen ungelösten Probleme, und man wollte diese Last dem großen Nachbarn aufbürden. Eduard Schewardnadse, das Staatsoberhaupt Georgiens, trug schwer an der Tragödie des Bruderkriegs mit Abchasien. Leonid Kutschma aus der Ukraine hatte nicht nur wirtschaftliche Probleme. Wie sollten sich demokratische Strukturen festigen, wenn der Nationalismus im Land immer aggressiver wurde?

Auch Lucinschi in der Moldau, Rachmonow in Tadshikistan und Akajew in Kirgisien hatten mit ihren radikalen Nationalisten zu kämpfen. Zwischen Aserbaidshan und Armenien schwelte der Karabach-Konflikt. Es war völlig ungewiß, wann sich die Beziehungen zwischen diesen Republiken endlich normalisieren würden.

In Kischinjow fielen harte Worte über russische Waffenlieferungen an Armenien auf der Grundlage eines geheimen Vertrages. Aserbaidshans Präsident Alijew stellte mich zur Rede. Ich konnte darauf hinweisen, daß ich einige Verantwortliche im Verteidigungsministerium bereits entlassen hatte, weitere würden folgen. Eine stärkere Polemik vermied ich. Mir ging es vor allem um die gute Nachbarschaft. Können wir nicht miteinander leben wie die Bauern, die gemeinsam dieselbe Erde beackern, ihre Weinberge pflegen, den Wein lesen und keltern und einander unter die Arme greifen?

Doch wie weit sind wir heute, im Jahr 2000?

Kurz nach meinem Rücktritt fand ein Treffen der Staatsoberhäupter der GUS in Moskau statt. Alle kamen einen Tag vor dem Termin, und ich lud sie zu mir nach Gorki-9 ein. Sicher ist es nicht üblich, derart offizielle Gäste zu Hause zu empfangen. Aber Naina und ich beschlossen, diese Tradition zu brechen. Das Hausgericht, mit dem wir die Präsidenten bewirteten, waren sibirische Pelmeni und gefüllter Hecht. Ich glaube, es schmeckte ihnen. Alle überboten sich mit Freundlichkeiten und sprachen Gegeneinladungen aus.

Der usbekische Staatspräsident Islam Karimow, ein kluger und feinsinniger Orientale, sagte zu meinem freiwilligen Rücktritt:»Boris Nikolajewitsch, was Sie getan haben, hätte wohl niemand sonst getan.«

Was bedeutet Usbekistan für Rußland? Es ist für uns nicht nur ein exotisches orientalisches Land in Zentralasien. 1966, nach dem Erdbeben von Taschkent, haben wir alle gemeinsam geholfen, die zerstörte Stadt wiederaufzubauen. In Rußland erinnert man sich, wie viele Flüchtlinge während des Zweiten Weltkrieges in Usbekistan Zuflucht gefunden haben und wie viele hungrige Waisenkinder von usbekischen Familien gerettet worden sind. Die Russen haben ein Jahrhundert lang die usbekische Kultur, Wissenschaft, Bildung und Industrie unterstützt. Solche Beziehungen bleiben im geschichtlichen Gedächtnis der Völker bewahrt.

Mein guter Freund Nursultan Nasarbajew, der Präsident von Kasachstan, hat, so glaube ich, meinen Rücktritt nicht gutgeheißen, sagte aber nichts, sondern verhielt sich wie gewohnt zurückhaltend. In seiner Republik verfügt er über einen enormen Vertrauensbonus, und es gelingt ihm, in seiner Politik die Besonnenheit des Orientalen mit einer modernen demokratischen Gesinnung zu vereinen. Er vermittelt ein Gefühl von Zuverlässigkeit.

Askar Akajew, mein alter und treuer Verbündeter, versuchte mich aufzumuntern. Er meinte, daß ich leide, und er litt mit mir. Ich glaube, er war darüber beunruhigt, daß die Beziehungen zwischen Rußland und Kirgisien sich verschlechtern könnten, daß das Einvernehmen zwischen uns getrübt würde. Er tat viel für sein Land und für unsere Beziehungen und sah keine Zukunft ohne Rußland.

Raschid Nijasow lud mich für den Sommer nach Turkmenien ein. Im Gegensatz zu anderen ehemaligen Republiken der UdSSR hatte man sich dort für die Staatswirtschaft entschieden. Nijasow versucht, die nationalen Reichtümer – Gas und Baumwolle – gerecht und sparsam zu verteilen. Warum auch nicht? Wenn man dank der Naturreichtümer des Landes die Möglichkeit hat, alle satt zu kriegen, ohne die gewohnten Bräuche zu verändern, soll man es tun.

Nicht alle haben solche Möglichkeiten. Ich sehe Emomali Rachmonow an. In seinem Tadshikistan wird immer wieder geschossen, und es gibt Unruhen an der Grenze. Er sieht müde aus, und hinter seinem orientalischen Charme sehe ich Schatten der Sorge. Auch ihn beunruhigt die Zukunft unserer Länder. Ich lege ihm die Hand auf die Schulter. Alles wird gut werden, möchte ich ihm nicht als Präsident, sondern als Mensch zu verstehen geben, und ich denke, er hat meine Geste richtig verstanden.

Robert Kotscharjan hat wahrscheinlich die größten Probleme in seiner Republik, und das ist ihm anzusehen. Das kleine, stolze Armenien hat schwer zu tragen an den politischen Umbrüchen. Aber es ist nach wie vor ein Land mit hoher Kultur und eines der aufgeklärtesten der GUS obendrein. Die armenischen Intellektuellen, die Wissenschaft, Literatur und Kunst garantieren mit ihrem hohen Niveau das künftige Wohlergehen dieses Staates.

Geidar Alijew, dem Präsidenten von Aserbaidshan, ist nicht anzusehen, woran er denkt. An ihn erinnere ich mich noch aus den Zeiten des Politbüros unter Gorbatschow. Was mußte dieser erfahrene Mann erleben und welche Prüfungen ertragen! Es ist ihm gelungen, den schrecklichen Krieg um Nagorny Karabach zu beenden, das wird man ihm nie vergessen.

Noch ein Staatsoberhaupt, das in Rußland hoch geschätzt wird, ist Eduard Schewardnadse. Er stand damals kurz vor den Wahlen. Wie Alijew hat er seine Nation aus einem schlimmen Bürgerkrieg herausgeführt. Heute treibt Georgien die Entwicklung der Industrie voran und versucht, auf dem Weltmarkt Fuß zu fassen. Das Land braucht Frieden und Stabilität, und in dieser Frage wird es zwischen uns immer volles Einverständnis geben. Petru Lucinschi erinnerte sich an unsere Begegnungen und lud mich erneut in die Moldau ein. Ein außerordentlich schönes Land mit herzlichen, friedliebenden, bäuerlichen Menschen. Aber auch hier ist nach dem Zerfall der UdSSR eine tiefe Wunde zurückgeblieben: die Separationsbestrebungen im Dnjestr-Gebiet. Ohne unsere Hilfe dieses Problem zu lösen wird der Moldau kaum gelingen.

Der jüngste der GUS-Präsidenten, Alexander Lukaschenko, beschäftigt mit seinen oft recht harschen Erklärungen die russische Presse. Man hält ihn für aggressiv und grob, was ich bei persönlichen Begegnungen überhaupt nicht feststellen konnte. Er ist ein heiterer Mann, der seine Fröhlichkeit anderen gerne laut mitteilt. Für uns beide ist mit der Union Rußlands und Weißrußlands ein Traum in Erfüllung gegangen – nicht zuletzt dank seiner Beharrlichkeit und Energie.

Mit Leonid Kutschma sind die Beziehungen komplizierter, er verbindet das Gemüt des Ukrainers mit Hartnäckigkeit und Starrsinn. Glücklicherweise haben wir nicht mehr die Schwarzmeerflotte zu teilen oder über Zölle zu reden. Wir aßen einfach Pelmeni und freuten uns des Lebens. Die Ukraine erholt sich langsam von der Wirtschaftskrise, und die politische Lage stabilisiert sich. Das Volk beginnt besser und ruhiger zu leben.

An unserem Tisch saß auch der amtierende russische Präsident Wladimir Putin. Er unterhielt sich und sah sich die Leute an. Bald wird auch er bitteres Brot essen müssen. Meinen Gästen war klar, daß er nicht ohne Grund am Präsidententisch saß. Wie gern ich ihn für den Posten des Vorsitzenden der GUS vorgeschlagen hätte, begriffen sie ebenfalls, auch ohne Worte. Am nächsten Tag wurde er zum Oberhaupt der Gemeinschaft Unabhängiger Staaten gewählt.

Seinerzeit beim Rückflug von Kischinjow erinnerte ich mich an die Verhandlungen in der Tiefe der Belowesher Wälder, die ich 1991 geführt hatte. Mein Ziel war damals die Erhaltung des einheitlichen politischen Raumes gewesen, nicht seine Zerstörung. Die Sowjetunion zerfiel und war nicht mehr zu halten. Um die traditionellen Beziehungen der Republiken und Gebiete zu retten und Zusammenstöße zwischen den Ethnien zu vermeiden, suchten wir einen Kompromiß. Wir hatten gehofft, daß ein völliges Auseinanderdriften der ehemaligen Sowjetrepubliken durch die Bildung der GUS verhindert, daß die Loslösung mit Bedacht erfolgen würde.

Der Faktor, den wir unterschätzt hatten, war der Einfluß der politischen Eliten innerhalb der einzelnen Länder. Bald spielte fast jede Republik die nationalistische Karte aus und forderte uneingeschränkte Souveränität. Wer nicht bereit war, den russischen Sprachunterricht in den Schulen abzuschaffen und den Handel mit Rußland einzustellen, wer für gemeinsame Regelungen eintrat, wurde zum Imperialisten erklärt. Man begann, die Rechte der russischen Bevölkerung zu beschneiden.

Wie verhält man sich in einer solchen Situation? Sucht man die Konfrontation oder einen Kompromiß? Ich habe bewußt und entschlossen den zweiten Weg gewählt. Denn man mußte damit rechnen, daß die jungen Staaten, sich selbst überlassen, sowohl in der Innen- wie in der Außenpolitik viel Unbedachtes tun würden. So hätten sie sich möglicherweise zu einer Union gegen Rußland zusammenschließen können. Außerdem würden durch unsere Trennung Millionen Menschen leiden. Wo sollten die vielen Saisonarbeiter aus Aserbaidshan und der Ukraine arbeiten, wenn nicht in Rußland? Wohin sollte die Moldau Obst und Wein exportieren? Was würde in Tadshikistan und Armenien ohne unsere militärische Präsenz passieren? Wie würden die unabhängige Ukraine und Weißrußland ohne unser Gas zurechtkommen? Fragen über Fragen. Und vor allem: Für Millionen von Russen würden im Falle der Konfrontation familiäre und geistige Bindungen für immer beendet sein. Wie sollte man damit leben? Ich war der Meinung, daß Rußland, als führende Nation, zusätzliche politische und wenn nötig wirtschaftliche Lasten auf sich nehmen mußte, um die Gemeinschaft zu erhalten und zu stärken.

1991 erklärte sich Rußland zur Rechtsnachfolgerin der UdSSR. Juristisch war das absolut korrekt und logisch, besonders was unsere internationalen Beziehungen betraf: Wir waren Mitglied verschiedener internationaler Organisationen und als solches bindenden Verpflichtungen unterworfen. Diese mußten erfüllt werden, sonst würden sich unzählige Probleme auftun.

Heute aber denke ich: Was wäre geschehen, wenn der neue russische Staat einen anderen Weg eingeschlagen, die Rechtsnachfolge eines früheren, nicht von den Bolschewiken seit 1917 zugrunde gerichteten Rußland angetreten hätte? Gewiß hätte es auch auf diesem Weg große Schwierigkeiten gegeben.

Die Idee der Restauration schien uns immer undenkbar. Die Monarchie wiederherstellen? Eigentum, Grund und Boden zurückgeben, die Erben der Emigranten entschädigen? Ausgeschlossen. Und doch hätte man auf diese Weise einen Schlußstrich ziehen können unter die Revolution und ihre furchtbaren Folgen, hätte den qualvollen Prozeß vermieden, in dem wir die Lasten der Vergangenheit Schritt für Schritt mühsam abbauen.

Wir würden nach ganz anderen Gesetzen leben, nach denen der Demokratie, der Achtung der Persönlichkeit jedes einzelnen. Und wir wären nicht gezwungen, die Bedingungen für die private Wirtschaft, für Meinungsfreiheit, ein Parlament und alles, was es im vorrevolutionären Rußland schon gegeben hat, neu zu schaffen. Vor allem hätten wir uns als Russen ganz anders gefühlt, viel stolzer auf unsere Heimat und die wiederhergestellte historische Gerechtigkeit. Dann hätte uns auch die uns umgebende Welt ganz anders angesehen. Fehler einzugestehen und die historische Kontinuität wiederherzustellen ist ein kühner und anerkennungswürdiger Schritt.

Innerhalb von neun Jahren mußten wir alles niederreißen und wieder aufbauen. Ein solches Leben zwischen zwei Epochen ist wesentlich schwieriger als es gewesen wäre, die alten russischen Gesetze zu modernisieren und der Gegenwart anzupassen. Wie ich glaube, haben wir uns die Vorzüge einer solchen Lösung 1991 entgehen lassen. Bei weitem nicht alles klappt so reibungslos, wie es in der politischen Theorie aussieht.

Von einem Gipfeltreffen zum nächsten wurde die Unzufriedenheit mit der Arbeit des Exekutivkomitees der GUS und seiner Führung größer. Schließlich waren sich alle Staatsoberhäupter einig, daß der Chef des Exekutivkomitees, Wladimir Korotschenja, den Posten verlassen sollte. Mit Dank und in Ehren natürlich, wie es unserer Tradition entspricht. Ein Nachfolger mußte mit vereinten Kräften gefunden werden.

Die Außenministerien wechselten Briefe. Kandidatenvorschläge verschwanden im Papierdschungel. Bis zum Beginn der nächsten Tagung hatten sich die Staatsoberhäupter nicht über einen neuen Chef geeinigt. Als wir in Moskau zusammenkamen, machte der ukrainische Präsident Kutschma den überraschenden Vorschlag, Boris Beresowski zum Exekutivsekretär der GUS zu ernennen. Er erklärte, daß eine solche Persönlichkeit dem höchsten Organ der Gemeinschaft einen kräftigen Impuls geben könne. Ich war überrascht.

Anschließend meldeten sich andere Präsidenten zu Wort und unterstützten die Kandidatur mit Lobgesängen auf Beresowski.

Schließlich ergriff ich das Wort und erläuterte, wie kompliziert das Verhältnis zwischen Beresowski und der politischen Elite Rußlands sei.

Es sei merkwürdig, hieß es darauf, man kenne Beresowski mit all seinen Stärken und Schwächen, man schlage einen russischen Bürger vor, ich aber lehne ihn ab.

Ich bat um Bedenkzeit und beauftragte den Protokollchef Schewtschenko, Beresowski dringend in den Kreml kommen zu lassen. Dabei erfuhr ich von Schewtschenko, daß Beresowski in den letzten Tagen praktisch alle Staatsoberhäupter besucht und um Unterstützung gebeten hatte.

Jumaschew, über seine Meinung befragt, habe ich noch nie so wütend erlebt. Er war kategorisch dagegen: Die Entscheidungen würden bei allen auftretenden Fragen dem russischen Präsidenten zugeschoben, nachdem bereits alles hinter seinem Rücken ausgehandelt worden sei.

Anschließend bat ich Regierungschef Kirijenko zu mir. Auch er war aufgeregt und meinte, ich solle eine so schwere politische Verantwortung nicht auf mich nehmen, der Skandal einer Ernennung Beresowskis wäre in Rußland riesig.

Just in diesem Augenblick wurde mir die Ankunft Beresowskis gemeldet. Ich bat Kirijenko und Jumaschew zu warten.

»Boris Abramowitsch, ich denke, Sie sind darüber informiert, was heute geschehen ist. Praktisch alle Präsidenten der GUS-Staaten haben Sie als Exekutivsekretär vorgeschlagen. Sie werden verstehen, welche Reaktion Ihre Ernennung bei uns hervorrufen wird. Wie denken Sie darüber?«

Etwas zerzaust, er war von außerhalb der Stadt in den Kreml geeilt, erklärte Beresowski mit festem Blick: »Wenn Sie unserer Gemeinschaft Nutzen bringen wollen, dann ernennen Sie mich. Ich bin sicher, daß ich viel Nützliches tun kann. Wenn Sie aber auf die Gerüchte hören, die über mich in Umlauf sind, dann lassen Sie es. Unterstützen Sie mich, so werde ich mich bemühen, Ihr Vertrauen und das Vertrauen der GUS-Präsidenten zu rechtfertigen.«

Ich mußte innehalten. Eine merkwürdige Situation, in der Tat: Der russische Präsident lehnt einen russischen Bürger als Kandidaten ab. Als ich den Beratungssaal betrat, blickten mich die Präsidenten prüfend an. Ich sagte: »Hochverehrte Kollegen, ich stimme Ihrem Vorschlag zu. Für das Amt des Exekutivsekretärs der GUS wird Boris Beresowski vorgeschlagen.« Einstimmig, wie das Statut der GUS es vorschreibt, wurde er ernannt. Schon ein Jahr später freilich gab es Gründe, ihn zu entlassen. Doch die Präsidenten sprechen nach wie vor davon, daß er der stärkste Exekutivsekretär gewesen sei.

Bei jedem Gipfeltreffen der GUS mußte ich von allen Seiten Prügel einstecken. Unsere Politiker (der Rechten wie der Linken) erklärten, ich lasse den Präsidenten zu sehr freie Hand, reagiere nicht auf ihre Angriffe, gewähre ihnen eine Vielzahl von wirtschaftlichen Vergünstigungen, erlasse ihnen ihre Schulden und gewähre ihnen immer wieder Kredite ... Aber es gab auch Beanstandungen seitens der Präsidenten und Parlamentsmitglieder der Länder der GUS: Rußland sei an einer realen Integration nicht interessiert, speise sie nur mit Gesprächen ab, schaffe Zoll- und Steuerbarrieren, mißachte Vereinbarungen über den freien Handel, komme ihnen bei den Preisen für Gas und Strom nicht entgegen.

Was war in Wirklichkeit los? Dahinter stand eine von mir bewußt geführte Politik der Milderung von Widersprüchen.

Wir ließen es nicht bei Gesprächen bewenden. Alle Probleme innerhalb der GUS sind lösbar. Die Staatsoberhäupter kennen und verstehen sich gut, die Völker sind einander durch langjährige gute Nachbarschaft und ein weitverzweigtes Netz persönlicher Beziehungen – familiär, beruflich, freundschaftlich – verbunden.

Ich denke, daß wir das Wichtigste erreicht haben: Trotz allem Gerede vom Kurswechsel einiger GUS-Staaten und der erkennbaren Versuche Dritter, die internationale Zusammenarbeit gegen Rußland zu richten, sind unsere wirtschaftlichen und politischen Verbindungen zu den GUS-Ländern heute wirklich stärker geworden. Sie haben sich zu einem System des Zusammenwirkens entwickelt, das zu zerstören kaum möglich sein wird. Ich hoffe sehr, daß man eines Tages über die Geschehnisse von 1991 in den Belowesher Wäldern ganz anders sprechen wird als heute; daß man sagen wird, es sei der Beginn einer völlig neuen Etappe gewesen. Gleich nach der Europäischen Union fingen wir an, eine völlig neue Realität, eine neue Union, eine Gemeinschaft Unabhängiger Staaten zu schaffen, in der die neuen Staaten, trotz des erheblichen Unterschiedes in ihrer Nationalgeschichte und Mentalität, einträchtig zusammenleben können.

Die Rubel-Katastrophe

Im Sommer 1998 kam es in Rußland zu einer sehr schweren Finanzkrise. Auch andere Länder hat es getroffen, darunter solche mit einer ganz anderen Wirtschaftsstruktur und einer anderen Vorgeschichte. Für uns war es eine völlig neue Erfahrung. Jahrzehntelang waren wir von der übrigen Welt abgeschottet gewesen. War diese Krise vermeidbar? Wohl kaum. In jenen Tagen gab es eine Vielzahl von wertvollen Ratschlägen. Banker, Finanzanalysten, Journalisten und Ökonomen meldeten sich zu Wort, aber die Regierung blieb taub. Ist das unsere russische Mentalität? Wir sprechen immer wieder über die drohende Wirtschaftskatastrophe: Alles bricht zusammen, der Rubel fällt und fällt, und wenn die Katastrophe dann da ist, stehen wir wie gelähmt. Die heutige global vernetzte Wirtschaft kann allerdings nicht wochenlang auf Krisenlösungen warten. Ein Brand an der Börse, entfacht binnen einer Stunde, erfaßt in einem Tag die ganze Welt.

Es gibt eine zweite Ursache. Trotz allen Redens von Marktwirtschaft haben wir noch nicht richtig begriffen, daß unser Land ein Teil des Weltmarktes ist, daß wir von den Börsen der Welt, von der internationalen Finanzsituation abhängig sind. Das bekamen wir im Jahre 1998 sehr schmerzhaft zu spüren. Von Anfang an hatte die Regierung Kirijenko ein Antikrisenprogramm angekündigt. Unter seiner Führung fing man endlich an, vernünftige Wirtschaftsgesetze vorzulegen und makroökonomische Schemata zu entwickeln; die Vorarbeit der Regierung Kirijenko wurde später von anderen Ministern genutzt und wird es heute noch. Das Schlimme war: Hinter dieser Langzeitperspektive hatten die jungen Ökonomen die nahende Katastrophe übersehen. Sie hatten das Fundament gelegt und vergaßen das Dach. Es war paradox: Die in Wirtschaftsfragen kompetenteste russische Regierung hatte die inkompetenteste Entscheidung gefällt. Sie hatte sich verrechnet. Sie hatte erklärt, keine Schulden mehr zu bedienen.

Die westlichen Investoren zogen daraufhin langsam, aber sicher ihre Mittel zurück, der russische Markt wurde ihnen zu riskant. Die Dividende der GKO, der kurzfristigen staatlichen Wertpapiere, stieg unaufhörlich. Bereits Anfang 1998 sprachen viele Spezialisten davon, daß der Markt der staatlichen Wertpapiere nicht für den Staat, sondern für sich selbst arbeite. Nicht die Regierung nutzte diesen Markt, um den Staatshaushalt zu finanzieren, sondern die Teilnehmer des Marktes nutzten die Regierung und zogen Finanzressourcen ab. Die Zentralbank, die damals fünfunddreißig Prozent des Handels mit staatlichen Wertpapieren kontrollierte, kaufte weitere Wertpapiere vom Staat, und mit diesem Geld bezahlte die Regierung die alten Staatsanleihen. Nachdem die Inhaber dieser Wertpapiere, hauptsächlich natürlich kommerzielle Banken, ihre Rubel erhalten hatten, brachten sie diese auf den Devisenmarkt und kauften Dollar. Dadurch erzeugten sie Druck auf den Rubelkurs. Um den Kurs zu halten – ich erinnere daran, daß er sich lange Zeit kaum geändert hatte und sechs Rubel pro Dollar betrug –, mußte die Zentralbank die Gold- und Valutareserven einsetzen. Allein im Januar schrumpften die Reserven um drei Milliarden Dollar. Das war der Preis dafür, daß der Kurs innerhalb des Devisenkorridors aufrechterhalten werden konnte. So arbeitete der Krisenmechanismus 1998. Er versagte, als der Treibstoff ausging: Die Regierung hatte nicht mehr genug Rubel, um die alten Staatsanleihen zurückzuzahlen, und die Zentralbank hatte keine Valuta mehr, um den Kurs aufrechtzuerhalten.

Die schwierige Lage des Finanzmarktes wurde zudem noch überlagert von einem anderen Dilemma. Im Januar 1998 flossen dem föderalen Budget aus Steuern lediglich sechs Milliarden Rubel zu, nur die Hälfte dessen, was man erwartet hatte. Die Kredite der Weltbank und alle, selbst die kleinsten Einnahmen verschwanden schnell im großen Haushaltsloch. Um die Schulden an nicht ausgezahlten Löhnen zu tilgen, war man zu allem bereit. Im Februar betrug die Rendite auf dem staatlichen Anleihenmarkt nicht weniger als vierzig Prozent. Im Haushalt jedoch waren nur zwanzig Prozent vorgesehen. Dadurch belief sich die Finanzierungslücke nach offiziellen Schätzungen auf etwa fünfzig Milliarden Rubel, in Wirklichkeit jedoch waren es neunzig Milliarden.

Der Druck auf unseren Finanzmarkt hörte nicht auf. Die internationalen Finanzagenturen sprachen davon, daß sie die Bonität Rußlands herabstufen würden. Die ausländischen Investoren und auch unsere Banken vertrauten dem russischen Wertpapiermarkt nicht mehr. Ende Mai kam eine neue Krisenwelle. Die Weltmarktpreise für Erdöl sanken. Große und wichtige Versteigerungen (der Verkauf des Erdölkonzerns »Rosneft« zum Beispiel, mit dem man gerechnet hatte) fanden nicht statt. Die Eisenbahnen mußten große Verluste hinnehmen, mit beträchtlichen Geldmengen mußten die Streiks der Bergleute beendet werden.

So konnte es nicht länger weitergehen. Das Ausland besaß staatliche Anleihen von uns im Umfang von etwa zwanzig Milliarden Dollar. Hätten die ausländischen Investoren Rußland sofort verlassen und ihre Obligationen verkauft, wäre der Rubel zusammengebrochen. Die Zentralbank hätte höchstwahrscheinlich umgehend den Markt der kurzfristigen Anleihen verlassen müssen. Aber sie hielt daran fest und vertraute auf die Regierung.

Zwar hatte ich zu Beginn des Jahres davon gesprochen, daß wir die erste Etappe der Finanzkrise überwunden hätten, aber es war klar, daß ein System, das uns vor derartigen Kataklysmen schützen konnte, bei uns nicht funktionierte. Die Regierung Kirijenko hatte ihre Beziehungen mit der Zentralbank gerade mal geregelt und lernte erst, mit diesen komplizierten Mechanismen umzugehen. Dabei fürchtete sie vor allem die Abwertung des Rubels. Die einzige Maßnahme, die uns im Sommer 1998 hätte retten können – eine »schleichende Abwertung«, das heißt die Freigabe des Rubelkurses angesichts der herannahenden Krise – lehnten Kirijenko, Zentralbankchef Sergej Dubinin und andere a priori ab. Sie wollten ihre Regierungszeit nicht mit einer solchen Maßnahme beginnen. Die Bankchefs, die Duma, die Gouverneure, die Unternehmer und die Gewerkschafter – alle Spieler auf der finanziellen und politischen Bühne ließen die »Neulinge«, die jungen Technokraten in der Regierung, noch dazu aus Nishni Nowgorod, kalt abblitzen. Die Duma blockierte Gesetzentwürfe, die Gewerkschaft der Bergleute führte einen veritablen »Schienenkrieg«, indem sie die sibirischen Magistralen blockierte. Die Gouverneure stellten im Föderationsrat heikle Anträge. Unter solchen politischen Bedingungen war eine Rubelabwertung für die Regierung undenkbar. Ich erinnere mich, in welchem Zustand sich Kirijenko in den Sommermonaten 1998 befand. Er bemühte sich, einigermaßen ruhig und gelassen zu erscheinen. Er versuchte, sich von der früheren wirtschaftsliberalen Mannschaft von Tschubais und Gaidar zu distanzieren. In jeder anderen Situation wäre diese Taktik wahrscheinlich die einzig richtige gewesen. Andererseits sah Kirijenko, wie die Finanzkrise das Land überrollte. Er brauchte die Unterstützung der großen Banken, der Finanzelite. Aber auch von dieser Seite wurde er hart geschnitten: Man vertraute ihm einfach nicht.

Im Sommer 1998 entbrannte auch noch der Kampf zwischen den Bergleuten im Kusbass und der Regierung. Seit Monaten hatten die Kumpel keinen Lohn bekommen. Die Leitungen der Bergwerke versprachen Besserung, aber sie betrogen die Bergleute immer wieder. Das Paradoxe bestand darin, daß diese Zechen längst nicht mehr zum staatlichen Wirtschaftssektor gehörten. Die Bergleute wollten aber mit ihren neuen Eigentümern oder mit den Lokalbossen nicht reden. Die Hauptschuldigen saßen ihrer Meinung nach im fernen Moskau: die Ministerien, die Regierung.

Streiks von Bergleuten hatte es auch früher gegeben. Man hatte unrentable Zechen schließen müssen. Doch meist waren derlei notwendige Maßnahmen aus Mangel an Geld und politischem Willen ausgeblieben. Die Selbstkosten der so geförderten Kohle waren so hoch, daß die Verbraucher den Preis nicht bezahlen konnten, der für das Weiterbestehen der Zechen nötig war. Deshalb hatte sich die frühere Regierung an die saisonale Verschärfung der Lage in den Bergwerksregionen gewöhnt. Sie gewährte den Bergleuten Kredite, erließ ihnen die Schulden, und es gelang ihr mit Ach und Krach, die Krise zu mildern.

Diesmal hatte der gerade ernannte und von der Duma bestätigte Kirijenko die drohende Gefahr nicht erkannt. Die Solidarität unter Bergleuten ist sprichwörtlich. Innerhalb weniger Tage hatten die Unruhen fast alle Kohleregionen des Landes erfaßt. Aber das war noch nicht alles. Die Bergleute sperrten Eisenbahnmagistralen, die Auseinandersetzungen eskalierten. Es fuhren keine Züge. Die Verbindungen zwischen den Regionen waren unterbrochen. Den Betrieben entstanden erhebliche Verluste, weil ihre Güter nicht befördert wurden. Menschen konnten nicht in den Urlaub fahren. Die Waren erreichten nicht die Verbraucher. Die Unruhe in der Gesellschaft wurde immer größer. In unserem riesigen Rußland die Eisenbahnstrecken zu kappen bedeutet dasselbe, als würde man im Ruhrgebiet den Strom abschalten. Es war schon kriminell. Manche forderten: Verhaften, einsperren, mit Spezialeinheiten vertreiben! Doch ich wollte keinen Präzedenzfall schaffen und verzweifelte Menschen nicht strafrechtlich verfolgen. Krisenverhandlungen der Regierung mit den Bergleuten liefen an.

Die Anführer der Bergleute hatten die Situation erfaßt: Angesichts der drohenden Krise fanden ihre Aktionen große politische Resonanz, vergleichbar mit ihren Streiks zu meiner Unterstützung im Jahre 1990. Ihre Losung lautete damals: Rücktritt von Gorbatschow, Jelzin soll Präsident werden! Damals, vor fast zehn Jahren, hegten die Bergleute größte Hoffnungen, mit der Privatisierung werde es möglich sein, die Zechen zu modernisieren und vielleicht sogar Renditen zu erzielen. Ich versprach, diese Reformen mit aller Kraft zu unterstützen. Dabei hatten wir eines nicht bedacht: Die Branche war ausgezehrt, unrentabel, und die Hoffnung auf ein ökonomisches Wunder war naiv. So dauerten die Proteste der Bergleute jahrelang an.

1998 jedoch lauteten ihre Losungen nicht nur: Zahlt uns die Löhne, die ihr uns schuldet! Sie traten mit einem abgestimmten politischen Programm auf: Nieder mit der Regierung! Jelzin soll zurücktreten! Diese schwere Auseinandersetzung dauerte über drei Monate. Die Bergleute demonstrierten in Moskau vor dem Regierungssitz. Sie schlugen die Helme auf das Pflaster, traten in Hungerstreiks und gaben Interviews. Zu ihnen gesellten sich Abgeordnete und Schauspieler, Vertreter aller Parteien und politischen Bewegungen. Der Angriff auf die Regierung war in vollem Gange.

Die Moskauer reagierten auf diese Demonstrationen sehr unterschiedlich. Politiker und Künstler nutzten ihre Besuche vor allem für die Eigenwerbung. Warmherzige Moskauer Frauen brachten Essen und Getränke, luden die Streikführer zu sich nach Hause ein. Es sah aber nicht so aus, als ob jemand ihre radikalen politischen Forderungen unterstützen würde. Doch hinter den Bergleuten standen starke Bataillone: die aufgebrachten Kohleregionen, die den Schienenkrieg gegen die Regierung führten.

Der Minister für soziale Fragen, Oleg Syssujew, raste von einer Kohleregion zur anderen und unterschrieb blindlings jedwede Vereinbarung. In einem dieser Dokumente entdeckte ich mit einiger Verwunderung auch den Satz, die Regierung sei mit einem Rücktritt Jelzins einverstanden. Natürlich war ein solcher Vertrag juristischer Unsinn. Aber ich habe ihn als historisch bemerkenswertes Dokument aufbewahren lassen. Gleichzeitig wurde klar, daß die Regierung nicht mehr handlungsfähig war. Welche Wirkung die Aktionen der Streikenden auf die Jungpolitiker hatten, zeigt die Tatsache, daß Kirijenko und Nemzow gleich nach ihrem Rücktritt freudig mit den Bergleuten eine Flasche Wodka leerten und ihre Entlassung mit ihnen feierten.

Nach Monaten ging der Protest der Bergleute seinem Ende zu. Der für sie zur politischen Zielscheibe gewordene Regierungschef wurde mit ihrer direkten Beteiligung abgesetzt. Dies freilich brachte weder eine Lösung des Problems noch eine Beruhigung in den Kohlerevieren. Immerhin fuhren jetzt wieder die Züge in Sibirien.

Auf dem Finanzmarkt schien sich die Lage etwas entspannt zu haben. Das Finanzministerium gab keine neuen Anleihen mehr heraus und begann, die alten aus den normalen Haushaltseinnahmen zu bezahlen – das heißt auf Kosten der Rentner, Ärzte, Lehrer. Die Lohn- und Gehaltsschulden stiegen also weiter. Auch die Zentralbank und die Regierung griffen zu härteren Maßnahmen. Zum Chef des Finanzressorts wurde Boris Fjodorow ernannt, der versprach, die Schuldner hart ranzunehmen.

Gleichzeitig fand das berühmte Treffen Kirijenkos mit den wichtigsten Vertretern der russischen Unternehmerschaft in Wolynskoje, weit weg von der Presse und hinter verschlossenen Türen, statt. Kirijenko mußte mit seinem wichtigsten Grundsatz brechen, nichts mit den Oligarchen zu tun zu haben und in keiner Weise von ihnen abzuhängen. Er mußte eingestehen, daß er ihre Hilfe brauchte. Politisch ließ sich die Situation nicht in den Griff bekommen. Bei diesem Treffen wurde beschlossen, eine Art Wirtschaftsrat einzurichten, dem Vertreter der größten Banken und Firmen angehören sollten. Hoffnung auf eine Finanzhilfe aus dem Westen bestand kaum. Wer würde denn mit dem kaum bekannten Minister Christenko oder anderen Leuten aus der Regierung Kirijenko verhandeln? Es wurde vorgeschlagen, Tschubais zeitweilig zu einem Feuerwehreinsatz zur Unterstützung der Regierung abzukommandieren. Er, der erst kürzlich wieder einmal die Regierung verlassen hatte, wurde erneut gebraucht. Er wurde Sonderbeauftragter im Ministerrang bei den Verhandlungen mit internationalen Finanzorganisationen. Dies bedeutete für Kirijenko einen weiteren Kompromiß, denn er hatte ja erklärt, sich nur auf seine neue Mannschaft stützen und mit den Ökonomen der Gaidar-Schule nichts zu tun haben zu wollen. Tschubais erreichte bei den Verhandlungen einen großen Kredit beim Internationalen Währungsfonds, fünf Milliarden von den versprochenen elf erhielten wir bereits im Juli.

Zunächst sank die Rendite der kurzfristigen staatlichen Anleihen rapide. Doch die Lage wurde so bedrohlich, daß jede verspätete Entscheidung den endgültigen Zusammenbruch des Finanzmarktes bedeutet hätte. Hätten wir diesen Kredit zwei Monate früher erhalten... Hätte die Zentralbank im Mai den Kurs des Rubels gestützt... Heute läßt es sich leicht im Konjunktiv reden. Leider war alles zu spät.

Innerhalb von Wochen schmolz der Kredit dahin. Die Banken kauften mit einer solchen Rasanz Dollars, daß der Rubelkurs nur durch eine kräftige Intervention an der Börse zu halten war. Die Zentralbank warf mit Dollars um sich, und sie verschwanden augenblicklich. Wer Anleihen besaß, verschleuderte sie. Für Außenstehende war diese Devisenkrise so etwas wie Schnee im Sommer. Finanzexperten aber wußten um den Tokioter Börsenkrach und die Südostasienkrise.

Immer wieder ließ ich mir durch den Kopf gehen, was schief gelaufen war. Mit der Strategie der Monate Mai und Juni, mich abseits zu halten und nicht einzumischen, hatte ich offensichtlich einen schweren Fehler begangen. Den Menschen, mit denen ich zusammenarbeitete, habe ich immer vertraut. Aber weder Zentralbankchef Dubinin noch Kirijenko waren in der Lage, die Krise in den Griff zu bekommen. In der Regierung suchte man fieberhaft nach Lösungen, doch die Situation geriet mehr und mehr außer Kontrolle. Kirijenko begann, sich ziellos mit x-beliebigen Leuten zu beraten, schien bereit, x-beliebige Ratschläge anzunehmen. Seine nervliche Anspannung machte sich zunehmend bemerkbar.

Dann überstürzten sich die Ereignisse:

13. August: Die Zentralbank beschließt eine Begrenzung des Devisenkaufs durch russische Banken; Telefonkonferenz der Finanzminister der G 7 über die möglichen Folgen einer Rubelabwertung.

17. August: Die Regierung erklärt die Ausweitung des Wechselkurskorridors für den Rubel gegenüber dem US-Dollar und damit die faktische Abwertung des Rubels, das Einfrieren aller staatlichen Inlandsverbindlichkeiten sowie ein neunzigtägiges Schuldenmoratorium für die Bedienung von Auslandsverbindlichkeiten.

21. August: In einer außerordentlichen Sitzung der Duma stimmen von 450 Abgeordneten 248 für den Rücktritt des Präsidenten. Gennadi Selesnjow kommentiert: »Alle Bankrotteure, allen voran der Präsident, sollten freiwillig zurücktreten.«

Diese Daten sind allgemein bekannt. Hinter den Kulissen geschah folgendes: Anfang August begaben sich Tschubais, Gaidar, Dubinin und Aleksaschenko für zwei Wochen in Klausur und schrieben, am Ende grau vor Müdigkeit, an einem »letzten und endgültigen« Konzept zur Bewältigung der Krise. Am 16. August kamen Tschubais, Kirijenko und Jumaschew zu mir nach Sawidowo. Die Lage erfordere eine sofortige Abwertung des Rubels und eine vorübergehende Aussetzung der Auszahlung kurzfristiger Staatsanleihen (GKO). Kirijenko wollte dies näher ausführen, doch ich fiel ihm ins Wort. Es bedurfte keiner weiteren Details um zu erkennen, daß die Regierung, daß wir alle der Situation hilflos ausgeliefert waren. Und dennoch wollte ich ihn meine Beunruhigung nicht spüren lassen; ich sagte nur knapp: »So machen wir es. Ergreifen Sie die notwendigen Maßnahmen.«

Das Paket der Beschlüsse vom 17. August erwies sich als schwere finanzpolitische Fehlkalkulation. Die Wirtschaftshistoriker fanden keinen Präzedenzfall für die Entscheidung der russischen Regierung, die eigenen Inlandsschulden einzufrieren. Die Monetaristen fürchteten eine unkontrollierbare Inflation derart, daß sie verabsäumten, die für die Deckung des GKO-Marktes nötige Geldmenge drucken zu lassen. Dieser zweifache Verzug aber – das Einfrieren der Schulden gegenüber in- wie ausländischen Gläubigern – erwies sich als viel folgenreicher, als es ein Ankurbeln der Druckerpresse gewesen wäre. Durch eine offizielle Absenkung des Rubelkurses war die Lage nun nicht mehr zu retten. Die Anleger stürmten die kommerziellen Banken, diese baten die Zentralbank händeringend um Kredite – und die Zentralbank verschloß ihre Türen. Der Kurs fiel um das Zwei-, dann um das Dreifache.

Nach dem 17. August beschloß ich, Dubinin zu entlassen. Ich hielt es für absolut folgerichtig, daß der Chef der Zentralbank nach dem völligen Zusammenbruch der Landeswährung seinen Hut nehmen müsse. An dem Tag, als ich ihn aufforderte, sein Rücktrittsgesuch einzureichen, übermittelten mir die Banker, die an den Beratungen in Wolynskoje teilgenommen hatten, die Bitte, von einer Entlassung Dubinins abzusehen. Die Zentralbank ergreife gegenwärtig Maßnahmen, um die großen Banken des Landes vor dem Bankrott zu bewahren, und gerade Dubinin sei in der Lage, den völligen Rubelkollaps abzuwenden. Ich überdachte meine Entscheidung, dann zog ich sie zurück. Wenn die großen Banken von einem Tag auf den anderen schließen, tritt die Krise auf die Straße, und die Situation ist nicht mehr zu retten. Bemerkenswert war allerdings, daß keiner der Finanzfachleute mich darum bat, die Regierung zu verteidigen.

Zu dieser Zeit reichte mein Wirtschaftsberater Alexander Liwschiz seinen Rücktritt ein. Er war der einzige, der von sich aus gehen wollte, obwohl gerade er die geringste Schuld an dieser Krise trug. In seinem Rücktrittsgesuch bat er mich um Entschuldigung, daß er die wirtschaftliche Krise im Land nicht habe verhindern können.

Am 21. August führten Jumaschew und Kirijenko ein langes Gespräch, in dem Kirijenko eingestand: »Zur Überwindung der Krise tue ich alles, was in meiner Macht steht, aber ich habe das Gefühl, daß ich mit jedem Schritt die Macht des Präsidenten und damit die Staatsmacht untergrabe. Ich bin mit meiner Mannschaft nicht mehr Herr der Lage.«

Der internationale Wechselkurskorridor war innerhalb von zwei Tagen zunichte; die Banken suchten nur noch die eigene Haut zu retten. An diesem Punkt hatte die Krise auch die russischen Privatanleger erreicht. Sie begriffen, daß sie ihr Geld so schnell wie möglich von der Bank holen mußten. Die Schlangen vor den Geldautomaten und Bankschaltern wurden von Tag zu Tag länger. Das Schlimmste, das einem inländischen Finanzsystem passieren kann – ein Ansturm auf die Banken –, war nun in vollem Gange. Während sich die Regierung mit der Zentralbank herumstritt, bemerkte niemand die Panik der Kleinanleger – außer den Spezialisten, den Bankern, den Wertpapierhändlern. Die Krise hatte die Bürger erreicht, jeder einzelne war betroffen. Es ist furchtbar, ein Land in den Momenten vor einer totalen Finanzkatastrophe zu sehen. Alles scheint völlig normal: Die Leute machen Urlaub, sehen Fußball, fahren auf die Datscha, genießen die Sonne. Indessen ist der Niedergang unausweichlich. Die Ersparnisse liegen auf der Bank, das Gehalt ebenso. Die Firmen, die Arbeitgeber sind abhängig von den Banken.

All die schrittweisen Reformen der letzten Jahre würden durch diesen Schock zunichte gemacht, nichts würde ihn mindern können. Im Gegenteil, es folgten eine Preisexplosion, Massenentlassungen und Konkurse; ausbleibende Gehaltszahlungen. In einer solchen Situation kann nur eine starke Persönlichkeit für Stabilität sorgen.

Eine solche Persönlichkeit war Kirijenko bedauerlicherweise nicht. Ich versuchte herauszufinden, warum er den Boden unter den Füßen verloren hatte und keine Unterstützung mehr fand. Warum hatte sich die politische wie die Finanzelite von ihm abgewandt? Er selber verstand, daß er mehr politisches Gewicht und Stabilität brauchte, und er versuchte deshalb, Juri Masljukow und Jewgeni Primakow als Vizepremiers in seine Regierung zu holen. Aber wieder einmal war die Zeit zu knapp. Ich bin bis heute davon überzeugt, daß alles sich hätte zum Besseren wenden können, wenn der Regierung Kirijenko ein halbes Jahr mehr zur Verfügung gestanden hätte. Die Krise aber durchkreuzte ihre Pläne auf brutale Weise.

Am Sonntag, dem 23. August, bestellte ich Kirijenko zu mir. Wir beide wußten, worum es ging, und, so seltsam es klingen mag, wir verspürten einer wie der andere ein Gefühl der Erleichterung. Er dankte mir, daß ich ihm die Möglichkeit gegeben hatte, etwas zu bewirken. Dann schwieg er, fand keine Worte mehr. Ich spürte, daß ihm ein Stein vom Herzen gefallen war. Meine eigenen Gefühle waren zwiespältig. Wieder ging ein Mensch, mit dem ich so viele Hoffnungen verbunden hatte. Andererseits fühlte ich, mit welcher Anspannung ich ihn und seine Mannschaft in den letzten Monaten immer wieder vor der öffentlichen Kritik zu schützen versuchte. So hatte ich noch unlängst auf die Frage eines Korrespondenten geantwortet: »Ganz klar und eindeutig – eine Abwertung des Rubels wird es in Rußland nicht geben.« Weil ich sah, wie hart diese junge Regierung arbeitete, glaubte ich, sie könnte das Land vor einer Krise bewahren. Im Mai, auch noch im Juni, war der Rubelkurs zu halten gewesen. Ich hatte gehofft, dies sei auch jetzt zu schaffen, das aber war nicht der Fall. So mußte Kirijenko gehen.

Am 21. August hatte ich an einem Manöver der Nordflotte teilgenommen, auf dem schweren Atomkreuzer »Peter der Große«. Ich wollte auf keinen Fall irgendwelche Termine oder Reisen absagen, um die Panik nicht noch zu schüren. Außerdem war die Übung eine Demonstration unserer Stärke, und diese sollte auch in den düstersten Zeiten nicht in Vergessenheit geraten.

Der Anblick des mächtigen Schiffes und des Meeres haben mich etwas ruhiger gestimmt und abgelenkt. Doch die Gedanken kreisten weiter. Der graue, gepanzerte Rumpf des Kreuzers war wie eine Wand, die allen unseren Bemühungen im Wege stand. Sie stand gleichsam für unsere russische Wirtschaft. Der »inoffizielle«, graue Sektor der Schattenwirtschaft mit all ihren ungeschriebenen Gesetzen und Regeln ist immer noch erheblich mächtiger als der »weiße«, ohne kriminelle Energien auskommende Sektor.

Genau diese graue Wand hatte die Bemühungen der jungen Reformer gebremst, ihnen Einhalt geboten; es schien unmöglich, sie zu durchbrechen. Und dennoch: Sogar als die Reformen scheiterten, hat die Bevölkerung nicht allein Kirijenko die Schuld gegeben. Niemand grollte ihm, nicht einmal die Geschäftsleute. Denn alle hatten begriffen: Stürmische Zeiten fordern ihre Opfer.

Herbststürme

»Liebe Bürger Rußlands! Gestern habe ich eine schwere Entscheidung getroffen. Ich habe Viktor Tschernomyrdin vorgeschlagen, die Führung der Regierung zu übernehmen. Vor fünf Monaten hat keiner erwartet, daß die Weltwirtschaftskrise Rußland so hart treffen und sich die Lage im Lande so verschlimmern würde. Unter solchen Umständen ist Stabilität das Vordringlichste. Heute braucht man in der Regierung Schwergewichte. Ich bin der Meinung, daß wir die Erfahrung und das Gewicht Tschernomyrdins dringend brauchen. Hinter meinem Vorschlag steht noch eine andere wichtige Überlegung: die Übergabe der Macht im Jahre 2000. Tschernomyrdins Vorzüge sind Redlichkeit, Ehrlichkeit, Gründlichkeit. Ich denke, diese Eigenschaften sind ein entscheidendes Argument für seine Wahl. Die Macht hat ihn nicht verdorben, und sein Rücktritt hat ihn nicht verbittert.

Sergej Kirijenko bin ich sehr verbunden dafür, daß er tapfer versucht hat, die Lage in den Griff zu bekommen.

Heute habe ich der Staatsduma vorgeschlagen, über die Kandidatur von Tschernomyrdin zu beraten. Ich bitte die Abgeordneten, die Gouverneure der Regionen und alle Bürger Rußlands, mir zu vertrauen und meine Entscheidung zu unterstützen. In der heutigen Situation haben wir keine Zeit für lange Debatten. Das wichtigste für uns alle ist das Schicksal Rußlands, sind Stabilität und normale Lebensbedingungen für alle Russen.«

Das waren die Worte meiner Fernsehansprache vom 24. August 1998. Nach dieser Ansprache hatte ich drei kurze Treffen mit FSB-Chef Putin, Innenminister Stepaschin und Verteidigungsminister Sergejew. Für Sergejew und Stepaschin unterschrieb ich die Urkunden ihrer Ernennung zu Stellvertretern im neuen Kabinett. Putin, als Chef des Föderalen Sicherheitsdienstes, brauchte eine solche Unterschrift nicht.

Nun stand mir das Schwierigste bevor: Die Staatsduma zu überzeugen, für die Kandidatur des neuen Regierungschefs zu stimmen. Laut Verfassung darf der Präsident nur dreimal denselben Kandidaten vorschlagen. In der vorangegangenen Woche hatten sich die Dinge stürmisch entwickelt. Am 18. August hatte Tschernomyrdin seinen Urlaub unterbrochen und war nach Moskau zurückgekehrt. Es wurden politische Konsultationen eingeleitet, er traf sich mit Alexander Lebed und Gennadi Selesnjow, mit Gennadi Sjuganow, Nikolai Ryshkow und anderen. Wir wollten uns angesichts des Finanzchaos die Unterstützung aller politischen Kräfte einschließlich der Kommunisten sichern. Niemand wollte, daß die Finanzkrise zu einer Staatskrise wurde. Von den Verhandlungen Tschernomyrdins wußte ich, mischte mich aber nicht ein und nahm eine abwartende, neutrale Position ein.

In der Presse hieß es: Tschernomyrdin ist der einzige Kandidat, der von allen unterstützt wird, von den Kommunisten bis zu den Geschäftsleuten. Unter allen, die als Kandidaten in Frage kamen, war Tschernomyrdin der einzige, der sich sofort in die Schlacht stürzte und innerhalb von wenigen Tagen Vereinbarungen mit allen politischen Kräften erreichte.

Tschernomyrdin in die Regierung zurückzuholen bedeutete für mich, eine Niederlage einzugestehen. Vor fünf Monaten erst hatte ich ihn abgesetzt. Doch die Krise war so angespannt, daß sie die ganze politische Struktur zu sprengen drohte. Es blieb keine Zeit zum Überlegen. Es bedurfte der Kraft und Erfahrung eines Tschernomyrdin. Aus Gesprächen mit Jumaschew und NTW-Chef Malaschenko wußte ich, daß er zugesagt hatte, er werde keine Schwächlinge und inkompetenten Leute in die Regierung aufnehmen. Er wolle eine Mannschaft von jungen professionellen, zupackenden Ökonomen bilden. Wenn er in der Duma beim ersten Mal bestätigt werde, und die Chancen stünden nicht schlecht, beanspruche er die Rolle des Antikrisenpremiers. Als Retter des Vaterlands bekomme er einen erneuten Vertrauensvorschuß bei der Bevölkerung. Ich verstand. Nach seiner möglichen triumphalen Rückkehr ins Weiße Haus würde das Volk Tschernomyrdin als »unschuldig Verurteilten« ansehen. Er hatte nicht nur alle Chancen, die Krisensituation zu meistern, sondern sich auch bis zu den Wahlen 2000 einen guten Vorsprung zu erarbeiten. Sieg für Tschernomyrdin.

Aber ich zweifelte immer noch. Was passiert, wenn er beim ersten Durchgang nicht bestätigt wird? Dann versuchen wir, einen anderen Kandidaten zu finden, sagte Jumaschew trocken. Die Alternativen Primakow, Strojew, Lushkow wurden erwogen und verworfen. Dann traf ich mich am 23. August mit Tschernomyrdin. »Gerade habe ich Kirijenko entlassen«, begann ich das Gespräch. Tschernomyrdin hörte zu, nickte. Es war zu sehen, daß er sehr angespannt und kampfbereit war.

Ich weiß nicht mehr, wann die Bezeichnung »politisches Schwergewicht« aufgetaucht ist. Man mag sie finden, wie man will, hier traf sie zu. Kirijenko hatte ein solches Gewicht nun einmal nicht. Aber Tschernomyrdin war tatsächlich ein Schwergewicht. Ich war fest davon überzeugt, daß er in dieser zugespitzten Lage der einzig mögliche Kandidat für das Amt des Regierungschefs war.

Nun versuchten die Kommunisten, die Initiative zu ergreifen. Sjuganow und seine Partner aus kleineren Parteien, Nikolai Ryshkow und Nikolai Charitonow, gaben eine gemeinsame Erklärung ab: Die Kandidatur für den Regierungschef sei überhaupt nicht vorbereitet. Ryshkow ging noch weiter: Blind in die Regierung einzutreten, weder ihren Kurs noch ihr Programm zu kennen, wäre geradezu kriminell, das könne man nicht vor der Bevölkerung verantworten. Sie nutzten die Krisensituation aus.

Da ich gezwungen war, Kirijenko und seine liberale Regierung zu entlassen, versuchten sie, wieder politischen Spielraum zu gewinnen, ihre Leute in die Regierung einzuschleusen und meine Initiative zu durchkreuzen. Dem begegnete ich mit einem gut durchdachten Gegenzug: Wenn die Duma Tschernomyrdin bestätigt, dann würde ich sie nicht auflösen. Er wäre mein Ministerpräsident, und ich hätte nicht die Absicht, ihn vor dem Jahr 2000 zu entlassen.

Tschernomyrdin schaffte es innerhalb einer Woche, daß alle Gegenstimmen zurückgezogen wurden, und erfüllte sämtliche Bedingungen, um die Argumente seiner Gegner aus dem Weg zu räumen. Sie standen sozusagen nackt da und waren gezwungen, eine Vereinbarung zu unterschreiben. Die Kommunisten schritten zur Unterschrift wie zu einer Erschießung. Doch alle begriffen, daß die Übernahme der Verantwortung für die politische Krise inmitten einer heftigen Finanzkrise ein schweres Los war.

Am 21. August unterschrieb ich die Vereinbarung, unter der auch die Unterschriften der Fraktionsvorsitzenden, des Chefs der Präsidialverwaltung Jumaschew sowie von Tschernomyrdin und Parlamentspräsident Selesnjow standen. Es fehlte nur noch die Unterschrift von Sjuganow. Dieser erklärte, er müsse den Text der Vereinbarung auf seinem Parteiplenum diskutieren.

Am darauffolgenden Sonntag aber, bei einer Live-Sendung im Fernsehen, gab der Kommunistenführer die sensationelle Erklärung ab: Für Tschernomyrdin werden wir nicht stimmen. In diesem Moment begriff ich: Diese Entscheidung ist innerhalb weniger Stunden von einem kleinen Kreis getroffen worden. Die Kommunisten hatten also ihren eigenen Kandidaten. Es machte mir keine Mühe, ihn zu ermitteln. Es war der Oberbürgermeister von Moskau, Juri Lushkow.

Die ersten aufgeregten Anrufe aus dem Föderationsrat kamen noch vor dem offiziellen Rücktritt Kirijenkos. Sowohl Ryshkow als auch Ratspräsident Jegor Strojew äußerten sich äußerst kritisch über Tschernomyrdin: »Die Schwierigkeiten und Mängel, unter denen wir heute zu leiden haben, sind die Folge der lang-

jährigen inkompetenten Arbeit der Regierung Tschernomyrdin«, sagte Jegor Strojew.

Die Entschlossenheit, die Tschernomyrdin schon in den ersten Krisentagen zeigte, um die Autorität der Regierung zu erhalten, hatte sie sehr aufgebracht. Wie die Kommunisten gehörten Ryshkow und Strojew zu den »Schwergewichten«. Sie hielten in der damaligen Situation die Teilung der Macht für das
Gerechteste: Ein bißchen Macht konnte man dem Präsidenten
überlassen, aber etwas mußte man abbekommen. Bald begriff
Lushkow: Es war seine letzte Chance, legal an die Macht zu
kommen. Einige Tage vor der ersten Duma-Abstimmung lud ich
Lushkow und Strojew in den Kreml ein. Unter den obwaltenden
extremen Bedingungen, wo es dringend galt, das Land zu retten,
hatte ich das Recht, mit ihnen direkt und aufrichtig zu sprechen:
»Verzichten Sie auf politische Ambitionen und unterstützen Sie
Tschernomyrdin«, appellierte ich an sie. »Wir sitzen alle in einem
Boot.« Mit einiger Zurückhaltung stimmten sie mir zu, traten
vor die Kameras und sagten einige versöhnliche Worte: Laut
Verfassung entscheidet der Präsident, wen er als Regierungschef
haben will, diese seine Vollmacht stellen wir nicht in Frage.

Ich meinte, es sei der Sieg, zumindest ein taktischer. Lushkow
und Strojew jedenfalls würden nicht mehr öffentlich gegen
Tschernomyrdin auftreten. Aber es stellte sich heraus, daß ich
die Ambitionen von Juri Lushkow unterschätzt hatte. Am Montag, dem 31. August, erhielt Tschernomyrdin gerade mal etwas
mehr als hundert Stimmen. Ein völliges Fiasko.

Es begann die zweite Woche nach der Absetzung der Regierung Kirijenko. Sie unterschied sich deutlich von der ersten Woche, politisch, personell und im Stil. Lushkow ging in die Offensive. Ebenso wie Tschernomyrdin eine Woche zuvor begann er
fieberhaft ein politisches Netz zu knüpfen. Sein Stellvertreter,
Schanzew, gehörte der Kommunistischen Partei an. Die Kommunisten hatten seit langem und mit großer Aufmerksamkeit die
Aktivitäten des Moskauer Oberbürgermeisters verfolgt, verziehen ihm sogar das Jahr 1993, als er sich nicht auf ihre Seite gestellt

hatte, aber vor allem wollten sie Lushkow als Prellbock gegen das »Jelzin-Regime« einsetzen.

Am 7. September fand im Kreml ein Gespräch am »runden Tisch« statt. Gouverneure und die Fraktionsvorsitzenden der Duma berieten Wege zur Lösung der politischen Krise, und das hieß letztlich: Wer wird der nächste Regierungschef sein? Sjuganow trug seine Liste von möglichen Kandidaten vor. Neben dem Mitglied der Kommunistischen Partei und ehemaligen Vorsitzenden des Staatlichen Planungskomitees Juri Masljukow stand auch Juri Lushkow darauf. Das bestätigte ein weiteres Mal, daß er sich mit den Kommunisten bereits verständigt hatte. Auch hatte er es erstaunlich rasch fertiggebracht, mit einem Teil des Föderationsrates einig zu werden: Einflußreiche und starke Gouverneure von den Demokraten wie Konstantin Titow und Dmitri Ajazkow traten für ihn ein. Sie waren der Meinung, daß jemand, der in einer Stadt marktwirtschaftliche Verhältnisse eingeführt habe, auch Ordnung in ganz Rußland schaffen könne. Manche hielten ihn offensichtlich für den richtigen neuen Mann.

Tschernomyrdin wehrte sich sofort, und es gelang ihm, Unterstützung im Föderationsrat zu mobilisieren. Die meisten Gouverneure stimmten schließlich für ihn. Dem Druck der Kommunisten nachzugeben – zumal gegen den Willen der meisten Gouverneure – kam für mich nicht in Frage.

Bei der zweiten Abstimmung erhielt Tschernomyrdin 138 Stimmen, ein winziger Zuwachs. Sofort nach der Abstimmung erklärte der linke Flügel der Duma, falls Tschernomyrdin zum dritten Mal kandidiere, würden sie einen Antrag auf Einleitung eines Amtsenthebungsverfahrens gegen den Präsidenten stellen.

Heute, zwei Jahre später, liegen die Gründe für das Vorgehen der Kommunisten klar zutage. Eine solche Chance wollten sie sich nicht entgehen lassen. Die Macht fiel ihnen buchstäblich in die Hände. Sie brauchten nur noch zuzugreifen. Die Welle der Unzufriedenheit mit der Regierung und der Absturz des Rubels, durch den die Mittelschichten ihre Ersparnisse einbüßten und

Unternehmen in Konkurs gingen, boten eine ideale Gelegenheit zum Direktangriff auf den Kreml.

Die verfassungsrechtlichen Voraussetzungen waren gegeben. Wenn die Duma Tschernomyrdin dreimal nicht bestätigt, folgt ihre Auflösung, und Neuwahlen sind anzusetzen. So steht es in der Verfassung. Aber es gab eine einschränkende Klausel: Ein Präsident, gegen den ein Amtsenthebungsverfahren anhängig ist, darf die Duma nicht auflösen. Deren Auflösung im Augenblick der schärfsten sozialen Krise wäre ohnehin äußerst gefährlich gewesen. Unter den gegebenen Bedingungen war sie doppelt explosiv.

In einem Land, wo es weder ein funktionierendes Parlament noch eine legitimierte Regierung gab und der Präsident sich im Schwebezustand des Amtsenthebungsverfahren befand, konnte es zum politischen Chaos kommen. Ein Machtvakuum und Notstandsgesetze drohten. Wie immer eine solche Notstandsregelung aussehen mochte, sie konnte Parlamentsneuwahlen nicht verhindern. Bei solchen Wahlen würden die Kommunisten die heißersehnte absolute Mehrheit erhalten. Die Auflösung der Duma würde das Ende der demokratischen Reformen bedeuten.

Nun mußte ich gleichzeitig drei Dinge tun: Druck auf die Duma ausüben, Tschernomyrdin überzeugen, nicht ein drittes Mal zu kandidieren, und mit Hilfe von Jumaschew, unter größter Geheimhaltung, den einzig möglichen Kandidaten gewinnen: Jewgeni Primakow. Genau dieses tat ich, weil ich absolut überzeugt war, daß ich einen Ausweg finden würde.

Nach dem zweiten Wahlgang rief ich Mitarbeiter meiner Administration zu mir, um alle Argumente für und wider Lushkow zu hören. Ehre, wem Ehre gebührt: Lushkows Energie und sein Siegeswille waren schon beeindruckend. Täglich tauchten Boten von ihm im Kreml auf. Genauer gesagt: Sie verließen den Kreml praktisch nie. In kürzester Zeit wurden Andrej Kokoschin, Sekretär des Sicherheitsrates, und die Stellvertreter des Chefs der Präsidialverwaltung, Jastrshembski und Jewgeni Sawostjanow, zu seinen Verbündeten. Jumaschew, Jastrshembski und Kokoschin kamen zu mir auf die Datscha. Ich bat sie darum, klar und unmißverständlich ihre Position darzulegen.

Jastrshembski sagte:»Lushkow stand immer auf der Seite des Präsidenten. Auf allen Etappen seines Weges und in allen schwierigen Situationen. Heute heißt es, er sei gegen Sie. Ich denke, das ist Verleumdung. Ich habe persönlich mit ihm gesprochen. Er bat mich, Ihnen zu sagen, daß er den Namen Jelzin hochhält. Aber es geht nicht nur darum. Lushkow ist ein bestens geeigneter Präsidentschaftskandidat. Er versteht etwas von der Wirtschaft und wird für klare Machtverhältnisse sorgen. Ein zuverlässiger Mann, der im Land sowohl die wirtschaftlichen als auch die demokratischen Reformen fortsetzen wird. Man darf den Kommunisten nicht die Chance geben, die Krise auszunutzen.«

Ähnlich äußerte sich Kokoschin.

Dann hörte ich mir Jumaschews Argumente an.»Heute muß ein Kandidat für das Amt des Regierungschefs eine Persönlichkeit sein, die die politischen Kräfte vereint. Lushkow hingegen drängt mit allen Mitteln zur Macht und schreckt vor keinem Skandal zurück. Und wird Lushkow, wenn er Regierungschef wird, sich von Versuchen zurückhalten können, schon vor den Wahlen 2000 die Präsidentenmacht anzusteuern? Das würde die Lage im Land endgültig destabilisieren.« Wenige Minuten später rief ich Jumaschew im Auto an und sagte nur:»Reden Sie mit Primakow.«

Die Lage aber blieb kritisch. Ich ging in die letzte Runde. Zunächst übte ich Druck auf die Duma aus, so gut ich konnte. Die Situation war damals noch ungewiß. Trotz des Fiaskos bei den ersten beiden Abstimmungsrunden konnte man auf einen Umschwung rechnen. Zum dritten Mal reichte ich meinen Kandidatenvorschlag Tschernomyrdin ein. Für die Abgeordneten bedeutete das die Auflösung der Duma, wenn sie nicht zustimmten.

Unterdessen beschloß ich, mich mit Juri Masljukow zu treffen, einem weiteren Kandidaten der Kommunisten. Jumaschew brachte ihn zu mir, buchstäblich aus dem Urlaub. Am 10. September 1998 um 7.30 Uhr. Masljukow erklärte, daß er nur mit Primakow zusammenarbeiten wolle. Um 9 Uhr begab ich mich in den Kreml, wo Primakow mich bereits erwartete. Später kamen Tschernomyrdin und Masljukow hinzu. Ich wollte die drei zusammenhaben, um eine endgültige Lösung zu finden. Länger konnte ich nicht warten.

Das erste Gespräch mit Primakow hatte ich kurz zuvor zwischen dem ersten und dem zweiten Abstimmungsgang geführt. Ich sagte ihm:»Sie kennen mich, ich kenne Sie. Sie sind im Moment der einzige Kandidat, der allen paßt.« Bei diesem langen Gespräch spürte ich, daß er nicht Ministerpräsident werden wollte. Er wollte die schwere Verantwortung nicht übernehmen und sein Amt als Außenminister nicht aufgeben. »Solche Belastungen sind nichts für mein Alter. Verstehen Sie mich bitte. Lassen Sie uns beide im Jahre 2000 in Rente gehen.«

Auch Jumaschew hatte nach der ersten Abstimmung mehrere Gespräche mit Primakow geführt. »Schlagen Sie doch Masljukow vor, er ist ein guter Ökonom«, hatte der ihn beschieden, worauf Jumaschew antwortete:»Jelzin wird doch keinesfalls einem Kommunisten als Regierungschef zustimmen, das wissen Sie doch. Sollen wir etwa die Duma auflösen?« Primakows Antwort:»Die Duma darf unter keinen Umständen aufgelöst werden.«

Und nun, früh am 10. September, die dritte Runde unserer Verhandlungen im Kreml. Heute mußte sich alles entscheiden, wie, war noch unklar. Zunächst wollte Primakow wieder einmal absolut nichts von einer Kandidatur wissen. Ich bat ihn aber abzuwarten, bis Masljukow und Tschernomyrdin eintreffen würden. Währenddessen redete Jumaschew auf Primakow ein. Alles entschied sich in dieser halben Stunde. Zuletzt sagte Primakow:»Mein Stellvertreter Iwanow ist noch nicht reif, die Rolle des Ministers zu übernehmen. Und außerdem begebe ich mich morgen auf eine längere internationale Reise. Was sage ich meinen Partnern?«

In diesem Moment begriff Jumaschew, daß es die letzte Chance war. »Sie sind ein kluger Mann, Sie müssen es verstehen. Wenn dem Präsidenten etwas zustößt, was dann? Wer wird dann das Land führen, wer wird dann an die Macht kommen? Lushkow? Wollen Sie das?« – »Nein.« – »Darf ich dem Präsidenten sagen, daß Sie einverstanden sind?« Primakow schwieg. »Also darf ich?« Primakow schwieg.

Wenige Minuten bevor die drei Kandidaten eintrafen, stürzte Jumaschew in mein Arbeitszimmer. Ich hatte bereits das Schreiben an die Staatsduma auf dem Tisch. Ich bat alle, sich hinzusetzen, und sagte: »Ich wende mich an die Duma mit dem Vorschlag eines neuen Regierungschefs. Ich bitte die Kandidatur ...« Ich machte eine Pause. Alle drei saßen schweigend da, jeder wartete darauf, daß ich seinen Namen nenne. Selbst Masljukow, der praktisch keine Chance hatte. »... von Jewgeni Primakow zu unterstützen«, beendete ich mit einem Gefühl der Erleichterung den Satz.

Politik ist die Kunst des Möglichen, aber sie kennt auch ganz irrationale Momente. Vielleicht hat Tschernomyrdin nicht gespürt, daß das Schicksal gegen ihn arbeitete. Er haderte mit dem Schicksal und brachte immer neue Argumente: Man müsse Primakow und Masljukow zu Vizepremiers ernennen, ihn aber zum dritten Mal in die Abstimmung schicken. »Wenn sie aber nicht zustimmen?« fragte ich ihn. »Es wird ihnen nichts anderes übrigbleiben«, meinte Tschernomyrdin. Primakow und Masljukow schwiegen. Nach einer langen Pause fragte ich Primakow, ob er Tschernomyrdin eine Chance gebe, von der Duma bestätigt zu werden. Nach einigem Zögern antwortete er: »Nicht die geringste.« Gleiches meinte auch Masljukow.

Da lehnte sich Tschernomyrdin zurück und sagte: »Boris Nikolajewitsch, die Kandidatur von Primakow habe ich eigentlich schon immer unterstützt. Das ist eine gute Lösung. Ich gratuliere!« Am selben Tag, dem 10. September 1998, wurde Primakow vorgeschlagen und mit der überwiegenden Mehrheit der Stimmen gewählt.

Seltsam, aber wahr: Die schwierigsten Krisenperioden in den achteinhalb Jahren meiner Präsidentschaft fielen immer in die drei Monate August, September, Oktober, in den goldenen Herbst. Warum kommt es gerade in dieser Zeit zu solch explosiven Stimmungen im Land? Ich gebe zu: Ich habe sogar meine Berater gebeten, die Wissenschaftler zu konsultieren. Nein, sagten die, alles normal, ganz gewöhnliche Monate. Ich habe andere Erfahrungen gemacht:

1991, August: Der Putsch. Das Schicksal des ganzen Landes hängt am seidenen Faden.

1992 und 1993 waren durchweg Krisenjahre, aber im September und Oktober 1993 eskalierte die Situation. In diesen Monaten kam es zum bewaffneten Kampf im Zentrum von Moskau und zur Erstürmung des Weißen Hauses.

1994, September: Rubel-Panik am »schwarzen Dienstag«.

1995. Duma-Wahlen, die mit dem Sieg der Kommunisten und ihrer Verbündeten enden.

1996. Meine Herzoperation.

1997. Der »Bankerkrieg« und der »Buchskandal« von Tschubais.

1998, August/September: Die Finanzkrise, Rücktritt von Kirijenko, Interregnum. Ernennung von Primakow.

1999. Sprengstoffanschläge in Moskau und anderen Städten des Landes.

Bedenkt man, daß die Macht 1917 gerade in diesen Monaten in die Hände der Bolschewiken gefallen ist, daß gerade diese Monate zur größten Prüfung unseres Landes im 20. Jahrhundert wurden, als die Sowjetarmee im Jahre 1941 von den Nazis zum Rückzug gezwungen wurde, so kommt man schon ins Grübeln.

Am meisten denke ich darüber nach, warum es in meiner Amtszeit so viele Krisen gegeben hat – trage ich Schuld daran? Die Krise, von der in diesem Kapitel die Rede war, traf die gerade erst entstehende »Mittelklasse«, die neuen Unternehmer. Gerade ihnen galten die geschilderten Bemühungen. Sie sollten Sicherheit erhalten: Meine Kinder bekommen eine gute Ausbildung, wir können ins Ausland in Urlaub fahren, uns ein Haus bauen oder eine neue Wohnung erwerben, neue Möbel, ein Auto oder ähnliches kaufen. Wir brauchen diese Leute, sie sind die stärkste Stütze unserer Gesellschaft.

Ob sie meine Bemühungen verstehen, weiß ich nicht. Ein schwerer Herbst und ein noch schwererer Winter stehen bevor. Gerade in dieser kalten, klaren Luft müßte doch jeder imstande sein, die Wahrheit besser zu erkennen. Man braucht nur genau hinzusehen. Und wenn ich diesen Herbst und diesen Winter überlebe, werde auch ich manches klarer sehen als heute.

Das waren damals meine Gedanken. Das ist meine schlichte Naturphilosophie.

Stabilisierung à la Primakow

Die politische Krise war also überwunden. Und was das wichtigste war: Die dramatischen Septemberereignisse, durch die unser Land fast einen Monat lang ohne Regierung war, hatten die Verfassung nicht beschädigt. Wir hatten eine Atempause gewonnen, um nachzudenken und einige Fragen zu beantworten: Was soll mit uns geschehen, was ist das Fazit der Krise, und was ist jetzt zu tun?

Alle Welt fragte sich, ob Rußland noch eine präsidiale Republik oder ob die wirkliche Macht nicht vielmehr vom Präsidenten auf die Opposition übergegangen sei. Den damaligen Zeitungsberichten und politischen Kommentaren zufolge gab es nur eine Antwort: Rußland war keine präsidiale Republik mehr. Mit dem Kurs der liberalen Reformen, so der Tenor, sei es vorbei. Von den jungen Reformern, mit denen der Präsident so viel Zeit verloren habe, sei das Land an den Rand des wirtschaftlichen Abgrunds gebracht worden. Die Fehler anderer auszubaden, das Land vor dem Sturz in den Abgrund zu bewahren, vor diese Aufgabe sei nun die linkszentristische Regierung Primakow gestellt. Sie werde ganz bestimmt einen anderen Weg einschlagen. Die Schlüsselrolle in dieser Regierung spiele Juri Masljukow, ein Wirtschaftsfachmann der sowjetischen Planungsschule und konsequenter Verfechter der Interessen des militärisch-industriellen Komplexes und staatlicher Lenkung, ein überzeugter Gegner der Gaidarschen Reformen. Meine gesamte Politik könne damit ad acta gelegt werden.

Die Presse verbreitete eine sorgenvolle, manchmal schon tragische Stimmung, die ich absolut nicht teilte. Ich betrachtete die neue Regierung und behielt die Ruhe, war ich doch überzeugt, daß der Tiefpunkt der Krise bereits hinter uns lag. Ich versuchte zu erkennen, wie meine neue politische Strategie aussehen müsse. Verteidigungshaltung? Abwarten? Das hing davon ab, was tatsächlich im Bewußtsein der Menschen vor sich ging, wie sich ihre Gemütslage entwickelte, und nach meiner Beobachtung herrschte in der Gesellschaft keinerlei Panik. Der im September angekündigte Zusammenbruch der liberalen Werte und der liberalen Politik war nicht eingetreten.

Die russische Provinz blieb ohnehin von der Krise verschont. Die Leute auf dem Lande fragten die Städter verwundert: Was ist denn das für eine Krise? Erklärt es uns. Die russischen Bauern hatten keine Bankkonten. Und das wirkte sich, so paradox es klingen mag, positiv aus. Gewiß: Der sinkende Rubelkurs wirkte sich auf die Preise und den Lebensstandard aus, die Krise bekamen alle zu spüren. Doch die Bestürzung artete nicht in Panik aus. Die Menschen stellten sich auf die Situation ein, und das war bis zu einem gewissen Grade unsere Rettung. Bereits überstanden war die Krise der Zahlungsfähigkeit, das Bankensystem begann wieder zu funktionieren, einstweilen zwar künstlich angeregt, aber immerhin.

Die Banken, die nicht mit kurzfristigen Staatsanleihen spekuliert hatten, entgingen dem Zusammenbruch. Die Industrie, die durch die Dominanz der Importwaren vom Markt verdrängt worden war, lebte wieder auf. Jedes Unternehmen – vom kleinen Laden bis zur großen Erdölgesellschaft – lernte, mit den neuen Preisen und den Regeln strikter Wirtschaftlichkeit zu leben. Immer häufiger wird darüber geschrieben und geredet, daß die Krise geholfen habe, das Wirtschaftsleben des Landes gesünder zu machen und zu stärken. Wenn auch die Medizin eine wahre Schocktherapie war. Und dennoch – da wir nicht gestorben sind, leben wir noch.

Erneut hatten wir am Rande des Abgrunds gestanden. Erneut hatte sich das Schicksal Rußland gnädig gezeigt. Zu einer Revolution, einer sozialen Eruption, von der die Bolschewiken wieder einmal geträumt hatten, war es nicht gekommen. Was hatte uns diesmal davor bewahrt? Was wir mit dem sperrigen Wort »Perestroika« oder als »Marktreformen« bezeichnen, wird in der westlichen Presse schlicht und einfach »demokratische Revolution« genannt. Bei uns hat sich dieser Begriff der Übergangsperiode nicht einbürgern können. Die Erklärung dafür ist einfach und schwierig zugleich: Rußland ist der Revolutionen müde. Es ist allein schon des Wortes überdrüssig, das entweder Aufruhr oder eine soziale Katastrophe unerhörten Ausmaßes bezeichnet. Wir sind gegen Revolutionen. Wir haben im 20. Jahrhundert genug davon gehabt.

Die russische Gesellschaft entschied sich auf dem Höhepunkt des politischen Umbruchs für die Demokratie und gegen Katastrophen jeder Art. Begriffe wie »Klassenkampf« oder »sozialer Kampf« sind ihr zutiefst zuwider. Die Russen assoziieren Revolution mit Erschütterung, Ruin, Hunger. Bereits Ende der achtziger Jahre hatte ich klar erkannt: Rußland ist für radikale Reformen, doch revolutionäre Bestrebungen lehnt es als gefährlich ab, da sie mit bewaffnetem Aufruhr, Gewalt und Umsturz verbunden sind. Alle Kundgebungen in Moskau, die unter Gorbatschow zur Unterstützung der Demokratie stattfanden, verliefen absolut friedlich. Friedlicher, ziviler Widerstand gegen die kommunistischen Revanchisten – das war es, was die Menschen trotz der Unterschiedlichkeit ihrer Auffassungen einte. Das entsprach am ehesten dem Prager Frühling, der »samtenen Revolution« in Tschechien.

Für mich stand eines außer Zweifel: Die Gesellschaft wollte Reformen, und zwar auf zivilisiertem Wege. Die Zeit hat meine Einschätzung bestätigt. Rußland wies alle Versuche, ihm etwas gewaltsam aufzuzwingen, zurück. Wer als erster zur Waffe griff, der unterlag. Im Jahre 1991 genauso wie 1993. Rußlands Wahl war eindeutig: demokratischer Umbau des Landes. »Friedlich« bedeutet jedoch nicht »problemlos«. Einerseits half das Pathos der unblutigen (antibolschewistischen, antikommunistischen) demokratischen Umgestaltung, sich zu behaupten und zu siegen. Doch es weckte in den Menschen auch die unterschwellige Hoffnung auf ein soziales Wunder. Manche erwarteten, Rußland würde auf dem Weltmarkt mit offenen Armen empfangen und der wirtschaftliche Aufschwung, von dem man so beharrlich geträumt hatte, würde nicht lange auf sich warten lassen. Andere hofften, freier Markt und Wettbewerb kämen irgendwie von allein und die kaputten Straßen, die unerträglichen Wohnverhältnisse und die minderwertigen Waren würden aus unserem Leben verschwinden.

Nichts dergleichen geschah, was auch nicht zu erwarten war. Eine Revolution, auch eine friedliche, bedeutet einen Bruch mit der alten Lebensweise. Solche plötzlichen tiefgreifenden Veränderungen – der Eigentumsformen, der staatlichen Ordnung, der Weltanschauung, der nationalen Ideologie und der nationalen Interessen, selbst der Grenzen – mußten die Gesellschaft zwangsläufig in einen Schockzustand versetzen und die Grundlagen des Staates erschüttern. Dieser wurde durch unsere »stille Revolution« ernsthaft geschwächt. Nach jeder Revolution – sei sie still oder laut – hängt die staatliche Macht gewissermaßen in der Luft. Dieser Gefahr war ich mir bewußt. Und ich versuchte, sie durch den Aufbau einer neuen russischen Staatlichkeit, durch die Schaffung neuer Machtinstrumente auf der Grundlage von Gesetzen und Erlassen abzuwenden.

Heute sehe ich die Mängel dieses schnellen, zuweilen überstürzt vorangetriebenen Prozesses. Wir unterschätzten den tiefverwurzelten Anarchismus der Russen, ihr Mißtrauen gegen jede Art von Hierarchie. Der Grund dafür liegt darin, daß sie nach den Jahren der Sowjetmacht den »Staat«, die Macht der Nomenklatura, mehr als satt haben. Die heutige russische Weltanschauung ist in dieser Hinsicht denkbar einfach: möglichst wenig Obrigkeit, möglichst wenig Einmischung des Staates in unsere Angelegenheiten. Die Kehrseite dieses Standpunkts ist eine Art auf den Kopf gestellte anarchistische Ideologie: Im Staat muß um jeden Preis Ordnung geschaffen werden, selbst auf Kosten der bereits durchgesetzten demokratischen Veränderungen.

Doch weder in der einen noch in der anderen – wie überhaupt in keiner – extremen Lösung liegt die historische Wahrheit. Das neue Rußland hat die Etappe der demokratischen Revolution hinter sich. Es ist an der Zeit, auf einer höheren Ebene und in anderer Form zur Idee der Staatlichkeit zurückzukehren: zu einer Staatlichkeit, die den Menschen nicht behindert, die keinen Druck auf ihn ausübt, ihm nicht die Luft abschnürt, sondern im Gegenteil Garantien schafft für ein stabiles Leben in Wohlstand.

Indessen erscheinen gegenwärtig selbst die einfachsten Normen der Akzeptanz demokratisch gewählter Führungsgremien als Rückkehr zur kommunistischen Diktatur. Aber das sind sie nicht. Rußland geht in die richtige Richtung – hin zum Aufbau eines von Vernunft geprägten starken Staates.

Immer wieder rekapituliere ich meine Empfindungen in jenem Herbst 1998: Nein, weder in der Presse noch in der Duma, noch im Föderationsrat, noch in soziologischen Analysen, noch auf der Straße war die Rede von Macht- und Eigentumsumgestaltungen, davon, daß Notmaßnahmen erforderlich wären. Die Situation war besorgniserregend, der Winter sollte in vielen Regionen hart werden, aber die Angst, uns drohten Untergang, Hunger, Lebensmittelknappheit, tausendprozentige Inflation, Zerfall der Föderation, diese Angst, die in den ersten Tagen da war, gab es nicht mehr. Überhaupt hatte sich der Tenor der Presse verändert. Die Verzweiflung war einem gemäßigten, nachdenklichen, nüchternen Ton gewichen. Die Gefahr einer zweiten Phase der politischen Krise, einer Krise der Staatsmacht, bestand nicht.

Was bedeutete das für den Präsidenten? Die Politik war teilweise der Opposition, durch ihre Beteiligung an der Koalitionsregierung Primakow, überlassen worden. Doch das geschah in einem Moment, als dies absolut notwendig war. Als dann die Parlamentsmehrheit über einen wesentlichen Teil der exekutiven Gewalt verfügte, hatte sie weder das moralische Recht noch die Möglichkeit, die Lage weiter zu verschärfen. Ihrer politischen Initiative waren Grenzen gesetzt. Krisenmanagement ist eine ernstzunehmende Angelegenheit. Es verträgt sich weder mit Politikastertum noch mit revolutionärer Phantasterei. Sosehr sie es auch wünschen mochte, eine Kehrtwendung der Regierung Primakow war unmöglich. Gefährliche kommunistische Experimente in der Wirtschaftspolitik waren ausgeschlossen.

Ich versuchte, Aufschluß über die Taktik und das Verhalten Jewgeni Primakows zu gewinnen. Er ging ausgesprochen solide vor, ohne Eile, lavierte vorsichtig zwischen den politischen Kräften, konsultierte gern und oft die Parteichefs und die führenden Köpfe der Regionen, verzichtete auf rigorose Maßnahmen, sicherte sich die Unterstützung der Gouverneure und festigte nach und nach seine Position. Neben Masljukow nahm er weitere Leute seiner Wahl in die Regierung auf: den Agrarier Gennadi Kulik, den Gouverneur des Leningrader Gebiets Wadim Gustow, Lushkows treuen Parteigänger Georgi Boos.

Daß Primakow rasch Fuß fassen und es in wenigen Wochen schaffen würde, seine Position zu festigen, daran gab es für mich keinen Zweifel. Dieser routinierte Apparatschik war unter Breshnew jahrelang in der Außenpolitik tätig gewesen, hatte dann Gorbatschows Politbüro angehört und als Diplomat sowie im Geheimdienst gearbeitet. Vor allem aber war ich gespannt darauf, welchen Ton er finden würde, um die Menschen anzusprechen. Auf den richtigen Ton hören sie am meisten, und zwar alle, von den einfachen Arbeitern bis zu den höchsten Amtsträgern. Der Ton, den Primakow wählte, erschien mir vollkommen richtig. Mit seiner sonoren Stimme, dem leicht spöttischen und maßvoll strengen Tonfall konnte er jeden beruhigen. Seine selbstbewußte Gelassenheit war dazu geeignet, die in der Gesellschaft herrschende miserable Stimmung zu heben und alle von der Möglichkeit der Stabilisierung zu überzeugen. Damit hatte ich, offen gestanden, gerechnet. Kurzum, Primakow errang eine so gefestigte Position wie vor ihm kein russischer Regierungschef. Objektiv waren dazu alle Voraussetzungen gegeben: die Unterstützung durch die unterschiedlichsten politischen Kräfte, von der Präsidialverwaltung bis zur Duma, und ein hohes Ansehen beim Volk.

Eine eingefrorene Krise ist bereits ein kleiner Sieg. Welches wirtschaftliche Konzept die Regierung besaß, würde sich erst im Frühjahr beurteilen lassen, wenn das Land den Winter überstanden hatte. Genau das hatte ich von Primakow erwartet – kein überstürztes Handeln, sondern gerade den Verzicht darauf. Den Patienten, der ein tödliches Fieber überstanden hatte – die russische Wirtschaft –, durfte man nicht mit Medikamenten vollstopfen. Man mußte ihm Ruhe gönnen, damit er wieder zu Kräften kommen konnte.

Die Journalisten allerdings behandelten die Regierung Primakow von Anfang an schonungslos, als spürten sie, daß die Abneigung auf Gegenseitigkeit beruhte und zu heftigen Auseinandersetzungen führen würde. Bald wurde deutlich, was die Presse zu einer so zeitigen und, wie mir anfangs schien, ungerechten Kritik provozierte: Das neue Kabinett schottete sich ab. Für den Regierungsapparat galt die strikte Anweisung, der Presse Informationen weitgehend vorzuenthalten, möglichst wenig Interviews zu geben und alle Kontakte mit Journalisten streng zu kontrollieren. Dies war ein Nachhall von Primakows langjähriger Arbeit in hermetischen Institutionen wie dem ZK der KPdSU, dem Außenministerium und dem Auslandsnachrichtendienst. Indessen war die Tätigkeit der Regierung in den zurückliegenden Jahren transparent geworden, und die Journalisten hatten sich daran gewöhnt, deren Handeln nach den Standards der Weltpresse zu beurteilen.

Und dann plötzlich eine solche Haltung gegenüber der Presse! Eine Bagatelle? Keineswegs, wie sich herausstellte. Wie das Verhältnis zwischen Regierungschef und Journalisten aussah, wurde klarer, als Primakow bei einem Gespräch mit mir seine »Extramappe« hervorholte. Sie enthielt alles, was in den Zeitungen über das neue Kabinett und seinen ersten Mann veröffentlicht worden war. Zunächst traute ich meinen Augen nicht. Das alles war nicht nur gelesen, sondern auch unterstrichen und ausgeschnitten worden. Und bei wem beschwerte er sich über die Journalisten? »Jewgeni Maximowitsch, daran habe ich mich längst gewöhnt«, sagte ich zu ihm. »Wissen Sie, in welchem Ton sie über mich schreiben, tagtäglich, schon viele Jahre lang? Soll ich deshalb die Zeitungen verbieten?« – »Nein, das müssen Sie gelesen haben, Boris Nikolajewitsch. Das ist doch eine völlige Diskreditierung unserer Politik.« So konnte es eine geschlagene Stunde weitergehen.

Ich begriff lange nicht, was dahintersteckte. Dann erinnerte ich mich daran, wie ich selbst in den ersten Jahren meiner politischen Karriere auf Artikel in der Presse reagiert hatte. Doch allmählich hatte ich gelernt, Meinungsfreiheit von bestellten groben Verunglimpfungen zu unterscheiden. Allerdings hatte ich all die Jahre in der öffentlichen Politik gestanden, Primakow hingegen nicht. So schnell sein Verhältnis zur Presse zu ändern, war ihm nicht gegeben. Als Journalist alter sowjetischer Schule, der viele Jahre bei der *Prawda* gearbeitet hatte, argwöhnte er in jedem Artikel eine feingesponnene Intrige, eine Art Subtext, Gefahr von seiten seiner politischen Gegner. Hier konnten Argumente nicht helfen, ihm die Sachlage klarzumachen. Um sich selbst zu überwinden, brauchte er Zeit – und ein anderes Verhältnis zum Leben.

Es war sehr bedauerlich, daß sich Primakow von den alten sowjetischen Schablonen, von dieser tiefsitzenden Nervosität beim Anblick einer Zeitung nicht frei machen konnte. Doch ich bemühte mich, für all das Geduld aufzubringen, bis er statt der gewohnten »Extramappe« etwas anderes zum Vorschein brachte: einige zusammengefaltete Seiten. »Lesen Sie das bitte.«

Ich begann zu lesen. Es handelte sich um eine anonyme Information über einen hochgestellten Beamten, dem Unterschlagung, Schmiergeldannahme, ungesetzliche Finanzoperationen und andere Delikte nachgesagt wurden. »Jewgeni Maximowitsch«, beschwor ich ihn, »versuchen wir Licht in die Sache zu bringen. Was sind das für Fakten? Sind Sie von ihrer Richtigkeit überzeugt? Woher stammen sie?« – »Diese Information ist von den Geheimdiensten erarbeitet worden, Boris Nikolajewitsch. Gewiß, das alles muß noch verifiziert werden, aber ...« – »Wenn das alles der Wahrheit entspricht, wieso ist dann kein Strafverfahren eingeleitet worden? Oder sind das alles Erfindungen? Jemandem etwas anzuhängen ist ja nicht schwer.« Unzufrieden mit meiner Reaktion steckte Primakow das Dokument wieder ein.

Zu derartigen Szenen kam es mehrfach. In den Schubladen seines Schreibtisches lagen offenbar viele solche »Informationen«. Nicht weniger vertraute der Regierungschef diversen Gerüchten und anonymen Mitteilungen. Schließlich hatte ich es satt und beschloß, eine dieser »Informationen« zu überprüfen. Es ging um den stellvertretenden Gesundheitsminister Michail Surabow. Primakow war im Besitz eines anonymen Schreibens, das er mir referierte: Surabow sollte nachgerade ein Bandit sein, Verbindungen zu einer kriminellen Gruppierung aus dem Kaukasus unterhalten und so weiter und so fort. (Tatsächlich hatte dieser junge stellvertretende Minister, wie sich später herausstellte, die Unvorsichtigkeit begangen, der Pharmamafia an den Kragen gehen zu wollen.) Primakow bestellte seine Stellvertreterin Valentina Matwijenko zu sich und verlangte, Surabow unverzüglich zu entlassen.

Ich bat Putin, die Sache aufzuklären. Nach einiger Zeit brachte er mir eine reale Auskunft des Föderalen Sicherheitsdienstes über Surabow, die der Datenbank des FSB entstammte. Die Diskrepanz war frappant. In Primakows »Information« war alles genau umgekehrt dargestellt. Im Dokument des FSB hieß es zum Beispiel, daß keine Verbindungen Surabows zu kriminellen Gruppierungen »kaukasischer Nationalität« festgestellt worden seien, und auch für die Annahme von Schmiergeldern hatte der FSB keinen Anhalt. In der »Information« dagegen wurde er verdächtigt, Verbindungen zu einer dagestanischen Gruppierung zu unterhalten und Schmiergelder angenommen zu haben.

Surabow ist in Wirklichkeit ein redlicher Mensch und ein kluger, begabter Fachmann. Ich habe ihn näher kennengelernt, als er Präsidentenberater für soziale Fragen wurde. Jetzt ist er Vorsitzender des Russischen Rentenfonds. Ich ging der Sache nach und gewann schließlich Klarheit über die Herkunft des kompromittierenden Materials, das sich in Primakows Schublade ansammelte. Gewisse Geschäftsleute nutzten die Unzufriedenheit von Mitarbeitern des FSB und anderer Geheimdienste aus. Auch entlassene Mitarbeiter ließen sich für solche Dienste bezahlen. Eine »Information« über einen Konkurrenten oder einen mißliebigen Beamten zu liefern bereitete keinerlei Schwierigkeiten. Ehemalige Offiziere des FSB und Mitarbeiter der Staatsanwaltschaft, die Primakow derartige Anschuldigungen zutrugen, ohne sich die Mühe zu machen, Beweise zu liefern, gab es anscheinend nicht wenige. Der als Politiker extrem vorsichtig agierende, penible Primakow glaubte allen diesen »Enthüllungen«. Auch dies war eine Folge seiner langjährigen Tätigkeit in den hermetischen Institutionen des Sowjetsystems.

In den Ruhestand versetzte FSB-Offiziere versorgten Primakow nicht nur mit derlei kompromittierendem Material, sie beschwerten sich auch fortwährend bei ihm über Putin. Aus alter Gewohnheit beanspruchte Primakow gegenüber dem Direktor des FSB die Rolle des Patriarchen der Geheimdienste, des älteren und erfahreneren Kollegen, kurz, des Vorgesetzten. Putin seinerseits begegnete Primakow mit Ehrerbietung, nahm dabei jedoch eine ziemlich konsequente Haltung ein; er akzeptierte nicht mehr, als was sich in den durch das höhere Alter und die höhere Stellung des anderen abgesteckten Grenzen bewegte. Zu Mißverständnissen kam es dennoch. So brachten es zum Beispiel von Putin entlassene FSB-Generäle fertig, Primakow einzureden, er und seine Angehörigen würden beschattet. Primakow rief umgehend Putin an und verlangte, die Observierung zu beenden. Der sonst so kaltblütige und beherrschte Putin reagierte ziemlich schroff und erwiderte, er werde eine unverzügliche Aufklärung und die Einleitung von Strafverfahren verlangen, sollten sich die Fakten bestätigen; dazu bat er, ihm die Informationsquellen zu nennen.

Eine absurde, aberwitzige Anschuldigung war das. Wie kann man den Regierungschef eines so großen Landes beschatten?

Wie kann man einen Mann beschatten, der von einer allgegenwärtigen Leibwache begleitet wird, für dessen Sicherheit ein ganzes Sicherheitssystem – der Föderale Personenschutz – verantwortlich ist? Wozu sollte seine Observierung überhaupt gut sein, wenn keiner seiner Schritte ein Geheimnis war? Putin bestand auf einer formellen Untersuchung. Primakow machte einen Rückzieher. Doch die absurde Anschuldigung blieb für ihn durchaus glaubhaft.

Nicht anders verhielt es sich mit der »Säuberung im FSB«. Primakow war offensichtlich zugetragen worden, der neue FSB-Chef schaffe sich die alten Kader vom Halse. Wiederholt erzählte er mir, Putin entferne erfahrene Tschekisten und habe in die Leitung des »Komitees« lauter unerfahrene Leute aus Petersburg lanciert. Schließlich verlangte ich die Klärung dieser Angelegenheit. Putin bat mich um Erlaubnis, beim Regierungschef ein Treffen mit dem Kollegium des FSB durchzuführen. Zu seiner Verwunderung sah Primakow fast ausnahmslos bekannte Gesichter. Die meisten Stellvertreter hatten ihre Posten behalten. Nach diesem denkwürdigen Treffen erlegte sich Primakow in seinem Verhältnis zum FSB Mäßigung auf.

Man brauchte derlei Episoden nur gründlich zu analysieren, um zu erkennen, wie die Dinge lagen. Primakow verdächtigte andere einer Handlungsweise, die er für sich selbst im Prinzip nicht als verwerflich ausschloß. Ich hatte lange nicht verstehen können, warum der Regierungschef eines großen Landes, ein kluger Politiker, sich in diesen Gesprächen mit mir wie ein Apparatschik alter Schule verhielt. Hätte ich seinen alten Gewohnheiten nachgegeben, wäre er imstande gewesen, aufgrund seiner »Informationen« und seiner subjektiven Vorstellungen darüber, wer Feind und wer Freund war, binnen kurzem die politische und finanzwirtschaftliche Landschaft zu verändern.

Ich riet ihm mit Nachdruck, sich weder von der Kritik der liberalen Politiker und Wirtschaftsfachleute noch von scharfen Angriffen in den Zeitungen, noch von Gerüchten über ein mögliches Ränkespiel der Geheimdienste beirren zu lassen. »Ich, der

Präsident, stehe zu Ihnen. Das ist die Hauptsache«, sagte ich ihm. Und eine Zeitlang schien er auf mich zu hören oder zumindest zu versuchen, mich zu verstehen.

Im Herbst 1999 entstand bei den politischen Eliten der Eindruck, der Regierungschef sei dabei, die Vollmachten des Präsidenten an sich zu reißen und alle Fäden der Staatsführung in die Hand zu bekommen. Immer häufiger traf er sich mit Leuten aus Machtbereichen, die nach der Verfassung allein dem Präsidenten unterstanden, oder suchte seinen Leuten aus dem Auslandsgeheimdienst überall die »zweite Rolle« zu verschaffen, sie als Stellvertreter zu lancieren. Die Zeitungen begannen darüber zu schreiben, daß die Umgebung des Präsidenten diesen auf Gnade oder Ungnade Primakow »ausliefere«; zum Beispiel hätten sich die Mitarbeiter der Präsidialverwaltung mit Primakow verständigt, daß ihnen ihre Arbeitsplätze erhalten blieben, weshalb sie gelassen zusehen könnten, wie dem Präsidenten seine Vollmachten entglitten. Alle diese Gerüchte konnten mich nicht aus der Ruhe bringen. Einen »schleichenden« Putsch befürchtete ich in keiner Weise. Für mich blieb die Hauptsache, daß Primakow und seine Regierung die politische Atempause aufrechterhielten (und der Wirtschaft damit die Möglichkeit gaben, aus der Krise herauszukommen) und daß den Kommunisten durch ihre Regierungsbeteiligung die Hände gebunden waren.

Die Meinungen über die wirtschaftliche Strategie Primakows gingen auseinander. Während ein Teil der Wirtschaftsfachleute ihn scharf kritisierte, ihm das Fehlen einer klar erkennbaren Wirtschaftspolitik vorwarfen, erklärten andere, die der Regierung loyaler gegenüberstanden, sie arbeite fehlerfrei und in der Wirtschaft sei (durch den mehrfachen Fall des Rubelkurses begünstigt) ein gewisses Wachstum zu verzeichnen. Das stimmte sogar: Dadurch, daß der Rubelkurs praktisch auf ein Drittel gesunken war, fiel es uns wesentlich leichter, Löhne und Gehälter zu zahlen, die Finanzierung der staatlichen Aufgaben zu gewährleisten und die Deckung des Staatshaushalts zu erreichen. Der Lebensstandard der Bevölkerung war infolge der Inflation natürlich in erheblichem Maße gesunken, dennoch hielt Primakows »rosa« Regierung durch ihre staatliche Rhetorik und ihren an Sowjetzeiten erinnernden Führungsstil die Leute vom sozialen Protest, von Streiks oder einem neuen »Schienenkrieg« ab.

Den Menschen imponierten die richtigen Losungen der neuen Regierung: seinen Mitteln entsprechend leben, Waren aus der Landesproduktion auf den Markt bringen und kaufen. Die Regierung half der Wirtschaft dadurch, daß sie sie in Ruhe ließ. Den Umfragen zufolge blieb das Vertrauen zu Primakow hoch und stabil. Gewollt oder ungewollt half er mir, mein politisches Hauptziel zu erreichen – das Land ruhig über die Zeit bis zum Jahr 2000 zu bringen, bis zu den Wahlen. Dann, so meine Vorstellung, würden wir gemeinsam einen jungen, starken Politiker finden und ihm das Amt des Regierungschefs, das heißt den politischen Staffelstab übergeben. Wir würden ihm einen guten Start ermöglichen und ihm helfen, sein Potential zu entfalten. Und damit würden wir dazu beitragen, den Wahlsieg herbeizuführen.

Wieder krank geschrieben

Am 11. Oktober 1998 flog ich zu Staatsbesuchen nach Usbekistan und Kasachstan. Am Abend zuvor hatte ich Fieber bekommen, fast vierzig Grad; am Morgen wurde es medikamentös gesenkt, doch mein Befinden war begreiflicherweise nicht besonders gut. Die vorläufige Diagnose lautete Bronchitis. Ich bekam Antibiotika gespritzt.

Naina und Tanja beschworen mich, die Reise nicht anzutreten. Doch ich hörte wieder einmal weder auf die Familie noch auf die Ärzte. Die Reise zu verschieben war nicht möglich, noch dazu im letzten Moment. Wenn ich das Gefühl habe, daß etwas sein muß, dann kann ich nicht anders, als mich auf den Weg zu machen, und wenn ich »auf dem Zahnfleisch gehe«. Bereits bei der Landung in Taschkent hatte sich mein Befinden weiter verschlechtert. Ich überwand die Schwäche nur durch äußerste Willensanstrengung.

An dieser Stelle möchte ich nicht versäumen, mich beim usbekischen Präsidenten Islam Karimow zu bedanken: Ich weiß nicht, wie diese Reise ausgegangen wäre, hätte er nicht tiefes Mitgefühl und Verständnis für meine Situation an den Tag gelegt. Ich erinnere mich noch daran, wie mir auf dem roten Teppich, vor den zur Ehrenformation angetretenen Gardisten und den zahlreichen auf uns gerichteten Fernsehkameras plötzlich schwindlig wurde und alles vor den Augen verschwamm. Doch zum Glück war Karimow neben mir, der mich rasch stützte, und einen Moment später hatte ich mich wieder in der Gewalt.

Mein Fieber wurde weiterhin mit starken Antibiotika gesenkt. Doch die Atemnot, die Schwäche, das Brennen in der

Brust blieben. Trotzdem flog ich von Taschkent nach Alma-Ata weiter, wo eine Begegnung mit Nursultan Nasarbajew geplant war. Aufgrund meiner Krankheit mußte das Programm gekürzt werden. Dann ging es unter den wachsamen Augen der Ärzte zurück nach Moskau. Mein neuer Pressesprecher Dmitri Jakuschkin erklärte den Journalisten: »Der Präsident wird die ganze Woche in Gorki-9 verbringen. Die Ärzte haben ihm Bettruhe verordnet.«

Am 14. Oktober verließ ich ungeachtet des ärztlichen Rats das Krankenhaus und fuhr in den Kreml. Mein Erscheinen war sowohl für die Presse als auch für die Duma und den Föderationsrat völlig überraschend. Am 14. und 15. Oktober führte ich einige wichtige Gespräche. Eigentlich waren sie alle geplant. Doch jeder wußte, daß der Präsident »krank geschrieben« war, und alle für diese Woche angesetzten Unterredungen waren abgesagt worden. Jetzt holten meine Mitarbeiter binnen zwei Stunden alle ursprünglich vorgesehenen Gesprächspartner in den Kreml. Später bestätigte sich, daß ich mich nicht getäuscht hatte: Jeder meiner Schritte in diesen Tagen bekam außerordentliches politisches Gewicht.

Am selben Tag, dem 14. Oktober, behandelte der Föderationsrat die Beschlußvorlage »Zu den Ergebnissen der landesweiten Protestaktionen«. In der Resolution hieß es zum Beispiel: »Jeder Tag des Verbleibs B. N. Jelzins im Amt des Präsidenten stellt eine Gefahr für das russische Staatswesen dar.« Ich wurde aufgefordert, »freiwillig und unverzüglich zurückzutreten«. Für die Annahme der Resolution durch die führenden Köpfe der Regionen fehlten lediglich elf Stimmen.

Anfang November 1998 behandelten die Abgeordneten der Duma bereits einen Gesetzentwurf »Zum ärztlichen Gutachten über den Gesundheitszustand des Präsidenten der Russischen Föderation«. Zur Annahme fehlten letztlich ganze fünf Stimmen. Meine Amtsenthebung aus gesundheitlichen Gründen, von der die Kommunisten seit langem träumten, hätte um ein Haar per Gesetz stattgefunden. Um zu verstehen, was zu dieser

»herbstlichen Verschärfung« der Haltung der Duma-Abgeordneten und der linken Ratsmitglieder geführt hatte, muß man bis zu dem Zeitpunkt zurückgehen, als der neue Regierungschef Jewgeni Primakow bestätigt wurde. Anfangs hatten die linken Parlamentsfraktionen frohlockt: »Es ist uns gelungen, eine Regierung des Volksvertrauens zu bilden!« Bald jedoch lichtete sich der Nebel der politischen Illusionen. Die Abgeordneten mußten erkennen, daß auch ihrem neuerlichen Versuch, die Verfassung zu ändern und meine Präsidentenvollmachten zu beschneiden, kein Erfolg beschieden war. Mehr noch, die Existenz eines »roten Flügels« (Masljukow und Kulik) in der Regierung und das ziemlich verständnisvolle Verhältnis Primakows selbst zu den Kommunisten nahmen diesen die Manövrierfähigkeit. Weder konnten sie die Regierung offen kritisieren noch ihren Rücktritt fordern. Man brauchte ein anderes Ventil, um Dampf abzulassen und die Hysterie anzuheizen. Nachdem der Gesetzentwurf zur zwangsweisen ärztlichen Begutachtung meines Gesundheitszustandes nicht durchgekommen war, suchten sie eilig nach einem anderen Anlaß, die Situation zu verschärfen.

Am Mittwoch, dem 4. November, versprach General a. D. Albert Makaschow auf einer Kundgebung vor dem Fernsehzentrum Ostankino, »ein Dutzend Jidden mit ins Jenseits zu nehmen«. Das wurde zum Prolog für alle weiteren Ereignisse. Am Abend desselben Tages verlangten alle normal denkenden Abgeordneten der Duma, Makaschow wegen Antisemitismus zu verurteilen. Lange wurde debattiert, bevor ein äußerst flauer Beschluß »Über die Unzulässigkeit von Handlungen und Äußerungen, die die Beziehungen zwischen den Nationalitäten in der Russischen Föderation belasten«, formuliert wurde. Doch auch der kam nicht durch. Die Logik der roten Mehrheit lautete: Wenn Jelzins Wirtschaftspolitik zum »Genozid am russischen Volk« führt, dann ist es auch zulässig, zu Judenpogromen aufzurufen. Den General schmerzt doch die Lage im Lande, soll man ihn deswegen verurteilen?

Ein beschämendes, widerliches Schauspiel. Ja, es hatte auch unter der Sowjetmacht Antisemitismus gegeben, und zwar offen, auf der staatlichen Ebene, verbrämt als »Kampf gegen den Zionismus und Imperialismus«, doch eine derart unverhohlene Flegelei, überdies vor so einem Forum, hatte sich bisher niemand erlaubt. Der Antisemitismus ist – wie jede Form von Rassismus – im höchsten Maße verwerflich. Doch zu glauben, daß er in unserer Gesellschaft, in unserem Volk tief verwurzelt sei, lehne ich entschieden ab. Sobald Ruhe, Stabilität und Wohlstand in unser Leben eingekehrt sind, wird dieses Problem allmählich verschwinden.

Tags darauf gab ich eine offizielle Erklärung ab: »Jegliche Versuche, nationale Gefühle zu verletzen und die Rechte der Bürger aufgrund nationaler Merkmale einzuschränken, werden in Übereinstimmung mit der Verfassung und den Gesetzen der Russischen Föderation unterbunden werden.« Unsere gefürchtete Generalstaatsanwaltschaft indessen reagierte ziemlich konfus. Auf Bitte des Justizministeriums begann man zwar, Makaschows antisemitische Äußerungen auf ihre Verfassungsmäßigkeit zu prüfen, doch irgendwie erschien es peinlich, einen angesehenen Mann, einen Abgeordneten zu verhören. Die Generalstaatsanwaltschaft unter Juri Skuratow befand Makaschows Entgleisung als strafrechtlich nicht relevant, und die Untersuchung wurde eingestellt.

Der kommunistische Abgeordnete Viktor Iljuchin erklärte, in der Umgebung des Präsidenten gebe es zu viele »Personen jüdischer Nationalität«, und regte an, hierzu einen Beschluß der Staatsduma vorzubereiten. In einer ganzen Region – der von Krasnodar – war es geradezu Mode, auf »Jidden« und »Zionisten« zu schimpfen, und zwar ohne Ausnahme von den Vertretern der rechten Parteien bis zu den blindwütigen Kommunisten, von den Leitern der örtlichen Verwaltungen bis zum Gouverneur. Tür und Tor für solche Äußerungen öffnete auch das Krasnodarer Fernsehen. Der Sekretär des Moskauer Stadtkomitees der Kommunistischen Partei, Alexander Kuwajew, erklärte, Makaschows Wortwahl sei zwar falsch gewesen, »aber wir fühlen uns mit ihm solidarisch«. Gennadi Sjuganow präsentierte sich bei Kundgebungen Schulter an Schulter mit Makaschow. Und der wiederholte bei jeder sich bietenden Gelegenheit: »Jüdische Verschwörung ... Jüdische Verschwörung ...« Er war einfach nicht zu bremsen. Ende Februar erklärte er in einer Rede vor Kosaken in Nowotscherkassk: »Alles, was zum Wohle des Volkes geschieht, ist gesetzeskonform. Das Volk hat immer recht. Wir werden Antisemiten sein und müssen den Sieg erringen.«

Die Öffentlichkeit reagierte einhellig empört. Jegor Gaidar nannte Makaschow einen »zoologischen Antisemiten«, und da die Kommunistische Partei mit ihm Solidarität übe, könne sie automatisch als nazistisch angesehen werden. »Heute sind wir berechtigt, ... erneut die Frage nach dem Verbot der Kommunistischen Partei zu stellen.« Alle Zeitungen waren voll von Artikeln und Karikaturen über Makaschow. Er wurde bekannt wie ein bunter Hund. Das Krankhafte seiner »Weltanschauung« sprang dermaßen ins Auge, daß viele fanden, es sei jetzt genug über ihn geschrieben worden. Laßt ihn in Ruhe, diesen General a. D.

Das Verfängliche der Situation lag jedoch darin, daß es, abgesehen von meiner Erklärung, zu diesem Zeitpunkt praktisch keine offizielle Reaktion der Regierung gab. Das Justizministerium fand keine rechtliche Handhabe für das Verbot der KPRF als verfassungsfeindlicher Partei. Das gegen Makaschow eingeleitete Verfahren wurde von der Staatsanwaltschaft niedergeschlagen. Den offiziellen Standpunkt der Regierung ließ Primakow das kaum zur Kenntnis genommene Nationalitätenministerium erläutern. Er selbst sprach sich gegen das Verbot der Kommunistischen Partei aus: »Dem stehe ich entschieden negativ gegenüber.«

In jenem Herbst, am 20. November 1998, ereignete sich eine Tragödie – die Ermordung von Galina Starowoitowa in St. Petersburg. Ihr Tod ging mir sehr nahe. Lange Jahre war sie in der politischen Szene nicht nur für mich ein Vorbild an Anstand, humanistischer Gesinnung und Treue zu unseren gemeinsamen Idealen gewesen. Sie konnte niemandem im Wege gestanden haben, sie war eine wahre Idealistin. Wer konnte sie dann aber umgebracht haben? Fanatiker? Die kommunistische Hysterie hatte Ende 1998/Anfang 1999 eine derartige Zügellosigkeit erreicht, daß die Beteiligung linker Extremisten an der Mordtat durchaus vorstellbar war. Das rief allgemein ein Gefühl der Unruhe hervor und schürte Angst. Bis heute, viele Monate nach dem Anschlag, verfolge ich die Ermittlungen. Auf meinem Tisch liegt eine vom 4. Juli 2000 datierte Information des Innenministeriums. Gegenwärtig werden drei Tatversionen untersucht. Welche von ihnen zur Ergreifung der Mörder führen könnte, kann ich natürlich nicht beurteilen. Ich kann nur hoffen, daß sie gefaßt und bestraft werden.

Die Ereignisse entwickelten sich stürmisch. Es war offensichtlich, daß die Kommunisten auf eine Verschärfung der Situation hinarbeiteten. Ihr wollt die Kommunistische Partei auflösen? Bitte sehr! Wir wollen doch sehen, wer die Oberhand behält – das war der Tenor ihrer Erklärungen am Jahresende 1998. Und sie machten ernst. Die Aufrufe, mit meiner Umgebung abzurechnen, klangen immer bedrohlicher. Mitte Dezember, Sitzung der Duma-Kommission für die Amtsenthebung des Präsidenten. Punkt fünf der Tagesordnung: »Genozid am russischen Volk«. Wieder ist die Rede von der »jüdischen Verschwörung«, vom Verrat an den Interessen Rußlands, von der Einflußnahme westlicher Geheimdienste auf mich. Berichterstatter: der Abgeordnete Viktor Iljuchin. Die Generalstaatsanwaltschaft verweigert die rechtliche Bewertung seiner Äußerungen.

In den letzten Novembertagen hatte mich Valentin Jumaschew aufgesucht und wollte wissen, was ich von seiner Idee halte: »Ich trete zurück, und meine Stelle nimmt Nikolai Bordjusha ein, der gleichzeitig Sekretär des Sicherheitsrates bleibt.« Diese Lösung hatte zweifellos ihre Logik. Die Bestätigung Primakows war ein taktischer Gewinn, sie ließ mir Spielraum, doch in den Augen der Gesellschaft war sie eine schwere Niederlage für mich. Im Oktober/November wurde offensichtlich, daß die Opposition zu weiterer Offensiven bis hin zur Beschränkung meiner verfassungsmäßigen Vollmachten entschlossen war und die Gouverneure sie unter bestimmten Umständen unterstützen würden. In dieser Situation bedurfte die Präsidialmacht einer Komponente, die zumindest als Demonstration ihrer Stärke zu verstehen war. In der Duma mit der Faust aufs Rednerpult zu hauen und den verhaßten Jelzin ein übriges Mal »in den Ruhestand zu schicken«, Demonstrantenkolonnen mit roten Fahnen aufzubieten, während ich im Krankenhaus liege, ist einfach. Schwieriger würde es, wenn an der Seite des Präsidenten ein Generaloberst auftauchte, der in seiner Person zwei hohe staatliche Ämter vereint – die des Chefs der Präsidialverwaltung und des Sekretärs des Sicherheitsrates.

In den Zeiten von Tschubais und Jumaschew war die Präsidialverwaltung eine rein intellektuelle Mannschaft gewesen, die sich im Schatten der Politik hielt (diese Haltung erscheint mir übrigens bis heute als richtig). Doch jetzt, da sich die Lage zuspitzte, wäre der von Jumaschew vorgeschlagene Schachzug eindeutig von Nutzen. Dennoch genehmigte ich mir eine Woche Bedenkzeit. Irgendwie wollte mir diese Idee nicht so ganz gefallen. Bald wurde mir klar, warum. Meine Zweifel hingen mit der Person Bordjushas zusammen. Der junge General war erst kurz zuvor Chef der Grenztruppen geworden, anstelle von Andrej Nikolajew. Dann wurde ihm die Leitung des Sicherheitsrates angeboten, und er hatte gerade erst begonnen, sich in sein neues Amt einzuarbeiten. Nach ganzen drei Monaten Tätigkeit im Kreml sollte er nun einen neuen gewaltigen Karrieresprung machen.

Jumaschew bot seine ganze Überredungskunst auf, um mich zu überzeugen: In der Verwaltung gelte es einfach, »ein neues Gesicht zu zeigen«, Bordjusha sei ein wirklich intelligenter Militär, er stehe mit seinen Ansichten der jungen Politikergeneration wesentlich näher als der Generalität und habe von Anfang an sein Einverständnis erklärt, sich in der ersten Zeit mit ihm, Jumaschew, zu beraten. Dann werde man weitersehen. »Ich ziehe mich ja gar nicht zurück, Boris Nikolajewitsch, praktisch werde ich ständig an Ihrer und Bordjushas Seite sein«, versuchte Jumaschew mich zu beruhigen. Dieses Modell des Zusammenwirkens zwischen dem alten und dem neuen Verwaltungschef war für mich nicht sonderlich überzeugend. Trotzdem stimmte ich zu – keineswegs unter dem Einfluß von Jumaschews Argumenten, sondern aus einem ganz anderen Grund.

Schon damals spürte ich, daß die Gesellschaft zunehmend eine neue Qualität des Staates forderte, einen neuen stabilen Pfeiler, der das gesamte politische Machtgebäude stützen würde. Wie dringend wurde ein intelligenter, demokratisch gesinnter, auf neue Art denkender, doch militärische Disziplin zeigender Mann gebraucht! Ein Jahr später trat tatsächlich ein solcher Mann auf die politische Bühne und wurde mit Begeisterung aufgenommen – ich spreche natürlich von Putin. Doch bis dahin war es noch ein ganzes Jahr. Einstweilen nahm ich mit größtem Bedauern Jumaschews Rücktritt an. Er hatte mich nicht getäuscht. Nach seinem Rücktritt blieb er tatsächlich an meiner Seite, und heute, nach meiner Demission, sind wir weiterhin Freunde und arbeiten zusammen – nicht zuletzt an diesem Buch.

Am 5. Dezember brachte Jumaschew mehrere Erlasse zu mir nach Gorki-9. Sie betrafen seinen Rücktritt, die Zusammenlegung der Posten des Sekretärs des Sicherheitsrates und des Chefs der Präsidialverwaltung und die Entlassung einiger seiner Stellvertreter. Am 7. Dezember kam ich für drei Stunden in den Kreml, um diese Erlasse zu unterzeichnen. Den Posten des Chefs der Präsidialverwaltung übernahm der vierzigjährige General Nikolai Nikolajewitsch Bordjusha, Sekretär des Sicherheitsrates und ehemaliger Chef des Föderalen Grenzdienstes.

Nachdem etwa ein Monat vergangen war, rief ich Jumaschew zu mir und sagte: »Valentin, bist du sicher, daß es kein Fehler war? Irgendwie überzeugt mich Bordjusha nicht.« Er war verwundert. Nach außen hin lief alles glatt. Bordjusha gab sich Mühe, versuchte mit aller Kraft, in seine Führungsaufgabe hineinzuwachsen. Doch von Anfang an sah ich, daß er nicht der Richtige war. Später wurde mir klar, was sein Problem war. Nachdem er im streng organisierten Militärsystem Karriere gemacht hatte, kam er mit den Gegebenheiten des modernen politischen Lebens nicht zurecht, die feinen Nuancen und Tiefenströmungen entzogen sich seiner Wahrnehmung. Von seinem Standpunkt aus war die Arbeit des Verwaltungschefs unlogisch, ungeregelt, befremdlich. Er verlor den Boden unter den Füßen, und die inneren Spannungen begannen ihn zu lähmen. Dieses Gehemmtsein war es wohl, was mir zuerst an ihm auffiel.

Ich weiß aus eigener Erfahrung, wie so etwas ist. Ein robuster, willensstarker Mensch, mag er auch über eine ausgezeichnete Gesundheit verfügen, wird, wenn er in eine Situation gerät, in der er sich nicht wohl in seiner Haut fühlt und einem permanenten Streßzustand ausgesetzt ist, früher oder später einfach krank. Am Ende seiner kurzen Amtszeit als Verwaltungschef bekam der junge General der Grenztruppen Herzprobleme. Der einzige, mit dem Bordjusha sich gut verstand, war Primakow. Seine Denkweise, seine Art, um sich eine Atmosphäre strengster Geheimhaltung zu schaffen, akzeptierte er vorbehaltlos. Und als sich das Verhältnis zwischen mir und dem Regierungschef zunehmend verschlechterte, hielt er nicht stand.

Die Herausbildung eines neuen politischen Systems des postsowjetischen Rußlands dauerte lange und gestaltete sich schwierig. Wir holten uns Beulen und blutige Nasen. Und was am schlimmsten war: Dafür, daß das Gebäude eine tragfähige Konstruktion erhielt, mußte bisweilen, wie im Jahre 1993, ein hoher Preis gezahlt werden. Zu diesem Thema fällt mir jedoch nicht nur der Oktober 1993 ein. Hier wäre der Sprecher des Obersten Sowjets Ruslan Chasbulatow zu nennen, der aktiv daran arbeitete, die Verfassung aufzuweichen. Oder auch das Referendum darüber, ob der präsidialen oder der parlamentarischen Form der

Staatsführung die Priorität gehören sollte. Oder eben die in der Duma veranstalteten Abstimmungen über meine Amtsenthebung und all die Regierungskrisen.

Nach den Wahlen von 1996 wurde mir endgültig klar, daß die Rolle der Präsidialverwaltung geändert werden mußte. Hatte ich meine Verwaltung nach 1991 im wesentlichen als eine Kontrollinstanz betrachtet, so spielte sie nach 1996 die Rolle eines intellektuellen Stabes. Die Arbeit der »Analytischen Gruppe« ging weiter, nur erarbeitete sie jetzt keine Ideen für die Wahlvorbereitung mehr, sondern Konzeptionen für die Entwicklung des Landes.

Diese beiden Projekte hatten natürlich schon vor 1996 miteinander im Widerstreit gestanden. Juri Petrow, ehemals Sekretär des Swerdlowsker Gebietskomitees der KPdSU, hatte ich als erfahrenen Funktionär in den Kreml geholt, damit er die Armee der Staatsbeamten unter Kontrolle hielt. Dann kam Sergej Filatow in den Kreml, der als intelligenter, einflußreicher Mann, als überzeugter Demokrat galt. Doch leider besaß er nicht den Charakter, um entweder ein starker Politiker oder ein starker Analytiker sein zu können. Er verwandelte die Verwaltung in eine Art Forschungsinstitut für Probleme der Demokratie in Rußland. Berge von Informationen, Berichten, Konzeptionen wurden geschrieben, doch einen Bezug zum realen Leben hatten sie fast nie. Die Hauptrolle bei der Erarbeitung der politischen Strategie hatte eine Gruppe von Mitarbeitern, die mein erster persönlicher Referent Viktor Iljuschin leitete. Er nahm im Grunde genommen die Aufgaben des Verwaltungschefs wahr. Sein Verdienst war es, einen funktionsfähigen intellektuellen Stab geschaffen zu haben; es genügt daran zu erinnern, daß zu dieser Zeit Satarow, Baturin, Krasnow, Liwschiz und andere kluge Köpfe ihre Tätigkeit im Kreml aufnahmen.

Inzwischen wurde die politische Rolle des Föderalen Dienstes für Personenschutz und konkret meines Sicherheitsverantwortlichen Alexander Korshakow von Monat zu Monat und von Jahr zu Jahr stärker. Korshakow focht mit allen, die sich seinem

Einfluß entzogen und seiner Auffassung nach »Fremdkörper« waren, harte Fehden aus. Er mischte sich in die Arbeit meines Sekretariats ein, brachte seine Dokumente durch, indem er teilweise die Vorschriften umging, stand mit Filatow und Iljuschin auf Kriegsfuß und versuchte über Oleg Soskowez Einfluß auf die Wirtschaftspolitik des Landes zu nehmen. Über Korshakow habe ich bereits in einem anderen Kapitel geschrieben, doch möchte ich an dieser Stelle noch einmal sagen, daß ich die volle Verantwortung für seinen kometenhaften Aufstieg und seinen gesetzmäßigen Absturz übernehme: Für diesen Fehler mußte ich teuer bezahlen.

Der 1995 zum Verwaltungschef ernannte Krasnodarer Gouverneur Nikolai Jegorow sollte sich vornehmlich mit den Problemen der Friedensstiftung in Tschetschenien befassen. Doch dann übernahm diese Aufgabe ein ganz anderer Mann – General Lebed. Nach den Wahlen von 1996 wurde offensichtlich, daß die Zeit Korshakows und seiner Leute vorbei war; und daß es im Kreml weder zwei noch drei »informelle Führer« und, in der nüchternen Sprache der Politik ausgedrückt, zwei oder drei Machtzentren geben durfte.

Nach der Übernahme dieses Amtes durch Anatoli Tschubais erhielt die Präsidialverwaltung einen ganz anderen Charakter. Einerseits gab es eine straff organisierte Hierarchie mit eiserner Disziplin innerhalb des Kollektivs, andererseits war es eine junge, leistungsfähige Mannschaft von intelligenten Leuten einer anderen Generation mit einer anderen Haltung zum Leben und zu den Entwicklungen im Lande. Unbelastet von alten Stereotypen ging sie mit ungeheurem Elan an die Erarbeitung der Konzeption eines neuen, modernen Rußlands. Von diesem Zeitpunkt an wurden in der Verwaltung höchst bedeutsame strategische Gesetzesvorlagen vorbereitet: Varianten der Steuer- und Agrargesetzgebung, eine Reform des Staatsaufbaus und weitere wichtige Projekte, die dann auch verwirklicht wurden.

Die Präsidialverwaltung begann auch auf neue Weise die jährliche Botschaft des Präsidenten an die Föderale Versammlung vorzubereiten. In den Zeiten Tschubais', Jumaschews und dann auch Woloschins arbeiteten an diesem Staatsdokument, das die Hauptrichtung der Entwicklung des Landes für ein Jahr vorausbestimmte, nicht mehr nur Beamte, nicht einzelne Intellektuelle, sondern die besten Kräfte wurden einbezogen, alle Ministerien und anderen zentralen Behörden, ganze Institute leisteten ihren Beitrag. Die Verwaltung wurde zu einem regelrechten Stab für die Erarbeitung der wichtigsten Ideen, der Entwicklungsstrategie und der politischen Taktik.

Welches Potential sie besaß, bewies die Präsidialverwaltung im Sommer und Herbst 1999, als sie von Alexander Woloschin geleitet wurde. In dieser kritischen Zeit wurde ihre intellektuelle Energie, ihre in den zurückliegenden Jahren gewonnene politische Erfahrung voll ausgeschöpft. Der beeindruckende Sieg, den Woloschin mit seiner Mannschaft errang, kam für seine politischen Gegner völlig unerwartet. Doch hinter diesem Sieg stand jahrelange, mit größter Sorgfalt betriebene Arbeit: die kontinuierliche Analyse der Lage des Landes, die Schaffung von Mechanismen der Einflußnahme auf die öffentliche Meinung, auf die politischen und regionalen Eliten. Was meine politischen Gegner dann als Einflußnahme der »Familie« auf den Präsidenten hinstellten, war in Wirklichkeit die Zusammenarbeit mit dem Verwaltungschef, seinen Stellvertretern und den Beratern. In unseren Gesprächen wurden die von ihnen erarbeiteten Vorschläge erörtert. Daraufhin traf ich meine endgültigen Entscheidungen. Und nachdem diese gefallen waren, erfolgte ihre strikte Umsetzung.

Nach diesem Szenario habe ich die ganzen letzten Jahre gearbeitet. Zunächst wurde Tschubais als »Regent« hingestellt, Jumaschew und Woloschin später dann als Mitglieder der »Familie« – der Kern der Anschuldigungen änderte sich indessen nicht. Hinter dem Präsidenten agierten angeblich irgendwelche Leute im verborgenen. Ich bestätige das. Hinter meinem Rükken stand in der Tat eine große, starke, eingespielte Mannschaft. Und wenn jemandem dieser Terminus besser gefällt, kann ich es auch so sagen: Mitglieder meiner »Familie« waren Tschubais wie Woloschin, Jumaschew, Dshachan Pollyjew, Sergej Jastrshembski, Wjatscheslaw Surkow, Ruslan Orechow, Igor Schabdurassulow, Michail Komissar, Alexander Oslon, Michail Lessin, Juri Sapol, Xenia Ponomarjowa, Konstantin Ernst, Oleg Dobrodejew, Sergej Swerew – solange er in der Verwaltung tätig war –, Igor Malaschenko – in den ersten Jahren nach den Wahlen von 1996 –, Alexej Gromow, Oleg Syssujew, Sergej Prichodko, Dmitri Jakuschkin, Andrej Storch und viele, viele andere (ich möchte den Leser mit meiner Aufzählung nicht ermüden), die teilhatten an der Erarbeitung von Entscheidungen, die für das Schicksal des Landes eminent wichtig waren. Ob mir der einzelne konkret gefallen hat oder nicht, jedenfalls wußte ich: Diese Leute sind hervorragende Denker, sie sind fähig, Ideen zu entwickeln, sie müssen für das Land tätig sein, mit dem Präsidenten zusammenarbeiten. Die Präsidialverwaltung – darauf kann ich, darauf kann auch meine Mannschaft stolz sein.

Doch zurück zu den Ereignissen von Ende 1998, Anfang 1999. Ich zweifelte nicht im geringsten daran, daß die mit meinem schlechten Gesundheitszustand und mit den aggressiven Ausfällen Makaschows und Iljuchins in der Duma verbundene Krise im Keim erstickt werden konnte, und die Ablösung des Verwaltungschefs war hierbei ein geschickter Schachzug. Doch wie weiter? Der Sommer des Jahres 1999 rückte unerbittlich näher – die letzte Frist für die Suche nach jenem Politiker, der nach den Wahlen im Jahr 2000 Rußland auf dem demokratischen Weg weiterführen könnte.

Unterdessen begannen Primakows Chancen für das Amt des Präsidenten zu steigen. Ins Gespräch brachten ihn die Kommunisten in der Duma. Da die Werte der anderen mutmaßlichen Kandidaten – Lebed, Jawlinski, Lushkow – den Umfragen zufolge wesentlich niedriger lagen und allein Sjuganow mit ihm mithalten konnte, begann auch die Presse Primakows Anwartschaft als ernsthafte Möglichkeit zu betrachten. Die einen schrieben von einem absoluten Rückfall, von der Revanche der Kommunisten, der Rückkehr zum sowjetischen Gesellschaftsmodell, die anderen von der unausweichlichen Wahl, die die Gesellschaft zu treffen hätte. Auch das war begreiflich. Jeder Chef einer Antikrisenregierung verfügt über eine große politische Basis, die sich auf ganz natürliche Weise herausbildet. Die Primakowsche »Stabilisierung« wurde, obwohl in der Wirtschaft wie im Alltagsleben kaum zu spüren, zu einem Banner der Opposition. Selbstverständlich ahnte ich, daß sich die Pläne des Regierungschefs ändern konnten, daß er, zunächst vorsichtig, aber doch unübersehbar, seinen Anspruch auf die Präsidentschaft anmelden würde. Und natürlich nahm ich an, daß er von selbst mit mir darüber sprechen würde.

Doch Primakow bewahrte völlige Ruhe. »2000 gehen wir zusammen in den Ruhestand, Boris Nikolajewitsch, da können wir gemeinsam Fische angeln«, sagte er mehrmals zu mir. Äußerlich blieb es bei unserer bisherigen Art des Umgangs: Wir arbeiteten zusammen, besprachen anstehende Wirtschaftsfragen, suchten nach einem Kandidaten für das Amt des künftigen Präsidenten. Ich sah mir seine Umgebung an, wer ihm nahestand. Stepaschin? Außenminister Iwanow? Primakow nahm diese Kandidaturen nicht ernst. Nach seiner Ansicht hatten sie nicht das nötige Format. Hier wurde jemand von anderem Format gebraucht.

Meine Mitarbeiter wiesen mich wiederholt auf die Widersprüchlichkeit seiner Aussagen hin, wie ungern er von der künftigen politischen Situation sprach, wie er darauf bedacht war, sich nicht in die Karten gucken zu lassen. Natürlich war das zum Teil eine Gewohnheit, die von den langen Jahren seiner Arbeit im Auslandsgeheimdienst und im Außenministerium herrührte.

Bereits im Januar und Februar 1999 wurde in der Verwaltung heftig darüber diskutiert, ob Primakow sich für die Präsidentschaft bewerben werde. Er sei imstande, den Teil der Elite um sich zu scharen, der noch immer politische Revancheträume hegte und zu den alten Verhältnissen zurückkehren wollte. Und das seien nicht nur und gar nicht in erster Linie die Kommunisten. Hier seien sowohl die »fünfte Kolonne« der Kommunisten in den Geheimdiensten als auch ein Teil der Gouverneure und gewisse Leute in der Wirtschaft zu beachten. Hinzu komme, daß Primakow bei einem großen Teil der Bevölkerung Hoffnungen wecke. Er verspreche Ordnung, Stabilität, Verzicht auf Veränderungen und Reformen jeglicher Art, die nach der Herbstkrise von 1998 in der Gesellschaft ausschließlich als Bedrohung angesehen würden. Ich begann allmählich die Gefährlichkeit der Situation zu spüren und erkannte, daß Primakow, der mir so vertraut war wie kein zweiter aus der Führung unseres Landes, objektiv, fast ohne sein Zutun, zu einer ernstzunehmenden politischen Alternative zu meinem Kurs, meinem Entwicklungsplan für das Land, wurde.

Eine Episode aus jenen Tagen möchte ich erzählen. Mein Enkel Borja versuchte mir die Funktionsweise eines Computerprogramms zu erklären. Ich hörte ihm lange zu, und dann wurde mir klar, daß das nicht so einfach ist. Ich sah auf den flimmernden Monitor und dachte: Es ist meine Pflicht, dafür zu sorgen, daß Rußland im dritten Jahrtausend von Leuten mit einem anderen Denken geführt wird. Mag dieser neue Präsident auch meine Fehler und Versäumnisse, die Fehlschläge unserer Reformen öffentlich benennen, auf jeden Fall muß er ein schöpferisches Herangehen an den Tag legen. Gewiß, Jugend ist kein Allheilmittel. Auch unter den Vierzigjährigen trifft man Leute mit totalitärer Gesinnung. Man kann mit einem Computer arbeiten und ein Steinzeitmensch sein. Nicht das ist ausschlaggebend. Mein Nachfolger muß neue geistige Maßstäbe anlegen und in anderen Kategorien denken als die Generation der Politiker, die die Zeit des Bruchs mit dem Kommunismus und der politischen Krisen des neuen Rußlands erlebt haben. Seine Aufgabe ist es, wie in einem schwierigen Computerspiel, nicht »Feinde abzuschießen« oder »durch Labyrinthe hindurchzukommen«, sondern eine neue Zivilisation aufzubauen. Und dazu muß dem neuen Präsidenten die Sprache jener weltweiten Zivilisation, jener anderen Welt vertraut sein, in der auch meine Enkel und Urenkel leben werden.

»Genosse« und Staatsanwalt

Widerstrebend beginne ich dieses Kapitel. Nie hatte mich jemand dazu veranlassen können, mich nach seinen Regeln zu verhalten. Juri Skuratow aber ist es gelungen, nicht nur mich, sondern auch den Föderationsrat und das ganze Land in seinen schmutzigen Skandal hineinzuziehen. Der »stille Staatsanwalt« schaffte es, die Dinge so darzustellen, daß seine Schande gar keine mehr zu sein schien. Und dennoch, es läßt sich nicht umgehen, über ihn zu schreiben.

Es heißt, Rußland habe kein Glück mit seinen Generalstaatsanwälten. Valentin Stepankow, Alexander Kasannik, Alexej Iljuschenko – das waren Skuratows Vorgänger. Stepankow verschwand während der Ereignisse des Jahres 1993 in der Versenkung, Kasannik entließ die Organisatoren des Putsches vorzeitig aus dem Gefängnis und schlug die Tür hinter sich zu, Iljuschenko landete (auf Initiative Skuratows, seines Nachfolgers) selbst im Lefortowo-Gefängnis. Jeder Staatsanwalt trat unter aufsehenerregenden Umständen ab. Jeder hinterließ ein Gewirr unaufgeklärter Affären.

Aber geht es etwa nur Rußland so? Überall gibt es redliche und unredliche Staatsanwälte, Dummköpfe im Gewand des Staatsanwalts und ganz normale Leute. Bei uns, wo das ganze System der gesellschaftlichen Beziehungen in die Brüche gegangen war, entstanden gute Voraussetzungen dafür, daß Staatsanwälte in die Politik wechseln konnten. Das wurde (auf ganz unterschiedliche Weise) Skuratows drei Vorgängern zum Verhängnis. Im Grunde genommen ist der vom Präsidenten zu ernennende und vom Föderationsrat zu bestätigende Generalstaatsanwalt nichts anderes als ein Staatsbeamter. Ein weiter politischer Horizont wird von ihm nicht verlangt. Mehr noch, auf diesem Posten schlüge dies augenblicklich zum Nachteil aus. Aufgabe des Staatsanwalts ist es, ein Feind von Ungesetzlichkeiten jeglicher Art zu sein.

In der ersten Zeit nach Skuratows Ernennung im Jahre 1995 hatte ich den Eindruck, ein solcher Staatsanwalt sei nun endlich gefunden. Wir führten regelmäßig Gespräche. Er informierte mich über den Stand der Aufklärung bei den Ermordungen, die am meisten Staub aufgewirbelt hatten: des Priesters Alexander Men, des Fernsehmoderators Wlad Listjew, des Journalisten Dmitri Cholodow, des Geschäftsmanns Iwan Kiwilidi. Daß diese Morde von Jahr zu Jahr unaufgeklärt blieben, beunruhigte mich sehr. Das sagte ich Skuratow immer wieder. Er erklärte mit seiner leisen, farblosen Stimme: Die Untersuchung läuft, der Kreis der Verdächtigen ist eingegrenzt, wir untersuchen in dieser Richtung und in jener... Doch ich sah, daß in Wirklichkeit nichts passierte. Die endlose Monotonie seiner Ausflüchte brachte mich allmählich aus der Ruhe.

Eine andere Eigenschaft Skuratows, die mich anfangs optimistisch stimmte, war, daß er sich unpolitisch gab. Wie sich dann allerdings herausstellte, hatte er sich einen »geistigen Mentor« zugelegt – den Abgeordneten Viktor Iljuchin. Jenen Iljuchin, der seinerzeit versucht hatte, gegen Michail Gorbatschow ein Ermittlungsverfahren wegen Landesverrats einzuleiten, der mich wegen »Genozids am russischen Volk« vor Gericht bringen wollte und sich als Verfasser von Gesetzentwürfen hervorgetan hatte, die mich als unfähig hinstellten, das Land zu regieren. Dieser Abgeordnete, der, vom KGB lanciert, selbst im Justizsystem tätig gewesen war, hatte es verstanden, sich Zutritt zu jeder Tür, selbst zu der des höchsten Staatsanwalts zu verschaffen. So war das also mit dem unpolitischen Skuratow.

Später wurde mir klar, warum es so weit gekommen ist. Skuratow besaß viele Eigenschaften, die für einen Staatsanwalt unverzichtbar sind – Diensteifer, ausgezeichnetes Gedächtnis, Beharrlichkeit –, nur eine nicht, auf die es vor allem ankommt: einen starken Willen und Selbstvertrauen. Er war eine blasse Figur ohne Profil, deren innere Leere beliebig zu füllen war. Dabei konnte ihm Iljuchin gute Dienste leisten. Ich sah, daß Skuratow sich von Leuten beeinflussen ließ, die ihm einen einfachen Weg zeigten, den Weg spektakulärer politischer Affären. Auch unter Bankern und Unternehmern gab es Leute, die persönlichen Anteil daran hatten, Skuratow auszubooten. Wie sich später herausstellte, waren das »Freunde«, die genau wußten, wie beeinflußbar er war.

Der erste, der von der Existenz eines den Generalstaatsanwalt kompromittierenden Pornovideos erfuhr, war Nikolai Bordjusha. Als Militär war er sehr empfindlich gegenüber Freizügigkeiten. Mir beschloß er über diese Angelegenheit vorläufig nichts zu sagen. In einem Gespräch mit Skuratow bedeutete er diesem kurz und bündig, daß es in einer solchen Situation nichts zu überlegen gebe. Daraufhin schrieb Skuratow gehorsam sein Entlassungsgesuch: »Hochverehrter Boris Nikolajewitsch! Infolge des großen Arbeitsumfangs hat sich mein Gesundheitszustand in letzter Zeit stark verschlechtert (Kopfschmerzen, Schmerzen im Herzbereich usw.). In Anbetracht dessen bitte ich, dem Föderationsrat die Frage meiner Entbindung vom Amt des Generalstaatsanwalts der Russischen Föderation zur Behandlung zu unterbreiten. Ich möchte darum bitten, zu prüfen, ob mir eine Arbeit geringeren Umfangs übertragen werden kann. 01. 02. 99.«

Am nächsten Morgen erschien er wieder bei Bordjusha und beschwor ihn, nicht zuzulassen, daß die peinliche Geschichte publik werde. Bordjusha erwiderte, das Rücktrittsgesuch sei bereits dem Präsidenten zugeleitet worden, dem es nun obliege, eine Entscheidung zu treffen. Außerdem könne sich jeder, der auch nur einen Funken gesunden Menschenverstand besitze, ausrechnen, daß es nicht nur eine Kopie des Videos gebe. Skuratow flehte weiter. Doch einen Monat später änderte er plötzlich seine Haltung. Jetzt hieß es, das Video sei gefälscht, nicht er sei darauf zu sehen.

226

Nicht jeder kommt über eine solche Bloßstellung leicht hinweg. Skuratow wurde, vermutlich aufgrund eines ärztlichen Befundes, in das Zentralklinikum eingeliefert. Die Tagung des Föderationsrates, auf der sein Antrag behandelt werden sollte, war auf den 17. März 1999 angesetzt. In der Nacht zuvor wurde das Video im Fernsehen gezeigt, und am Morgen des folgenden Tages votierten die Ratsmitglieder nahezu einstimmig gegen Skuratows Ablösung. Der politische Kampf im Föderationsrat hatte den kritischen Punkt erreicht. Ratspräsident Jegor Strojew äußerte sich in einem Fernsehinterview etwa so: Was gibt es hier zu erörtern? Dem Mann ist ein Unglück widerfahren.

Bis zu dieser skandalösen Abstimmung über Skuratows Ablösung wußte ich nichts von dem Pornovideo. Weder Nikolai Bordjusha noch meine anderen Mitarbeiter hatten mir etwas gesagt. Als ich Skuratows Entlassungsgesuch gelesen hatte, empfand ich große Erleichterung: Ein schwacher, farbloser Staatsanwalt geht von allein, ohne daß er dazu veranlaßt werden muß und ohne unnötige Umstände zu machen. Die Vorgänge im Föderationsrat trafen mich wie ein Blitz aus heiterem Himmel. Ich bestellte Skuratow, Primakow und Putin zu mir, um Klarheit zu gewinnen.

Auf meinem Schreibtisch lagen ein Stapel Schwarzweißfotos aus besagtem Video, ein dazu eingeholtes Gutachten und das Protokoll der Tagung des Föderationsrates, in der Skuratows Entlassung behandelt worden war. Wie aus dem Gutachten hervorging, hatte die Analyse der Stimme und der Bildaufzeichnung ergeben, daß es sich bei dem auf dem Video zu sehenden Mann tatsächlich um den Generalstaatsanwalt handelte. Ohne mir die Fotos anzusehen, schob ich sie beiseite.

Während dieser Aussprache hörte ich zum erstenmal von der kriminellen »Mabetex«-Affäre. Skuratow erklärte, gegen ihn gebe es Verdächtigungen, Schmiergeld angenommen zu haben, das die Schweizer Baufirma angeblich an Pawel Borodin, den Chef der Kreml-Vermögensverwaltung, und andere Beamte gezahlt hatte, um den Renovierungsauftrag für den Kremlpalast zu

erhalten. Dann sagte er zu meiner Verwunderung: »Boris Nikolajewitsch, wenn ich das Amt des Generalstaatsanwalts behalte,
braucht sich wegen der ›Mabetex‹-Affäre niemand Sorgen zu
machen. Die habe ich unter Kontrolle.«

»Was hat diese Affäre damit zu tun? Gibt es etwas zu untersuchen, so tun Sie es. Unternehmen Sie alle notwendigen Schritte. Wir reden jetzt über etwas ganz anderes«, erwiderte ich
barsch und fuhr fort: »Juri Iljitsch, nach dem, was vorgefallen ist,
finde ich, daß Sie nicht länger im Amt des Generalstaatsanwalts
bleiben können. Ich will Ihnen nicht die Leviten lesen, ich will
Sie auch nicht bereden. Schreiben Sie Ihr Gesuch. Ich werde
nicht mit Ihnen zusammenarbeiten.«

Nach kurzem Schweigen sagte Skuratow, es schade nur, wenn
zwischen Präsident und Generalstaatsanwalt ein so gespanntes
Verhältnis herrsche, doch er würde gern weiterhin in der Mannschaft des Präsidenten arbeiten. Was die »Mabetex«-Affäre an-
gehe, könne kein anderer Generalstaatsanwalt diesen schwierigen Fall bewältigen. Unterstützung suchend, wandte er sich an
Primakow: »Jewgeni Maximowitsch, erklären Sie es doch!«

Ich wartete ab, wie sich Primakow äußern würde. Er schwieg
lange, dann meinte er: »Wenn Boris Nikolajewitsch mir sagen
würde, daß er nicht mit mir zusammenarbeiten will, würde ich
auf der Stelle gehen. Sie müssen gehen, Juri Iljitsch.« Daraufhin
erklärte Skuratow unverblümt: »Sie haben mich verraten, Jewgeni Maximowitsch.« Ich hatte das scheußliche Gefühl, daß Skuratow offen mit einer Strafsache feilschte. Er tat alles, um mir zu
verstehen zu geben: Ich bin Ihr Mann, ich bin zu allem bereit!
Nur behalten Sie mich! Doch ich blieb bei meiner Meinung: »Juri
Iljitsch, ich werde nicht mit Ihnen zusammenarbeiten. Schreiben
Sie Ihr Gesuch.« Damit schob ich ihm Stift und Papier hin.

Von Minute zu Minute war ich mehr davon überzeugt, daß es
richtig war, Skuratow zu entlassen. Ein solcher Staatsanwalt war
nicht nur schwach und fragwürdig, er war in seinem Amt äußerst
gefährlich. Jeder Kriminelle, jeder abenteuerliche Politikaster
konnte diese Videos für seine eigennützigen Interessen mißbrau-

chen. Und war es überhaupt mit diesen Videos getan? Welche »Gefälligkeiten« war dieser zwielichtige Mann noch imstande anzunehmen – und von wem?

Am selben Tag schrieb Skuratow ein weiteres Rücktrittsgesuch: »Nachdem ich die letzte Tagung des Föderationsrates gründlich ausgewertet habe, möchte ich vor allem für die Wertschätzung meiner Arbeit danken. Zugleich habe ich in Anbetracht der Lage der Dinge und der um meine Person entstandenen moralisch-psychologischen Situation beschlossen, von meinem Amt zurückzutreten ...«

Jener 17. März 1999 war der Beginn monatelanger erbitterter Kämpfe, in deren Mittelpunkt Skuratow stand. Damals war das noch nicht abzusehen. Mir erschien alles sonnenklar: Ein solcher Mann war einfach dieses hohen Amtes nicht würdig. Die Mitglieder des Föderationsrates urteilten jedoch anders: Skuratow war wertvoll im Kampf um politischen Einfluß. Das muß man ihm lassen: Den im Krankenhaus verbrachten Monat ließ der Herr Staatsanwalt ungeachtet aller Schmerzen nicht ungenutzt verstreichen. Kurz entschlossen riß er alle Affären, die mit der Politik zu tun hatten, an sich. Heute spielt nur noch eine von ihnen in der Öffentlichkeit eine Rolle: die um die Sanierung des Kreml. Damals jedoch legte Skuratow dem Föderationsrat einen lange Liste zur Befassung vor: die angeblich ungesetzliche Ernennung Tschubais' zum Vorstandsvorsitzenden der Einheitliches Elektro-Energiesystem (EES) AG; die Behandlung der für die Finanzkrise vom 17. August Verantwortlichen; einen Vorschlag für »Maßnahmen zur Rückführung von ins Ausland verbrachtem russischem Kapital«; Unterschlagungen in der Zentralbank. Wie sich später herausstellte, waren alle diese spektakulären »Affären« nichts als heiße Luft.

Jetzt hatte ich es mit keinem bedrückten, verwirrten Menschen mehr zu tun. Dieser Mann hatte seine Wahl getroffen und eine sehr genaue Vorstellung davon, welchen Platz er in der Politik einzunehmen gedachte. Auf seine unauffällige Art versuchte er beharrlich, es seinen neuen Verbündeten recht zu ma-

chen. Vor ihm war es noch niemandem gelungen, den Präsidenten in eine Kontroverse mit dem Föderationsrat zu verwickeln.
Er schaffte es. Dabei war der »stille Staatsanwalt« natürlich nur
eine kleine Figur im Spiel mächtigerer Leute.

Im Föderationsrat konnte er auf die Unterstützung Juri
Lushkows bauen. Das war seinerzeit meine größte Sorge. Nach
jenem denkwürdigen Treffen vom 18. März bestand für mich,
was Skuratow anging, völlige Klarheit. Seine weitere Tätigkeit in
der Staatsanwaltschaft zu dulden, dazu hatte ich einfach kein
Recht. Doch nun wurden das Verhalten Lushkows im Föderationsrat und seine Reden zur Verteidigung Skuratows für mich
zu einer neuen unangenehmen Erfahrung, nicht nur im politischen Sinn.

Ich wußte, daß Lushkow mit seinen Ambitionen zu so manchem fähig war. Im Herbst 1998, während der Geschichte mit
Tschernomyrdin, hatte er zum Beispiel einen offenen Angriff auf
mich gestartet. Damals war dies allerdings mit dem brennenden
Wunsch zu erklären gewesen, Regierungschef zu werden. Jetzt
warf er sich für Skuratow in die Bresche. Warum? Als jemand
mit vorbildlichem Familiensinn, als mustergültiger Ehemann
und Vater konnte Lushkow nicht übersehen haben, wie sehr der
Anlaß des Skandals um den Staatsanwalt die Öffentlichkeit ab-
stieß und wie wichtig eine konsequente moralische Haltung zu
diesem Mann war. Als Oberhaupt einer Metropole konnte ihm
auch nicht entgangen sein, welche Bedeutung einem makellosen
Ruf des Staatsanwalts zukam, welche moralische Gefahr die kriminellen Verbindungen eines Mannes bargen, der das Gesetz zu
schützen hatte und mit so weitreichenden Vollmachten ausgestattet war.

Lushkow mußte sich darüber im klaren sein, was er tat, wenn
er es praktisch darauf anlegte, die staatliche Führung auszuschalten, indem er versuchte, den Präsidenten und die Gouverneure
zu stürzen und die Balance der Machtbefugnisse zu zerstören.
Als Politiker mußte Lushkow sehen, daß er durch sein Eintreten
für Skuratow in den Augen der Menschen kaum gewinnen

konnte. Dennoch stellte er sich vor ihn. Ich fand keine andere Erklärung für sein Verhalten im Föderationsrat als sein unübersehbares Bestreben, um jeden Preis eine Krise heraufzubeschwören und an der Spitze eines Teils der Gouverneure das neue Machtzentrum zu bilden – ein illegitimes, verfassungswidriges Zentrum, das ohne jede Rücksicht den politischen Rahmen gesprengt hätte. Doch das würde ich nicht zulassen. Das würde ich weder Lushkow noch irgendeinem anderen erlauben. Noch war es niemandem gelungen, mich an die Wand zu drücken. Auch dem Gespann aus Generalstaatsanwalt und Bürgermeister würde es nicht gelingen, obwohl diese widerliche Geschichte natürlich deprimierend und verwirrend wirkte.

Später dachte ich darüber nach, wie das beinahe einmütige Abstimmungsergebnis vom 17. März zustande gekommen sein mochte. Für Skuratows Rücktritt hatten nur sechs Abgeordnete des Föderationsrates gestimmt. Sollte es lediglich politische Berechnung gewesen sein? Nein, bestimmt war da noch etwas anderes. Daß unsere Abgeordneten ohne weiteres an die russische Version eines »Commissario Cattani« (Held der Fernsehserie »Allein gegen die Mafia«) in Gestalt des unglückseligen Juri Skuratow geglaubt haben sollen, kann ich mir nicht vorstellen. Es gab auch schlichtere Gründe. Gewiß haben einige auch an sich gedacht, an ihre Sauna und das Wochenendhäuschen, das ihnen noch aus Sowjetzeiten geblieben war. Nicht alle natürlich, aber viele. Der Mensch ist nun einmal schwach. Moralische Integrität, die Rechtschaffenheit von Politikern, Beamten und Führungskräften ist in unserem Land vorläufig noch ein unerreichtes Ideal. Das traditionelle Mißtrauen der Russen gegenüber Vorschriften, geschriebenen und ungeschriebenen Gesetzen bildet den Hintergrund der Skuratow-Affäre.

Am 27. März 1999 nahmen Ermittler der Generalstaatsanwaltschaft im Kreml eine Durchsuchung vor und beschlagnahmten Dokumente. Ich gebe ehrlich zu, daß ich mich darüber freute. Ich war überzeugt davon, daß Skuratows Erpressung, das von ihm klammheimlich eingeleitete »Mabetex«-Verfahren, nichts weiter war als eine Finte. Und ich war mir sicher, daß ich einen absolut richtigen Weg beschritt. Mochten die Ermittler und Staatsanwälte ihren Pflichten im Rahmen des Gesetzes nachkommen. Die gleichen Pflichten hat auch der Präsident zu erfüllen – ohne jegliche Rücksichtnahme die Interessen des Staates durchzusetzen. Es war meine Pflicht, den fragwürdigen Staatsanwalt seines Amtes zu entheben, und das wollte ich auch tun.

Am 2. April eröffnete die Moskauer Staatsanwaltschaft gegen den Generalstaatsanwalt ein Strafverfahren wegen Amtsmißbrauchs. Unmittelbar danach unterzeichnete ich den Erlaß über die Amtsenthebung Skuratows aufgrund eines gegen ihn laufenden Ermittlungsverfahrens. Er war in Übereinstimmung mit dem Gesetz über die Staatsanwaltschaft und mit der Verfassung Rußlands vorbereitet worden. Das Strafverfahren läuft bis heute. (Im Laufe der Ermittlungen wurde festgestellt, daß es mindestens sieben belegbare Zusammenkünfte Skuratows mit Prostituierten gegeben hat, allesamt von »Freunden« finanziert, die ihrerseits in andere Strafverfahren verwickelt waren.) Ich hoffe, daß irgendwann alles aufgeklärt werden kann. Damals, im April, stieß meine entschlossene Haltung gegenüber Skuratow keineswegs auf einhellige Zustimmung, vor allem nicht im Föderationsrat.

Die Gouverneure waren in Rußland stets eine starke politische Macht. Selbst zu Sowjetzeiten wurden die Ersten Sekretäre der Gebietskomitees, wie ich aus eigener Erfahrung weiß, in entscheidenden Momenten zu der »vielsagend schweigenden« Mehrheit, mit deren Hilfe sich das Steuer bald scharf nach rechts, bald scharf nach links einschlagen ließ. Den Hintergrund der Absetzung Chruschtschows hatte eine Parteiverschwörung gebildet: Der Gruppe um Breshnew war es gelungen, sich insgeheim der Unterstützung der Mehrheit der Ersten Sekretäre der Gebietskomitees zu versichern. Und der Ernennung Gorbatschows ging etwas Ähnliches voraus – keine Entscheidung wurde ohne Zustimmung der »Ersten« getroffen. Im Falle Gorbatschows begnügte man sich allerdings mit offen geführten Gesprächen im Kongreßpalast des Kreml und speziell dafür bereitgestellten Hotelzimmern. Ohne überflüssige Konspiration.

In der neuen, »Jelzinschen« Verfassung – an der selbstverständlich eine Vielzahl von Fachleuten, Juristen und Politikern mitgewirkt hat – sind die Kompetenzen der regionalen Oberhäupter exakt festgeschrieben. Es besteht keine Notwendigkeit mehr, sich heimlich hinter dem Rücken der Führer zu treffen. Der Föderationsrat bestätigt die Gesetze, und alle wichtigen Entscheidungen werden nach offener Diskussion getroffen. Wir haben diesen Schritt bewußt getan, um den Föderationsrat per Verfassung zum Garanten staatlicher Stabilität zu machen. Die Duma ist extrem politisiert, vor allem war sie es in der postkommunistischen Phase grundlegender Veränderungen. Der Föderationsrat hingegen ist politisch weit ausgeglichener, jeder Gouverneur trägt die Verantwortung für seine Region.

Eine Konfrontation zwischen Präsident und Gouverneuren ist für das Land äußerst gefährlich. Um eine Atmosphäre des Aufruhrs und der Spaltung heraufzubeschwören, benötigen die Gouverneure weder einen militärischen Umsturz noch ein Amtsenthebungsverfahren gegen den Präsidenten, noch ein Mißtrauensvotum gegen die Regierung. Im Plenum sitzen hundert Repräsentanten Rußlands, hundert Fürsten oder wie immer man sie bezeichnen will. Seit Urzeiten verfügte diese Versammlung in den Augen des Volkes über kolossale Vollmachten, sie konnte gegebenenfalls selbst dem König seine Krone nehmen.

Bereits im Herbst 1998 hatte Juri Lushkow die Kommunisten aktiv in ihrer Absicht unterstützt, mich als Präsidenten für handlungsunfähig zu erklären. »In Rußland wurde eine präsidiale Republik geschaffen«, hatte er getönt, »die dem Präsidenten eine aktive Rolle bei den Staatsgeschäften einräumt ... Die Gesellschaft, der Staat muß vom Präsidenten eine Antwort erhalten, wie er selbst gewillt ist, das mit seinem Gesundheitszustand verbundene Problem zu lösen.« Am 21. April hielt er auf der Tagung des Föderationsrates eine Rede zur Verteidigung der

Gesetzlichkeit und zur Verteidigung Skuratows. Doch jeder konnte erkennen, daß er erneut einen raffinierten Schachzug getan hatte, um politischen Boden gutzumachen.

Die Gouverneure hatten sich im Streit um den Generalstaatsanwalt aus zwei Gründen um Lushkow geschart. Erstens fanden sie Gefallen daran, einen Staatsanwalt im Taschenformat zu haben. Der zweite, wichtigere Grund war, daß sie die Schwachstelle unserer Verfassung entdeckt hatten: Sie hielten in Gestalt einer einfachen Abstimmung über die Entlassung des Staatsanwalts ein starkes Machtinstrument in der Hand, um Druck auf den Präsidenten auszuüben. Wie sie es am besten nutzen konnten, wußten sie noch nicht, doch ausprobieren wollten sie es gar zu gern.

Nachdem sie während der 1998er Herbstkrise die Schwäche der Exekutive erkannt hatten, versuchten die Gouverneure immer wieder, sie auf ihre Stabilität hin zu prüfen und die Machtbalance des modernen Rußlands zu modifizieren. Ich denke, daß die gegenwärtig laufende Reform des Föderationsrates helfen wird, künftig derartige Kontroversen zwischen dem Präsidenten und den führenden Köpfen der Regionen zu vermeiden. Es ist zu gefährlich für das Land, wenn die Gouverneure, die die Stabilität in den russischen Provinzen zu gewährleisten haben, sich auf politische Intrigen einlassen.

Ich traf mich mit einigen Gouverneuren und fragte sie nach ihrem Standpunkt zur Skuratow-Affäre. Im wesentlichen unterstützten sie meine Position: Ein solcher Staatsanwalt ist für das Land untragbar. Doch Lushkow stimmte sie in den Fluren auf eine Verfassungsrevolte, einen »legalen Protest« ein. Dazu nutzte er seinen Einfluß dank der Abhängigkeit vieler schwacher Regionen von Moskau. Für den Rücktritt des Staatsanwalts stimmten schließlich 61 Abgeordnete (von 178), 79 stimmten dagegen. Die erste Abstimmung hatte noch ein ganz anderes Ergebnis gebracht. Damals hatten nur sechs Abgeordnete für Skuratows Rücktritt gestimmt.

Ob wohl viele dieser 79 Ratsmitglieder tatsächlich angenommen hatten, Skuratow könne seine »Zaubertasche« öffnen, um die Nummern der Schweizer Bankkonten zu nennen und die Namen der Auftraggeber der spektakulären Morde preiszugeben? Das dürfte kaum der Fall gewesen sein. Die Abstimmung war ein politisches Hasardspiel. Außerdem war ein ganzer Stab zugunsten Skuratows tätig gewesen, sowohl Leute Lushkows als auch Vertreter der Kommunistischen Partei hatten sich mit den Abgeordneten getroffen, und am Tag der Abstimmung waren alle im Föderationsrat anwesend: Sjuganow, Iljuchin und viele andere Abgeordnete, die ein Interesse daran hatten, den Skandal anzuheizen. Ich denke, all diese Leute hatten im folgenden Jahr ausreichend Gelegenheit, sich davon zu überzeugen, daß Skuratows Begehrlichkeiten weckende Tasche genauso leer war wie das Hirn ihres Besitzers. Kein einziges neues Faktum, nicht ein Dokument brachte Skuratow zum Vorschein.

Vor der zweiten Abstimmung im Föderationsrat versuchte meine Mannschaft eine Verständigung mit Lushkow zu erreichen. Ich hatte als potentiellen Kandidaten für das Amt des Generalstaatsanwalts den ehemaligen Leiter der Moskauer Staatsanwaltschaft Gennadi Ponomarjow ins Auge gefaßt. Aus diesem Grund hatte ich den stellvertretenden Verwaltungchef Lissow ausführlich über ihn befragt. Lissow hatte noch vor kurzem in der Generalstaatsanwaltschaft gearbeitet und kannte Ponomarjow gut. Er meinte, dieser sei ein starker, unabhängiger Staatsanwalt und ein würdiger Kandidat. Auch Lushkow unterstützte die Kandidatur. Doch als Gegenleistung für seine Unterstützung bei der Ablösung Skuratows verlangte er, ich solle ihm die für den Föderationsrat bestimmte und von mir bereits unterzeichnete Vorlage mit dem Namen Ponomarjows persönlich aushändigen. Er versuchte mir seine Bedingungen zu diktieren. Das verblüffte mich. Die ganze Zeit über versuchte ich zu verstehen, wie die abenteuerliche Geschichte Skuratows eine solche politische Dimension erlangen konnte. Lag das nur am Föderationsrat? Nein, natürlich nicht ...

Damals begann deutlich zu werden, daß Rußland in eine neue

Phase eingetreten war – die der Repressalien gegenüber der Wirtschaft. Ganz allmählich hatte es angefangen, kaum merklich, und nun war daraus bereits eine Art staatlicher Ideologie geworden. Das schien der historischen Wahrheit zu widersprechen. Im Lande gibt es längst keine kommunistische Diktatur, keine Massenverhaftungen, keine »schwarzen Raben« mehr, die die Leute nachts abholen. Doch daß ein Mensch wegen eines angeblichen Wirtschaftsvergehens vor dem Prozeß ins Untersuchungsgefängnis gesteckt wird, daran störte sich kaum jemand, obwohl nach internationalen Maßstäben nur Schwerverbrecher eine derartige Behandlung verdienen.

Angesichts der Unvollkommenheit unseres Steuersystems und der staatlichen Finanzverwaltung konnte praktisch jeder Bürger »zur Verantwortung gezogen« und eingesperrt werden. Und einige unserer Staatsanwälte waren infolge der Lückenhaftigkeit der gesetzgeberischen Grundlage mitunter bereit, Haftbefehle gegen jeden x-beliebigen Banker, jeden mittleren oder kleinen Geschäftsmann, selbst jeden einfachen Buchhalter oder Finanzberater zu unterschreiben. Wirtschaftsvergehen, die von der Staatsanwaltschaft oder von gewissen Mitarbeitern der Geheimdienste sehr großzügig interpretiert wurden, waren die Grundlage für Erpressung, für kompromittierendes Material, für Schmiergelder, für Amtsmißbrauch. Aus diesen trüben Gewässern war übrigens auch die Skuratow-Kassette gefischt worden.

Die Staatsanwaltschaft versuchte Geschäftsleute »an ihren Haken zu bekommen«. Diese versuchten offenbar ihrerseits das gleiche mit der Staatsanwaltschaft. Allmählich wuchs dieses System, Druck auf Leute auszuüben, die sich nichts hatten zuschulden kommen lassen, über den Rahmen einzelner Strafverfahren hinaus. Die Angst vor Leuten in Uniform erfaßte im Frühjahr 1999 praktisch die gesamte Geschäftswelt unseres Landes. Die Beispiele von »Showverhaftungen«, Hausdurchsuchungen, Materialbeschlagnahmungen in Bank- und Firmenbüros häuften sich zusehends.

236

Begonnen hatte aus meiner Sicht alles mit der »Sobtschak-Affäre«. 1996 waren vor den Gouverneurswahlen in St. Petersburg über der Stadt Flugblätter abgeworfen worden, auf denen zu lesen stand: »Gegen Anatoli Sobtschak laufen zwei Strafverfahren.« In Wirklichkeit war er in den beiden Verfahren Zeuge gewesen. Natürlich war es in seiner Umgebung nicht immer einwandfrei zugegangen. Doch nie hatte der Jurist Sobtschak, ein rechtschaffener Mann, seine Machtposition auszunutzen versucht, um auf jemanden Druck auszuüben, wie es andere Gouverneure oder Bürgermeister gern taten. Seine Lauterkeit wurde in diesem schmutzigen Machtspiel mißbraucht. Wer steckte dahinter?

1996 standen hinter dem Petersburger Gouverneurskandidaten Wladimir Jakowlew Moskauer Politiker, allen voran Korshakow. Ohne ihre Unterstützung hätte die Maschine mit den Flugblättern kaum starten können. Einige Machtinstanzen – Staatsanwaltschaft, Innenministerium, FSB – hatten Sobtschak ins Visier genommen. Nach den Wahlen bekam ich wegen der »Piter[wie Petersburg im Volksmund genannt wird]-Affäre« häufig Besuch von Generalstaatsanwalt Skuratow. »Ermittlungen in dieser Angelegenheit sind unbedingt notwendig«, sagte er, »Sobtschak wird großer Unterschlagungen verdächtigt.« Meine stereotype Antwort lautete: »Handeln Sie strikt nach dem Gesetz.« Ich habe mich immer an ein einfaches Prinzip gehalten: Vor dem Gesetz sind alle gleich. In dieser Frage kann es keine Unterschiede geben. Wer darüber anders denkt, verdient nicht, Politiker genannt, ja nicht einmal, als redlicher Mensch angesehen zu werden.

Meine Mitarbeiter verfügten jedoch über eigene Informationen über die Sobtschak-Affäre. Von ihnen erfuhr ich, daß mehrere Ermittlungsgruppen im Einsatz seien. Es gebe Hausdurchsuchungen und Banknachforschungen. Das Ergebnis sei bisher gleich Null. Wie lange sollte das noch weitergehen? Zu denen, die Sobtschak in Schutz nahmen – Tschubais, Jumaschew, Nemzow –, sagte ich: »Wenn es einen Verdacht gibt, muß die Sache aufgeklärt und festgestellt werden, ob der Mann schuldig ist oder nicht.«

Unterdessen setzte die Untersuchungsgruppe des Innenministeriums und der Staatsanwaltschaft in St. Petersburg ihre Ermittlungen fort. Man hoffte, Belastungsmaterial gegen Sobtschak zu finden, aus dem sich eine handfeste Korruptionsaffäre machen ließ. Das Ganze zog sich hin. Jumaschew traf sich noch einmal im Kreml mit Skuratow, anschließend mit Innenminister Kulikow. Er erklärte ihnen, daß ihm das Handeln der Miliz von politischer Voreingenommenheit geprägt erscheine und nicht von dem Bestreben, die Wahrheit herauszufinden. Sie kamen nacheinander zu mir und baten, das Eingreifen der Verwaltung zu unterbinden. Ich erklärte wiederum, daß die Ermittlungen im Rahmen der Gesetze fortzuführen seien, und sicherte ihnen zu, daß es auch weiterhin kein Eingreifen der Präsidialverwaltung geben werde.

Im Herbst 1998 erlitt Sobtschak nach einem weiteren Verhör einen Herzanfall und mußte ins Krankenhaus eingeliefert werden. Ich erinnere mich noch gut an ein Gespräch mit Boris Nemzow, das wir bei einem Arbeitstreffen in Sawidowo führten. Er brachte plötzlich die Rede darauf, daß Sobtschak schwer herzkrank sei. Trotzdem habe die Staatsanwaltschaft vor wenigen Tagen einen Haftbefehl ausgestellt. Das sah bereits nach einem Kesseltreiben aus. Ich schwieg lange und starrte gedankenversunken vor mich hin. Dann bat ich Nemzow, Skuratow folgendes auszurichten: »Gegen einen kranken Menschen darf man kein Kesseltreiben veranstalten.«

In die Angelegenheit Sobtschak griff auch der Chef des FSB ein. Wladimir Putin wußte besser als jeder andere, wie ungerechtfertigt die gegen seinen ehemaligen Vorgesetzten und politischen Mentor inszenierte Kampagne war. Er fuhr unverzüglich über die Novemberfeiertage nach St. Petersburg, sprach mit den Ärzten, insbesondere mit dem Minister für Gesundheitswesen Schewtschenko, und erklärte sich bereit, Sobtschak außer Landes zu bringen. Aufgrund der Feiertage war es ruhig in der Stadt.

238

Putin nutzte seine dortigen Beziehungen, um eine Vereinbarung mit einer privaten Fluggesellschaft zu treffen, und ließ Sobtschak nach Finnland ausfliegen, von wo aus er nach Paris gelangte. Sobtschak wurde beschattet; es gab die Anweisung, ihn nicht aus der Stadt herauszulassen. Allerdings nahm man es mit der Beschattung nicht so genau, in der Annahme, daß sich in unserer seelenlosen Zeit wohl kaum einer bereit finden würde, jemandem zu helfen, den schon alle als Häftling im »Kresty«-Gefängnis sahen. Einer fand sich doch. Als ich später davon erfuhr, empfand ich tiefe Hochachtung und Dankbarkeit für Putin.

Die Korruption ist in Rußland ein gewaltiges Problem. Nach meiner Überzeugung rührt das daher, daß unsere Wirtschaft zu uneffektiv arbeitet und die Gesetze nicht greifen. Nicht ein einziges Mal in meiner gesamten Amtszeit habe ich jemanden vor begründeter Strafverfolgung geschützt, nie jemanden »gedeckt«, um ihn dem Zugriff von Gericht, Miliz, Staatsanwaltschaft oder FSB zu entziehen. Und trotzdem ist es nicht gelungen, das Problem der Korruption zu lösen.

In jeder Wirtschaft, die den Prozeß der Umwandlung des Eigentums durchmacht, tritt zwangsläufig Korruption auf. Bekämpfen läßt sie sich nur mit vereinten Kräften. Wie will man einen Beamten dazu bringen, kein Schmiergeld anzunehmen, wenn er seine Familie mit fünf- oder sechstausend Rubel (das ist das Durchschnittseinkommen in Rußland und entspricht etwa zwei- bis dreihundert D-Mark) ernähren muß, andererseits aber über Millionengeschäfte zu entscheiden hat? Der einzige Weg ist, seine materielle Situation durch ordentliche Bezahlung zu verbessern. Die von den Kommunisten beherrschte Duma, Politiker jeglicher Couleur und auch die öffentliche Meinung haben das stets entschieden abgelehnt. Wie kann man die Gehälter der Verwaltungsbeamten erhöhen, wurde gefragt, wenn sich an den niedrigen Einkommen der übrigen aus dem Staatshaushalt Bezahlten – Lehrer, Ärzte – nichts ändert? Die Beamtengehälter blieben niedrig, die Schmier- und Erpressungsgelder hoch. Einen gesellschaftlichen Konsens gab es auch zu vielen anderen

239

Problemen nicht: zum Steuersystem, zur Diskrepanz zwischen regionalen und föderalen Gesetzen, zur Befreiung der russischen Geschäftswelt von unnötigen oder gar unsinnigen Verboten und Regelungen.

Mit der Behinderung der Geschäftstätigkeit aber bereiten wir ungewollt den Boden für Korruption. Der Haken dabei sind sicherlich nicht nur die Gesetze. Unsere Mentalität ist so, daß weder der Geschäftsmann noch der Staatsbeamte für gewöhnlich etwas dabei findet, Bestechungsgelder zu zahlen oder anzunehmen; wir sind noch aus Sowjetzeiten darin geübt, Verbote und Anordnungen zu umgehen. Doch ich bin davon überzeugt, daß alle Russen zu einer gewissenhaften Lebensweise bereit sind. Allen ist klar, daß es so nicht weitergehen kann.

Voraussetzungen dafür, daß die Entwicklung des Landes schneller vonstatten geht, sind eine funktionierende Wirtschaft, niedrige Steuern und hohe Gehälter für Staatsbeamte. Das heißt: Vernunft muß sich durchsetzen. Dazu ist notwendig, nicht nach »Sündenböcken« zu suchen, die man bestrafen kann, sondern selbst seine moralische Integrität zu beweisen. Nur mit sauberen Händen läßt sich die Korruption besiegen. Und nur mit einer redlich arbeitenden Mannschaft. Meiner Mannschaft habe ich stets vertraut.

Ich glaube, daß jeder in den Justizorganen, der genügend gesunden Menschenverstand besaß, erkannte, daß die Skuratow-Affäre nichts weiter war als der logische Abschluß des Doppelspiels, das solche »Skuratows« – Leute, die mit Macht ausgestattet waren, ihre moralische Orientierung aber verloren hatten – all die Jahre in den Büros der Generalstaatsanwaltschaft, des FSB und des Innenministeriums betrieben hatten. Natürlich gab es unter den Ermittlern der Staatsanwaltschaft echte Profis, die sich abmühten. Das gleiche gilt für die mit der Aufklärung von Wirtschaftsverbrechen befaßten Mitarbeiter des Innenministeriums und des FSB, die tatsächlich versuchten, das organisierte Verbrechen und die Korruption zu bekämpfen. Schwer zu sagen, was sie angesichts der Skuratow-Affäre empfanden –

Peinlichkeit, Befremden, Haß? Was sollten sie tun, nachdem ruchbar geworden war, welchen Umgang der oberste Staatsanwalt Rußlands mit höchst fragwürdigen Leuten pflegte, die ihm Callgirls lieferten?

Der Skandal um den Generalstaatsanwalt dauerte noch viele Monate an. Es kam zu einer dritten Abstimmung im Herbst 1999. Die Abgeordneten des Föderationsrates stimmten wieder gegen seine Entlassung. Jedoch fand die Affäre schon erheblich weniger Interesse. Die politische Komponente war weggefallen, die juristische hatte sich als langweilig und banal herausgestellt. Skuratow wurde schließlich entlassen. Er fuhr zwar fort, Enthüllungen an die Öffentlichkeit zu bringen, aber kaum jemand hörte ihm noch zu, zumal er sich zur lächerlichen Figur machte. Er raste weiter in einer schwarzen Limousine mit Blaulicht durch die Stadt, lebte weiter auf einer Staatsdatscha, spielte Fußball mit den Leibwächtern – offensichtlich machte ihm diese unbeschwert wirkende Lebensweise Spaß.

In der ganzen Zeit, in der er sich mit der Schweizer Staatsanwältin Carla del Ponte traf und in regelmäßigen Abständen groß aufgemachte Interviews und Pressekonferenzen gab, brachte er nichts hervor, was die von ihm im Frühjahr erhobenen Anschuldigungen auch nur im entferntesten untermauern konnte. Ungeachtet seines internationalen Rufes als »Kämpfer gegen die russische Mafia« ist er in seiner Heimat völlig in Vergessenheit geraten.

Mir ist verschiedentlich vorgeworfen worden, ich hätte die Auseinandersetzung mit Skuratow verloren. Mit unserem Vorgehen hätten wir ihm erst politisches Gewicht gegeben. Nein, Generalstaatsanwalt konnte Skuratow beim besten Willen nicht bleiben. Er bedeutete eine tödliche Gefahr. Kraft seiner Vollmachten konnte er meines Erachtens bei seiner Prinzipienlosigkeit unabsehbares Unheil anrichten. Ja, in Rußland hat es längere Zeit keinen Generalstaatsanwalt gegeben. Aber das war das geringere Übel. Ich denke, daß mein entschlossenes Handeln im Fall Skuratow viele Hitzköpfe im Föderationsrat ernüchtert hat.

Wenn ich heute an die Vorgänge jenes Frühjahrs zurückdenke, erscheint mir etwas anderes wichtig. Skuratow, und nicht nur er allein, versuchte, zahlreiche Geschäftsleute und Behördenleiter, viele Vertreter der russischen Elite »an seinen Haken zu bekommen«. Die Lehren aus der Skuratow-Affäre lauten, daß man einen Schwebezustand nicht zu lange, nicht über Jahre andauern lassen darf, ganz gleich, ob es dabei um einen entlassenen Staatsanwalt, um ein Strafverfahren, um eine spektakuläre Ermittlung oder um moralische Verantwortung geht. Wenn in einem demokratischen Land Gesetze mißachtet werden und die Institutionen der zivilen Gesellschaft untätig bleiben, ist die Demokratie in Gefahr.

Im Mai 2000 wurde Skuratow auf Beschluß des Föderationsrats endlich aus dem Amt entfernt. So endete die langwierige Affäre um einen Generalstaatsanwalt.

Kosovo

Zu den schweren innenpolitischen Problemen kam eine Ende März 1999 ausbrechende Krise in der internationalen Politik: der Krieg in Jugoslawien. Die Haltung Rußlands und die der westlichen Länder zur Kosovo-Krise unterschieden sich erheblich voneinander. Der Westen vertrat hartnäckig den Standpunkt, der in Jugoslawien entfesselte Krieg sei ein Kampf für die Rechte nationaler Minderheiten, für die Menschenrechte. Wir hingegen sahen im Kosovo eine globale Krise heraufziehen. Durch die Bombenangriffe auf Belgrad brach die gesamte Nachkriegsordnung zusammen. Sie verstießen gegen alle Normen des Völkerrechts, die die UNO über Jahrzehnte entwickelt und festgelegt hatte.

Der Konflikt im Kosovo ist gestoppt. Aber die Probleme dieser Region bestehen weiter. Der Krieg hat das Milošević-Regime noch gestärkt, sei es auch nur vorübergehend. Durch Anwendung internationaler Gewalt mit einem Land abzurechnen, mit seinen Bewohnern, seiner Wirtschaft, seiner Kultur – etwas Bedrohlicheres kann es für die Menschheit nicht geben. In Jugoslawien wurden Industriebetriebe, historische Bauwerke, Heiligtümer, Museen zerstört. Mit der Akzeptanz internationaler Gewaltanwendung riskieren wir eine globale Krise der demokratischen Werte. Soll das Prinzip, weltweit Frieden zu stiften, in der internationalen Politik ersetzt werden durch Machtpolitik, durch Rambogebaren? Soll die Macht eines Landes oder einer Gruppe von Ländern beliebig über das Schicksal anderer Länder entscheiden? Wenngleich ich mir über das Gesagte schon lange im klaren war, mußte ich nun, in der Jugoslawien-Krise, erneut darüber nachdenken, denn es galt, rasche Entscheidungen zu treffen, mitunter von einem Moment auf den anderen.

Am 24. März, unmittelbar vor Beginn der Bombenangriffe, rief mich Bill Clinton an. Er wollte mit mir die Lage im Kosovo besprechen. Milošević setze den Vormarsch fort, lasse zusätzliche Truppen einmarschieren, bringe unschuldige Menschen um und brenne Dörfer nieder. Das alles wußte ich, aber ich wußte auch: Man hätte politische Verhandlungen führen müssen. Jegliche Verhandlung, selbst wenn sie erfolglos bleibt, ist besser, als mit einem Schlag alles zu zerbomben und zu zerstören. Zu diesem Zeitpunkt befand sich das Flugzeug unseres Regierungschefs, der eigentlich auf dem Weg zu Clinton war, bereits auf dem Rückflug über dem Atlantik. Primakow zurückzuholen war nur der erste Schritt, sagte ich Clinton, es werde weitere Schritte geben.

Clinton beharrte auf seinem Standpunkt. Er gab zu verstehen, von mir hänge es ab, ob es Milošević erlaubt werde, die russisch-amerikanischen Beziehungen zu zerstören, alles zunichte zu machen, was wir in den letzten sechs Jahren aufgebaut hätten. »Ich jedenfalls«, sagte Clinton, »werde ihm das nicht erlauben.« Er nannte konkrete Zahlen: In Europa fließe Blut, 250 000 Flüchtlinge hätten den Kosovo verlassen. Wenn man das nicht stoppe, werde es weitere 2,5 Millionen Flüchtlinge geben. Wenn wir jetzt nichts unternähmen, bekämen wir ein neues Bosnien. Milošević wolle die Kosovo-Albaner einfach mit militärischer Gewalt vernichten.

Ein Argument Clintons machte mich besonders betroffen: Wäre Milošević nicht Serbe, sondern zum Beispiel Ire, würde es Rußland leichter fallen, solidarisch mit den USA zu handeln. Glaubte er wirklich, daß unser Motiv allein unsere traditionelle Verbundenheit mit den Serben war? Begriff er nicht, daß es um die exemplarische Haltung der Amerikaner zum Kosovo-Problem ging, und das hieß um das Schicksal Europas, ja der ganzen Welt?

Unser Ziel war keineswegs ein »slawischer Bruderbund« aufgrund der besonderen russisch-serbischen Beziehungen. Wir hätten ebenso reagiert, wenn es sich um ein anderes Land gehandelt hätte, sei es Polen, Spanien oder die Türkei.

Meine Antwort lautete: »Ich bin überzeugt davon, daß wir Milošević gestürzt hätten, wenn wir weiter gemeinsam gehandelt hätten.«

Wieder und wieder berief sich Clinton darauf, daß seine Ansicht mit der der europäischen Staats- und Regierungschefs übereinstimme. Die Position der Europäer sei angesichts dessen, was im Kosovo vor sich gehe, noch entschiedener. Man werde einen ersten Luftschlag führen, und Milošević werde sich sofort verhandlungsbereit zeigen. Das war die Logik der NATO.

Leider irrte sich Clinton, die Bombenangriffe vermochten Milošević weder im März noch im April, noch im Mai zu stoppen. Das gelang erst durch das gemeinsame diplomatische Engagement Rußlands, Finnlands und der USA.

In unserem Gespräch sagte ich dem amerikanischen Präsidenten: »Man darf nicht zulassen, daß wegen eines Mannes Hunderte und Tausende Menschen umkommen, daß seine Worte und Handlungen unser Tun bestimmen. Wir müssen darauf hinarbeiten, daß andere Leute in seine Umgebung gelangen, daß er gezwungen wird, sich anders zu verhalten als jetzt. Dazu läßt sich vieles tun, auch mit Hilfe der Auslandsaufklärung. Im Interesse unserer Beziehungen und der künftigen Sicherheit in Europa bitte ich dich, den Befehl zu diesem Militärschlag aufzuheben. Wir könnten uns irgendwo treffen und ein gemeinsames Vorgehen gegen Milošević erarbeiten. Wir sind klüger als er und würden das bestimmt schaffen. Wir müssen das um unserer Beziehungen und des Friedens in Europa willen tun. Wer weiß, wer nach uns regiert, wer dann für die Reduzierung der strategischen Kernwaffen zuständig sein wird. Unsere Aufgabe ist es, diese Waffenberge abzutragen. Das ist es, womit wir uns befassen müssen.«

Ich erinnere mich, daß ich während des Gesprächs jedes meiner Worte sorgsam wählte, um meinen Gesprächspartner zu überzeugen. Clinton erwiderte, daß er meinen Optimismus hinsichtlich der Methoden, mit denen man Milošević beeinflussen könne, nicht teile. Und das bedeutete Krieg.

Ich denke, als Mensch hat Clinton mich verstanden. Man hörte es an seiner Stimme. Doch als Präsident der USA gab er mir unmißverständlich zu verstehen: Verhandlungen sind sinnlos. Das war ein großer Fehler.

Clinton machte noch ein weiteres Argument geltend, das für mich gewichtigste: Milošević sei der letzte kommunistische Diktator, der das Bündnis zwischen Rußland und Europa zerstören wolle, der gegen die Demokratisierung des Kontinents auftrete.

Aber ich hatte meine eigenen Argumente:»Das Verhältnis unseres Volkes zu Amerika und der NATO wird sich jetzt sehr verschlechtern. Ich habe nicht vergessen, welche Mühe es gekostet hat, das Verhältnis der einfachen Menschen und der Politiker hier in Rußland zu den USA und zu Westeuropa zu ändern. Das war schwer, aber es ist mir gelungen. Und das soll jetzt alles verlorengehen?« Dieses Gespräch fand statt, als sich die NATO-Flugzeuge bereits in der Luft befanden.

Vor kurzem habe ich den Film *Wag the Dog* (*Wenn der Schwanz mit dem Hund wedelt*) gesehen. Ein hochinteressanter Film, der noch vor der Kosovo-Krise gedreht worden ist. Erstaunlich, mit welchem Scharfsinn hier ein Krisenszenario entworfen wird: Eine internationale Krisenregion, aus der Unheil droht (der Balkan), dient als Vorwand, um einen Krieg zu entfachen, der innenpolitische Probleme in den USA lösen soll, die mit Menschenrechten nichts zu tun haben. Nur ist Krieg kein Film. Er fordert Menschenleben. Er deformiert diejenigen, die ihn führen. Sie gewöhnen sich an die Gewalt, und über Ursachen und Folgen des Krieges denken sie nicht mehr nach.

Den Amerikanern ging es darum, mit allen Mitteln die nordatlantische Solidarität zu stärken. Die Nachkriegsordnung drohte aus dem Gleichgewicht zu geraten. Sie sahen Menschenrechte, Demokratie und Freiheit in Gefahr, aber aus einem ganz anderen Grund als wir. Sie fürchteten die zunehmende Selbständigkeit Europas in wirtschaftlicher, politischer und moralischer Hinsicht. Das ist meine Meinung zu den Ereignissen, und ich möchte anregen, über diese Seite der Kosovo-Krise nachzudenken.

Doch zurück zu den Ereignissen jener Tage. In meiner Erklärung, die am 25. März 1999, unmittelbar nach Beginn der Bombenangriffe auf Jugoslawien, veröffentlicht wurde, heißt es: »Praktisch handelt es sich um den Versuch der NATO, in das 21. Jahrhundert in der Uniform des Weltgendarmen einzutreten. Rußland wird dem niemals seine Zustimmung geben...«

Bei einer politischen Erklärung ließ ich es nicht bewenden, war mir doch klar, daß dieser Krieg nur aufzuhalten wäre, wenn von russischer Seite gewaltige Anstrengungen an beiden Fronten gleichzeitig unternommen würden, das heißt sowohl auf die NATO als auch auf Jugoslawien einzuwirken. Sollte der Krieg länger als zwei Monate dauern, würde Rußland unweigerlich in den Konflikt hineingezogen werden. Ein neuer Kalter Krieg stünde bevor.

Nach Beginn der Bombenangriffe war auch unsere innenpolitische Stabilität aufs engste mit der Lage auf dem Balkan verbunden. Kommunisten wie Nationalisten versuchten das Drama zu nutzen, um das politische Gleichgewicht zwischen den verschiedenen Kräften in unserer Gesellschaft aus den Angeln zu heben. Jetzt zeige sich das wahre Gesicht des Westens, verkündeten hysterische Stimmen. Man habe schon immer vor der NATO gewarnt und wisse, wozu die Amerikaner in der Lage seien. Heute Jugoslawien und morgen Rußland!

Wie würde alles weitergehen? Was würde geschehen, wenn es nicht gelang, diesem aggressiven Antiamerikanismus, dieser feindseligen Haltung gegen den Westen Einhalt zu gebieten? Die Krise in Rußland würde die Krise in der Welt weiter verschärfen. Eine Vertrauenskrise mit gravierenden innenpolitischen Konsequenzen drohte. Ich konnte selbst Massenunruhen und Verfassungsbruch nicht ausschließen. Kriege hatten letzten Endes schon immer Revolutionen ausgelöst.

Was mich besonders aufbrachte: Verstanden denn die Staats- und Regierungschefs des Westens, mit denen ich so oft zusammengekommen war, unsere Lage nicht? Viele von ihnen nannten mich ihren Freund. Lag es für sie nicht auch auf der Hand, daß jedes Bombardement, jeder Raketenschlag sich nicht nur gegen Jugoslawien, sondern indirekt auch gegen Rußland richtete?

In Moskau brachen besorgniserregende Tage an. Vor der amerikanischen Botschaft tobte die Menge, Flaschen und Steine flogen gegen die Fenster, an die Mauern wurden obszöne Sprüche geschmiert. Das Botschaftsgebäude der USA steht am Gartenring, nur zwei Schritte von der Straße entfernt. Die Schutzzone umfaßt ganze drei Meter Asphalt. Jeder bewaffnete extremistische Übergriff konnte unabsehbare Folgen haben. Die Miliz nahm eine Gruppe von Extremisten fest, die mit einem schußbereiten Granatwerfer an der US-Botschaft vorbeigefahren war. Schlimm, sich vorzustellen, wozu so ein Schuß hätte führen können.

Die Duma nahm eine Resolution nach der anderen an. Die Kommunisten wurden aktiv und führten mit Milošević Verhandlungen über ein militärstrategisches Bündnis zwischen beiden Staaten. Freiwillige für die Kriegsteilnahme auf serbischer Seite wurden geworben, und Politiker jeglicher Couleur versuchten im Kosovo-Konflikt Punkte zu sammeln. Moskaus Bürgermeister Juri Lushkow zum Beispiel erklärte offen seine Unterstützung für die Demonstranten vor der amerikanischen Botschaft. Die Miliz kümmerte sich mehr um den Schutz der Demonstranten als um den der Botschaft. Und obwohl in jenen Tagen bei weitem nicht die gesamte Gesellschaft eine so NATO-feindliche Haltung einnahm wie die roten Abgeordneten in der Duma, waren die Russen aufs äußerste besorgt. Die jugoslawische Tragödie ging ihnen sehr nahe.

Es war nicht allein das Schicksal der Serben und Serbiens, was die Russen bewegte. In jeder russischen Familie gibt es Frontkämpfer, gibt es Kriegswaisen. Wir haben als Heranwachsende den Krieg noch erfahren, er ist für uns kein fremdes Leid. Darum empfinden wir bei jeder Zuspitzung der Lage in Europa Angst.

Die NATO-Aggression, mit welchen edlen Motiven sie auch begründet werden mochte, war für die Russen ein Schock. In Belgrad traten russische Künstler auf, in unseren Zeitungen und Zeitschriften wandte sich der Volkszorn gegen Amerika. In den wenigen Jahren seit 1991 war unsere Gesellschaft eine andere geworden. Die neuen Verhältnisse, die zum Teil naiv und ohne viel darüber nachzudenken vom Westen übernommenen demokratischen Werte, waren inzwischen Alltag geworden. Nicht alle akzeptierten sie auf Anhieb, nicht alle wollten die Vermischung der Kulturen, Ideologien, Wirtschaftsformen, der politischen und geistigen Systeme. Doch allmählich, unter großen Anstrengungen, begannen die Russen diese völlig neue und ungewohnte Welt zu schätzen und zu verstehen. Dieser Prozeß konnte nun durch den Krieg in Jugoslawien binnen weniger Wochen zunichte gemacht werden, endgültig und unwiederbringlich. Damit konnte ich mich nicht abfinden. So wurde ich in zwei Richtungen aktiv: Druck auf die NATO und Druck auf Milošević. Dieser Krieg mußte unbedingt gestoppt werden.

Die Rechnung der NATO-Strategen, daß sich Milošević nach den ersten Luftschlägen verhandlungsbereit zeigen würde, ging nicht auf. Das Volk hielt zusammen. Obwohl seine Armee über keine nennenswerte Luftabwehr verfügte, war sie doch in der Lage, im Bodenkampf zu bestehen. Und sie war – sollte die NATO Bodentruppen einsetzen – entschlossen, das Territorium ihres Landes mit allen Mitteln zu verteidigen.

Rußland unternahm alles, um eine Lösung auf friedlichem Wege zu finden. Am 14. April ernannte ich Viktor Tschernomyrdin zu meinem Unterhändler für eine friedliche Regelung in Jugoslawien. Er verbrachte Stunden um Stunden mit Milošević und dem finnischen Präsidenten Martti Ahtisaari. Meine Wahl war natürlich nicht zufällig auf Tschernomyrdin gefallen. Die Fachleute im Außenministerium machten Front gegen diese Entscheidung. Sie waren der Ansicht, für derartige Verhandlungen werde ein erfahrener, hochrangiger Diplomat gebraucht, ein Stellvertreter des Außenministers zum Beispiel. Andere dagegen meinten, daß angesichts der Verschlechterung der Beziehungen zum Westen ein gestandener Politiker die Leitung der Mission übernehmen sollte, der bei den Serben Ansehen genoß. Von verschiedenen Seiten wurde mir Jegor Gaidar empfohlen, der jahrelang in Jugoslawien gelebt hatte – sein Vater war dort *Prawda*-Korrespondent gewesen. Nach reiflichem Überlegen blieb ich bei meiner Entscheidung für Tschernomyrdin.

Ich vertraute ihm eine höchst schwierige Mission an. Aber eine andere Variante hätte sich zu diesem Zeitpunkt kaum finden lassen. Tschernomyrdin hatte großen Einfluß und genoß Ansehen sowohl in Jugoslawien als auch im Westen, vor allem bei den politischen Eliten der USA. Diese guten Voraussetzungen gaben ihm die Möglichkeit einer freien Verhandlungsführung, die sich ausschließlich auf ein Ergebnis orientierte: die schnellstmögliche Einstellung der militärischen Aktivitäten. Hier kamen seine Eigenschaften als erfahrener politischer Kämpfer voll zur Geltung: Beherrschtheit, Elastizität und Entschlossenheit, einen vernünftigen Kompromiß zu erreichen.

Am 22. April rief mich Tony Blair an. Seit Beginn der Krise telefonierten wir schon zum dritten oder vierten Mal. Wir führten ein Gespräch, das für das Geschehen dieser Tage sehr aufschlußreich ist. Ich sagte ihm folgendes:

»Ich bin überzeugt, daß die NATO mit der Fortsetzung der Bombardierung jugoslawischer Territorien einen großen Fehler begeht. Die Auswirkungen sind falsch kalkuliert worden. Statt Milošević unter Druck zu setzen, habt ihr seine Position gestärkt. Statt der Lösung eines humanitären Problems haben wir jetzt eine humanitäre Katastrophe. Statt eines Verhandlungsprozesses, für dessen Zustandekommen London nicht wenig getan hat, haben wir eine militärische Konfrontation. Uns beunruhigen Meldungen über Pläne zur Durchführung von Bodenoperationen im Kosovo. Ich sage es ganz offen: Dieser Weg führt in den Abgrund … Tony, ich appelliere an dich: Finde die Kraft, dem Wahnsinn Einhalt zu gebieten. Das ist ein europäischer, womöglich auch schon ein Weltkrieg. Milošević wird nicht kapitulieren. Wenn die Bombenangriffe eingestellt werden, öffnet sich ein Weg zur Wiederbelebung des Verhandlungsprozesses zwischen Serben und Albanern, zwischen Jugoslawien und der NATO einschließlich der USA und Großbritanniens. Kommt heute noch zur Besinnung, denn morgen wird es zu spät sein. Die Verantwortung für alles, was passieren kann, wird derjenige tragen, der ohne Abstimmung mit dem UN-Sicherheitsrat diesen Krieg entfesselt hat.«

Dieses ausführliche Zitat aus dem Stenogramm des Gesprächs habe ich hier mit Bedacht eingefügt. Seit meinem Gespräch mit Clinton waren die Dinge weit vorangeschritten. Es war klargeworden, daß die Bombenangriffe nichts bringen würden. Doch in der Haltung der NATO zeigte sich keinerlei Veränderung. Blair wiederholte fast Wort für Wort, was ich einen Monat zuvor von Clinton gehört hatte: Wir haben bei den Verhandlungen in Rambouillet im Februar alles Menschenmögliche getan, um eine friedliche politische Lösung herbeizuführen. Doch wie Milošević mit den Flüchtlingen umgegangen ist, wie serbische Truppen und Polizei mit seinem Einverständnis im Kosovo vorgegangen sind, das können wir aus moralischen Gründen nicht tolerieren. Ich wollte wissen, ob die Bombardierung der Flüchtlingskolonne, in der sich sowohl Albaner als auch Serben befanden, auch moralisch gerechtfertigt war. Blair gab eine ausweichende Antwort. Am Ende des Gesprächs wünschte er den Verhandlungen Tschernomyrdins mit Milošević Erfolg.

Die Verhandlungen traten auf der Stelle, und die Luftangriffe gingen weiter. Jugoslawien verwandelte sich allmählich in eine Ruinenlandschaft – in ein Land ohne Kraftwerke, Brücken, Industrie, ohne Verwaltung, ohne Straßen, ohne Brennstoffe und Nahrungsmittel. Täglich starteten Piloten der NATO zu über tausend Angriffsflügen mit dem Auftrag, die Wirtschaft des Landes zu zerstören.

Am 13. Mai kam der französische Präsident Jacques Chirac zu einem Blitzbesuch nach Moskau. »Ihr setzt gnadenlos eure Bombenangriffe fort und weist Rußland die Rolle des NATO-Sonderkuriers zu, um Belgrad eure Ultimaten aufzuzwingen. Ist euch denn nicht klar, daß ihr nicht nur Jugoslawien bombardiert?« hielt ich ihm vor und fuhr fort: »Ich will es Ihnen offen und freundschaftlich sagen. Dieses Spiel können und werden wir nicht mitspielen. Wir verlangen, daß die Bombenangriffe wenn schon nicht eingestellt, so doch wenigstens ausgesetzt werden.«

Chirac erwiderte, er sei nicht nach Moskau gekommen, um nur über den Kosovo zu sprechen. Er erinnerte mich daran, daß ich Rußland in die Zukunft führe, zurück in die Gemeinschaft der Nationen, Milošević hingegen sei ein Mann der Vergangenheit. Ich merkte auf. Das Gespräch hatte unverhofft eine andere Wendung genommen. Chirac gab mir zu verstehen, daß es bei den NATO-Verbündeten die Weltanschauung der USA und diejenige Frankreichs gebe. Die Sicht der USA sei einfach – eine Welt unter ihrer politischen Führung. Doch Frankreich sei damit nicht einverstanden. Er wolle nicht, daß sich diese Konzeption einer unipolaren Welt durchsetze. Nur hätten die Amerikaner derzeit die Mittel, sie durchzusetzen.

In wenigen Worten erklärte Chirac, wie sich in letzter Zeit, buchstäblich im Laufe des letzten Jahres, durch die Regierungswechsel die Lage in Europa verändert habe. Zuerst der Regierungswechsel in Spanien, dann in England und Deutschland. Alle hätten sich für die Unterstützung des harten amerikanischen Kurses entschieden – möglicherweise stehe das im Zusammenhang mit einer innenpolitischen Konjunktur. Zumindest verstand ich Chiracs Überlegungen so. Frankreich, fuhr der französische Präsident fort, vertrete hingegen die Konzeption einer multipolaren Welt. Selbst das französische Bataillon im Kosovo habe eine rein humanitäre Mission zu erfüllen.

Am Ende des Gesprächs erklärte Chirac, ich müsse mich endlich entscheiden: ob ich zu Milošević stehen oder mich gegen ihn wenden wolle. Für Rußland könne es nur zwei Wege geben, entweder mit einer unbedeutenden Rolle bei Entscheidungen über europäische Fragen vorliebzunehmen oder unter meiner Führung in die moderne Welt einzutreten. Rußland müsse die allgemeingültigen Menschenrechtsprinzipien durchsetzen. Alles richtig, dachte ich. Nur, wie kann ich diese demokratischen Prinzipien angesichts der Bombardierung Jugoslawiens durchsetzen? Fünfmal traf Tschernomyrdin mit Milošević zusammen, davon viermal unter vier Augen. Manchmal wurde neun Stunden lang verhandelt, ohne Pause. Tschernomyrdin berichtete mir, daß er, als die Verhandlungen völlig festgefahren waren, Milošević unverhohlen gefragt habe: Du glaubst doch nicht allen Ernstes, daß du den Krieg gewinnen kannst? Milošević habe diplomatisch geantwortet: Nein, aber wir werden ihn auch nicht verlieren. Vierhundert Jahre lang haben wir uns nicht unterwerfen lassen. Sollen sie nur versuchen einzumarschieren. Der Einsatz von Bodentruppen kann nur in einem Fiasko enden.

Milošević hatte seine Gründe, vom Scheitern einer Bodenoperation der NATO überzeugt zu sein. Die gut ausgebildete serbische Armee stand kampfbereit. Das Volk war entschlossen, sich um Milošević zu scharen. Ganz offen forderte er Tschernomyrdin auf, die Verhandlungen so zu führen, daß es möglichst bald zum Einsatz von NATO-Bodentruppen komme! Doch dieser hatte nicht die Absicht, seine Entscheidungen vom Präsidenten Jugoslawiens bestimmen zu lassen. Zugleich war offensichtlich, daß die NATO-Strategie, die zum gemeinsam gefaßten Bombardierungsbeschluß geführt hatte – im Glauben, daß Milošević sich wenige Tage nach Beginn der Luftangriffe ergeben werde –, in sich zusammenzubrechen drohte.

Nach ungefähr einem Monat änderte Milošević seine Strategie. Nun war er nicht mehr auf eine Eskalation des Konflikts aus und bat um Einstellung des Krieges. »Als Besiegter darf ich dennoch nicht dastehen!« gab er zu verstehen. Da Rußland nicht gleichgültig mit ansehen konnte, wie immer mehr Menschen ums Leben kamen, wie die Bevölkerung litt, drängte Tschernomyrdin Milošević zur Aufnahme von Verhandlungen, obwohl der jugoslawische Präsident unannehmbare Forderungen stellte. Zum Beispiel verlangte er, daß anstelle von NATO-Truppen solche aus Rußland, der Ukraine und sogar aus Indien im Kosovo eingesetzt würden. Gegenstand der Verhandlungen war auch der Beitritt Jugoslawiens zum Bündnis zwischen Rußland und Weißrußland, über den im russischen Parlament debattiert wurde. Die Idee war unrealistisch. Dennoch gab ich meine Zustimmung, sie in den Verhandlungen mit Milošević in Erwägung zu ziehen, um das Gespräch nicht abreißen zu lassen.

Tschernomyrdins Auftrag bestand vor allem darin, Milošević dazu zu bringen, mit den westlichen Staaten Friedensverhandlungen aufzunehmen. Er gab dem letzten kommunistischen Führer in Europa zu verstehen, daß es von russischer Seite keine militärische Unterstützung geben werde und die Möglichkeiten der politischen Unterstützung ausgeschöpft seien.

Bei den Amerikanern suchte Tschernomyrdin zu erreichen, daß das politische Verfahren zur Krisenregelung an die UNO übergeben wurde und sich die NATO aus den politischen Verhandlungen zurückzog. Milošević wollte weder Rußland noch der NATO gegenüber eine Kapitulation akzeptieren. Zweimal flog Tschernomyrdin in die USA, zwei Stunden verhandelte er mit Clinton, vier mit Al Gore. Im Ergebnis fanden acht mit Milošević abgestimmte Punkte Aufnahme in die entsprechende UNO-Resolution. Die Kapitulation erhielt die Form einer Resolution des UN-Sicherheitsrates, um Milošević nicht noch mehr zu demütigen. Er erbat sich Bedenkzeit, um das Dokument mit dem Parlament (Skupština) und den Militärs abzustimmen. Schließlich wurde es ohne jede Änderung angenommen. Tschernomyrdin hatte sein möglichstes getan. Der Krieg wurde eingestellt.

Das alles geschah trotz der absoluten Prinzipienlosigkeit, die Milošević an den Tag legte. In seiner Beziehung zu Rußland setzte er vor allem auf die Eskalation der Unzufriedenheit der Russen mit meiner Außenpolitik, auf die Spaltung unserer Gesellschaft und darauf, Rußland in eine politische und militärische Konfrontation mit den westlichen Ländern zu treiben.

Am 28. Mai erklärte sich die jugoslawische Seite bei einem neuerlichen Besuch Tschernomyrdins in Belgrad bereit, die von den G-8-Außenministern vorgeschlagenen allgemeinen Prinzipien einer Kosovo-Regelung zu akzeptieren. Am 1. und 2. Juni kamen Tschernomyrdin, Ahtisaari und US-Unterhändler Strobe Talbott in Bonn überein, daß es im Kosovo zwei internationale Präsenzen geben werde – die der NATO und die russische. Am 2. und 3. Juni fanden in Belgrad Verhandlungen Tschernomyrdins und Ahtisaaris mit Milošević statt. Die serbischen Regierungsvertreter nahmen den in Bonn ausgearbeiteten Friedensplan an. Damit war der Krieg am 3. Juni 1999 endgültig beendet. Der Tschernomyrdin/Ahtisaari-Plan enthielt zehn Punkte. Die wichtigsten entsprachen den bereits vor Beginn der Bombenangriffe erhobenen Grundsatzforderungen der Allianz: Rückkehr aller Flüchtlinge und Stationierung einer Friedenstruppe, Abzug der serbischen Militär- und Polizeieinheiten und Regelung des politischen Status des Kosovo auf der Grundlage der in Rambouillet erarbeiteten Abkommen.

Im Grunde genommen war Milošević gezwungen worden, zum Ausgangspunkt zurückzukehren. Er hatte mehr verloren als nach den Verhandlungen von Rambouillet. Mit Hilfe des Krieges hatte er nur ein Ziel erreicht: Er hatte alle seine innenpolitischen Opponenten und Gegner von der politischen Bühne verschwinden lassen – um den Preis der Zerstörung und völligen internationalen Isolierung seines Landes. Ich habe noch keinen Politiker kennengelernt, der so zynisch vorgegangen ist.

Im Kosovo-Konflikt traten die gefährlichsten Tendenzen der heutigen westlichen Politik deutlich zutage, zum Beispiel die Tendenz, mit zweierlei Maß zu messen. So wurde behauptet, die Menschenrechte hätten Vorrang vor den Rechten eines Staates. Doch mit der Verletzung der Rechte eines Staates werden automatisch und aufs gröbste die Rechte seiner Bürger verletzt – vor allem das Recht, in Sicherheit zu leben. Diesem Krieg sind Tausende Menschen zum Opfer gefallen. Darf man die Rechte der Kosovo-Serben gegen die Rechte der Kosovo-Albaner aufwiegen? Es ist wahr: Unter Milošević waren die Albaner grausamen Repressalien ausgesetzt und gezwungen, aus ihrer Heimat zu fliehen. Jetzt passiert das gleiche mit Serben, mit dem Unterschied, daß die Albaner von der serbischen Armee verfolgt worden waren, während jetzt die Serben von der albanischen Kosovo-Befreiungsarmee UÇK gejagt werden. Soviel zur Wirksamkeit militärischer Operationen.

Eine letzte Anmerkung: In der Nacht des 4. Juni 1999 hatte ich zu entscheiden, ob ich dem Plan unserer Militärs zustimmen sollte, eine Kolonne Luftlandetruppen zum Flughafen von Priština zu verlegen. Alle Dokumente waren bereits unterzeichnet, die verschiedenen Einheiten der Friedenstruppe sollten alle zur gleichen Zeit die ihnen zugewiesenen Standorte beziehen. War unsere Aktion notwendig? Ich schwankte lange. Sie war nicht ungefährlich, und wozu sollten wir auf diese Weise militärische Stärke demonstrieren? Dennoch entschied ich angesichts der totalen Obstruktion, die von der europäischen Öffentlichkeit gegen unsere Position betrieben wurde, daß Rußland zu einer deutlichen Geste der Eigenständigkeit verpflichtet sei, mochte sie auch keinerlei militärische Bedeutung haben. Es ging nicht um diplomatische Siege oder Niederlagen, sondern darum zu zeigen: Rußland hat sich moralisch nicht besiegen und sich nicht in den Krieg hineinziehen lassen. Das sollte der Militärmacht der NATO vor Europa und der ganzen Welt demonstriert werden.

Eine traurige Seite der jüngsten Geschichte war umgeblättert. Für wie lange?

22 Aktenstudium im Flugzeug

23 Dschochar Dudajew (links), Anführer des aufständischen Tschetschenien, mit zweien seiner Generäle

24 Mit Aslan Maschadow, dem Präsidenten Tschetscheniens, nach der Unterzeichnung des Friedensvertrages zwischen Rußland und Tschetschenien im Kreml. 12. Mai 1997

25 Staatsbesuch des spanischen Königspaares Juan Carlos I. und Königin Sophia in Moskau, 7. Mai 1997

26 Mit Helmut Kohl auf Korfu am Rande des EU-Gipfeltreffens 1994

27 Privatbesuch Helmut Kohls in Sawidowo nach Jelzins Herzoperation,
   30. November 1996

28 Informelles Treffen mit Jacques Chirac, den Ehefrauen und Töchtern im Restaurant »Zarenjagdhütte« bei Moskau, September 1997

29 Informelles Treffen der »Troika«, bestehend aus Boris Jelzin, Helmut Kohl und Jacques Chirac, in der Nähe von Moskau, 26. März 1998

30/31 Mit US-Präsident Bill Clinton während einer Pressekonferenz vor dem Weißen Haus in Washington, 1995

32 Mit Bill Clinton im Garten der Roosevelt-Villa bei Washington. Dieses Foto
schenkte Clinton dem zurückgetretenen Jelzin bei seinem Staatsbesuch in Moskau
am 5. Juni 2000.

33 Mit dem japanischen Ministerpräsidenten Rytaro Hashimoto zum Angeln am Jenissei, 2. November 1997

34 Privataudienz mit Ehefrau Naina bei Papst Johannes Paul II. in Rom, Februar 1998

55 Gipfeltreffen der Staats- und Regierungschefs der G 8-Staaten in Birmingham, Mai 1998

56 Shakehands mit dem kanadischen Premierminister Jean Chrétien während des G 8-Gipfeltreffens in Köln unter Leitung von Gerhard Schröder, Juni 1999

37 Mit (von links) dem stellvertretenden Ministerpräsidenten Nikolai Axenenko, Ministerpräsident Sergej Stepaschin und dem Chef der Präsidialverwaltung Alexander Woloschin am Urlaubsort Sotschi auf der Krim, Mai 1999

38 Auf dem OSZE-Gipfel in Istanbul, dem letzten internationalen Auftritt als russischer Präsident, November 1999

9 Machtübergabe an Regierungschef Wladimir Putin nach der Rücktrittserklärung am 31. Dezember 1999 im Kreml

0 Abschied von der Macht, Abschied vom Kreml am 31. Dezember 1999

41 Als »Privatmann« in Bethlehem, Januar 2000

42 Mitarbeiter des *Kommersant* überreichen eine limitierte Sonderausgabe ihrer
    Zeitung mit gesammelten Jelzin-Artikeln zum Geburtstag am 1. Februar 2000.

Primakows Rücktritt

Es muß im Januar 1999 gewesen sein, als die Stiftung »Öffentliche Meinung«, eines der größten Meinungsforschungsinstitute, eine interessante Umfrage startete: Welcher der führenden Politiker Rußlands hat im 20. Jahrhundert den größten Einfluß auf das Schicksal des Landes ausgeübt? Das Ergebnis war entmutigend. Auf den ersten Platz kam Breshnew, es folgten Stalin und Lenin. Für mich war kaum vorstellbar, daß es in der Weltanschauung der Russen einen so gewaltigen Schritt zurück zur kommunistischen Ideologie gegeben haben sollte. Tatsächlich verhielt es sich anders – die ganze Zeit über, besonders nach der Herbstkrise von 1998, war in der Gesellschaft der Wunsch nach Stabilität und die Ablehnung jeglicher Veränderung immer stärker geworden. Neben einem Präsidenten, der die Reformen zu beschleunigen suchte, erschien der Regierungschef als Hauptfaktor dieser inneren Stabilität und Ruhe. Er entsprach damit dem sozialen Hauptbedürfnis des Volkes: »Laßt uns in Frieden!«

Hatte ich das Recht, beiseite zu treten, Primakow zu gestatten, langsam, aber sicher die politische Initiative zu übernehmen und das Land zum Sozialismus, in die Vergangenheit zurückzuführen? War das gut für Rußland? Ich bin zutiefst überzeugt davon, daß ich dieses Recht nicht hatte, weder moralisch noch politisch noch menschlich. Wir hatten das Land und seine Menschen in einem ungeheuren Kraftakt aus dem Sozialismus, aus Mangelwirtschaft und Warteschlangen, aus der Angst vor dem Parteikomitee herausgeholt – jetzt mit einem Schlag alles rückgängig zu machen wäre sträflich gewesen.

Zum ersten unangenehmen Gespräch mit Primakow kam es

im Januar 1999. Er regte an, die Duma solle über ein politisches Stillhalteabkommen für das nächste Jahr, bis zu den Wahlen, beraten. Danach sollte der Präsident die Verpflichtung übernehmen, die Duma nicht aufzulösen und die Regierung nicht abzusetzen. Im Gegenzug sollte die Duma das Verfahren zur Amtsenthebung des Präsidenten einstellen und auf Mißtrauensvoten gegen die Regierung verzichten. Die Regierung ihrerseits sollte auf das Recht, im Parlament die Vertrauensfrage zu stellen, verzichten, obwohl die Verfassung ein derartiges Verfahren vorsieht.

Die Hauptpunkte dieses Vorschlags waren mir gut bekannt. Sie standen bereits in jener Vereinbarung, die im Herbst 1998 bei der Bestätigung der Kandidatur Tschernomyrdins ausgearbeitet worden war. Doch hatte die Duma Tschernomyrdin und damit auch diese Vereinbarung durchfallen lassen. Weshalb wollte Primakow sie nun zu neuem Leben erwecken?

Vom logischen Standpunkt schien die Sache in Ordnung zu sein: das in der Duma anhängige Amtsenthebungsverfahren, meine Krankheit – es war schon so, daß die politische Entwicklung einer Abfederung bedurfte. Doch die Macht ist keine Arithmetik, sie ist ein lebender Organismus, in dem sich jeden Monat, mitunter jede Woche alles ändert. War dieser »Nichtangriffspakt«, wie die Zeitungen ihn im Herbst, als es um die Bestätigung Tschernomyrdins ging, genannt hatten, schon ein Zugeständnis gewesen, so nahm er sich jetzt, Ende Januar 1999, wie eine totale Kapitulation der Präsidialmacht aus.

Neben dem Stillhalteabkommen hatte Primakow mit dem Duma-Vorsitzenden Gennadi Selesnjow einen Gesetzentwurf erörtert, in dem es um Garantien für den Präsidenten nach Ablauf der Geltungsdauer seiner Vollmachten ging. Das las sich, als erbäte ich mir Sonderrechte. Zwar wollte ich mich nicht einmischen, wenn es um ein derartiges Gesetz ging, aber was sollte die Begrenzung meiner Vollmachten? Das Gesetz sah, abgesehen von seiner formalen Mangelhaftigkeit, ganz danach aus, als solle mir, dem amtierenden Präsidenten, ein Bein gestellt werden.

Primakow kam mit diesem Dokument zu mir in die Klinik. »Jewgeni Maximowitsch«, sagte ich nach der Lektüre, »wie kann man mir ein Dokument unterbreiten, das die Vollmachten des Präsidenten erheblich beschneidet, und mit der Duma und dem Föderationsrat darüber sprechen, ohne mich in Kenntnis gesetzt, ohne sich mit mir beraten zu haben? Wie ist das alles zu verstehen?« Primakow wurde verlegen, begann sich zu rechtfertigen: »Boris Nikolajewitsch, ich habe doch in Ihrem Interesse gehandelt, im Interesse der gesamten Gesellschaft, im staatlichen Interesse. Entschuldigen Sie, daß ich das Dokument nicht mit Ihnen abgestimmt habe, ich ziehe es unverzüglich zurück ...«

Ein unangenehmes, aber notwendiges Gespräch. Beim Hinausgehen bemerkte Primakow meinen Mitarbeitern gegenüber kurz, ich hätte ihn offenbar mißverstanden. Er hatte ein Ledermäppchen auf dem Schoß gehalten, als er mir gegenübersaß. Diese Mappen waren mir gut bekannt. Darin trugen seinerzeit führende Amtsträger des Sowjetstaates und auch des ZK der KPdSU hochwichtige Dokumente bei sich. Eine Aktentasche mit sich herumzuschleppen war nicht statusgemäß. Primakow wollte offenbar seine Mappe öffnen, um über den Text der politischen Vereinbarung mit der Duma zu sprechen, doch ich hinderte ihn daran, und so saß er die ganze Zeit mit dieser Mappe da. Irgendwie tat er mir leid. Diesem Vorfall brauchte man eigentlich keinerlei Bedeutung beizumessen. Es konnte durchaus sein, daß Primakow redliche Absichten verfolgte. Doch für mich war es ein Anstoß, über etwas ganz anderes nachzudenken: darüber, wie rasch die Grundlagen der Verfassung unterhöhlt werden können, wie leicht eine Staatsreform – von der präsidialen zur parlamentarischen Republik – erfolgen kann.

Ich hielt Primakow nach wie vor für »meinen« Regierungschef und erinnerte mich sehr wohl daran, was für Überredungskünste wir gebraucht hatten, um ihn buchstäblich breitzuschlagen, dieses Amt anzutreten. Die politische Atmosphäre im Lande hatte sich jedoch in diesen Monaten grundlegend gewandelt.

Primakow hatte sich auf allen seinen Posten mir gegenüber

höchst loyal verhalten, sehr höflich, aufmerksam, hatte menschliche Nähe gezeigt. In der Kohorte junger Politiker, die nach 1991 in Machtfunktionen aufgestiegen waren, nahmen wir beide uns wie wahre Dinosaurier aus, die ihren Weg noch zu Sowjetzeiten begonnen hatten. Stets ließ er mich unaufdringlich diese unsere Generationsgemeinschaft spüren. Nie suchte er Konflikte, demonstrativ distanzierte er sich von jeglichen Kreml-Kämpfen, von allem Gerangel hinter den Kulissen. Er hatte im Auslandsgeheimdienst in Jassenewo am Stadtrand von Moskau gearbeitet, dann am Smolensker Platz im Außenministerium, wo er seinem Ruf als Fachmann gerecht wurde. Er wußte, daß ich das sehr an ihm schätzte.

Diese Qualitäten hatten für mich auch den Ausschlag bei seiner Ernennung zum Regierungschef gegeben – seine Erfahrung und sein Wissen. Damals hätte ich mir nicht vorstellen können, daß es wenige Monate später zwischen uns eine Wand geben würde, die eine Verständigung unmöglich machte.

Der »versöhnende« und »einigende« Primakow wurde für die Öffentlichkeit, für einen beträchtlichen Teil der Geschäftswelt, für den Mittelstand, die Massenmedien, viele Politiker und ganze Duma-Fraktionen zunehmend ein rotes Tuch. Gewollt oder ungewollt sammelte er die marktfeindlichen, antiliberalen Kräfte um sich und schränkte die Meinungsfreiheit ein. Das mußte die Journalisten zwangsläufig in Unruhe versetzen.

Besonders unwürdig war das Scherbengericht, das er über das Russische Fernsehen abhielt. Er holte das ganze Team zusammen und nahm es fast eine Stunde lang ins Gebet. Er hielt den Journalisten einen unzulässigen Ton und ihnen unterlaufene Fehler vor und belehrte sie, was man über die Regierung äußern dürfe und was nicht.

Nach einem unserer Gespräche, als Primakow nicht aufhörte, gegen die Journalisten zu wettern, sagte ich entrüstet zu ihm: »Jewgeni Maximowitsch, achten Sie doch einfach nicht darauf, niemandem wird es gelingen, uns zu entzweien, wir werden zusammenarbeiten wie vereinbart!« Seine Frage: »Bis zum Jahre

2000?« beantwortete ich mit Ja. Er überlegte kurz. »Boris Nikolajewitsch«, schlug er dann vor, »lassen Sie uns doch gleich ein
paar Fernsehleute zusammenholen, und dann wiederholen Sie
Ihre Worte so, daß alle sie hören können.« Als die Fernsehleute
bereit waren, erklärte ich, jedes Wort betonend: »Meine Position
ist: Ich bleibe bis zu den Wahlen des Jahres 2000 im Amt. Die
Position des Regierungschefs ist: Er bleibt bis zur Wahl eines
neuen Präsidenten.« Immer wieder reichte ich ihm die Hand,
demonstrierte allen, daß wir zusammenstanden und für ein gemeinsames Ziel arbeiteten.

Trotz allem hörte Primakow nicht auf mich. Ob er es nicht
konnte oder nicht wollte, weiß ich nicht. Manchmal fühlte ich
mich gedrängt, ihm zu sagen: »Jewgeni Maximowitsch, wachen
Sie auf, wir haben jetzt eine andere Zeit! Wir leben in einem
anderen Land!« Doch ich fürchtete, ihn zu kränken. Wahrscheinlich war das ein Fehler.

Im Frühjahr 1999 gab es eine weitere denkwürdige Episode:
In einer Kabinettssitzung gab Justizminister Pawel Krascheninn-
nikow einen Bericht zur Frage einer Amnestie. Darin hieß es, die
nächste Amnestie werde im Mai erlassen; traditionell würden
diejenigen auf freien Fuß gesetzt, die keine Schwerstverbrechen
begangen haben. Insgesamt betreffe das 94 000 Häftlinge. Unverhofft wurde er vom Regierungschef unterbrochen: Das sei ein
Akt der Humanität, aber auch nötig, damit »Platz frei wird für
die Leute, die wir wegen Wirtschaftsvergehen einsperren werden«. Diese Äußerung führte dazu, daß in jenem Frühjahr zahlreiche russische Bürger ihre Koffer packten. Es war endgültig
klargeworden, daß sich der populäre Regierungschef, der Anspruch auf die Rolle des Führers der ganzen Nation erhob, von
alten Denkmustern nicht frei machen konnte. Für mich war es
bitter, das zu beobachten. Hier handelte es sich nicht um Schuld,
sondern um eine Tragödie Primakows. Er manövrierte sich
selbst und uns alle in die Sackgasse.

Im Lande waren, wie gesagt, besorgniserregende Entwicklungen im Gange. Unverständliche Strafverfahren wurden eingelei-

tet, unschuldige Menschen verhaftet. Manche Mitarbeiter der Geheimdienste verhehlten bei Verhören und Hausdurchsuchungen, die vor allem Geschäftsleute betrafen, nicht, daß es sie nach Revanche für die zurückliegenden Jahre verlangte. Diese Situation drohte zur Spaltung des Landes in der entscheidenden Frage der Wirtschaftsreform zu führen. Die Kosovo-Krise hatte die antiwestliche Stimmung in der Gesellschaft verstärkt, und Primakow war durchaus imstande, den Teil der Politiker um sich zu scharen, der von einer neuen Isolation Rußlands, von einem neuen Kalten Krieg träumte. Wenn Primakow weiterhin an der Macht blieb, bestand die Gefahr einer verhängnisvollen Polarisierung der Gesellschaft und ihrer Aufspaltung in zwei ihre Feindschaft offen austragende Lager. Sollte sich dieser Prozeß in die Länge ziehen und mit der allmählichen Rückkehr zu den alten sowjetischen Führungsmethoden verbunden sein, konnte sein Rücktritt zu einer das ganze Land erfassenden Krise ausarten. Bis zum Herbst oder gar bis zum Jahr 2000 zu warten, wie ich ursprünglich geplant hatte, wurde damit zu einem Ding der Unmöglichkeit.

Im März 1999 bestimmte ich einen neuen Verwaltungschef: Die Stelle von Nikolai Bordjusha nahm Alexander Woloschin ein. Die Entscheidung, Woloschin für dieses Amt zu ernennen, war einen Monat zuvor herangereift. In der Verwaltung arbeitete er schon lange, in den letzten anderthalb Jahren als stellvertretender Chef, zuständig für Wirtschaftsfragen. Bis dahin hatte ich ihn nicht allzugut gekannt, im Grunde nur durch seine für mich verfaßten Wirtschaftsberichte. Doch in den letzten Monaten hatten wir fast täglich miteinander zu tun. Woloschin war für den Wirtschaftsteil meines Berichts an den Föderationsrat verantwortlich.

In unseren Gesprächen berieten wir lange darüber, welche Punkte besonders hervorgehoben werden sollten, bei welchen Fragen man ins Detail gehen müsse. Mir gefiel die ruhige, sachliche Art, wie er seine Gedanken darlegte und seinen Standpunkt begründete, wie er stritt, ohne sich unnütz zu ereifern. Er gehörte zu der Generation junger Politiker um die Vierzig, die nicht wegen der Karriere eine Tätigkeit in der Regierung aufgenommen haben. Jeder von ihnen war jederzeit bereit, in sein Privatleben zurückzukehren. Sie gingen in die Politik, weil sie zu einer stabilen und effektiven Machtausübung beitragen und jedermann, auch sich selbst, beweisen wollten, daß Rußland ein zivilisiertes, demokratisches Land werden kann.

Äußerlich wirkte Woloschin wie ein typischer Stubengelehrter. Ein scheinbar emotionsloser, sehr verschlossener Mensch, der bewußt leise spricht und zurückhaltend auftritt. Wenn man ihn jedoch näher kennenlernte, stellte man fest, daß er ein sehr lebhafter Gesprächspartner war.

Ich stand gewöhnlich früh auf, um fünf oder sechs Uhr. Nach einer Tasse Tee ging ich hinauf ins Arbeitszimmer, wo die Dokumente auf dem Tisch lagen, die vordringlich zu erledigen waren. Ich sah sie durch, bis ich auf einen Vorgang stieß, der Fragen aufwarf. Ich griff zum Telefon und bat, mich mit Woloschin zu verbinden. Nach wenigen Sekunden bekam ich die Meldung: »Boris Nikolajewitsch, Woloschin ist am Apparat, offene Verbindung.« »Offen« bedeutete: nicht chiffriert. Woloschin wohnte in einem ganz normalen Wohnhaus am Leninprospekt, und dorthin gab es natürlich keine Sonderleitung; wir sprachen also über das städtische Telefonsystem. (Da mit Woloschin auch vertrauliche Gespräche zu führen waren, wurde das Problem nach einiger Zeit gelöst. Die Spezialisten der Überwachungsbehörde FAPSI installierten in seiner Wohnung einen speziellen Kasten – das Chiffriergerät. Woloschin war nicht sehr erbaut davon, nahm doch der Kasten fast die Hälfte des neun Quadratmeter großen Arbeitszimmers ein.)

Bei diesen und anderen Gesprächen kamen wir uns allmählich näher, und als ich erkannte, daß es an der Zeit war, den Verwaltungschef auszuwechseln, sah ich keinen anderen Kandidaten als Woloschin. Bevor ich seine Ernennung unterzeichnete, bestellte ich Tschubais und Jumaschew zu mir, beide ehemalige Chefs der Präsidialverwaltung. Sie wußten, über welche Eigenschaften man für dieses Amt verfügen muß. Ich fragte sie nach ihrer Meinung über Woloschin. Beide hießen meine Entscheidung uneingeschränkt gut. Ich bat daraufhin Woloschin, Primakow die Absetzung Bordjushas und die Ernennung eines neuen Verwaltungschefs mitzuteilen. Er rief ihn an und sagte: »Jewgeni Maximowitsch, hier spricht Woloschin. Mit dem heutigen Tag hat der Präsident mich zum Verwaltungschef ernannt.« Primakow war betroffen. Er nahm mir die Entscheidung sogar übel. Er und Woloschin hatten von Anfang an ein schlechtes Verhältnis, ja, sie waren einander völlig fremd.

Rußland ist ein Land der Stimmungen und Emotionen. In der Politik verbinden sich diese bisweilen auf ganz bizarre Weise. Das ist mir schon lange aufgefallen. Wer in Rußland im Zentrum der Macht steht, zieht stets erbitterte Kritik, mitunter sogar unbegründeten Zorn auf sich, egal, welche politische Position er einnimmt. Andererseits wird der führende Mann des Landes (in diesem Fall der Regierungschef) automatisch zu einem mächtigen politischen Zentrum, das die unterschiedlichsten Kräfte vereinigt. Nach einem halben Jahr an der Spitze der Regierung spürte sicherlich auch Primakow diese Tendenz. Er sah seine politische Perspektive als Regierungschef, der als Wortführer einer neuen gesellschaftlichen Bewegung in die Wahlen des Jahres 2000 gehen würde.

Von dieser Perspektive hielt ich indessen überhaupt nichts. Bei all seiner Redlichkeit und selbst seiner Treue zum Präsidenten durfte Primakow unter keinen Umständen als Regierungschef in den Präsidentschaftswahlkampf des Jahres 2000 gehen. In dieser Position brauchte Rußland nach meiner Einschätzung einen Mann mit ganz anderer Sinnesart, aus einer anderen Generation, mit anderer Mentalität. Primakow sammelte in seinem politischen Spektrum zuviel Rot.

Die Absetzung Primakows beschleunigten übrigens jene, die sich mit Eifer ins Zeug legten, ihn vor dem Präsidenten zu beschützen, und damit zwischen uns politische Barrieren errichteten. Bereits am 19. März rief Sjuganow dazu auf, sich mit Streikkomitees und Massendemonstrationen vor die Regierung zu stellen. (Primakows Konsultationen mit der Führung der Kommunistischen Partei waren inzwischen zu einer Dauereinrichtung geworden. Ich mischte mich nicht mehr ein und zog es vor, Primakow über diese Verbindung nicht zu befragen.) Für den Monat Mai hatten die Kommunisten eine neuerliche Zuspitzung der politischen Situation eingeplant – die auf den 15. Mai festgesetzte entscheidende Abstimmung in der Duma über die Amtsenthebung des Präsidenten. Die dazu eingesetzte Kommission arbeitete bereits seit über einem Jahr mit höchster Intensität. Es gab fünf Anklagepunkte: der bereits erwähnte »Genozid am russischen Volk«, der Ruin der Armee, die Vorgänge des Jahres 1993, das Belowesher Abkommen von 1991 über die Auflösung der Sowjetunion und die Gründung der GUS, der Krieg in Tschetschenien.

Die Abstimmung war mit Bedacht auf Mai angesetzt worden. Möglicherweise glaubten die Kommunisten, daß der durch das Amtsenthebungsverfahren geschwächte Präsident sich kaum dazu entschließen würde, den Regierungschef abzusetzen. Möglich war auch, daß sie eine offene Kontroverse zwischen Präsident und Regierung provozieren, Unruhen auslösen und eine neue Attacke gegen mich im Föderationsrat herbeiführen wollten. Wie auch immer, das Amtsenthebungsverfahren beschleunigte den ganzen Prozeß. Denn nun reduzierte sich das Problem auf die Alternative: Primakow vor oder nach der Abstimmung entlassen?

Ein erheblicher Teil meiner Verwaltung war gegen eine Absetzung vor der Abstimmung mit dem einfachen Argument, daß eine Absetzung des Regierungschefs das Amtsenthebungsverfahren gegen mich unvermeidlich machen werde. Mehr noch, es entstehe der Eindruck, daß der Präsident sich dem Verfahren geradezu aussetzen wolle. Nach der Entlassung der den Kommunisten nahestehenden Regierung würden die Linken in der Duma diese politische Niederlage um jeden Preis wettmachen wollen.

Ich war anderer Ansicht: Ein heftiger, unerwarteter Schlag entwaffnet den Gegner. Diese Erfahrung habe ich im Verlauf meiner Amtszeit wiederholt gemacht. Eine abwartende Haltung einzunehmen war nicht nur aus psychologischen Gründen gefährlich. Wenn die Abstimmung in der Duma bereits stattgefunden hatte und die Amtsenthebung eingeleitet war, würde es mir wesentlich schwerer fallen, Primakow abzusetzen. Das war den Duma-Abgeordneten ebenso klar wie mir.

Nur zwei Tage nach der Abstimmung, am 17. Mai, war eine Tagung des Föderationsrates geplant, auf der eine Resolution zur Unterstützung der Regierung angenommen werden sollte. Nach meiner Einschätzung war eine klare Mehrheit von 120 bis 130 Abgeordneten bereit, den Regierungschef zu unterstützen. Die Abstimmung über das Amtsenthebungsverfahren, die Unterstützung im Föderationsrat – diese Konstellation würde Primakows Position ungemein stärken. Und nicht zuletzt würde eine so seriöse Person wie Primakow die Stimmung der Abgeordneten sowohl psychologisch als auch über Kontakte und Absprachen stark beeinflussen. Soviel ich auch von ihm hielt – die Zukunft des Landes aufs Spiel zu setzen, hatte ich einfach kein Recht. So war die Vorentscheidung über seine Absetzung bereits Mitte April gefallen.

Der erste Schritt in dieser Richtung war die Ernennung Sergej Stepaschins zum stellvertretenden Regierungschef. Laut Verfassung konnte nur ein Stellvertreter zum amtierenden Regierungschef berufen werden, doch ich hielt keinen von Primakows Stellvertretern für geeignet.

Zu Innenminister Stepaschin hatte Primakow ein unproblematisches Verhältnis; er war der einzige in der Regierung, der ihn duzte. Primakow glaubte, Stepaschin sei für ihn ungefährlich, und gab seine Zustimmung. Von diesem Moment an setzten in der Presse Spekulationen darüber ein, wen der Präsident wohl für die Nachfolge Primakows vorgesehen habe – den Wirtschaftsfachmann Nikolai Axenenko oder den Sicherheitsmann Stepaschin.

Veränderungen hingen in der Luft. Alle warteten auf irgendeine Entscheidung. Auf der nächsten Sitzung, die im Kreml stattfand (es war eine Tagung des Komitees zur Vorbereitung auf das dritte Jahrtausend), beschloß ich, den Erwartungen zu entsprechen. Mitten in meiner Rede machte ich eine Pause und bat Stepaschin, rechts von mir Platz zu nehmen. Vor laufenden Kameras fand eine für viele unverständliche, aber wichtige Umsetzung Stepaschins auf einen mir näheren Stuhl statt.

Trotzdem hatte ich ein Gefühl der Ungewißheit, das mich nervös machte. Es rührte daher, daß ich immer noch nicht entschieden hatte, wer der nächste Regierungschef sein würde, und daß ich überdies meine Entscheidung bis zum allerletzten Tag offenlassen mußte. Sprechen konnte ich über diese Frage mit niemandem, denn ich mußte eine unerwartete und vor allem in höchstem Maße überzeugende Lösung anbieten. Dabei hatte ich meine Wahl bereits getroffen. Es sollte Wladimir Putin sein, der Chef des Föderalen Sicherheitsdienstes FSB. Doch es war noch zu früh, ihn zum Regierungschef zu ernennen.

Am 12. Mai, einem schönen sonnigen Tag, verabschiedete ich mich wie stets nach dem Frühstück von meiner Frau. Heute wird sie den Fernseher einschalten, ging es mir durch den Kopf, und von der Absetzung Primakows erfahren, den sie nach wie vor sehr schätzt. Schon an der Tür, sah ich ihr fest in die Augen und sagte, überraschend für mich selbst: »Reg dich bloß nicht auf, mach dir keine Sorgen. Alles wird gut werden ...«

Der Abschied von Primakow verlief ungewöhnlich schnell. Ich teilte ihm mit knappen Worten seine Absetzung mit und dankte ihm für seine Arbeit. Er zögerte einen Moment. »Ich akzeptiere Ihre Entscheidung«, sagte er, »nach der Verfassung haben Sie das Recht dazu, aber ich halte sie für einen Fehler.« Ich sah ihn an. Schade. Sehr schade. Es war das würdevollste Verhalten, das ich bisher erlebt hatte, und auch das mutigste. Primakow war als Regierungschef eine starke Persönlichkeit gewesen, wahrlich ein Mann von Format. Er ging mit schweren Schritten hinaus, den Blick auf den Boden geheftet. Ich bat Stepaschin in mein Büro.

Seitdem ist einige Zeit vergangen. Doch an meiner damaligen Einschätzung hat sich nichts geändert. Ungeachtet mancher schwieriger Momente, die es in unseren Beziehungen gab, bringe ich Jewgeni Primakow weiterhin große Achtung entgegen. Ich bin sehr froh, daß wir heute nicht mehr bedenken müssen, wer auf welcher Seite der politischen Barrikade steht. Und wenn wir Lust haben sollten, können wir auch zusammen angeln gehen. Obwohl das damals, am 12. Mai 1999, schwer vorstellbar war.

Ministerpräsidenten-Poker

Stimmenauszählungen haben meine gesamte politische Karriere begleitet. Ich erinnere mich noch gut daran, wie im riesigen Saal des Kongreßpalastes »die Köpfe gezählt« wurden, wie ein Mitglied der Akademie für Mathematik auf Gorbatschows Kongreß der Volksdeputierten der UdSSR 1989 durch die Reihen ging und sich Notizen machte. Das war der Kongreß, auf dem ich in den Obersten Sowjet gewählt wurde. Das Politbüro der KPdSU hätte das gar zu gern verhindert. Ich erinnere mich an leidenschaftliche Auseinandersetzungen im russischen Obersten Sowjet, als man im Frühjahr 1993 versuchte, Mißtrauen gegen mich zu schüren und mich abzusetzen. Ich erinnere mich an laut schreiende Abgeordnete im Saal, zornige Mienen und pathetische Reden von der »Verelendung des Volkes« und der »Ausraubung Rußlands«. In all den Jahren war es immer dasselbe. Und immer sagte ich mir: Auch das ist Demokratie.

Und nun, am Ende meiner politischen Karriere – ein Amtsenthebungsverfahren. Seit wie vielen Jahren betreiben die Kommunisten das schon, sind es acht Jahre oder sechs? Ich weiß es nicht. Die endlosen Versuche, mich auszuschalten, begannen weit früher als 1991. Seltsamerweise sind meine Gegner sich jetzt, im Jahre 1999, ebenso wie ich im klaren, daß dies nichts mehr entscheidet. Es ist ein Schauspiel. Aber in Rußland denken alle in Symbolen. Das Amtsenthebungsverfahren ist für die Kommunisten ein Symbol des langersehnten Endes der Jelzin-Ära. Es soll ein erzwungenes und vorzeitiges Ende sein. Selbst wenn es nur einen Monat vor meinem offiziellen Abtreten stattfindet – Hauptsache, es kommt vor der Zeit. Dafür werden ungeheure Anstrengungen unternommen.

Das Amtsenthebungsverfahren ist ein juristischer Vorgang. Im Grunde genommen ist es ein Prozeß. Leute sitzen über mich zu Gericht, die niemals große politische Entscheidungen zu treffen hatten, die mit dem Mechanismus derartiger Entscheidungsfindungen nicht vertraut sind. In ihrer Hand liegt heute dennoch das Schicksal des russischen Präsidenten. Obwohl es eine namentliche Abstimmung ist, wird die Entscheidung unpersönlich sein: Hunderte von Abgeordneten verstecken sich einer hinter dem andern, und auf dem blauen Fernsehschirm flimmern nur Zahlen. Ein politisches Ränkespiel, so alt wie das Leben selbst, darauf angelegt, Schwankende und Beeinflußbare auf die eigene Seite zu ziehen. Eine solche Abstimmung wird nicht dazu führen, die Bilanz meiner politischen Biographie zu verändern.

Die Konfrontation mit dem Parlament, mit dem Gesetzgeber, ist schmerzlich – nicht nur für mich, sondern für das ganze Land. Darum sind die Ergebnisse der Parlamentswahlen 1999 nicht weniger wichtig als die der Präsidentschaftswahlen 2000. Das Parlament muß endlich wirklich die Interessen der Gesellschaft vertreten. Eigentlich ist allen klar, daß die Kommunisten nicht die Herren im Lande sind, daß sie weder Unterstützung in der Gesellschaft noch politischen Willen, noch intellektuelle Potenz haben. Dennoch gelingt es ihnen, Zuspruch in dem Teil der Bevölkerung zu erlangen, der im neuen Leben des Landes nicht Fuß fassen konnte und sich in einem deprimierenden Zustand der Heimatlosigkeit befindet. Und dank dieser »Unterstützung aus Ablehnung« von seiten der Schwachen, der zu kurz Gekommenen und der Verunsicherten konnten sich die Kommunisten bis 1999 eine stabile Parlamentsmehrheit sichern. Der andere, gesunde, mehr oder weniger aktive Teil der Gesellschaft ist zersplittert und steht praktisch ohne Führung da.

Tschubais, Nemzow, Kirijenko, Irina Chakamada sind noch

keine politischen Führer geworden. Sie sind Technokraten, Manager, Fachleute. In der jungen Politikergeneration sehe ich noch niemanden von Format, keinen, der in der Lage wäre, ganze soziale Schichten um sich zu scharen. Sicherlich kann einer von ihnen zum Symbol der neuen Generation, zum Führer der Studentenschaft, der Jugend, der Computergeneration, der Menschen des 21. Jahrhunderts werden. Doch dafür braucht es noch viel Arbeit und Zeit. So hielt ich zum Beispiel den liberalen Ökonomen Grigori Jawlinski lange für eine starke Persönlichkeit. Ich dachte, seine Zeit würde kommen, eine mächtige demokratische Bewegung um sich zu scharen. Sein Reformblock »Jabloko« verwandelte sich jedoch mehr und mehr in eine sektiererische Gruppe, in einen Zirkel von Dissidenten und Andersdenkenden, die nach einem alten Klischee aus Sowjetzeiten handeln: »Alles, was von den Machthabern kommt, ist von Übel. Alle Kompromisse sind von Übel. Vereinbarungen kann es nur zu unseren Bedingungen geben. Bei jeder Abstimmung votieren wir mit Nein.« Ein solches Herangehen paßt nicht zur modernen Politik. Wir leben längst in einem anderen Land, aber die »Jabloko«-Führer wollen das nicht zur Kenntnis nehmen.

Jawlinski und seine Fraktion sprechen sich nun in der Tschetschenien-Anklage für eine freie Abstimmung aus. Jawlinski stimmt gegen mich, den Mitgliedern seiner Fraktion ist die Stimmabgabe freigestellt. Ich sehe keinen Sinn in diesem politischen Wirrwarr. Mir scheint, Jawlinski hat sich in seiner Strategie verheddert. Eine demokratisch gesinnte Protestwählerschaft anzuführen – ich weiß das aus eigener Erfahrung mit den Demokraten vom Ende der achtziger Jahre – bedeutet, sich in einem ungewöhnlich starken Energiefeld zu befinden, einen großen Vorsprung an Initiative und Ideen zu besitzen. Doch gerade hier hat Jawlinski ein großes Manko. Die Jugend, die Intelligenz möchte von »Jabloko« ein positives Programm sehen. Aber das gibt es nicht.

Die heutige Abstimmung ist in diesem Sinne außergewöhnlich aufschlußreich. Die »Lektion in Demokratie«, die Jawlinski allen erteilen will, kann denen, die in einem demokratischen Land leben möchten, teuer zu stehen kommen. Was sind das für Menschen, diese Parlamentarier, die mich anklagen? Schuldig und nochmals schuldig am Ruin der Gesellschaft, an der Tragödie in Tschetschenien, verantwortlich für den »Genozid am russischen Volk«. Wirkliche politische Führer (abgesehen von Sjuganow, Jawlinski und Shirinowski, die intensiv mit ihrer Wählerschaft arbeiten) finden sich nicht darunter. Die drei sind freilich, nennen wir es so, eine besondere Spezies von Führern. Und alle übrigen?

Im Grunde gibt es im russischen Parlament von 1995 ziemlich viele zufällig gewählte Leute. Unser politisches Spektrum zeigt einstweilen noch wenig Kontur, es fehlen starke Parteien, stabile demokratische Traditionen, eine politische Kultur. Deshalb gibt es im Parlament so wenige Profis und so viele Lobbyisten. Aber ich bin überzeugt davon, daß sich diese Situation ändern läßt. Irgendwann werden wir ein ordentliches Parlament bekommen. Vorläufig jedoch muß man mit dem Parlament arbeiten, das wir haben.

Ich glaube nicht, daß die Abgeordneten für meine Amtsenthebung stimmen werden. Ihre Prinzipienreiterei wird wieder einmal nicht mehr hergeben als kostenlose Reklame in den Nachrichtenprogrammen. Ich weiß, daß sie meinem politischen Willen nicht widerstehen werden.

Duma-Sprecher Gennadi Selesnjow hat nach der Absetzung Primakows schroff angekündigt: »Jetzt ist die Amtsenthebung in der Tat unausweichlich.« Ich bin jedoch vom Gegenteil überzeugt. Nach der Absetzung Primakows wird es kein negatives Votum geben. Ich habe die Abgeordneten, auch diejenigen, die noch Zweifel hatten, durch meine Entschlossenheit außer Gefecht gesetzt.

Ich gehe in den Garten, um Luft zu schnappen und in den Maihimmel zu blicken. Sie werden auch diesmal nicht genug Stimmen zusammenbekommen.

Nach der Absetzung Primakows gab es ein für mich sehr

wichtiges psychologisches Moment, das kaum jemand wahrgenommen hat. Ungeachtet aller Streik- und Demonstrationsdrohungen, ungeachtet der Ankündigung der Gouverneure, zum Angriff auf den Präsidenten zu blasen, sollte er gegen die Regierung vorgehen, ungeachtet der stabil hohen Umfragewerte Primakows war seine Absetzung von allen sehr gelassen aufgenommen worden. Die Aufmerksamkeit der Öffentlichkeit war sofort zur Frage der Amtsenthebung umgeschwenkt. Außerdem war die Gesellschaft kategorisch gegen jegliche politische Erschütterungen, sie wünschte keine einschneidenden Veränderungen. Mein Kalkül war also völlig aufgegangen. Und jetzt hing alles vom Abstimmungsergebnis ab.

Primakow selbst schwieg, enthielt sich jeglichen Kommentars, wartete ab. Als erfahrener, kluger Politiker wollte er sich auf keine gefährlichen Spiele einlassen. Nichtsdestoweniger konnte auch er mit seiner Bedächtigkeit und Akkuratesse in den Sog der Dramatik des Amtsenthebungsverfahrens geraten. Man versuchte ihn zu benutzen, ihn in das politische Gerangel zu verwickeln. Sehr viel hing davon ab, welchen Kandidaten der Präsident nach der Abstimmung für das Amt des Regierungschefs benennen würde. Damit begann ja praktisch der Präsidentschaftswahlkampf des Jahres 2000.

Varianten hatte ich mehrere, genauer gesagt: drei. Es war sehr wichtig, das Für und Wider sorgfältig abzuwägen und dann eine Wahl für die Zukunft zu treffen.

Eigentlich hatte es noch einen vierten Kandidaten gegeben. Jetzt, Ende April 1999, bezog ich ihn jedoch nicht mehr in meine Überlegungen ein. Es war Igor Iwanow, der Außenminister. Meine Verwaltung hatte ihn genau geprüft. Er hatte lange Zeit mit Primakow eng zusammengearbeitet. Iwanow bekundete, er wolle in die Präsidentschafts- und Parlamentswahlen nur im Tandem mit Primakow gehen. Dieser solle bei den Duma-Wahlen die Führung der regierungsnahen Partei übernehmen. Dann werde er mit einem wesentlich ruhigeren Gefühl als Regierungschef arbeiten können. Das war ganz normale Diplomatensolidarität. Der politische Kampf im Sommer dieses Jahres versprach jedoch so heiß zu werden, daß man mit Solidarität nicht mehr weit kam. Iwanow schied aus der Kandidatenliste aus. Das war schade, denn eine so junge, starke Persönlichkeit in petto zu haben, wäre gut gewesen.

Wer steht jetzt auf meiner Liste? Nikolai Axenenko, Minister für Verkehrswesen. Auch ein guter Kandidat, er scheint in jeder Hinsicht geeignet, ist entschlußfreudig, konsequent, charmant, weiß mit den Leuten umzugehen, hat Verwaltungserfahrung, ist gewissermaßen aus den Niederungen aufgestiegen. Eine starke Führungspersönlichkeit. Die Duma hat ihn jedoch von Anfang an abgelehnt. Dieser Vorschlag ist eine gute Variante, um die Duma erst einmal zu reizen und auf die Konfrontation vorzubereiten, um ihr dann einen ganz anderen Kandidaten zu präsentieren. Aber wen? Stepaschin oder Putin? Den Innenminister oder den Chef des Föderalen Sicherheitsdienstes? Beide haben in Petersburg angefangen, beide haben mit Sobtschak zusammengearbeitet. Beide sind Spitzenkräfte, Vertreter einer neuen Generation, jung, energisch, klug. Aber was für ein charakterlicher Unterschied!

Stepaschin ist zu nachgiebig, posiert gern, liebt theatralische Gesten. Ich bin nicht davon überzeugt, daß er – sollte es erforderlich sein – die Konsequenz, die Willensstärke, die Entschlossenheit aufbringen wird, die im politischen Kampf notwendig sind. Ein Präsident Rußlands ohne diese Charaktereigenschaften ist undenkbar. Putin hingegen besitzt Willensstärke und Entschlossenheit. Doch meine Intuition sagt mir: Ihn jetzt in die politische Arena zu führen wäre verfrüht. Er muß später in Aktion treten. Ihm steht zuwenig Zeit zur Verfügung, sich politisch zu präsentieren. Wird die Zeit jedoch zu lang, kann die Augangslage noch schlechter sein. Die Gesellschaft darf sich in diesen trägen Sommermonaten nicht an Putin gewöhnen. Das Rätsel um seine Person muß erhalten bleiben, der Überraschungsfaktor darf nicht verspielt werden. Er ist äußerst wichtig für Wahlen, bei denen die Erwartungen auf einen neuen, charismatischen Politiker gerichtet sind.

So ist eine außergewöhnlich schwierige Lage entstanden. Da es noch zu früh ist, Putin ins Rennen zu schicken, muß diese Übergangszeit mit einem anderen überbrückt werden. Ein Täuschungsmanöver ist notwendig. Es bleibt nichts weiter übrig, als diese Rolle dem sympathischen, lauteren Sergej Stepaschin anzuvertrauen. Selbstverständlich werde ich ihm suggerieren, daß die Frage der kommenden Präsidentschaftswahlen offenbleibt, daß er eine Chance hat, sich zu beweisen. Den Namen meines Kandidaten aber werde ich auf keinen Fall nennen.

Niemand weiß von dieser Variante, auch Putin nicht. Darin liegt die Stärke eines unerwarteten politischen Schachzugs. Solche Züge haben mir schon immer geholfen, eine Partie zu gewinnen, selbst wenn sie völlig aussichtslos schien. Wie das Parlament und der Föderationsrat nach der Abstimmung über das Amtsenthebungsverfahren auf den Namen Putin reagieren werden, ist nicht vorauszusagen. Sie kennen ihn schlecht und können sich kein Bild machen, was er für ein Mensch ist. Aber die Hauptgefahr liegt woanders. Putin und Primakow, zwei ehemalige Geheimdienstleute, besetzen im Bewußtsein der Öffentlichkeit dieselbe Nische, sie verdrängen sich gewissermaßen gegenseitig. Für Primakow ist der Name Putin ein absolutes Reizwort, er könnte auf die Kandidatur heftig reagieren. Möglicherweise wird er völlig auf Distanz gehen oder gar einen Gegenangriff starten. Nach seiner Absetzung, nach der Abstimmung über das Amtsenthebungsverfahren sind jedoch eine gewisse Berechenbarkeit und eine Atempause erforderlich.

Diese Atempause ist nur mit Stepaschin zu erreichen. Ihm gegenüber verhält sich Primakow wohlwollend. (Später, im Sommer 1999, als Primakow seine Bewerbung um die Präsidentschaft ins Auge faßte, hatte er sogar die Idee, eine Verfassungsänderung vorzunehmen und den Posten des Vizepräsidenten wiedereinzuführen – mit dem Ziel, Stepaschin anzubieten, gemeinsam in den Wahlkampf zu ziehen: Primakow als Präsident, Stepaschin als sein Vize.) Nichtsdestoweniger birgt der taktische Schachzug, einen Regierungschef auf Zeit einzusetzen, eine ge-

wisse Gefahr. Nach einigen Monaten Amtszeit werden Stepaschin und auch andere bestimmt glauben, daß er der Spitzenkan-
didat für die Wahlen im Jahre 2000 sei. Wird dadurch die Situation nicht noch komplizierter, kann das nicht zur Zeitbombe
werden? Ist es also richtig, mit meinem Vorschlag zu warten?

Denke ich jetzt, fast ein Jahr später, an die Ereignisse jener
Maitage zurück, kann ich nicht umhin einzugestehen, daß ich
von starker innerer Unruhe erfüllt war. Zu lange, bereits seit
Anfang 1998, hatte die Regierungskrise angedauert. Das waren
fast anderthalb Jahre. So etwas hatte es natürlich auch schon in
anderen Ländern, etwa in Italien, Japan oder Frankreich gegeben. Aber selbst im Italien der siebziger Jahre, als die Regierungschefs mehrmals jährlich wechselten, war die Lage in wirtschaftlicher Hinsicht weitaus stabiler.

In Rußland gab es mit jedem neuen Regierungschef ein neues
spezifisches Problem. Zum Beispiel hätte im August 1998 der
Ausnahmezustand verhängt werden müssen, damit die jungen
Reformer an der Macht blieben. Die technokratische Manager-
regierung Kirijenko hatte keinerlei politischen Kredit, kein Vertrauen, keinen Einfluß auf die Gesellschaft. Sie hatte sich weder
mit der Duma noch mit den Gewerkschaften, die uns den
»Schienenkrieg« erklärten, noch mit der Elite der Geschäftswelt
zu verständigen vermocht. Dabei hätte sie zur Durchsetzung ihres harten Kurses die volle Unterstützung oder aber die wider-
spruchslose Unterwerfung der Gesellschaft benötigt. Angesichts einer Finanzkrise von verheerender Auswirkung konnte
ich an keinen Ausnahmezustand denken. Die Zeiten waren nicht
danach. Und Rußland war kein Chile, kein Argentinien.

Im Gegensatz dazu genoß Primakow ungeheuer großen politischen Kredit. Doch von seiner Regierung drohte ein vollstän-
diges Zurückfahren aller Reformen und all jener Ansätze wirtschaftlicher Liberalisierung, die mühsam aufgepäppelt worden
waren und über die Jahre gebracht werden konnten. Ganz zu
schweigen von der Meinungsfreiheit und der Erhaltung einer
gesunden politischen Konkurrenz. Jedesmal, wenn eine Regie-

rung abgesetzt wurde, schien es dafür gewichtige Gründe zu geben. Im Mai 1999 hing die sich hinziehende Regierungskrise jedoch wie ein Damoklesschwert über mir.

Nach reiflicher Überlegung entschloß ich mich trotzdem, diesen Zustand noch ein paar Monate in die Länge zu ziehen. So schlug ich der Duma Stepaschin für das Amt des Regierungschefs vor, obwohl ich mich mit größter Wahrscheinlichkeit wieder von ihm würde trennen müssen. Binnen kurzer Zeit eine dritte Zuspitzung der politischen Lage – nach der Absetzung Primakows und der Abstimmung über die Amtsenthebung des Präsidenten – in Kauf zu nehmen war zu riskant. Daß Stepaschin in der Duma durchkam, war hundertprozentig sicher, nicht zuletzt deswegen, weil von Primakow ein loyales Verhalten zu erwarten war.

Bereits als ich Stepaschin für das Amt des Regierungschefs nominierte, wußte ich, daß ich ihn bald wieder zurückziehen würde. Dieses Wissen belastete mich sehr. Die Menschen erleben die Ereignisse ja unmittelbar, hier und heute. Sie sind erfreut oder bewegt, empören sich, leiden. Ich selbst wußte indessen, daß sich in ein oder zwei Monaten schon wieder alles ändern würde. Ich mußte die Verantwortung für das Schicksal anderer übernehmen, für mitunter unvorhersehbare Konsequenzen des einen oder anderen Schrittes. Ich kenne dieses Gefühl, wenn mitten in einem Gespräch, bei einem Routinetreffen plötzlich scheinbar ein schwarzer Schatten durchs Zimmer huscht. Die Unausweichlichkeit dieses oder jenes Schrittes, dieses oder jenes politischen Schicksals war mir ständig bewußt. Ich war gezwungen, diese Bürde allein zu tragen und meine Gedanken für mich zu behalten.

Außerdem ergab sich noch folgendes Problem. Wenn unsere politischen Opponenten ihre Karten bereits offengelegt hatten und der Wahlkampf in seine heiße Phase eintrat, mußte Putin völlig unvermutet auf den Plan treten. Dann konnten seine Entschlossenheit und Willensstärke überzeugend wirken. Doch nicht nur diese Analyse hielt mich davon ab, den letzten Schritt zu tun und offen mit Putin zu sprechen. Dieser leitete weiterhin den Föderalen Sicherheitsdienst, ohne meine Pläne zu ahnen. Er tat mir auch leid, denn was ich beabsichtigte, war keine einfache »Beförderung«. Ich wollte ihm sozusagen die »Mütze des Monomach« übergeben, das Symbol der alten russischen Selbstherrschaft. Er sollte mein politisches Vermächtnis übernehmen. Und so wollte ich durch seinen Wahlsieg dafür sorgen, daß die demokratischen Freiheiten im Lande und eine normal funktionierende Marktwirtschaft erhalten blieben. Diese Bürde ins Jahr 2000 hineinzutragen würde schwer werden. Selbst wenn man so stark ist wie er.

Es war also beschlossene Sache. Ich würde Stepaschin vorschlagen. Wie ich alle mit dem Namen Axenenko hinters Licht geführt hatte, das machte mir richtig Spaß. In der Duma rechneten sie mit ihm, machten sich kampfbereit. Und da bekamen sie von mir einen anderen Kandidaten vorgesetzt.

Ich bestellte Verwaltungschef Woloschin zu mir. Er ging, um die Vorlage für die Duma abzufassen, während ich Gennadi Selesnjow, den Duma-Sprecher, anrief. Ich formulierte eine lange Einleitungsrede, und am Schluß nannte ich Axenenko. Vielleicht ein Versprecher? Ich legte den Hörer auf und dachte: Na, die werden sich wundern, wenn sie den Namen Stepaschin lesen.

Stepaschin kam auf Anhieb durch. Die Zeitungen meldeten am nächsten Tag, der Kreml habe sein Spiel geschickt inszeniert. Alle hätten mit dem unangenehmen Axenenko gerechnet und mit Erleichterung für Stepaschin gestimmt.

Der Bürgermeister geht zum Angriff über oder: Schirmmützen kostenlos

Zu Beginn des Sommers verfällt Moskau in die typische Sommerlethargie. Die Straßen entvölkern sich. Die Stimmen der Nachrichtensprecher klingen müde. Die Duma fährt in die Ferien. Viele verlassen mit ihren Kindern die Stadt und leben, die wenigen schönen Sonnentage nutzend, auf der Datscha. Alles strebt danach, möglichst schnell die stickige Hauptstadt in Richtung Sommerfrische zu verlassen und dort ein ruhiges Leben zu führen. Das ist nur ein Stimmungsbild. Doch hängt von der Stimmung in der Gesellschaft mitunter sehr viel ab.

Der Sommer des Jahres 1999 bildete da keine Ausnahme: Es fiel auf, wie politikmüde das Volk war. Die sich vom September 1998 bis zum Mai hinziehende Krise hatte buchstäblich alle Schichten der Bevölkerung zermürbt. Die Leute hatten keine Lust, wegen Primakows Entlassung zu protestieren oder sich kommunistischen Demonstrationszügen anzuschließen, nicht einmal über den neuen Regierungschef wollten sie debattieren. Alle fanden Gefallen an ihm. Ungeachtet des internen Streits in der Regierung, der die breite Öffentlichkeit ohnehin nicht interessierte, blühte Stepaschin vor den Fernsehkameras regelrecht auf. Er unternahm ausgedehnte Reisen durchs Land und führte Gespräche mit den Gouverneuren. Engagiert, lebhaft, mit Freude an seiner Aufgabe hielt er Kabinettssitzungen ab und machte auf seine Partner im Westen Eindruck. Aber vor allem schuf er mit seinem ein wenig naiven Optimismus die Atmosphäre einer Atempause, nach der sich alle so gesehnt hatten. Erfreut vergaß die Bevölkerung darüber für kurze Zeit die Tagespolitik.

Die Hauptakteure dachten indessen nicht daran, auseinanderzulaufen und Ferien zu machen. Sie standen bereit zur entscheidenden Schlacht. Deren Beginn ließ nicht lange auf sich warten. Primakows Umfragewerte wurden nach seiner Absetzung, deren Gründe für die Allgemeinheit im dunkeln blieben, noch besser, bis Juli stiegen sie von zwanzig auf dreißig Prozent Zustimmung. Die Analytiker sprachen einhellig davon, daß der Exregierungschef mit einem solchen Stimmenpolster zweifellos guten Mutes als Führer einer neuen Bewegung in die Duma-Wahlen und, sollte er als Sieger aus ihnen hervorgehen, auch in die Präsidentschaftswahlen gehen könne.

Eine Bewegung, der sich Primakow anschließen konnte, fand sich rasch. Es war die Bewegung »Vaterland« (Otetschestwo). Ihr formeller und informeller Führer war Juri Michailowitsch Lushkow, und alle dem Moskauer Bürgermeister zur Verfügung stehenden Mittel wurden für diese Bewegung eingesetzt. Lushkow fuhr durchs Land, um sich mit den führenden Köpfen der Regionen zu treffen. Die Gouverneure, beunruhigt durch die fehlende Aussicht auf einen starken Regierungschef und ein künftiges Machtzentrum sowie durch das Vakuum, das nach Primakows Absetzung entstanden war, sammelten sich eilig unter seinen Fahnen. Ein Gebiet nach dem anderen salutierte eifrig seinem neuen »Vaterland«. Zur Ideologie der Bewegung wurde der »Zentrismus«, zum politisch-ideologischen Sprachrohr das ebenfalls von Lushkow finanzierte »neue Zentralfernsehen«, genannt der »dritte Knopf«.

Zentristen – was sollte daran schlecht sein, konnte man meinen. Angesichts der Zersplitterung der demokratischen Kräfte, die den Kommunisten bei den Parlamentswahlen ein ums andere Mal unterlagen, konnte man diese Partei und ihre Ideologie nur begrüßen.

Kritik von seiten der politischen Opponenten, besonders im Wahlkampf, ist für mich verständlich und akzeptabel. Für eine zivilisierte Gesellschaft ist sie geradezu obligatorisch. Wenn jedoch Kritik damit verwechselt wird, ein nationales Feindbild zu schaffen, dann ist das kein normaler Wahlkampf mehr, sondern

Sowjetpropaganda. Ebenjener altbekannten sowjetischen Methoden des Kampfes gegen den politischen Gegner bedienten sich die lushkowfreundlichen Massenmedien. Angeblich hatte das Jelzin-Regime Rußland an das ausländische Kapital verkauft. Ich war schuld, daß jährlich Milliarden von Dollar ins Ausland gebracht wurden. Ich hatte das Korruptionssystem geschaffen. Ich hatte den »Genozid am russischen Volk« verursacht, ich trug die Schuld am Geburtenrückgang, an der katastrophalen Lage von Wissenschaft und Bildungswesen, Medizin und Kultur des Landes. Mich umgab eine mafiose Familie, ein wahrer Banditenclan. Das war der Inhalt der täglichen politischen Programme von Lushkows drittem Fernsehkanal. Diese simplen Anschuldigungen wurden den Zuschauern teils durch die entsprechenden Klischees, teils durch sensationslüsterne Enthüllungen eingetrichtert: Hier hatte sich jemand eine Fabrik unter den Nagel gerissen, dort eine ganze Erdölbranche kassiert.

Thema Nummer eins war natürlich die enge Verbindung zwischen dem Kreml und Boris Beresowski, diesem angeblich hinter mir agierenden politischen »Monster« des heutigen Rußlands. Schließlich war alles sein Werk. Natürlich wurde ich auch bezichtigt, ich hätte die Finanzkrise im Lande (warum nicht gleich die weltweite?) verursacht und um ein Haar den Staatsanwalt Skuratow, die »ehrliche Haut«, über die Klinge springen lassen. Ich versuchte zu begreifen, ob die, die das alles inszeniert hatten, wohl tatsächlich meinten, diese Holzhammermethoden könnten ihnen das Vertrauen der Bevölkerung und den Wahlsieg einbringen.

Es blieb mir lange ein Rätsel, was zwischen Juri Lushkow und mir eigentlich vorgefallen war. Schließlich waren wir einmal Freunde gewesen. Große Hochachtung hatte (und habe) ich vor seinen städtebaulichen Leistungen, vor seiner unermüdlichen Energie. Stets hatte er den auf Reformen und freies Unternehmertum orientierten politischen Kurs unterstützt, da er ihm die Möglichkeit gab, Moskau in eine moderne, attraktive Stadt mit sauberen Straßen, prachtvollen Schaufenstern und moderner Infrastruktur zu verwandeln. Eine Stadt, in der zu leben Spaß machte.

Doch die unerhört pompöse 850-Jahr-Feier Moskaus, die 1997 begangen wurde, war ihm offenbar zu Kopf gestiegen. Er glaubte sich immer mehr in die russische Politik einmischen zu müssen, ohne zu merken, daß man aus der Perspektive seines Bürgermeisteramtes keine Politik für ganz Rußland machen kann. Er überschätzte sich gewaltig. Die Stadtkasse wurde von Banken und Firmen, die ihre Gewerbesteuern an Moskau und nicht an das Land zu entrichten hatten, in einer Weise mit Geld gefüllt, daß es sowohl für rauschende Feste als auch für eine extravagante Architektur und für die Befriedigung politischer Ambitionen reichte. Lushkow stellte natürlich alles voller Zorn in Abrede: die extremen steuerlichen Verwerfungen ebenso wie die Bestechlichkeit seiner Beamten und die Hilflosigkeit seiner Moskauer Miliz. Nicht genug damit, verklagte er die Journalisten nach jeder Veröffentlichung über derartige Vorkommnisse bei Gericht. Die Gerichte ließen ihn regelmäßig die Klage gewinnen – wahrscheinlich weil klar war, »wer der Stärkere ist«. Schließlich bekommen die Moskauer Richter ihre Vergünstigungen von der Stadtregierung und sind deshalb von ihr abhängig. Eine Zeitlang übersah ich all das, einfach aus Liebe zu unserer Stadt und weil mir die Moskauer Wirtschaftsreformen wichtiger waren als einzelne Mängel in der Verwaltung und die politischen Eskapaden des unermüdlichen Stadtoberhauptes.

Doch während der Herbstkrise 1998 sah ich mich nach einer fast einjährigen Unterbrechung unserer persönlichen Kommunikation (das letzte Mal hatten wir während des Stadtjubiläums 1997 direkt miteinander zu tun gehabt) gezwungen, die Persönlichkeitsveränderungen bei Juri Lushkow zur Kenntnis zu nehmen, vielleicht auch Charakterzüge, die ich bis dahin einfach nicht hatte sehen wollen. Ich will das nicht als Heuchelei bezeichnen, aber Lushkow hatte gelernt, in kritischen Situationen, die ihn persönlich betrafen, ein erstaunliches Verhalten an den Tag zu legen: äußerlich vertrat er Prinzipienfestigkeit, innerlich war er zu kalter Berechnung bereit. So versprach er während der Herbstkrise 1998 vor laufenden Kameras, Tschernomyrdins Bestätigung in der Duma nicht zu behindern, und brach anschließend sein Wort. Er brachte es fertig, das Offenkundige an der Skuratow-Affäre zu »übersehen«, und tat sein möglichstes, um dessen Absetzung zu blockieren.

Schließlich ging er zu offenen Angriffen über. Im Sommer 1999 begann eine Diskreditierungskampagne gegen mich und meine Familie. Es erschien eine Serie bezahlter Veröffentlichungen in unserer und dann auch in der ausländischen Presse, und zwar in Publikationen, die schon dem KGB jahrelang als Desinformationskanäle gedient hatten. Lushkow ging so weit, in einer offiziellen Erklärung von mir zu verlangen, Beweise für meine Unschuld vorzulegen. Er sagte, er werde allen Behauptungen glauben, solange keine Gegenbeweise vorlägen. Das machte mich besonders betroffen. Wie hielt er es denn mit der Unschuldsvermutung?

Beleidigungen in der besagten Presse sowie von seiten der Abgeordneten, die in der Wahl ihrer Mittel nicht gerade zimperlich waren, war ich gewohnt. Doch noch nie hatte ein namhafter Politiker meine Persönlichkeitsrechte derart schamlos mit Füßen getreten. Daß nichts von dem, was über mich geschrieben wurde, zu beweisen, sondern alles erstunken und erlogen war, konnte Lushkow nicht unbekannt sein. Daran gibt es für mich keinen Zweifel. Doch mit dem Eifer eines politischen Hasardeurs setzte er sich über alles hinweg.

Das alles hätte man unter anderen Umständen sicherlich belächeln können. Bei seiner charakterlichen Veranlagung taugt Lushkow nicht zum Politiker. Seine Auftritte »in Notsituationen« – bald zum »Schutz des russischen Produzenten«, bald zur Problematik der Stadt Sewastopol, des Standorts der russischen Schwarzmeerflotte auf ukrainischem Territorium, bald zur Aufhebung der Privatisierung – können bei seriösen Leuten nur Befremden hervorrufen. Geschätzt wird Lushkow von der Moskauer Bevölkerung, die ihm alle seine politischen Schwächen nachsieht, jedoch aus Gründen, die mit Politik herzlich wenig zu tun haben. Die Moskauer haben es wie alle Menschen einfach gern, wenn jemand etwas für sie tut. Hätte der Bürgermeister sich weiterhin nur seiner geliebten Stadt gewidmet, ich hätte ihn bei aller Kritik gern dabei unterstützt. Nur reichte Moskau Lushkow nicht mehr. Er wollte weit höher hinaus.

Im Sommer 1999 begann eine langsame Annäherung zwischen Primakow und Lushkow. Primakow hielt sich wie stets mit Äußerungen zurück, blieb vorsichtig. Lushkow versuchte – einstweilen war es noch ein vorsichtiges Herantasten – die Varianten durchzurechnen: wer von ihnen bei einer bestimmten Konstellation Präsident werden könnte, wer Regierungschef oder Führer der stärksten Fraktion. Übrigens hatte er keineswegs die Absicht, den Weg für den abgesetzten Regierungschef freizumachen. Er verfolgte ein ganz anderes Ziel: Das »Schwergewicht« Primakow mit seinen hohen Umfragewerten sollte der Bewegung »Vaterland« den Weg in die Duma bahnen, Lushkow würde die absolute Mehrheit der Duma-Abgeordneten um sich scharen, Regierungschef und dann im Jahr 2000 Präsident werden. Gemeinsam hatten sie die Chance, bei den Duma-Wahlen ein so gewaltiges Übergewicht zu erzielen (zumal Primakow ja bereits bewiesen hatte, daß er sich mit den Kommunisten zu verständigen wußte), daß die folgenden Präsidentschaftswahlen ihren Sinn zu verlieren drohten.

Wenn meine Prognosen stimmten und die Rosaroten (die Kommunisten und die Bewegung »Vaterland«) bei den Duma-Wahlen die klare Mehrheit errangen, würden sie nicht nur einen großen politischen Vorteil erzielen, sondern auch die völlig legitime Möglichkeit, mit zwei Dritteln der Stimmen Verfassungsänderungen durchzusetzen. Vor allem das Amt des Präsidenten konnten sie dann abschaffen und hätten womöglich gar keine Präsidentschaftswahlen gebraucht. In jedem Fall bekämen sie solchen Aufwind und eine solche Bewegungsfreiheit – in ihren Händen lägen das Schicksal der Regierung, Gesetzentwürfe jeglicher Art, Straf-, Zivil- und Steuerrecht –, daß ein weiterer

Kampf gegen sie aussichtslos würde. Mit anderen Worten: Alles mußte sich schon im Herbst 1999 und nicht erst im Sommer 2000 entscheiden. Es verblieben dafür nur wenige Wochen.

Im Juli sprach ich mehrfach mit Stepaschin über die Lage. Ich fragte ihn nach seiner Meinung, aus welchen Gründen die Gouverneure sich Lushkow anschlössen, dem sie bisher überhaupt keine Sympathie entgegengebracht hätten, da man die Hauptstadt in den Gouvernements generell nicht mag. »Die Aufgabe ist doch ganz klar, Sergej Wladimirowitsch. Es kommt darauf an, ein starkes Machtzentrum zu schaffen, die politische Elite des Landes um sich zu scharen. Zeigen Sie Entschlossenheit, versuchen Sie, ihnen die Initiative abzunehmen«, sagte ich ihm.

Irgendwann erkannte ich, daß es mit unserem Dialog nicht klappte. Stepaschin betonte immerzu, daß er sich als treues und ergebenes Mitglied der Mannschaft des Präsidenten betrachte, und er berichtete mir voller Elan von seinen Plänen. Doch sobald das Gespräch auf das politische Hauptproblem kam, erlosch sein Feuer. »Im Herbst renkt sich alles ein, da können Sie ganz sicher sein, Boris Nikolajewitsch.« Aber was sollte sich einrenken?

Mir war klar, daß eine neue Runde schärfsten politischen Kampfes näherrückte, die entscheidende Auseinandersetzung, wie sich das Land politisch orientieren würde. Stepaschin besaß die Fähigkeit, alle für eine gewisse Zeit zu versöhnen, doch zum politischen Führer, zum Kämpfer, zum ideologischen Rivalen Lushkows und Primakows bei den Duma-Wahlen taugte er nicht. Es galt indessen, eine neue politische Partei zu gründen. Darauf war ich vorbereitet. Ganz und gar nicht vorbereitet war ich jedoch darauf, daß mir Gleichgesinnte hinterrücks einen Schlag versetzen könnten. Dieser kam für mich unvermittelt im August 1999 vom Fernsehkanal NTW mit seinem intelligent gestalteten Programm. In der Sendung »Fazit« präsentierte der populäre Kommentator Jewgeni Kisseljow sonntagabends, zur besten Sendezeit, eine »Darstellung der Präsidentenfamilie«. Die Fotos auf dem Bildschirm erinnerten mich an Schautafeln mit der Aufschrift »Nach ihnen fahndet die Miliz«. Solche Schauta-

feln mit Konterfeis von Säufern, Dieben, Mördern oder Sexual-
straftätern hatte ich in Swerdlowsk oft gesehen. Jetzt fahndete
die »Miliz« in Gestalt von NTW nach meiner Familie: nach mir,
meiner Tochter, aber auch nach Woloschin, Jumaschew und anderen. Uns allen wurde Unvorstellbares angedichtet: Schweizer
Bankkonten, Villen und Schlösser in Italien und Frankreich,
Schmiergelder, Korruption und so weiter. Die Sendung war
schockierend. Die Fernsehdemagogie auf dem dritten Kanal und
in der Bürgermeisterpresse war harmlos dagegen, man erkannte
die Propaganda. Hier dagegen handelte es sich um das Werk von
Meistern ihres Faches. Die Lüge versteckte sich geschickt hinter
»recherchierten Details«. Das war eine echte Provokation und
die reinste Hetze.

Neben der Herkunft dieser Lüge interessierten mich im Sommer 1999 noch ganz andere Fragen. Wie kamen Malaschenko
und Gussinski, die meine Tochter Tanja doch persönlich kannten
und ziemlich engen Umgang mit ihr pflegten, dazu, sie im Fernsehen derart in den Schmutz zu ziehen? Sie wußten doch besser
als jeder andere, daß das alles erlogen war. Valentin Jumaschew,
der wie schon in anderen Fällen einen Ausweg aus diesem Konflikt zu finden versuchte, traf sich mit den beiden. Auf die direkte Frage: »Was geht hier vor?« folgte eine nicht weniger direkte
Antwort: »Ziehen Sie Woloschin aus dem Verkehr.« Woloschin
hatte versucht, den Praktiken von Gussinskis Holding Media-
most einen Riegel vorzuschieben. Media-most nahm staatliche
Kredite auf, schob ihre Tilgung jedoch Jahr für Jahr hinaus. Woloschin hatte verlangt, daß Gussinski den ihm von der Außen-
wirtschaftsbank eingeräumten Kredit endlich abdeckte. Daraufhin erfolgte dieser Gegenschlag.

»Aber was hat Boris Nikolajewitsch damit zu schaffen? Was
Tanja? Was hat sie mit alledem zu tun? Sie wissen doch genau,
daß es keinerlei Konten und Schlösser gibt. Sie verbreiten wis-
sentlich Lügen«, entgegnete Jumaschew. »Ziehen Sie Woloschin
aus dem Verkehr, und der Druck hört auf.«

Jumaschew versuchte ihnen klarzumachen, daß Erpressung

286

und andere Gangstermethoden niemals zum Ziel führen konnten. Doch seine Gesprächspartner waren taub für alle Argumente. Es kostete Jumaschew Mühe, sich zu beherrschen, als er mir über den Inhalt des Gesprächs mit Gussinski und seinem Stellvertreter berichtete. Meine Verständnislosigkeit und Bitterkeit waren noch größer als damals, als ich die Fernsehsendung ansah. Wann würde dieser mit Kompromittierungen geführte Krieg aufhören? Wie lange sollte das noch so gehen? Andererseits, was war an der Sache schon verwunderlich? Gegen mich gehetzt hatte man schon immer, zu verschiedenen Zeiten und aus verschiedenen Anlässen. Unter Gorbatschow wegen Dissidententums, 1991 bis 1993 wegen unpopulärer Maßnahmen, zumal der ökonomischen »Schocktherapie«, nach 1996 wegen meiner Krankheiten. Damit habe ich leben müssen. Auch das hier würde ich überleben.

Die Wahrheit ist von Dauer, sie bleibt, während sich die Lüge früher oder später in nichts auflöst. Jetzt hieß es, an anderes zu denken. Die Hauptsache war der Erfolg bei den Parlamentswahlen. Den politischen Druck, dem wir ausgesetzt waren, würden wir mit politischem Druck beantworten, die Hetzkampagne mit unserer Gegenkampagne, und zwar mit nicht geringerer Härte. Jetzt hieß es alle Kräfte sammeln, denn bis zum Dezember, bis zu den Wahlen blieb nur noch wenig Zeit.

Heute sind die Gründe der damaligen Konfrontation besser erkennbar. Es war nicht der Kampf der Marktwirtschaftler gegen die Kommunisten. Auch für die Bürger Rußlands war die Situation ungewohnt. Manch einen verwirrte sie. Wenn zwei marktwirtschaftlich orientierte Reformparteien oder -gruppen aneinandergeraten, gehört der Sieg den Kommunisten. So dachten viele. Und gerade das war das Paradoxe an der damaligen politischen Situation: Damit das totalitäre System der Vergangenheit nicht den Sieg davontrug, mußte Lushkows Bewegung »Vaterland« Paroli geboten werden. Es war zur Konfrontation zweier Konzeptionen des neuen Rußlands gekommen, zweier Kräfte, die sich nicht im Ziel, sondern im Weg dahin unterschieden.

Das Lushkow-Modell des Kapitalismus implizierte keine Meinungsfreiheit, keine Freiheit der Ideen, keine Freiheit der politischen Konkurrenz. Es war ein Modell des ständischen, hyperbürokratischen Kapitalismus für die »eigenen Leute«. Das andere Modell, das sowohl die Elite der russischen Geschäftswelt als auch die Mannschaft des Präsidenten anstrebten, war das der freien Marktwirtschaft – der Befreiung vom Diktat der Bürokratie und des Staates. Vor dieser Wahl stand das Land, ohne sich dessen möglicherweise bewußt zu sein.

Die Formen der Austragung politischer Konfrontationen ändern sich, doch dahinter verbergen sich allgemeine Gesetzmäßigkeiten. Von diesen möchte ich zwei des Sommers 1999 nennen. Erstens war die Hetze gegen den Präsidenten ein »hochaggressives Informationsvirus«. Vor derartigen durch die elektronischen Massenmedien verbreiteten Viren – Einschüchterungskampagnen und Rachefeldzüge mit Paparazzimethoden – ist keine Gesellschaft sicher. Darin liegt die Macht der Massenkommunikationsmittel, die sich heute als stärker erweisen können als der ganze Staatsapparat. Einen solchen Informationsvirus zu verbreiten, ist jeder fanatische, voreingenommene oder von politischem Rachedurst ergriffene »unabhängige« Staatsanwalt imstande, jede Privatperson, jede Finanzgruppierung – Voraussetzung ist allein das nötige Geld. Der Einfluß auf die Politik, der sich damit erzielen läßt, ist ungeheuer. In den westlichen Ländern ist das genauso wie bei uns. Auf welche Weise man sich vor dem Virus schützen kann und wie er sich von der nicht befallenen öffentlichen Meinung unterscheiden läßt, weiß ich nicht. Die Journalisten behaupten, daß es keinen Schutz gibt. Wer in die Politik geht, müsse wissen, daß die Spielregeln nun einmal so sind, er müsse sich auf eine Flut von gegen ihn verbreiteten Lügen einstellen. Ein fairer politischer Kampf wäre dennoch wünschenswerter.

Die zweite Gesetzmäßigkeit des Sommers 1999 war die Sehnsucht nach einer »Partei alten Typs«, die Lushkow mit der Bewegung »Vaterland« zu erfüllen trachtete. Plötzlich zogen Leute mit Schirmmützen und dunkelblauen Einheitsjacken durch Moskau. Sie schritten in wohlgeordneten Marschkolonnen, fuhren kostenlos in Bussen zu gut organisierten Kundgebungen. War das ein Phantom der »Sowjetdemokratie«, aus der Zeit, als Partei, Komsomol und Gewerkschaften die Leute auf diese Weise zur »freien Willensbekundung« aufmarschieren ließen? Oder war es die Sehnsucht nach etwas Organisiertem, Gesteuertem ohne überflüssige Demokratie? Ich kann diese Fragen nicht beantworten. Aber die uniformierten Kolonnen haben sich mir fest eingeprägt. Nun, wenigstens hat jetzt jeder von ihnen eine schöne kostenlose Jacke. Und eine kostenlose Schirmmütze.

Sehr persönlich

Kaum habe ich die Kapitelüberschrift geschrieben, stocke ich. Was heißt »persönlich« in meinem Leben? Hat ein Präsident eine Privatsphäre? Bleibt ihm auch nur ein kleiner Winkel für sich allein? Eine schwierige Frage.

Ich möchte von einem Ereignis erzählen, das auf den ersten Blick nicht persönlich zu sein schien. Von außen betrachtet war es ein Teil meiner Arbeit, doch für mich war es zutiefst persönlich. Am 17. Juli 1998, einen Monat vor der Krise, flog ich nach St. Petersburg, um an der Bestattung der sterblichen Überreste des letzten Zaren und seiner Familie teilzunehmen. Die Geschichte dieser Beisetzung ist ebenso dramatisch wie traurig.

Etwa ein Jahr vor dem achtzigsten Jahrestag der Hinrichtung – Nikolaus II., Alexandra Fjodorowna und ihre fünf Kinder waren 1918 im Keller des sogenannten Ipatjew-Hauses in Jekaterinburg brutal ermordet worden – hatte Boris Nemzow die Schaffung einer staatlichen Kommission angeregt, welche die in einem Waldstück unweit der Stadt aufgefundenen Überreste identifizieren sollte. Nach so vielen Jahren die Echtheit der Knochenfunde festzustellen war äußerst schwierig. Unsere Kriminalisten wandten die neuesten Technologien an, insbesondere eine DNS-Molekularanalyse, und erstellten Dutzende von Expertisen. Proben der Gebeine wurden zur Spektralanalyse an ein kriminalistisches Speziallabor in London geschickt.

Am 30. Januar 1998 gab die Kommission das Resultat bekannt: Die Gebeine sind echt. Einen Monat später, am 2. März, bekräftigte ich den Beschluß, die Zarenfamilie in der Peter-und-Pauls-Kathedrale in St. Petersburg beisetzen zu lassen. Unerwarteterweise entstand nun eine hitzige Debatte über die Beisetzung, an der sich vor allem der Gouverneur der Ural-Provinz Swerdlowsk, Eduard Rossel, und der Moskauer Bürgermeister Juri Lushkow beteiligten. Beide beharrten darauf, daß die Zarenfamilie bei ihnen beigesetzt werden sollte, also entweder in Jekaterinburg, wo sich die Tragödie abgespielt hatte, oder in der gerade wiedererrichteten Moskauer Erlöser-Kathedrale, die als Symbol einer russischen Wiedergeburt gilt. Für mich stand jedoch fest: Die Familiengruft der Romanows befindet sich in der Peter-und-Pauls-Kathedrale in St. Petersburg, und die Gräber der Vorfahren müssen jeder Familie heilig sein. Daran war nicht zu rütteln.

Auch die Russisch-orthodoxe Kirche goß Öl ins Feuer, indem sie weiterhin an der Echtheit der Gebeine zweifelte und die Methode der Identifikation anhand der DNS nicht anerkannte. Es handelte sich jedoch nicht um eine Angelegenheit der Kirche, sondern um eine des Staates. Rußland mußte Nikolaus II., Alexandra Fjodorowna und ihren Kindern die letzte Ehre erweisen. Das verlangten unser Gewissen und das internationale Ansehen Rußlands. Aus humanitär-moralischen Gründen sollten die Romanows endlich im Grab ihrer Vorfahren beigesetzt werden. Wie lange sollte die Zarenfamilie noch darauf warten?

Am 7. Mai mischte sich Lushkow in die Angelegenheit ein, änderte unerwartet seine Meinung und unterstützte nun den Patriarchen Alexi. Der heilige Synod hatte vorgeschlagen, die sterblichen Überreste – bis zu einer hochheiligen Entscheidung – in einer provisorischen Gruft beizusetzen, und darauf bestanden, daß bei der Aussegnung die Namen der Ermordeten nicht genannt würden. Am 12. Mai und am 5. Juni traf ich mit dem Patriarchen zusammen und ließ mir seinen Standpunkt erläutern. Er blieb unerbittlich und erklärte, nicht an der Beisetzung teilnehmen zu können. Er berief sich darauf, daß die DNS-Analyse eine zu neue, nicht ausreichend erprobte Methode sei. Wie ich später erfuhr, existierten noch andere Knochenfunde, die von Weißgardisten unmittelbar nach dem Bürgerkrieg ins Ausland geschafft und dort als die sterblichen Überreste von Mitgliedern der Zarenfamilie beerdigt worden waren.

Unterdessen liefen die Vorbereitungen zur Beisetzung auf Hochtouren. Was sollte ich tun? Dies war ein ungewöhnliches Problem für ein Staatsoberhaupt. Mein Gefühl sagte mir, ich sollte mich nicht weiter auf die kirchlichen Bedenken einlassen. Die Presse wiederholte jeden Tag, die Beisetzung sei in Frage gestellt, die Umstände seien skandalös, alles hänge davon ab, welche Entscheidung der Präsident treffe, ob er nach St. Petersburg fahre oder nicht.

Fahren oder nicht fahren? Für mich war die Bestattung der Gebeine des Zaren, seiner Frau und seiner Kinder nicht nur als Präsident eine wichtige Frage. Es gab auch ein ganz persönliches Moment. Über zwanzig Jahre zuvor, als ich noch als Erster Sekretär in Swerdlowsk tätig gewesen war, hatte ich einen Beschluß des Politbüros mit der Anweisung erhalten, das Ipatjew-Haus abzureißen. Anlaß des Beschlusses war die Befürchtung gewesen, daß zum nahenden sechzigsten Jahrestag der Hinrichtung Nikolaus II. eine große Anzahl von Emigranten, Dissidenten und ausländischen Journalisten nach Swerdlowsk pilgern könnten. Das wollte man verhindern, und man tat es in einer für die sowjetische Bürokratie typischen Weise.

Wenn man das Dokument liest, kann man kaum glauben, daß Rußland noch vor kurzem von diesem Geist geprägt war:

»ZK der KPdSU. Vertraulich. Zum Abriß der Ipatjew-Villa in Swerdlowsk. Antisowjetische Kreise im Westen hetzen immer wieder zu propagandistischen Aktionen in Verbindung mit der Zarenfamilie Romanow auf. In diesem Zusammenhang findet nicht selten die ehemalige Villa des Kaufmanns Ipatjew in Swerdlowsk Erwähnung. Das Ipatjew-Haus steht im Zentrum der Stadt. Die Lehranstalt der Gebietsverwaltung für Kultur ist dort untergebracht. Die Villa stellt weder einen architektonischen noch sonst irgendeinen Wert dar; nur eine unbedeutende Zahl von Bürgern und Touristen zeigt an ihr Interesse. In letzter Zeit wird Swerdlowsk des öfteren von ausländischen Spezialisten besucht. Dieser Kreis von Ausländern könnte sich in Zukunft bedeutend erweitern, und das Ipatjew-Haus könnte zum Objekt verbreiteten Interesses werden. Es erscheint daher zweckmäßig, dem Swerdlowsker Gebietskomitee der KPdSU den Abriß der Villa im Zuge der planmäßigen Umgestaltung der Stadt zu empfehlen.«

Unterschrieben war der KGB-Bericht 2004-A vom 26. Juli 1975 vom damaligen Chef des KGB, Juri Andropow. Alles ging seinen gewohnten Gang: Auf der Grundlage des KGB-Berichts nahm das Politbüro des ZK der KPdSU am 4. August 1975 den Beschluß »Über den Abriß der Ipatjew-Villa in Swerdlowsk« an.

Damals, Mitte der Siebziger, nahm ich diesen absurden Beschluß gelassen auf, quasi als Hausherr der Stadt. Überflüssige Skandale wollte auch ich nicht. Außerdem hätte ich den Beschluß des höchsten Organs des Landes nicht verhindern können. Hätte ich ihm nicht Folge leisten sollen? Das war für mich als Erster Sekretär des Gebietskomitees nicht vorstellbar. Hätte ich den Gehorsam verweigert, wäre ich rasch kaltgestellt worden, und mein Nachfolger hätte den Beschluß ausgeführt. Dennoch belastete mich das Wissen um die Erschießung. Die Beisetzung der Zarenfamilie war für mich nicht nur eine politische, sondern auch eine persönliche Gewissenspflicht.

Unmittelbar vor meiner Abreise rief ich den Historiker Dmitri Lichatschow an, Akademiemitglied und einer der maßgebenden Intellektuellen, dessen Meinung mir sehr wichtig war. Sein Rat lautete: »Boris Nikolajewitsch, Sie müssen unbedingt hier in St. Petersburg sein.« Am 17. Juli um 11.15 Uhr landete mein Flugzeug auf dem Flughafen Pulkowo. Gouverneur Jakowlew begleitete mich auf der Fahrt in die Stadt. Die Menschen standen in der prallen Sonne entlang dem Kronwerkski-Sund, säumten die Festung, drängten sich vorm Osttor auf dem Troizkaja-Platz und hatten sogar die Troizki-Brücke über die Newa besetzt. Ich betrat die Kathedrale genau in dem Moment, als die Glocken zu Mittag schlugen.

Meine Entscheidung, nach St. Petersburg zu fahren, kam für die politischen Größen in Moskau völlig unerwartet. Nichtsdestoweniger sah ich bei der Totenmesse viele bekannte Gesichter: Jawlinski, Nemzow, Lebed. Außerdem traf ich dort ein Mitglied des britischen Königshauses, den Prinzen Michael von Kent. Er ist der Enkel des Fürsten Wladimir Alexandrowitsch, des Onkels von Nikolaus II. Zum erstenmal seit langer Zeit waren hier Familienmitglieder des Zaren zusammengekommen, insgesamt zweiundfünfzig. Lebed, der zu dieser Zeit gerade für den Posten des Gouverneurs kandidiert hatte, stand plötzlich inmitten der Familie Romanow. Ich dachte: Die Leute machen sogar hier in der Kirche Politik.

Meine Rede liegt vor mir. Ich will hier nur einen kurzen Ausschnitt anführen: »Lange Jahre haben wir dieses Verbrechen totgeschwiegen, doch die Wahrheit muß gesagt werden: Die Hinrichtung in Jekaterinburg ist eine der beschämendsten Seiten in unserer Geschichte. Indem wir nun die Gebeine der unschuldig Ermordeten der Erde übergeben, möchten wir die Sünden unserer Vorfahren sühnen. Schuldig sind die, welche dieses Verbrechen begangen, und jene, die es jahrzehntelang gerechtfertigt haben ... Ich neige mein Haupt vor den Opfern dieses unbarmherzigen Mordes. Unheilvoll ist jeder Versuch, das Leben gewaltsam zu verändern.«

In der Kirche war es hell, die Sonne schien herein. Die Geistlichen in ihren weiten weißen Gewändern sprachen die Namen der Verstorbenen nicht aus, aber sie waren den Anwesenden natürlich geläufig. Die ganze Zeit über stand ich neben Lichatschow, habe meine Kerze an der seinen angezündet. Naina neben mir hielt auch eine Kerze. Sie verfolgte alles aufmerksam. Eine kurze Trauerfeier – eine private, keine Staatsbeisetzung.

Dann gingen wir hinaus. Die Nachkommen der Romanows warfen Erde auf den Sarg. Das trockene Aufprallen der Erde, die Sonnenstrahlen, die Menschenmenge, das war ein zu Herzen ge-

294

hender Eindruck. Ich verharrte eine Weile am Eingang zum Seitenaltar mit der Familiengruft. Wolken zogen über den Himmel, ich atmete die typische Petersburger Luft, und mir schien, daß hier tatsächlich einmal Harmonie und Versöhnung Einzug halten würden. Zu schade, daß wir mit den wertvollen historischen Reliquien der Monarchie auch das Gefühl für die Ganzheit und Kontinuität unserer Geschichte verloren hatten. Wie schön wäre es, wenn das alles bald wiederhergestellt werden könnte!

Ganz Rußland verfolgte das Ereignis im Fernsehen. Was aber betraf daran nur mich selbst? Das ist nicht einfach zu erklären. Ich bin so sehr an den politischen Kampf gewöhnt, daß ich gelernt habe, meine Person, meine Privatsphäre, alles Ungeschützte zu verstecken. Nun ist es Zeit, das Visier zu öffnen, und es fällt mir schwer, über die einfachsten, menschlichen Dinge zu reden.

Jeder Mensch hat ein Zuhause, einen privaten Raum, in dem er nur für sich und seine Angehörigen da ist. Ich habe schon seit langem kein solches Zuhause mehr. Wir leben meistens auf staatlichen Datschas (jetzt in Gorki-9) mit staatlichen Möbeln und Einrichtungen. Seit 1985 sind stets Leibwächter in meiner Nähe, seit 1991 zudem zwei Offiziere mit dem Atomkoffer – auf der Jagd, beim Angeln, im Krankenhaus, beim Spaziergang, überall. Sie befinden sich immer im nächsten Boot, in der Nachbarhütte, im nächsten Auto, im Nachbarzimmer. Das Haus ist immer voller Menschen – Wachschutz, Ärzte, Dienstpersonal und so weiter; nirgends kann man sich verstecken, nirgendwo allein sein. Sogar die Türen zu meinem Haus werden nach einem ungeschriebenen Gesetz niemals verschlossen. Zieht man sich etwa ins Badezimmer zurück? Manchmal würde ich es gern.

Es ist eine ständige Anspannung, die nie von mir weicht. Trotzdem ist es mir gelungen, nach und nach damit zurechtzukommen. Die Macht der Gewohnheit. Doch das war es nicht allein. Mit der Zeit hat sich das Haus mit Schwiegersöhnen und Enkelkindern gefüllt. Jetzt gibt es sogar schon einen Urenkel. Und in unserer großen Familie gibt es unantastbare Traditionen. Die Geburtstage zum Beispiel. Jeder Jubilar weiß, daß er an diesem Tag in aller Frühe feierlich geweckt wird. Um sechs Uhr wecke ich alle ohne Ausnahme. Wir gratulieren alle zusammen, und auf dem Nachttisch stehen bereits Blumen und Geschenke. Zuerst haben die Schwiegersöhne gemurrt: Wozu so früh aufstehen? Doch dann haben sie sich daran gewöhnt. Zum Neujahrsfest habe ich immer dieselbe Rolle – ich bin Väterchen Frost. Dann ist die ganze Familie beisammen: Naina, Lena und ihr Mann Valeri, deren Kinder – die schon erwachsenen Katja und Mascha und der kleine Wanka –, Tanja und ihr Mann Ljoscha, deren Kinder Boris und Gleb und schließlich der erste Urenkel, Katjas Sohn Sanetschka. Beim letzten Neujahrsfest kam Katja das erste Mal mit ihrem Mann Schura. Ich habe ihn mir noch einmal genau angesehen, ein großartiger Junge. Er studiert an der Psychologischen Fakultät der Lomonossow-Universität. Kennengelernt haben sich die beiden schon in der Schule, und jetzt leben sie über ein Jahr zusammen und haben Naina und mich zu stolzen Urgroßeltern gemacht.

Offenbar hatte ich in der Kindheit meiner Töchter den Ruf eines strengen Vaters. Wenn sie mit den Zeugnissen zu mir kamen, stellte ich immer dieselbe Frage: »Alles Einsen?« Waren es nicht alles Einsen, nahm ich das Heft nicht einmal in die Hand.

Wir sind eine durch und durch patriarchalische Familie, wie die meines Vaters. In ihr gibt es eine feste Instanz – den Großvater, dessen Wort besonderes Gewicht hat. Wenn es eine solche Instanz gibt, fällt es allen leichter, die zwischen Kindern und Eltern auftretenden Konflikte zu lösen. Gibt es ein Problem, geht man zum Großvater. Doch alle wissen, daß es besser ist, seine Probleme selbst zu lösen. An den Großvater wendet man sich nur im äußersten Fall. Das ist mittlerweile schon ein Brauch. Zum Beispiel: Tanja und Borja haben Streit. Borja übt trotzig Druck auf seine Mutter aus: »Und wenn ich zum Großvater gehe und er erlaubt es?« Tanja denkt nach und sagt: »Dann geh doch.« Doch sie schafft es immer, vor ihrem Sohn mit mir zu sprechen, um unsere Standpunkte miteinander abzustimmen. Was Borja angeht, so hat er mich nie enttäuscht, nachdem wir uns geeinigt hatten. Mein Wort ist für ihn Gesetz.

Lena und Tanja waren sehr verschieden. Lena war der Mittelpunkt einer großen Schulclique, mit der sie an den Wochenenden durch die Wälder des Ural wanderte. Naina machte sich Sorgen, doch unnötigerweise – Lenas Freunde waren großartig. Bis heute trifft sie sich und steht im Briefwechsel mit ihnen. Darin ist sie Naina und mir ähnlich. Auch wir haben die Verbindung zur Vergangenheit nie verloren. Lena studierte wie ihre Eltern am Uralischen Polytechnischen Institut, an derselben Fakultät für Bauwesen. Das ist unsere Seelenverwandtschaft. Lena ging zur Musikschule, mochte Bücher, lernte hervorragend. Ihr Naturell ist klassisch, in sich ruhend – mein Charakter.

Tanja hingegen war eine Phantastin. Früher wollte sie Schiffskapitän werden und trat in einen Jachtklub ein, lernte Sichtfunk. Sie begeisterte sich für Volleyball, spielte im Ural in der Auswahlmannschaft Lokomotive. Dann riß sie sozusagen von zu Hause aus, indem sie zum Studium nach Moskau ging. Dort kannten wir niemanden, außer einer alten Studienfreundin. Aber die lebte in einer Gemeinschaftswohnung, so daß Tanja ins Wohnheim mußte. Naina war kategorisch dagegen, daß sie nach Moskau ging. Ich sagte nur: »Wenn du es willst, dann fahr.«

Tanja hat auf jeder Datscha immer gleich einen Rasenplatz angelegt. Offensichtlich wollte sie unsere staatlichen Behausungen verschönern. Überhaupt ist sie wie ich ein sehr zielstrebiger Mensch. Wenn sie sich zu etwas entschlossen hat, setzt sie es auch durch.

Bei der Anlage der Rasenflächen stellte sie alle jüngeren Männer im Haus zum Graben, Auflockern des Bodens und so weiter an. Eines Tages, als sie nicht da war, beschloß ich, auf dem frischen Rasen Tee zu trinken. Wir trugen einen Tisch hinaus, stellten den Samowar und einen Sessel auf. Plötzlich sackte das gesamte Mobiliar einen halben Meter tief in die Erde, und ich hätte mich beinah der Länge nach hingelegt. Wir hatten das Feststampfen vergessen. In diesem Augenblick kam Tanja zurück und bekam sich vor Lachen kaum ein.

Für die Fahrt zu unserer Datscha kaufte sie einen Niwa, eine Art Jeep, und für landwirtschaftliche Zwecke einen passenden Anhänger dazu.

Übrigens war sie, als sie ihren Führerschein machte, an einen sehr unangenehmen Fahrlehrer geraten. Nicht nur, daß er sie während der Fahrstunde betatschte, er fing, nachdem sie ihm eine Abfuhr erteilt hatte, auch noch an, auf mich zu schimpfen. Tanja hörte sich das eine Zeitlang an, doch schließlich konnte sie nicht mehr an sich halten: »Hören Sie auf, solchen Unsinn zu reden! Das war doch alles ganz anders.« – »Woher willst du das denn wissen?« fragte der Fahrlehrer verdutzt. »Weil er mein Vater ist«, antwortete sie. Die Bremsen quietschten. Der Fahrlehrer war wie benommen. »Du machst Witze!« – »Ich mache keine Witze.« Fortan benahm er sich anständig. So habe ich meine Tochter vor weiteren Zudringlichkeiten bewahrt.

Wie Tanja den Rasen, so habe auch ich eine glühende Leidenschaft – Autos. In meiner Jugend bin ich einmal Lkw gefahren. Doch dann war es mir nicht mehr beschieden, mich hinters Steuer zu setzen. Das Auto ist für mich ein Arbeitsplatz. Meine Limousine ist mit einer Telefonanlage ausgerüstet, und es klingelt ständig. Manchmal rufen die Präsidenten anderer Staaten an, dann wieder unser Ministerpräsident oder der Sekretär des Sicherheitsrats. Für mich ist das Auto ein Büro auf Rädern.

Dann aber endet die Fahrt vom Kreml zur Datscha, und die Limousine rollt langsam aufs Haus zu. Die Enkelkinder kommen angelaufen. Früher waren es Mascha und Borja, jetzt sind es Gleb und der kleine Wanka. »Opa, laß uns mitfahren!« Wir setzen uns alle zusammen ins Auto und fahren eine Runde über die Gartenwege, vorbei an Tulpen und Heckenrosen. In solchen Minuten fühle ich mich großartig.

Als wir schon nach Moskau gezogen waren und ich in Ungnade gefallen war, kaufte ich mein erstes Auto, einen silberfarbenen Moskwitsch. Damals war ich noch in der ZK-Abteilung für Bauwesen tätig. Ich hatte beschlossen, selbst zur Arbeit zu fahren, und nun stand die erste Fahrt bevor. Rechts neben mir saß der Leibwächter, hinten meine Familie. Die Twerskaja war voller Autos. Ich wendete ständig den Kopf, um zu sehen, was hinter uns los war. Im Rückspiegel konnte ich kaum etwas erkennen. Tanja rief: »Papa, sieh nach vorn! Ich flehe dich an!« Ich fuhr ziemlich schnell, und der blaß gewordene Leibwächter ließ seine Hand nicht von der Handbremse, um sie hochzureißen, falls es keinen anderen Ausweg geben sollte. Doch wir kamen ohne Zwischenfall an, Gott sei Dank.

Seitdem versuchte Naina mich davon abzuhalten, daß ich mich hinters Steuer setze. »Borja, du hast genügend Fahrer in der Familie. Jeder fährt dich mit Vergnügen, wo immer du hinwillst.« Trotzdem bin ich vor kurzem mit der Präsidentenlimousine auf den Wegen unserer Datscha gefahren. Ich bin ja jetzt Rentner, da darf ich alles.

Die Leidenschaft fürs Autofahren konnte ich mit einem Electrocart kompensieren. Mit dem rase ich, was das Zeug hält. Besonders mag ich es, von einem Hügel herunterzufahren, direkt auf einen Baum zuzusteuern und erst im letzten Moment das Steuer herumzureißen. Das ist für mich Entspannung. Einmal hatte sich der Leibwächter, der mich auf der riskanten Fahrt begleitete, während des Lenkmanövers nicht festgehalten und fiel aus dem Gefährt. Ich mußte mich bei ihm entschuldigen.

Meine Liebe zum Fahren wollte ich an meine Enkelin weitergeben. Zu ihrem achtzehnten Geburtstag schenkte ich Katja ein Auto. Diesmal traf ich mit meinem Geschenk nicht ganz ins Schwarze. Meine beiden Töchter – sowohl Lena als auch Tanja – hatten versucht, mir das auszureden: »Papa, das ist ein sehr teures Geschenk, sie hat ja nicht mal die Fahrerlaubnis. Fahren wird sie damit gar nicht können.« Doch ich bestand darauf, immerhin wurde sie volljährig. Ich schenkte ihr ein schönes rotes Auto – einen Škoda. Zwei Jahre stand es auf der Straße, ohne daß Katja sich auch nur einmal hinters Steuer gesetzt hätte. Nun hat ihr Mann Schura die Fahrerlaubnis gemacht. So hat mein Geschenk doch noch seinen Nutzen.

Katja und Borja sind meine ältesten Enkelkinder. Sie wurden im Abstand von einem Jahr geboren. Katja, Lenas Tochter, ist inzwischen zwanzig Jahre alt und hat Studienurlaub genommen, um sich um ihr Baby zu kümmern. Boris studiert in England. Tanja hatte große Zweifel, ob sie ihn zum Studium ins Ausland schicken soll, und hat lange nach einer Schule gesucht. Ihre Hauptkriterien waren strenge Disziplin und hohe Anforderungen. Daher entschied sie sich für die Jungenschule in Winchester. Als sie mir von den Lebensumständen dort erzählte, konnte ich es zunächst nicht glauben. Borja wohnte im Wohnheim in einem Viererzimmer. Er schlief in einem Doppelstockbett. Ein Tisch für die Hausaufgaben, ein Computer, die persönlichen Sachen, nichts Überflüssiges. Heißes Wasser gab es nur ein paar Stunden am Tag. Und man mußte früh aufstehen, um sich ordnungsgemäß zurechtzumachen – die Schuhe mußten geputzt sein, das Hemd gewaschen und gebügelt. So ging das drei Jahre. Kein Wunder, daß er mit seinem Herzen hier, im bequemen Moskau war.

Jetzt korrespondieren wir übers Internet, er schreibt uns amüsante Botschaften. Zum Thema Korrespondenz fällt mir eine hübsche Geschichte ein: Bei einem Telefongespräch mit Tony Blair verplapperte ich mich: »Tony, weißt du, mein Enkel studiert in England, er ist da recht einsam, vielleicht kannst du dem Jungen mal ein paar Zeilen schreiben.« Wie groß war unsere Überraschung, als Borja anrief und erzählte, was es für eine Aufregung in seiner Schule gegeben habe, als dort ein offizieller Brief des Premierministers eintraf, in dem er ihm Erfolg beim Lernen wünschte und ihn zu sich einlud. Meinem Enkel, der schon gut Englisch konnte, war natürlich klar, daß diese Einladung offizieller Natur war und er sich nicht sofort in ein Taxi setzen mußte, um in die Downing Street zu fahren.

Meine Enkelin Mascha, die jetzt siebzehnjährige Tochter von Lena und Valeri, würden wir wahrscheinlich nicht allein ins Ausland lassen. Sie ist ein entzückendes Mädchen, sehr hübsch und poetisch veranlagt (an meinen Geburtstagen hat sie mir oft ein selbst verfaßtes Gedicht geschenkt) – wie kann man so ein Mädchen fortgehen lassen? Als Lena und Valeri für ein paar Wochen ins Ausland in den Urlaub fuhren, war Mascha bei uns in Gorki-9. Eines Abends kam sie angelaufen: »Opa, bitte sag Mama, daß sie mich in die Disco läßt!« Sie wurde von ihrer Mutter also auch aus dem Ausland streng überwacht. So ernst wie möglich sagte ich: »Mascha, ich erlaube dir, in die Disco zu gehen. Ich übernehme die Verantwortung.«

Ein paar Wochen, nachdem Katja sich an der Historischen Fakultät der Moskauer Lomonossow-Universität eingeschrieben hatte, kam sie zu mir und sagte, den Tränen nahe: »Opa, bitte laß meinen Leibwächter abziehen!« Während ich Präsident war, hatten alle Familienmitglieder sogenannte Kletten, also Leibwächter. Das ist eine Kreml-Tradition, mit der Katja jetzt brechen wollte. »Verstehst du, Opa, das ist ... zum Lachen. Ich gehe aus dem Hörsaal, und die stehen da, die Armen. Ich flehe dich an!« Wahrscheinlich war es ihr vor den Kommilitonen peinlich. Das mußte geändert werden. Ich habe dem Chef des Sicherheitsdienstes sogar schriftlich bestätigt, daß ich die Verantwortung für den Abzug von Katjas Leibwächter übernehme.

Übrigens zeigt sich Katjas Selbständigkeit nicht nur in ihrer frühen Ehe. Sie ist überhaupt ein eigensinniges Mädchen, sie hat meinen Charakter. An ihrer Hochzeit konnte ich zu meinem größten Bedauern nicht teilnehmen, weil ich mit Lungenentzündung im Krankenhaus lag. So kamen Katja und Schura zu mir, ich gratulierte ihnen und wünschte ihnen Glück. Schuras Mutter ist Russisch- und Literaturlehrerin in der Schule, die Katja und Schura früher besucht haben. Unter ihren Augen hat sich die Liebe der beiden entwickelt. Nicht jede Mutter zeigt so viel Toleranz und Verständnis – immerhin waren sie noch Kinder.

Auf der Hochzeit gab es übrigens eine amüsante Begebenheit. Mein Enkel Borja, der sich ein wenig verspätete und nicht ganz auf dem laufenden war, weil er aus England angereist kam, sah

Schura, den er aus Katjas Clique kannte, und fragte ihn erstaunt: »Schura, was machst du denn hier?« Worauf dieser antwortete: »Was schon? Ich bin der Bräutigam!«

Vor der ständigen Belästigung durch Journalisten würde ich meine Töchter und Enkelkinder gern bewahren. Nach 1996 brachte die Regenbogenpresse immer wieder erfundene Meldungen über sie: Tanja habe eine heiße Affäre mit Tschubais; Katja sei durch die Aufnahmeprüfung für die Hochschule gefallen und nur durch Bestechung angenommen worden; Borja habe sich in London in ein russisches Fotomodell verliebt; Mascha sei selbst zum Fotomodell geworden, von zu Hause ausgerissen und mache Werbung für Mode, mal für Gucci, mal für Versace. Was die Erwachsenen – Tanja, Lena und meine Schwiegersöhne Valeri und Ljoscha – abbekommen, ist ungerecht, aber sie sind mit den Jahren abgehärtet und wundern sich über nichts mehr. Aber wenn man den Kindern mit solchen Lügen zusetzt, kann ich mich nur mit Mühe zurückhalten, denn sie leiden sehr darunter. Nach der Meldung über Borjas Londoner Affäre hätte ihn seine in Moskau lebende Freundin beinahe verlassen. Es ist verständlich, wie sehr sich Heranwachsende von alldem getroffen fühlen. Wie viele Tränen haben meine Töchter vergossen! Ihre Nerven und ihre Gesundheit haben wegen dieser Artikel gelitten. Ich möchte auf keinen Fall, daß mein Name noch länger einen Schatten auf meine Töchter und Enkelkinder wirft. Hoffentlich hören diese Nachstellungen nun auf.

Viele Leser interessiert wahrscheinlich, ob es wahr ist, was die Zeitungen über unsere angeblich gigantischen Einnahmen schreiben. Mit anderen Worten – bin ich ein reicher Mann? Ehrlich gesagt, ich weiß es nicht. Das hängt davon ab, welche Maßstäbe man anlegt. Werfen wir einen Blick auf meine Besitzverhältnisse: Ich lebe auf einer staatlichen Datscha. Abgesehen davon besitze ich zusammen mit meiner Frau eine Immobilie (eine Datscha mit vier Hektar Land und einem Haus mit 452 Quadratmetern bei Odinzowo im Großraum Moskau); ein Auto der Marke BMW (gekauft 1995); eine Wohnung in der Ossennjaja-Straße in Moskau; Kühlschränke auf der Datscha und einen Kühlschrank zu Hause; einige Fernseher; Schmuck meiner Frau und meiner Töchter; Tennisschläger; eine Waage; Jagdgewehre; Bücher; eine Stereoanlage; ein Diktiergerät. Was ich überhaupt nicht habe sind: Wertpapiere, Aktien, Wechsel; Immobilien im Ausland; Konten bei ausländischen Banken; Edelsteine, Gold- oder Diamantenminen; Ölquellen; Jachten, Flugzeuge, Hubschrauber. Weder meine Frau noch meine Töchter Lena und Tanja besitzen Konten bei Schweizer, englischen oder anderen ausländischen Banken, Schlösser und Villen, Ländereien im Ausland, Aktien ausländischer Unternehmen, Betriebe oder Bergwerke. Das alles haben wir nicht und hatten wir nie.

Und wieviel Geld habe ich? Um darüber genaue Auskunft geben zu können, ziehe ich meine jüngste Steuererklärung vom 31. März 1999 heran – die letzte, die ich als Präsident abgegeben habe. Danach belief sich mein Guthaben bei der Sberbank Rußlands (Valuta und Rubel) am 1. Januar 1999 auf insgesamt 8 436 000 Rubel (seinerzeit entsprach 1 US-Dollar etwa 22 Rubel). 1998 betrugen meine Einnahmen 183 837 Rubel. Ich bin also kein armer Mann. Meine Bücher wurden und werden in der ganzen Welt verlegt. Dennoch könnte ich mir kaum eines von den Dingen, die ich nicht besitze, leisten. Aber das möchte ich auch nicht. Ich brauche es nicht. Und das Geld des russischen Präsidenten liegt auf einer russischen Bank. So muß es auch sein.

Weder ich noch meine Familienmitglieder haben irgendwann Erträge aus Privatisierungen oder irgendwelchen Geschäften erzielt, die mit meinem Amt oder meinem Einfluß in Zusammenhang stehen. Alle unsere Einnahmen wurden offengelegt. Daß ich mit meiner Familie an jeden beliebigen Ort der Welt fahren kann, um mich zu erholen und etwas anderes zu sehen – das, glaube ich, habe ich mir verdient.

Um Geschenke und Glückwünsche rankt sich so manche Geschichte. So machte ich Tanja Anfang der achtziger Jahre ein feines Geschenk: Markenskier und Skistiefel. Die waren bei uns damals kaum zu bekommen, und ich wußte, daß Tanja von einer richtigen Skiausrüstung träumte. Sie fuhr dann in den Winterferien nach Dombai, wo sich herausstellte, daß Skier und Skischuhe viel zu groß für sie waren. Jede Abfahrt war eine Qual. Dafür ist sie später, nachdem sie sich Skier in der richtigen Größe gekauft hatte, geradezu über die Pisten geflogen.

Ich kann mir natürlich nicht die Geburtstage aller Familienmitglieder merken. Naina erinnert mich immer daran, und wir einigen uns mit der ganzen Familie auf ein Geschenk. So gab es in letzter Zeit praktisch keine Reinfälle mehr. Manchmal, inmitten des Lärms, des Gelächters, der Aufregung eines Festtags tritt plötzlich Stille ein. Dann nähert sich mir eine meiner Töchter: »Papa, bist du da?« Das heißt, ich bin mitten im Satz verstummt, nachdenklich geworden und starre vor mich hin. Mir sind diese jähen Pausen vor meiner Familie sehr peinlich. Ich versuche, mich zu beherrschen, aber es gelingt nicht immer. Plötzlich tauchen von irgendwoher aus der Tiefe, aus dem Unterbewußtsein Gedanken daran auf, was gestern war, was morgen sein wird. Den Politiker, der am Sonntag mit seiner Familie im Park spazierengeht, kann vieles erstarren lassen – das, was nicht mehr zu ändern ist, und das, was am nächsten Tag entschieden werden muß; das, was sofort oder in einem Monat zu erledigen ist, und das, was auf das Land nach der nächsten politischen Entscheidung zukommen mag. Solche Gedanken lassen mich verstummen.

Wie schon erwähnt, hat meine ältere Tochter Lena das Uralische Polytechnische Institut absolviert. Wie Naina und ich ist sie ins Bauwesen gegangen. Doch als sie nach Moskau kam, mußte sie ihre Arbeit aufgeben. Sie widmete sich der Familie und dem Haushalt. Ehrlich gesagt, habe ich mir deswegen ein wenig Sorgen gemacht, und auch sie hat darunter gelitten. Sie hatte wunderbare Voraussetzungen. In der Schule und an der Universität fiel ihr das Lernen leicht. Doch dann zog sie zuerst die kleine Katja, dann Mascha auf, richtete das Haus ein, regelte den Alltag und begeisterte sich für diese Seite des Lebens. Sie ist ein Mensch, der in allem die Ordnung, die Harmonie, die Schönheit liebt. Jetzt hat sie sich ihres Gartens angenommen, obwohl sie die Gartenarbeit anfangs nicht besonders mochte. Zugleich verpaßt sie keine größere Ausstellung; sie liebt die Impressionisten und alte Architektur. Sie ist in unserer Familie für die Ästhetik zuständig. Zu Beginn meines 1996er Wahlkampfs begann sie auch erstmals in der Politik mitzuarbeiten. Sie half bei der Organisation von Nainas Reisen, korrigierte ihre Interviews, bereitete öffentliche Auftritte vor, kurz, sie arbeitete mit viel Engagement im Wahlkampfstab mit.

Als Lena sich zu einem dritten Kind entschloß, war sie schon um die Vierzig. Meiner Meinung nach war es ein mutiger Entschluß. Wieviel Ängste, Aufregungen und Leiden waren mit Wankas Geburt verbunden! Was für Sorgen haben Naina und ich uns gemacht! Mut hatte sie jedoch schon bewiesen, als sie den Navigationsoffizier in der zivilen Luftfahrt Valeri Okulow heiratete. Wie die Ehefrauen von Seemännern, die bei deren Auslaufen nicht am Pier stehen, verabschieden auch die von Fliegern ihre Männer nicht. Abschied gab es jeden Tag. Ein paar Stunden daheim, dann ging es wieder hinauf. Lena kannte sich bald in den Flugzeugmodellen aus, konnte sie sogar am Geräusch erkennen. Wir wußten alle warum: Sie war besorgt um ihren Mann.

Auch während des Urlaubs zwang Valeris Charakter sie, tapfer zu sein. Valeri liebte es, mit einem Kajak Bergflüsse der schwierigsten Kategorie hinunterzufahren. Die beiden haben Kamtschatka durchwandert, sind in Kajaks durch Karelien gefahren. Die anstrengenderen Touren unternahm Valeri aber mit seinen Freunden, ohne Lena. Auf einer dieser Touren kenterte sein Boot und trieb ab. Seine Kameraden suchten ihn einen ganzen Tag lang. Schließlich tauchte er wieder auf; wie durch ein Wunder war er am Leben geblieben. Wie muß Lena der Schreck in die Glieder gefahren sein, als sie davon erfuhr.

Valeri leitet heute die Aeroflot, die größte russische Fluggesellschaft. Die Frau eines hochkarätigen Chefs zu sein, das weiß ich nur zu gut, ist schwer. Als Valeri auf diesen Posten befördert wurde, kam er zu mir, um mich zu fragen, ob es mich stören oder mir Unannehmlichkeiten bereiten würde. Ich erwiderte, daß es seine Entscheidung sei. Ich wolle auf keinen Fall seine Karriere behindern. Man muß ihm Gerechtigkeit widerfahren lassen: Er spricht zu Hause nie von sich aus über die Arbeit oder seine beruflichen Probleme. Manchmal antwortet er auf meine Fragen, doch das ist alles. Ich bin ihm dankbar für sein Verständnis und Taktgefühl.

Die Männer arbeiten, und die Frauen ziehen die Enkelkinder groß. Für Naina ist die Rolle der Groß- und Urgroßmutter etwas völlig Natürliches. Sie ist bereit, den Enkeln und dem Urenkel beliebig viel Zeit zu widmen. Lena und Tanja versuchen ihr oft auszureden, für die Kleinen zu kochen. »Mama«, sagen sie, »du stehst schon drei Stunden am Herd, wenn Gäste kommen, dann ruh dich wenigstens an den normalen Tagen aus.« Doch Naina meint, daß ihre Buletten besser sind als alles, was der Koch zubereiten kann. Es ist unmöglich, sie davon zu überzeugen, daß sie weniger kochen soll. Ihre Plinsen kennen wahrscheinlich alle unsere Gäste. Mit ihrer Bewirtung scheint Naina uns alle vor irgend etwas schützen zu wollen. Doch gibt es auch eine andere Erklärung: Sie liebt es einfach zu kochen.

Auf unserer Datscha gibt es eine wunderbare Erfindung – einen russischen Ofen unter einem Schutzdach. Dort haben wir manchmal Silvester gefeiert. Naina hat Plinsen gebacken, und wir haben sie dort am Ofen gegessen, Sekt dazu getrunken, und der Tisch wurde mitsamt den Plinsen vom Schnee zugedeckt. Fischsuppe, Schaschlik und Plinsen draußen zu essen hat mir schon immer am besten gefallen. Besonders mag ich die Fischsuppe, die in Sawidowo nach einem speziellen Anglerrezept bereitet wird. Dazu werden etwa zehn verschiedene Fischsorten zusammen gekocht, dann Riesentomaten hinzugegeben, und zum Schluß hält man ein großes, schwelendes Holzstück für eine Sekunde hinein, damit die Suppe nach Rauch schmeckt und der spezifische Geschmack von Fischfett verdrängt wird.

Auf den kleinen Inseln in den Seen bei Sawidowo stehen im Sommer Heuhaufen. So manches Mal bin ich dorthin gefahren, habe alles auf dieser Welt vergessen und bin eingeschlafen. Alle Anspannung fiel von mir ab. Die Jagd und das Angeln sind etwas Besonderes. Mit dem Jagen habe ich in Swerdlowsk angefangen, und es wurde zu einer Leidenschaft. Wir hatten ein speziell ausgerüstetes Auto mit zwei Öfchen, an denen man sich im Winter wärmen konnte. Ich ging auf Elchjagd. Gewöhnlich stellen sich die Jäger »auf Nummern« in einer Linie auf. Auf wessen Nummer der Elch kommt, der hat Glück gehabt und darf ihn erlegen. Ich habe dort auch gelernt, Auerhähne zu jagen. Doch dann kam ich nach Moskau, und über den politischen Leidenschaften vergaß ich die Jagd, entdeckte dafür aber eine neue Zerstreuung – das Tennisspiel.

1991 sind Tanjas Mann Ljoscha und ich mit einer kleinen Gruppe das erste Mal nach Sawidowo gefahren. Ljoscha erwies sich ebenfalls als leidenschaftlicher Jäger. Damals sah ich, was für ein einzigartiger Ort Sawidowo ist. In den Wäldern gibt es Rotwild und Wildschweine. An Seen und in Sümpfen kann man Enten und Gänse jagen, oder man geht auf eine Pirschjagd auf Auerhähne. Im Frühling, wenn der Auerhahn sein Balzlied singt, muß man sich bei Sonnenaufgang in der Nähe des Ortes befinden, an dem er bei den ersten Sonnenstrahlen zu singen anfängt. Sobald er balzt und nichts mehr von der Welt um sich herum mitbekommt, kann man näher herangehen und im ersten Tageslicht seine Silhouette erkennen. Das ist eine seltene, sehr geheimnisvolle und aufregende Jagd.

Die Entenjagd bei Sonnenuntergang ist die dynamischste. Man tötet den Vogel im Flug, man versucht, ihn mit einem exakten Schuß vom Boot aus zu treffen. Das ist schon fast ein Sport, der mich so in den Bann schlug, daß ich manchmal mit einem großen blauen Fleck an der Schulter nach Hause kam. Ich habe im Lauf meines Lebens viele Gewehre geschenkt bekommen. Doch ich konnte mit keinem so gut jagen wie mit meinem ersten Karabiner Tscheski-Sbrojew (die Jäger nennen ihn Tscheset), Kaliber 30–0,6. Mit ihm gehe ich schon seit zwanzig Jahren auf die Jagd und habe mich so an ihn gewöhnt, daß ich sogar den

Gewehrkolben mit Isolierband umwickeln ließ, als dieser Risse bekam, um weiter mit diesem Gewehr zu schießen. Natürlich habe ich das neue Tscheset-Modell gekauft, aber es war nicht dasselbe Gefühl. Und so nehme ich immer noch das alte. Die Gewohnheit ist eine erstaunliche Sache.

Die Jagd ist ein Gemeinschaftssport. Doch stelle ich ungern vorher eine Gruppe zusammen. Meistens fahre ich mit Naina nach Sawidowo und jage zusammen mit den dortigen Jägern, seltener mit Ljoscha oder anderen Gästen. Die Einsamkeit in der Natur ist für mich ein wichtiger Ausgleich. Ich muß manchmal für mich allein sein.

Auf der Jagd herrscht ein besonderer, munterer Geist. Niemals werde ich vergessen, wie ein ausländischer Gast, als wir mit dem Kutter auf den See hinausfuhren, unablässig auf einen schwarzen Koffer starrte. Er dachte, es wäre der Atomkoffer, und war bemüht, sich von ihm fernzuhalten. Ich konnte ihn nicht von seiner Meinung abbringen. Als wir dann auf der Insel den Koffer öffneten und zwei Flaschen Wodka und Salzgurken herausholten, lachte er herzhaft. Der Atomkoffer befand sich unter der Aufsicht der Offiziere auf einem zweiten Kutter.

Seinerzeit war ich wie die meisten nicht abgeneigt, bei einer Feier das eine oder andere Glas »auf die Gesundheit« zu trinken. Doch wieviel Aufhebens wurde darum in der Öffentlichkeit und besonders in den Medien gemacht! Nach russischer Tradition ist es ausgeschlossen, bei einem Geburtstag, auf einer Hochzeit oder beim Zusammensein mit Arbeitskollegen nicht zu trinken. Ich fand dies bedauerlich, weil ich betrunkene Leute nicht ertragen kann, und bemühte mich immer, keine Trinker in meinem Bekanntenkreis zu haben. Gleichzeitig bemerkte ich schon früh, daß sich Streß mit Alkohol schnell abbauen läßt.

In diesem Zusammenhang fällt mir eine Episode aus dem Jahr 1994 ein, als auf allen Fernsehkanälen zu sehen war, wie ein nicht ganz nüchterner Jelzin in Berlin eine Militärkapelle dirigierte. Für mich waren es schwere Tage gewesen. Anderen mag mein Benehmen dumm erschienen sein. Aber weder meine Berater noch die Journalisten wußten, was in mir vorging. Der Streß während des Putsches von 1993 und in der Zeit danach war so groß, daß es mir bis heute ein Rätsel ist, wie mein Organismus ihn verkraftet hat. Anspannung und Müdigkeit suchten nach einem Ausweg. In Berlin, als ganz Europa den Abzug der letzten russischen Streitkräfte aus Deutschland feierte, spürte ich, daß ich am Ende meiner Kräfte angelangt war. Das letzte, auslösende Moment war der Druck der Verantwortung für diesen entscheidenden historischen Schritt. Plötzlich hielt ich nicht mehr durch. Schlimm genug.

Was empfinde ich heute, wenn ich die zum journalistischen Klischee gewordenen Bilder sehe? Weder Scham noch Gleichgültigkeit. Vielmehr spüre ich wieder die Unruhe, Anspannung und Überlastung, die mich damals fast erdrückten. Nach ein paar Gläsern wurde diese Last kleiner, und in diesem Zustand der Leichtigkeit konnte ich auch ein Orchester dirigieren. Hinterher bekam ich von einigen meiner Berater ein Schreiben, in dem sie mir vorhielten, mein Benehmen schade mir selbst und unserer gemeinsamen Arbeit. Doch kaum einer von ihnen hätte es vermocht, mich aus dieser Krise herauszuführen. Zu groß war die Distanz zwischen uns. Später in Sotschi ging ich am Strand entlang und dachte: Das Leben geht weiter. Ich mußte mich wieder aufbauen. Und langsam kehrten die Kräfte zurück.

Seitdem wurden alle Veränderungen meines Gesundheitszustandes – ob Schlaflosigkeit, Erkältungen oder gewöhnliche Erschöpfungsanzeichen – dem Einfluß des Alkohols zugeschrieben. Ich wußte, daß darüber geredet wurde, doch darauf einzugehen hielt ich für unter meiner Würde. Was hätte ich tun sollen? Allen erklären, daß die gelegentlichen Beeinträchtigungen meiner Sprechfähigkeit und meines Gangs etwas mit dem Herzen und dem Blutdruck zu tun hätten, mit ständigem Streß, Schlaflosigkeit und den Medikamenten, die ich deshalb nehmen mußte? Daß sie nicht mit den Symptomen des Alkoholismus zu verwechseln seien? Mir auf die Brust schlagen und schwören, daß ich nicht trinke?

Das alles wäre erniedrigend gewesen. Was immer ich sagen würde, sie würden es mir nicht glauben und mich für willensschwach halten. Mir wurde klar, daß der Haß, die Hysterie und die Verleumdungen von meiner Person hervorgerufen wurden, von meiner Willensstärke, meinem Charakter. Gäbe es den Alkohol nicht, würden sie einen anderen wunden Punkt finden. Doch auf mich einprügeln würden sie so oder so. War es da nicht besser, einfach darüber hinwegzusehen? Danach hörte ich wirklich auf, diesen Dingen Beachtung zu schenken. Es folgte das schwierige Jahr 1995, der Infarkt. Vor der Operation sagten die Ärzte: »Das Maximum, das Sie sich erlauben können, ist ein Glas Wein am Tag.« Nach der Operation war das Thema für mich ein für allemal erledigt.

Naina und ich leben nun schon über vierzig Jahre zusammen. Nie waren wir getrennt. Nie sind wir getrennt in den Urlaub gefahren. Nie haben wir uns voreinander abgeschirmt. Ich erinnere mich noch, wie sie als junge, achtzehnjährige Studentin im größten Projektierungsbüro in Swerdlowsk arbeitete, wie sie es schaffte, sich nicht nur um unsere Töchter zu kümmern und das Abendbrot zu bereiten, sondern mir nachts auch noch den Anzug zu bügeln. Ich war ja Erster Sekretär. Ich mußte gepflegt aussehen.

Naina hat mir so viel geistige und physische Kraft gegeben, daß mir die Worte fehlen, es angemessen zu beschreiben. Ohne sie hätte ich nie all den politischen Stürmen standgehalten, weder 1987 noch 1991 noch später. Bis heute, da sie Großmutter ist und sich in aller Ruhe um die Enkelkinder kümmern kann, gibt sie mir viel Kraft. Sie ist ein offenherziger, direkter Mensch, und sie erlebt die politischen Dramen auf ihre Weise. Oft hat sie mir etwas in dieser Art gesagt: »Borja, vielleicht solltet ihr euch zusammensetzen und miteinander reden, du und Lushkow. Vielleicht irrt er sich einfach. Er muß das doch einsehen!« Dann habe ich ihr lächelnd versprochen, daß wir uns treffen und miteinander sprechen würden. Wenn Politik von Menschen wie Naina gemacht werden würde, gäbe es bei uns eine andere politische Kultur.

Im Zusammenhang mit Lushkow kommt mir ein bezeichnendes Detail in den Sinn. Lange Zeit schickte er uns, da er in unserer Nähe wohnte, Milch von seinem Hof. Erst im Sommer 1998, als er an die Spitze seiner Partei trat, hörte er plötzlich damit auf. So ein Zufall. Durch einen Boten ließ er uns mitteilen, daß die Kuh erkrankt sei. Naina wundert sich bis heute, daß die Kuh so schwer und so lange krank ist.

Naina bekommt viele Briefe. Sie unterscheiden sich grundsätzlich von denen, die ich als Präsident erhalten habe. Das ist leicht zu erklären: An den ersten Mann des Staates schreibt man Gesuche, Beschwerden, Bitten, Anregungen zur Umgestaltung des Staates und dergleichen mehr. Meine Frau hingegen bekommt sehr persönliche Post, warmherzige, aufrichtige Mitteilungen. Die Menschen spüren ihren Charakter, ihre tiefe Anständigkeit. In diesen Briefen gibt es praktisch keine Boshaftigkeit, nicht einmal Kritik. Als ich meine Operation öffentlich bekanntgab, bekam Naina Briefe mit medizinischen Ratschlägen von Menschen, die selbst einen Infarkt erlitten hatten. Ich möchte die Gelegenheit nutzen, um allen diesen Menschen meinen Dank auszusprechen.

Am meisten erstaunte mich die aus diesen Briefen sprechende Güte deshalb, weil ihre Verfasser allen Grund hatten, mit ihrem Leben zu hadern; oft greifen gerade die Menschen zur Feder, die enttäuscht wurden, einsam oder krank sind. Einer der Briefe, der Naina wegen seines offenen, menschlichen Tons und seiner Bescheidenheit besonders beeindruckte, stammte von einer Frau aus St. Petersburg, deren Tochter behindert war. Als Naina erfuhr, daß ich nach St. Petersburg fahren wollte und Tanja mitfahren würde, bat sie diese, ein Geschenk für die Frau mitzunehmen, einen Fernseher und ein Videogerät. Tanja versuchte sich telefonisch anzukündigen, doch als niemand abnahm, fuhr sie zu der angegebenen Adresse, um das Geschenk bei den Nachbarn zu hinterlassen. Doch ein Mädchen öffnete die Tür. Es verstand nicht sofort, worum es ging, und konnte nicht glauben, daß man ihnen ein Geschenk von Naina Jelzina brachte. Leider war die

Mutter bei der Arbeit. Sie waren, wie Tanja erzählte, sehr arm und besaßen keinen Fernseher. Bald darauf erhielt Naina einen Dankesbrief. Mit dem Geschenk habe sie ins Schwarze getroffen, schrieb die Mutter. Ihre Tochter, die aus gesundheitlichen Gründen das Haus kaum verlassen könne, habe nun wenigstens die Möglichkeit, auf diesem Weg mit der Welt in Kontakt zu bleiben.

Wenn Naina ins Kinderheim fährt oder in die Kinderklinik oder ins Krankenhaus zu ihrer Lieblingsschauspielerin, erzählt sie nie davon. Sie hält Wohltätigkeit für eine Privatangelegenheit. Ich halte das für die richtige Einstellung. Andererseits hat sich Naina viel um Kinder gekümmert, die an einer unheilbaren Blutkrankheit leiden, welche in früher Kindheit zu einem fast vollständigen Verlust der Persönlichkeit führt. Wenn das Land davon wüßte, würden Nainas Beispiel sicher andere folgen. Doch sie hat die Öffentlichkeit immer gemieden.

Diese Eigenschaften – Bescheidenheit, Taktgefühl, Menschlichkeit – spüren die Menschen bei den wenigen, wortkargen Interviews, die Naina dem Fernsehen gegeben hat, und den seltenen öffentlichen Auftritten an meiner Seite. Sie fühlen sich zu ihr hingezogen. Ihr Kontakt zu einem kleinen Kreis Moskauer Schauspielerinnen, zu Galina Woltschek, Sofja Piljawskaja, Marina Ladynina, zur verstorbenen Maria Mironowa, zu Vera Wassiljewa und einigen anderen erschien mir immer einzigartig. Das ist Freundschaft, ohne jeden Schatten von Koketterie.

Trotz allem, was dagegen spricht, hat der Präsident also eine persönliche Sphäre: seine Angehörigen, die Familientraditionen, die Freude an Kindern und Enkelkindern. Wenn ich manchmal sehe, wie die Kleinen, Gleb und Wanka, in unserer Nähe balgen, versuche ich mir ihre Zukunft vorzustellen. Sie werden ein ganz anderes Rußland erleben, eine ganz andere Welt, ein anderes Jahrtausend. Wie wird Rußland dann sein? Werden sie stolz darauf sein, daß sie in unserem Land aufgewachsen sind, in unserer Stadt, in unserem Haus? Ich bin sicher, sie werden es. Anders kann es gar nicht sein.

312

»Jelzin ist verrückt geworden«

Am 4. August 1999, einem Mittwochmorgen, traf ich mit Wo-loschin zusammen, um mich mit ihm zu beraten, wann die Entscheidung über den neuen Regierungschef zu fällen sei: im September, Oktober oder bereits jetzt, im August? Im Herbst würden sich höchstwahrscheinlich äußere Gründe für einen Rücktritt finden, die allen verständlich wären. Doch sollte man warten, bis die Situation von selbst heranreifte? Es gab eigent-lich nur einen Grund: Stepaschin kann nicht die politische Füh-rungskraft bei den Parlaments- und Präsidentschaftswahlen sein. Im Augenblick würde der Rücktritt völlig unlogisch aus-sehen. Also brauchte man auch nicht nach logischen Gründen zu suchen. Man mußte den wahren Grund des Rücktritts nen-nen: Putin! Putin ist der Mensch, auf den ich meine größten Hoffnungen setze. Er ist der Mensch, an den ich glaube und dem ich das Land anvertrauen kann.

August – alle sind im Urlaub. Die Ernennung Putins wird wie ein Blitz aus heiterem Himmel einschlagen. Alles wird augen-blicklich lichterloh brennen. Aber wir werden einige Wochen Zeit haben, in denen die Leute sich nicht um Politik kümmern, um sich nicht die Ferienlaune zu verderben. Putin wird Zeit ha-ben, sich in sein neues Amt einzuleben. Ich rief den Sekretär zu mir und teilte ihm mit, daß es am nächsten Tag drei Termine geben würde. Mit wem, würde ich ihm später sagen. Woloschin bat ich, die Papiere vorzubereiten.

Am Morgen des 5. August traf ich mich mit Putin. Ich erklärte ihm den Stand der Dinge: Vor uns liege eine harte Zeit. Zunächst der Wahlkampf, doch damit werde es nicht getan sein. Es werde nicht leicht sein, die Lage im Land unter Kontrolle zu halten. Besonders alarmierend seien die Meldungen aus dem Nordkaukasus. Denkbar seien politische Provokationen in Moskau. Es sei schwer zu sagen, ob die jetzige Regierung imstande sei, der Inflation Herr zu werden. In den nächsten Wochen und Monaten hänge alles vom Verhalten des Regierungschefs ab. »Ich habe beschlossen, Ihnen den Posten des Ministerpräsidenten anzutragen, Wladimir Wladimirowitsch.«

Putin sah mich aufmerksam an und schwieg.

»Aber das ist noch nicht alles«, fuhr ich fort. »Sie können sich ungefähr vorstellen, warum ich mich genötigt sehe, Ihren Vorgänger zu entlassen. Ich weiß, daß Stepaschin Ihr Freund ist, er kommt auch aus St. Petersburg, doch jetzt steht anderes im Vordergrund. Sie müssen äußerst korrekt, zurückhaltend, aber entschlossen auftreten. Nur dann werden Sie Autorität in der Gesellschaft erlangen und bei den Parlamentswahlen Erfolg haben.«

»Auf wen werden wir uns bei den Wahlen stützen?« fragte Putin. »Ich weiß es nicht«, antwortete ich ehrlich. »Wir werden eine neue Partei aufbauen müssen. Ich weiß, daß Sie starken Rückhalt in der Duma benötigen, denn ich habe mich mit dem Parlament mehr abgequält als irgend jemand sonst in unserer Geschichte. Doch das wichtigste ist Ihr eigenes politisches Potential und das Bild, das man sich von Ihnen machen wird. Das kann nicht künstlich erzeugt werden, doch außer acht lassen darf man es auch nicht.«

Putin dachte nach. »Ich mag keinen Wahlkampf«, gestand er abrupt. »Überhaupt nicht. Ich verstehe nichts davon, und ich mag ihn nicht.«

»Sie werden sich auch nicht darum kümmern müssen. Das wichtigste sind Ihr Wille, Ihre Selbstsicherheit und Ihr entschlossenes Handeln. Davon hängt alles ab. Die politische Autorität wird von selbst kommen – oder eben nicht. Sind Sie bereit?«

»Ich werde dort arbeiten, wo Sie mich hinstellen«, antwortete Putin knapp.

314

»Und der höchste Posten?« Putin zögerte mit der Antwort. Er schien zu begreifen, worum es mir wirklich ging. »Das ist eine sehr schwere Aufgabe. Ich habe darüber noch nicht nachgedacht. Ich glaube nicht, daß ich darauf vorbereitet bin.« »Denken Sie darüber nach. Ich glaube an Sie.«

Im Raum herrschte angespannte Stille. Ich konnte jedes Geräusch überdeutlich hören, besonders das Ticken der Uhr. Putin hat sehr interessante Augen. Es scheint, als sagten sie mehr als seine Worte. Wie bin ich überhaupt auf ihn als Kandidaten gekommen?

Regelmäßige und offene Kontakte des Staatsoberhaupts zu Journalisten, zur schöpferischen Intelligenz, zur Wirtschaftselite, zu Vertretern der verschiedenen sozialen Schichten und Gruppierungen und schließlich zu seinen Mitarbeitern sind ein Gradmesser der Arbeitsfähigkeit und Transparenz des Apparats. Nicht immer ist ein arbeitsfähiger Apparat transparent und umgekehrt.

Zu Zeiten von Sergej Filatow als Leiter der Präsidialverwaltung und Viktor Iljuschin als mein erster Assistent (später wurden diese beiden Ämter zusammengefaßt) hatten regelmäßig Treffen mit Baturin, Liwschiz, Satarow, Pichoja, Krasnow und anderen Mitarbeitern stattgefunden – einmal im Monat, manchmal auch zweimal, gelegentlich in größeren Zeitabständen. Diese Treffen waren Iljuschins Idee gewesen. Doch der Zugang zu mir wurde vom Sicherheitsdienst sorgsam überwacht. Korshakow war eifersüchtig auf die »dekadenten Intellektuellen«. Ich wußte das und habe, soweit ich konnte, eine Eskalation des Konflikts zwischen Korshakow und Iljuschin verhindert. Korshakow brachte es fertig, ihm ohne Umstände die Tür zu weisen: »Ihm ist jetzt nicht nach Ihnen.« Die Intellektuellen haben das schweigend ertragen. Das ging so bis zum Beginn der Präsidentschaftswahlen von 1996.

Zu Beginn meiner zweiten Amtszeit führten Tschubais, Jumaschew und Woloschin wöchentliche Treffen zwischen mir und den Stellvertretern des Präsidialamts ein. Wenn ich mir ihre

Berichte anhörte, mußte ich daran denken, wie erstaunlich dieser Vorgang war. Wenn sie gewußt hätten, welche Kämpfe früher um einen Empfang in meinem Büro ausgetragen worden waren! Das brachte mir zu Bewußtsein, daß mein ehemaliger Apparat – der »engste Kreis« um Korshakow – die Kommunikation mit dem Präsidenten immer noch nach sowjetischem Muster ablaufen ließ.

Putin war mir als Leiter der Hauptkontrollabteilung der Präsidialverwaltung aufgefallen, bevor er als erster Stellvertreter Jumaschews für regionale Fragen zuständig wurde. Im Kreml erschien er seit März 1997, manchmal in Vertretung seines Vorgesetzten, so daß wir häufiger miteinander zu tun hatten. Seine Berichte waren ein Muster an Klarheit. Er wollte sich nicht über seine Konzepte und seine Ansichten über Rußland und die Welt »unterhalten«, wie es die anderen Stellvertreter taten. Persönliches hielt er sorgfältig heraus. Doch genau das weckte in mir den Wunsch, mit ihm zu reden. Auch seine Reaktionsfähigkeit beeindruckte mich. Manchmal kam es vor, daß die Menschen, auch wenn ich nur etwas ganz Einfaches fragte, verwirrt erröteten und nach Worten suchten. Putin dagegen antwortete ruhig und gelassen. Dieser im Vergleich zu mir junge Mann schien auf alles im Leben vorbereitet zu sein. Anfangs erschreckte mich das sogar, doch dann begriff ich, daß es seinem Charakter entsprach.

Im Sommer 1998 wurden wir vom »Schienenkrieg« überrascht. Streikende Bergarbeiter blockierten die Schienenwege, weil sie seit Monaten keinen Lohn mehr bekommen hatten, und schnitten so den Süden Rußlands und Sibirien vom Zentrum ab. Es war eine Katastrophe; jeder Tag kostete Millionen, was am meisten die weniger Begüterten traf – Rentner und Staatsangestellte. Am schlimmsten war jedoch, daß der Streik politische Unruhen in ganz Rußland auslösen konnte. Ich traf mich mit Nikolai Kowaljow, dem damaligen Chef des FSB. Er war völlig aufgelöst. Anscheinend war die Situation ganz und gar neu für ihn, und er wußte nicht, wie er mit ihr fertig werden sollte. Ich konnte ihn verstehen – zwar fiel der Streik nicht in seine Zuständigkeit, aber es bestand ein Sicherheitsrisiko für das Land. Ein politischer Kampf ist eine Sache, abgeschnittene Verkehrsadern sind eine andere.

Kowaljow, ein Tschekist, der etwas von seiner Arbeit verstand, hegte eine tiefverwurzelte Antipathie gegen Unternehmer. Reiche Leute mochte er einfach nicht, und seine Behörde hatte sich nach und nach auf die neuen Feinde umgestellt: Sie suchte kompromittierendes Material über Privatbanken und einzelne Geschäftsleute. Ich hatte auch nicht vergessen, welche Rolle der FSB 1996 im Zusammenhang mit dem fingierten Fall Sobtschak gespielt hatte. Das alles lag auf ein und derselben politischen Linie. Der »Schienenkrieg« bestätigte meine Einschätzung nur noch.

Im Sommer 1998 dachte ich also darüber nach, durch wen ich Kowaljow ersetzen könnte. Die Antwort war nicht schwer: Putin. Erstens hatte er einige Jahre bei den Sicherheitsorganen gearbeitet. Zweitens besaß er Erfahrung mit der Bürokratie. Drittens schließlich – und das war das wichtigste – war ich zunehmend davon überzeugt, daß er ein eindeutiges Bekenntnis zu Demokratie und Marktwirtschaft mit entschiedenem Patriotismus vereinte.

Putin erfuhr erst von seiner Ernennung, als ihm am 25. Juli 1998 der entsprechende Erlaß ausgehändigt wurde, den ich in Schuiskaja Tschupa, wo ich mich im Urlaub befand, unterschrieben hatte. Nach meiner Rückkehr nach Moskau hatte ich ein langes Gespräch mit ihm. Ich schlug ihm vor, unter Beförderung zum General in den aktiven Militärdienst zurückzukehren. »Wozu das?« antwortete er für mich unerwartet. »Ich habe am 20. August 1991 den Dienst quittiert, ich bin Zivilist. Ich halte es für wichtig, daß dieses einflußreiche Amt von einem Zivilisten geleitet wird. Wenn Sie erlauben, bleibe ich Oberst der Reserve.« Dann erörterten wir die Kaderprobleme des FSB. Die Lage dort war schwierig. Viele Mitarbeiter waren zu Privatfirmen abgewandert, andere wollten in die Reserve versetzt werden. Der Ruf der Lubjanka, der nach 1991 in der Öffentlichkeit stark gelitten hatte, mußte wiederhergestellt werden; die Traditionen und die verbliebenen Spitzenkräfte mußten erhalten bleiben, und der Dienst mußte entpolitisiert werden.

Putin ging bei der Reorganisation des FSB sehr kompetent zu Werke. Für Kowaljow fand er eine sanfte Lösung. Gleichzeitig stellte er einen neuen Stellenplan auf. Das neue Team an der Spitze bestand aus seinen Stellvertretern und den Chefs der Moskauer und St. Petersburger Verwaltung des FSB. Obwohl man letztlich viele Mitarbeiter entlassen mußte, verlief die Reorganisation ruhig und reibungslos. Im Lauf der Zeit erwies sich die Struktur, die Putin dem FSB gab, als weitaus effektiver als die alte.

Er hatte das Amt zu einem Zeitpunkt übernommen, als die Lage sehr explosiv war. Im Herbst 1998, als die von Makaschow ins Rollen gebrachte antisemitische Welle zu eskalieren drohte, gab er eine scharfe Erklärung zum politischen Extremismus ab. Nach meiner Ansicht wurden viele durch seinen kühlen Blick und die fast militärische Präzision seiner Formulierungen von Anschlägen und Provokationen abgehalten. Keine der radikalen Gruppierungen in Moskau blieb unbehelligt, und sie begannen sich in der Presse lautstark darüber zu beklagen, daß der »Polizeistaat« gekommen sei.

Doch das wichtigste war, daß Putin eine feste politische Überzeugung hatte. Von den ständigen Auseinandersetzungen mit Ministerpräsident Primakow, der den FSB unter seinen Einfluß bringen wollte, ließ er sich nicht beirren. Auf politische Spielchen ließ er sich nicht ein. Dabei hätte sich sogar ein erfahrenerer Politiker als er in die damaligen Kungeleien verstricken können, doch er ließ sich nur von einem einzigen Kriterium leiten: von der Moralität des Vorgehens und der Redlichkeit der Menschen, mit denen er es zu tun hatte. Er war immer bereit, eher auf sein Amt zu verzichten, als etwas zu tun, was seinem Ehrgefühl widersprach. Er hatte es nicht eilig, in die große Politik einzusteigen. Da er Gefahren früher als andere spürte, warnte er mich vor ihnen. Dennoch wußte ich nicht, wie ich reagieren sollte, als ich

318

erfuhr, daß er Sobtschak ins Ausland geschickt hatte. Damit hatte er mehr als nur seine eigene Position aufs Spiel gesetzt. Andererseits rief sein Verhalten meine tiefe menschliche Achtung hervor.

Als ich die Notwendigkeit erkannte, Primakow seines Amtes zu entheben, quälte mich ständig der Gedanke daran, wer mich bei diesem Schritt unterstützen würde. Wer steht wirklich hinter mir? Irgendwann begriff ich – es ist Putin.

Am 5. August 1999 ließ ich Stepaschin und Woloschin in mein Arbeitszimmer rufen. »Sergej Wadimowitsch«, eröffnete ich Stepaschin, »ich habe den Entschluß gefaßt, Sie Ihres Amtes zu entheben. Ich werde der Duma Wladimir Wladimirowitsch Putin als Regierungschef vorschlagen. Derweil bitte ich Sie, die Verordnung über die Ernennung Putins zum stellvertretenden Ministerpräsidenten abzuzeichnen.«

»Boris Nikolajewitsch«, brachte Stepaschin mühsam hervor, »diese Entscheidung ist verfrüht. Ich halte sie für einen Fehler.«

»Sergej Wadimowitsch, der Präsident hat seine Entscheidung schon getroffen«, bemerkte Woloschin.

»Boris Nikolajewitsch, ich bitte Sie, lassen Sie uns unter vier Augen sprechen.« Ich nickte, und wir blieben allein. Er sprach lange. Seine Hauptaussage war: »Ich war immer auf Ihrer Seite und habe Sie nie verraten.« Er erinnerte an die Geschehnisse von 1991 und 1993, an die Vorfälle in Budjonnowsk und Krasnoarmejsk. Er versprach, seine Fehler wiedergutzumachen und sich sofort um die Gründung einer neuen Partei zu kümmern.

Mir war die Sinnlosigkeit dieses Gesprächs bewußt, aber ich konnte ihn nicht unterbrechen. Er hatte recht: Er war treu und ehrlich gewesen, er hatte mich nie verraten, es gab keinen Grund für seine Absetzung – bis auf einen, den wichtigsten: Er war nicht der Richtige für den jetzigen Kampf. Doch wie sollte ich ihm das erklären?

»Gut, gehen Sie, ich werde darüber nachdenken«, sagte ich schließlich so ruhig wie möglich.

Stepaschin ging hinaus. An der Tür flüsterte er Woloschin zu:

»Warum haben Sie mich verleumdet? Sind Sie denn verrückt geworden, in solch einem Augenblick?«

Ich ließ Woloschin rufen und herrschte ihn an: »Was zögern Sie? Bringen Sie die Erlasse. Sie kennen doch meine Entscheidung!« Er brachte die Dokumente zur Unterschrift. »Teilen Sie Stepaschin mit, daß er seines Amtes enthoben ist. Ich werde nicht mehr mit ihm zusammentreffen.«

Woloschin fing erst gar nicht an zu diskutieren. Er sagte nur: »Boris Nikolajewitsch, vielleicht denken Sie bis Montag noch einmal darüber nach. Sie wissen besser als ich, daß nur der Präsident dem Regierungschef seine Entlassung mitteilen kann.« Da hatte er recht.

Am Freitag traf ich mich erneut mit ihm, und wir beschlossen, daß die Zusammenkunft mit Stepaschin am Montag morgen stattfinden sollte. Am selben Tag rief mich Tschubais an. Sehr eindringlich bat er mich um einen Termin. Ich begriff sofort, daß er mich bremsen wollte. Das bestärkte mich nur in meiner Entscheidung. Wir verabredeten einen Termin am Montag um 9.15 Uhr. Mit Stepaschin war ich um acht Uhr verabredet.

Wenig später erfuhr ich von Tschubais' Interventionen in der Präsidialverwaltung und vor allem bei Putin. Für Tschubais stand offenbar fest, daß ich eine falsche Entscheidung traf, die katastrophale Folgen haben würde. Als erstes kam er mit Putin selbst zusammen, den er davor warnte, welch schreckliche Schläge ihn in einer öffentlichen Position erwarten würden. Bisher habe er noch nie im Licht der Öffentlichkeit gestanden. Er könne daher nicht wissen, was das bedeute. Er solle besser jetzt gleich verzichten, als später unter dem Druck der Umstände. Putin entgegnete nur: »Entschuldige, aber das ist die Entscheidung des Präsidenten. Ich muß sie erfüllen. Du würdest dich an meiner Stelle genauso verhalten.«

Daraufhin versuchte es Tschubais bei der Präsidialverwaltung. Am Sonntag, als die Angelegenheit ruhte (nicht umsonst liebte ich diese Unterbrechungen nicht, wenn wichtige Entscheidungen anstanden), arrangierte er ein Treffen in kleinem Kreis, nur mit Woloschin, Jumaschew und Tanja. Bei dieser Begegnung führte er aus, nach der Entlassung Primakows, die für die Gesellschaft schon schmerzlich genug gewesen sei, werde die unmotivierte Entlassung Stepaschins wie ein Zerfall des Kreml aussehen. Alle würden denken, Jelzin sei verrückt geworden. Das werde das Signal für einen Angriff von allen Seiten sein, von der Duma, vom Föderationsrat. Dann sei auch mit dem Äußersten zu rechnen, einem »Massenaufbegehren der Werktätigen«. Man denke nur an den Schienenkrieg. Und erst ein wütender Lushkow, der Tausende auf den Roten Platz bringen könne. Er, Tschubais, finde Putin auch besser und halte die Entscheidung des Präsidenten für richtig. Trotzdem habe er weder eine politische noch eine moralische Handhabe, Stepaschin zu entlassen und Putin einzusetzen.

Da machte Woloschin einen völlig unerwarteten Vorschlag: »Wenn Stepaschin bleiben soll, können nur Sie die Präsidialverwaltung leiten, Anatoli Borissowitsch. Ich zweifle nicht an den hohen menschlichen Qualitäten von Sergej Wadimowitsch. Aber wenn Sie von seinem Erfolg überzeugt sind, dann sollten Sie zum Motor der ganzen Truppe werden, und wir helfen Ihnen.« Dieser Vorschlag war für Tschubais vermutlich ein Schock. Seine Position an der Spitze der AG Einheitliches Elektro-Energiesystem, die es ihm erlaubte, die politische Lage aus dem Hintergrund zu beeinflussen, hatte ihn vollauf befriedigt. Er wollte nicht in die Präsidialverwaltung zurück. Aber es gab keinen anderen Ausweg, also gab er zu verstehen, daß er dazu bereit sei.

Woloschin hat mir später von diesem Treffen berichtet. Ich habe dem politischen Spürsinn von Tschubais immer vertraut. In kritischen Situationen hat er mich des öfteren von seiner Ansicht überzeugt. Aber in diesem Moment hatte er keine Chance. Daß ich viel riskierte, wenn ich auf den »unvorhergesehenen« Ministerpräsidenten setzte, war offensichtlich. Aber im Unterschied zu Tschubais, der die Lage ausschließlich rational analysierte, spürte ich intuitiv die Kraft Putins, und meiner Meinung nach war die Bevölkerung bereit, eine neue, konsequente und willensstarke Figur zu akzeptieren. Ungeachtet des Aufruhrs im politischen Establishment mußten die Menschen Putin Vertrauen schenken. Zwar war das Risiko groß, eine Sicherheitsgarantie gab es nicht. Aber ich hatte in all den Jahren erreicht, daß niemand mehr den Rahmen der Verfassung sprengen konnte. Und genau darin lagen die politischen Möglichkeiten. Ungeachtet der anhaltenden Regierungskrise hätte es keiner gewagt, mit dem Knüppel auf den Präsidenten und den neuen Regierungschef loszugehen, um so weniger, als Putin noch vor kurzem den FSB geleitet hatte. Ich denke, Tschubais hat meine Entschlossenheit gespürt.

Um acht Uhr morgens fand das Treffen bei mir in Gorki-9 statt, eine illustre Runde: Putin, Axenenko, Stepaschin, Woloschin. Stepaschin und ich begrüßten uns, doch außer mir gab er niemandem die Hand. Ich machte es kurz: »Sergej Wadimowitsch, ich habe die Erlasse unterschrieben: über die Berufung Putins zum ersten Vizepremier und über Ihre Absetzung.« Stepaschin blickte finster drein, doch nach kurzem Hin und Her nahm er seine Entlassung an. »Gut«, sagte er, »ich werde unterschreiben. Aus Hochachtung vor Ihnen, Boris Nikolajewitsch.«

Am 9. August wandte ich mich mit folgender Fernsehansprache an die Nation: »Heute habe ich die Entscheidung getroffen, die Regierung Sergej Wadimowitsch Stepaschins zu entlassen. Verfassungsgemäß habe ich mich an die Staatsduma gewandt mit der Bitte, Wladimir Wladimirowitsch Putin im Amt des Vorsitzenden der Regierung der Russischen Föderation zu bestätigen. Ich bin sicher, daß er durch seine Arbeit auf diesem Posten dem Land großen Nutzen bringen wird, und die Russen werden Putins fachliche und menschliche Qualitäten zu schätzen wissen. Ich glaube an ihn. Aber ich will auch, daß alle diejenigen ihm ihr Vertrauen schenken, die im Juli 2000 zur Wahl gehen werden. Ich denke, er hat genug Zeit, sich zu beweisen. Ich kenne Wladimir Wladimirowitsch gut, habe seinen Werdegang schon lange und aufmerksam verfolgt, als er noch Vize-Bürgermeister von St. Petersburg war. In den letzten Jahren haben wir Seite an Seite zusammengearbeitet. Eine Regierung zu führen ist eine schwere Bürde und ernste Prüfung. Er wird es schaffen, davon bin ich überzeugt, und die Russen werden ihm ihre Unterstützung erweisen.«

Der zweite Tschetschenienkrieg

Am 8. September 1999 antwortete Wladimir Putin auf die Frage eines Journalisten: »Rußland verteidigt sich. Wir sind überfallen worden. Und deshalb müssen wir alle Syndrome loswerden, darunter auch das Schuldsyndrom.«

Viel Zeit ist seither vergangen, und viel hat sich in und um Tschetschenien verändert. Das Schuldsyndrom aber gibt es noch; Unverständnis hat sich breitgemacht, selbst in Rußland. Zumeist versucht der Westen, uns dieses Syndrom aufzudrängen. Daß die Lage in Tschetschenien auf Messers Schneide stand, war uns allen klar. Bereits ein halbes Jahr zuvor, am 5. März, war Generalmajor Gennadi Schpigun, immerhin der stellvertretende Innenminister, in Grosny aus dem Flugzeug, das ein paar Minuten später nach Moskau starten sollte, entführt worden. Präsident Aslan Maschadow, der bis zu diesem Vorfall auf einer Zusammenarbeit mit Rußland bei der Befreiung der Geiseln bestanden hatte, verlor gänzlich die Kontrolle über die Lage in der Tschetschenischen Republik. Wir begriffen, daß sich die Situation zu einer neuen schrecklichen Phase der offenen Konfrontation ausweiten konnte.

Die Ernennung Wladimir Putins zum amtierenden Regierungschef spielte sich vor dem Hintergrund des Überfalls tschetschenischer Rebellen auf Dagestan ab. Die Aggression war bereits im Frühsommer vorbereitet worden. Die Invasion selbst begann zwei Tage nachdem ich den Erlaß über die Ernennung Putins unterzeichnet hatte. Wie mir Putin später sagte, dachte er in diesem Moment weder an seine politische Karriere noch an eine künftige Präsidentschaft. Vielmehr wollte er die zwei, drei

Monate, die ihm, wie er glaubte, zur Verfügung standen, für die Lösung einer einzigen Aufgabe nutzen, der Rettung der Föderation, der Rettung des Landes.

Die Schwächung von Staatsapparat, Sicherheitsdienst und Armee infolge des Zerfalls der Sowjetunion drohte im neuen Rußland weiterzugehen. Putin spürte diese Gefahr als einer der ersten. Er begriff, daß die Krise in Tschetschenien auf den gesamten nördlichen Kaukasus übergreifen könnte, auf Dagestan, Inguschetien und andere Republiken. Anschließend hätten die islamistischen Separatisten, womöglich mit Unterstützung von außen, eine Abtrennung weiterer Republiken, wie Baschkirien und Tatarstan, angestrebt. Es drohte eine Welle des Separatismus, die zum endgültigen Zerfall der Föderation, zu einem religiös-ethnischen Konflikt im gesamten Land und zu einer humanitären Katastrophe von weit größerem Ausmaß als in Jugoslawien führen konnte.

Dieses Szenario war leicht zu erkennen. Schwerer war es, den Mut und die Willenskraft aufzubringen, diese Entwicklung zu verhindern. Putin wandte sich an mich mit der Bitte, ihm die Vollmacht für die Leitung der militärischen Operationen zu übertragen, damit er die Maßnahmen aller Staatsorgane koordinieren könne. Ich unterstützte ihn, ohne zu zögern. Innerhalb weniger Wochen krempelte er die Arbeitsweise unserer mächtigsten Behörden um. Jeden Tag versammelte er die Verantwortlichen in seinem Büro und brachte sie dazu, ihre Kraftreserven zu mobilisieren und zu koordinieren.

Ich selbst habe in dieser Zeit damit begonnen, das Volk an den Gedanken zu gewöhnen, daß Putin der künftige Präsident sein würde. Die Zeitungskommentatoren waren voller Zweifel, aber ich vertraute Putin voll und ganz, wie ich es vorher niemandem getan hatte. Jeden Sonnabend führte er mit den zuständigen Ministern eine Lagebesprechung über Tschetschenien durch. Außerdem leitete er die langen Sitzungen des Sicherheitsrats. Anfang November 1999 vertrat er Rußland auf dem Gipfeltreffen in Oslo. Er verlieh Auszeichnungen, empfing die Botschafter fremder Staaten und gab immer häufiger regierungsamtliche Erklärungen ab. Es war wichtig, daß die Menschen sich an ihn gewöhnten, und nach und nach begannen sie ihn als künftiges Staatsoberhaupt zu akzeptieren. Ich war davon überzeugt, daß alles gut gehen würde.

In Dagestan bekamen wir die Lage unter Kontrolle, und es kehrte wieder Frieden ein. Dann ereigneten sich die furchtbaren Explosionen in Moskau. Zuerst traf es ein mehrstöckiges Wohnhaus in der Gurjanowstraße, eine Woche später eines in der Warschauer Chaussee. Eine dritte Bombe zerstörte ein Haus in Wolgodonsk in der Provinz. Im Fernsehen waren ständig grauenvolle Reportagen zu sehen. Angst verbreitete sich im Land. Die Menschen konnten nicht mehr ruhig schlafen, standen nachts an den Hauseingängen Wache, zogen auf ihre Wochenendgrundstücke oder flohen zu Verwandten und Freunden aufs Land oder sogar in andere Republiken der GUS.

Das Kalkül der Terroristen war bekannt. 1995 in Budjonnowsk hatten sie diese Taktik schon einmal angewandt. Nur diesmal war ihr Vorhaben noch teuflischer, denn sie nahmen nicht wie in Budjonnowsk eine bestimmte Anzahl von Menschen als Geiseln, sondern das ganze Land. Sie hofften, daß der Staat unter dem Druck von Angst, Nervosität und Entsetzen aufgeben und den Banditen Dagestan überlassen würde. Glücklicherweise ist es nicht so gekommen. Es fand sich ein Mensch, der der Angst Einhalt gebot. Und dieser Mensch war Putin. Seine scharfen Erklärungen, die vom militärischen Eingreifen in Tschetschenien untermauert wurden, waren das politische Hauptereignis des Herbstes 1999. Sie besagten, daß die Banditen überall, wo sie auch sein sollten, gefunden und vernichtet würden. Ihm wurde vorgeworfen, daß er sich grob ausdrücke. Doch gerade weil er nicht an sein Image dachte – da er nicht glaubte, daß seine politische Karriere nach den Ereignissen in Tschetschenien eine Fortsetzung finden würde –, fand er den einzig angemessenen Ton und die richtigen Worte. Aus ihm sprach kein Haß auf die Terroristen, sondern Verachtung. Weder Angst noch

Besorgnis wurde zum Leitmotiv seiner Äußerungen, sondern das kühle Selbstvertrauen eines Verteidigers der gerechten Sache. Durch diese mitunter wenig diplomatischen Auftritte wurde Putin in kurzer Zeit sehr populär in Rußland. Nicht weil er Feindbilder aufbaute oder versuchte, in den Russen niedere chauvinistische Instinkte zu wecken, sondern weil er den Menschen Hoffnung, Glauben und das Gefühl von Geborgenheit und Ruhe gab. Er spielte nicht mit Worten, sondern reagierte aufrichtig und fest auf die Ereignisse, wie Millionen Menschen in Rußland es von ihm erwarteten. Er garantierte ihnen im Namen des Staates ihre persönliche Sicherheit, und sie vertrauten darauf, daß er imstande sei, sie zu verteidigen. Das war der Kern seiner Popularität. Das von der Regierungskrise gelähmte Land hatte schon lange keine positive Botschaft mehr vernommen. Daß sie nun von einem jungen, gerade erst an die Macht gekommenen Politiker formuliert wurde, hat einen starken Eindruck auf die Menschen gemacht. Putin befreite Rußland von der Angst, und Rußland lohnte es ihm mit tiefer Dankbarkeit.

Bei alldem darf man die schweren Kriegsfolgen nicht vergessen. Heute sind viele Fakten bekannt, die belegen, daß der zweite Tschetschenienkrieg friedliche Menschen traf, die ihre Häuser, ihr Eigentum verloren. Viele friedliebende Tschetschenen haben ihr Leben, ihre Gesundheit eingebüßt. Doch soll die russische Armee für dieses Elend die Verantwortung übernehmen? Kann sich denn jemand vorstellen, daß russische Soldaten sich in den Häusern friedlicher Bewohner verstecken, um von dort auf den bewaffneten Gegner zu schießen, damit aber die Bewohner einem Gegenangriff aussetzen? Ich denke, das kann sich niemand vorstellen.

Aus der Ferne sieht ein Krieg anders aus. Bei uns in Rußland verstehen praktisch alle Menschen, wofür die russischen Soldaten kämpfen. Doch die Bilder, die monatelang Tag für Tag von den Fernsehsendern in der ganzen Welt gezeigt wurden, haben die öffentliche Meinung im Ausland davon überzeugt, daß hier ein Überfall auf ein friedliches Volk stattgefunden hat. Ich wiederhole, was ich schon mehrfach gesagt habe und was Repräsentanten Rußlands unseren westlichen Partnern tausendmal erklärt haben: Rußland kämpft gegen einen Aggressor, gegen auf dem Territorium Tschetscheniens gebildete terroristische Banden, in denen es Söldner aus der arabischen Welt, aus Afghanistan, sogar aus Südostasien gibt. Es handelt sich um eine gut ausgerüstete (mitunter auf dem neuesten Stand der Technik) und ausgebildete Armee von Extremisten, von Banditen und Mördern, die im Grunde keine Beziehung zu wahrhaft religiösen Werten haben.

Vor mir liegen Auszeichnungen für jene, die gegen die Extremisten auf dem Territorium Tschetscheniens und Dagestans gekämpft haben: Sergeant Dmitri Nikischin, Kundschafter. Als sein Kommandeur in der Umgebung der Siedlung Tasut in Dagestan in einem schweren Kampf verwundet wurde, riskierte er sein Leben, indem er ihn vom Schlachtfeld schleppte. Ausgezeichnet mit dem Ehrentitel »Held Rußlands«. – Oberstleutnant Alexander Stershantow, Kommandeur einer Kundschaftergruppe, die mit ihrer Abteilung den Berg Tschaban in Dagestan nahm. Der Trupp wurde mit Unterstützung von Scharfschützen, Minen- und Granatwerfern angegriffen. In dem vier Stunden dauernden Gefecht wurden einundvierzig Soldaten verwundet, drei starben. Stershantow organisierte unter Artilleriebeschuß den Rückzug aus der Umzingelung, mitsamt den Gefallenen und allen Verletzten, und deckte den Abzug, indem er mit seinem Maschinengewehr feuerte, bis der letzte Soldat in Sicherheit war. Wie durch ein Wunder blieb er am Leben. Ausgezeichnet mit dem Ehrentitel »Held Rußlands«. – Major Oleg Krjukow, Kommandeur eines Pionierbataillons. Am 5. September 1999 wurde im Bereich eines Militärstützpunkts in der Nähe eines Krankenhauses ein Lkw entdeckt, der mit anderthalb Tonnen Sprengstoff beladen war. Krjukow inspizierte den Lkw, entdeckte den Zeitzünder und entschärfte ihn fünfzehn Minuten vor der Explosion. Ausgezeichnet mit dem Ehrentitel »Held Rußlands«. Allen diesen Männern habe ich ihre Auszeichnung persönlich im

Kreml überreicht. Ein blutjunger Sergeant war so aufgeregt, daß er kein Wort herausbrachte. Ich drückte ihm die Hand und sah ihm in die tränenfeuchten Augen. Diese Augen haben den Tod gesehen, dachte ich.

Es gibt zahllose ähnliche Kriegsgeschichten. Sie erzählen von militärischen Heldentaten im Kampf gegen Terroristen, nicht von einem Krieg gegen das Volk. Mir scheint, es ist höchste Zeit, daß das Ausland das begreift. Die internationale öffentliche Meinung, die Rußland für angebliche Kriegsverbrechen an den Pranger stellt, will nicht sehen, wie es dazu kam, daß friedliche Einwohner leiden mußten. Wir haben weder Massenerschießungen unbewaffneter Menschen noch ethnische Säuberungen durchgeführt oder Konzentrationslager errichtet. Der Hauptgrund für den Raketenbeschuß und die Bombenangriffe, die den einfachen Menschen Schmerz zufügten, war der Krieg, den die Terroristen gegen das russische Volk entfesselt hatten, und die Terroristen hatten sich hinter der friedlichen Bevölkerung verschanzt.

Die Herausforderung, mit der wir es in Tschetschenien zu tun haben, ist eine globaler Natur. Wenn ich von »Kriegsverbrechen« der russischen Armee höre, möchte ich fragen, ob es nicht auch ein Kriegsverbrechen ist, daß die Banditen den Verkauf von Menschen in die Sklaverei und Geiselnahme offenbar zu ihrer Haupteinnahmequelle machen wollten? In Tschetschenien wurden nicht weniger als zweitausend Geiseln beziehungsweise Sklaven festgehalten. Ihre Zahl wurde beständig größer, und dafür waren nicht die russischen Soldaten verantwortlich. Auch Bürger anderer Staaten wurden als Geiseln genommen, zum Beispiel zwei Engländer, Mitarbeiter einer humanitären Organisation, die monatelang Folter und Vergewaltigung ausgesetzt waren, bevor man sie freikaufte. Lösegeld sollte auch für die Vertreter einer englischen Telekommunikationsfirma gezahlt werden, die eine Satellitenverbindung für Maschadow und andere Rebellenführer aufgebaut hatten. Doch andere Banditen entführten sie und schnitten den Unglücklichen die Köpfe ab. Die ganze Welt hat die entsetzlichen Fotos gesehen, doch offensichtlich haben nicht alle den Vorfall verstanden.

Nach Tschetschenien verschleppt wurden auch Kinder (eine der Geiseln war noch nicht ein Jahr alt), junge Frauen, aserbaidshanische Bauern, sibirische und Moskauer Geschäftsleute, einfache Arbeiter, die gequält, gefoltert und vergewaltigt wurden. In den Sklavenhandel waren inguschetische, dagestanische und russische Banden verwickelt. Ein Randphänomen war zu einer Bedrohung für die breite Bevölkerung geworden. Fast zur selben Zeit, als am Moskauer Stadtrand die Bomben in den beiden Wohnhäusern explodierten, wurde im Stadtzentrum der jüdische Junge Adi Sharon entführt. Die Terroristen, zu denen Tschetschenen und Russen gehörten, versteckten ihn in Pensa und forderten Lösegeld. Sie folterten ihn, schnitten ihm Glieder von Fingern und Zehen ab. Wessen hatte sich der Junge, der später gerettet werden konnte, vor dem tschetschenischen Volk schuldig gemacht?

Das war die Herausforderung, vor der nicht nur Rußland, sondern die gesamte Menschheit stand, zumindest aber ganz Europa. Niemand sollte sich dadurch irreführen lassen, daß die Terroristen die grüne Fahne des Islam hissen, aus dem Koran zitieren und die weiße Kleidung der »wahhabitischen Lehre« tragen. Sie haben weder eine verbindliche Lehre noch eine Fahne, noch das Recht, aus geistlichen Büchern zu zitieren. Die Zivilisation in Tschetschenien wurde um Hunderte von Jahren zurückgeworfen. Sogar in den entferntesten Winkeln Rußlands hatten die Menschen Angst, entführt zu werden. Der Wahnsinn der tschetschenischen Sklaverei war als reale Bedrohung allgegenwärtig.

Doch das war nur eine Seite der tschetschenischen Tragödie, die buchstäblich jeden Menschen in Rußland mit Besorgnis erfüllte. Als Präsident beunruhigte mich der aufkeimende geopolitische Separatismus, der Rußland von innen zu zerreißen drohte. Ein weiterer schmerzlicher Aspekt des Tschetschenienkrieges waren die Gefallenen. Putin hatte von Anfang an darauf aufmerksam gemacht, daß es Opfer unter den russischen Soldaten geben würde. Aber es war notwendig, die militärische Operation zu Ende zu führen, um noch schrecklichere Opfer zu verhindern. Bis heute werden jene, die für die Verteidigung der Heimat gefallen sind, betrauert. Doch unsere Verluste, so schrecklich sie sind, haben auch eine moralische Wirkung. Mit jedem Tag mehr wird die Gestalt des russischen Soldaten, der das Land und dessen Ordnung beschützt, zum starken, vereinigenden Nationalsymbol.

Jeder Krieg hat Gegner, und das ist richtig so. Es liegt in der Natur des Menschen. Letztlich sind auch Putin und ich gegen den Krieg. Aber die militärische Operation war nicht nur für die Erhaltung der Einheit Rußlands, für die Verteidigung unserer Bürger und die Demonstration des politischen Willens und der Entschlußkraft des Staates nötig, sondern in erster Linie auch dafür, in der Republik Tschetschenien einen dauerhaften Frieden und ein normales Leben wiederherzustellen. Ich weiß, daß viele dies als russische Propaganda abtun. Aber die Fakten belegen etwas anderes: Rußland baut in Tschetschenien alles wieder auf, was sich neu errichten läßt. Derzeit werden vierzig Krankenhäuser, elf Polikliniken, zwei Blutspendestationen, zwei Hospitäler und eine Entbindungsklinik wiederaufgebaut. Auf dem Lande nehmen medizinische Notdienste und epidemiologische Inspektionen ihre Arbeit wieder auf. 323 Schulen, drei Institute, vier Berufsschulen und sechs Kindergärten werden wiederaufgebaut beziehungsweise renoviert. Bald können die tschetschenischen Kinder wieder normal zur Schule gehen. Auch Strom und Gas wird es wieder geben. Wasserleitungen und Kanalisation werden wiederhergestellt. In jedem befreiten Kreis in Tschetschenien wird eine Satellitenstation eingerichtet, werden die Telefonleitungen erneuert. Die Linienbusse haben den Verkehr wiederaufgenommen.

Ich weiß, daß die westliche Presse hartnäckig das Gerücht verbreitet, Grosny solle dem Erdboden gleichgemacht werden. Dem ist nicht so. Ungeachtet der enormen Schwierigkeiten wird die Hauptstadt Tschetscheniens wiederaufgebaut und wiederbelebt werden. Die Flüchtlinge wissen das alles. Viele Menschen sind schon nach Grosny zurückgekehrt, und jeden Tag werden es mehr. Sie wissen, daß Rußland Lehrer, Ärzte und Bauarbeiter nach Tschetschenien schickt, daß Moscheen wiederaufgebaut, die Eisenbahnlinien wiederhergestellt werden. Die Ultraschalldiagnostikerin Ljubow Doroschenko beriet und behandelte jeden Tag über hundert Einwohner von Grosny. Irina Nasarowa – Fachärztin für Anästhesie – spendete mehrmals ihr Blut, damit Einwohnern Tschetscheniens durch eine Operation das Leben gerettet werden konnte. Hunderte, ja Tausende von Russen sind heute als Helfer in Tschetschenien tätig. Vor diesen Menschen kann man sich nur verneigen. Ihre Heldentaten bleiben vor dem Hintergrund der Kriegshandlungen nahezu unbemerkt. Doch sie haben das Wichtigste geleistet: Die Bauarbeiter, Ingenieure, Ärzte haben die friedliche Bevölkerung Tschetscheniens davon überzeugt, daß zusammen mit Rußland Medizin, Kultur, Bautätigkeit zurückkehren, daß es wieder Arbeit und Frieden geben wird.

Ich höre mir in der Diskussion um Tschetschenien jedes Argument an, außer der offenen Lüge. Heute gibt es leider sowohl in Rußland als auch im Ausland Menschen, die alles verdrehen. Angeblich haben nicht die tschetschenischen Terroristen Rußland attackiert, sondern hat die russische Armee das »freie Tschetschenien« überfallen. Angeblich haben nicht die Terroristen die Häuser in Moskau gesprengt, sondern der russische Geheimdienst, um einen Überfall der russischen Armee auf Tschetschenien auszulösen. Ich könnte verstehen, wenn die tschetschenischen Separatisten diese Version der Ereignisse im Rahmen eines Propagandafeldzugs erfunden und verbreitet hätten. Leider ist dem nicht so. Nach meiner Ansicht ist es unprofessionell und unmoralisch, diese Version heute noch zu verbreiten. Inzwischen ist vieles ans Tageslicht gekommen: Es wurden Beweisstücke gefunden (in Rebellenstützpunkten in Tschetschenien wurden Zünder und Sprengstoffe entdeckt, die den in Moskau verwendeten gleichen); die Namen der in Stützpunkten der tschetschenischen Terroristen ausgebildeten Verbrecher wurden festgestellt und ihre unmittelbaren Helfer festgenommen. Ich bin überzeugt, daß bald ein Gerichtsverfahren in dieser Sache eröffnet werden wird.

Doch die Verdrehungen gehen weiter. Irgend jemandem scheint es sehr zupaß zu kommen, die Lüge über den Beginn des zweiten Tschetschenienkrieges im öffentlichen Bewußtsein zu halten. Nun haben die oppositionellen politischen Kommentatoren ein neues Thema angeschlagen: Tschetschenien sei Putins politisches Kapital. Doch Putins Popularität war vor dem Hintergrund des Tschetschenienkrieges nicht lenkbar, also kein politisches Konzept. Darüber hinaus hat er sich wie ein politischer Kamikazeflieger verhalten, indem er sein gesamtes politisches Kapital in diesen Krieg einbrachte, ohne sich zu schonen. Wer heute das Gegenteil behauptet, der lügt einfach. Putin wollte niemals Präsident werden, brannte nicht darauf, an die Macht zu kommen, sondern zögerte lange, ob er meinen Vorschlag annehmen sollte.

Unsere Welt ist vor keiner Provokation sicher. Die Bedrohung kann von überall her kommen. Das wichtigste ist, wie sich die Menschen angesichts der Bedrohung verhalten. Bis heute sehe ich die Bilder vor mir, wie die Opfer der Bombenanschläge stückweise aus den Trümmern der gesprengten Häuser geborgen werden.

Die letzte Gipfelkonferenz

Bevor ich auf mein letztes Treffen mit den Staats- und Regierungschefs der Weltmächte zu sprechen komme, einige Worte darüber, wie der »neue kalte Krieg« zu Ende ging. Am 20. Juni 1999 fand in Köln der langerwartete G 8-Gipfel statt. Der Krieg in Jugoslawien war gerade beendet und die Situation äußerst angespannt. Ich verbrachte insgesamt sieben Stunden in Deutschland. Die Reise war allein schon deshalb nötig, um diesen einen Satz zu sagen:»Wir müssen uns nach der Prügelei wieder aussöhnen.« Diese Worte wurden wohl von allen Zeitungen der Welt abgedruckt und von allen Fernsehsendern ausgestrahlt.

Die internationale Stellung Rußlands hatte sich abrupt geändert. Noch kurz zuvor hatten unsere Diplomaten harte Entscheidungen getroffen, als wollten sie sowohl unsere als auch die weltweite öffentliche Meinung auf eine anhaltende Konfrontation vorbereiten. Es mußte schnellstens etwas unternommen werden, um in die diplomatische Arena zurückzukehren. In Köln machten wir nach der Jugoslawienkrise den ersten Schritt. Tony Blair sagte auf der Pressekonferenz:»Wir haben verschiedene Auffassungen über die Beilegung des Kosovokonflikts. Aber es ist wunderbar, daß wir wieder zusammen sind. Uns vereint das Streben, den Balkan von ethnischen Konflikten zu befreien.«

Rußland festigte seinen Status als gleichberechtigter politischer Partner, ohne den eine Lösung weltweiter Konflikte und wichtiger europäischer Fragen undenkbar ist. In ihren Erklärungen unterstrichen die Konferenzteilnehmer, daß es nicht sieben, sondern acht gleichberechtigte Mitglieder im Klub gebe. Der

Grund für die Freude war leicht zu erklären: Rußland eröffnete der NATO die Möglichkeit, diesen Konflikt ohne Gesichtsverlust zu beenden, und machte deutlich, daß es keinen neuen Kalten Krieg entfachen wollte. Die ernsteste Krise der letzten zwanzig Jahre zwischen dem Westen und Rußland – die sogar mit der Kubakrise verglichen wurde – war zur allgemeinen Erleichterung überwunden. Das Aufatmen aller Beteiligten war in Köln deutlich zu vernehmen.

Als ich das Gipfeltreffen in Deutschland verließ, war ich aber nicht nur erleichtert, sondern auch beunruhigt. Es ist leicht, den Weg der Konfrontation zu betreten, aber es ist schwer, ihn wieder zu verlassen. Im Ausland hatten sich während der Jugoslawienkrise viel zu viele negative Emotionen gegenüber dem unabhängigen Standpunkt Rußlands aufgestaut. Früher oder später würden wir das zu spüren bekommen.

Die Operation in Tschetschenien hatte gerade begonnen, als ich begriff, daß nun der Moment der Wahrheit für unsere Beziehungen zum Westen gekommen war. Jetzt würde man versuchen, Druck auf uns auszuüben. Nach seiner Rückkehr von der internationalen Konferenz in Oslo, wo das Thema Tschetschenien bereits zur Sprache gekommen war, erzählte mir Putin folgende Episode: Als er sich von Clinton verabschiedete, habe dieser zu ihm gesagt: »Bis bald in Istanbul, Wladimir.« – »Nein«, habe er erwidert, »wir werden uns in Istanbul nicht sehen. Dorthin fährt Boris Nikolajewitsch.« Daraufhin habe sich Clinton an den Kopf gefaßt und ausgerufen: »O Gott, das hat mir gerade noch gefehlt!« Putin lachte, als er mir diese Geschichte erzählte, sah mich dabei aber forschend an. In Istanbul standen uns schwere Stunden bevor.

Für alle Fälle bereitete sich auch Putin auf die Reise zum OSZE-Gipfeltreffen am 18. November 1999 in Istanbul vor. Doch wir beide wußten, daß ich fahren mußte, auch wenn Bill mich nicht unbedingt sehen wollte. Die westlichen Länder hatten, wie alle wußten, eine harte Erklärung zu Tschetschenien vorbereitet. Damit hätte eine neue Phase der Isolierung Rußlands begonnen. Dies mußte um jeden Preis verhindert werden. Der Istanbul-Gipfel ging mir nicht mehr aus dem Kopf. Ich stellte mir den Tagungssaal vor, die Gesichter, die Atmosphäre. Das alles war so gewohnt, daß ich mir die Umstände leicht ausmalen konnte.

Eines der wichtigsten Elemente der Vorbereitung eines Präsidenten auf ein solches Treffen ist seine Rede. Manchmal wird bis zur letzten Minute an ihr gefeilt. Die Rede in Istanbul mußte so hart wie möglich sein. Ich habe mich immer gern von den Entwürfen meiner Mitarbeiter gelöst, so auch diesmal. Nachdem ich die erste Fassung, die mir vorgelegt wurde, redigiert und durch einige scharfe Formulierungen ergänzt hatte, wurde mir der Text in geglätteter Form zurückgebracht. Die Auslandsspezialisten fürchteten eine Konfrontation mit den westlichen Partnern. Als ich die neue Fassung gelesen hatte, rief ich mitten in der Nacht Woloschin an: »Wollen Sie sich etwa über mich lustig machen, Alexander Staljewitsch?« Ich drohte, alle zu entlassen. Trotzdem wußte ich, daß meine Mitarbeiter im Grunde recht hatten. Man sollte den Bogen nicht überspannen. Ein scharfer Ton, doch keine Drohungen, sondern ein rationaler, nüchterner Standpunkt ohne überflüssige Polemik. Unser Standpunkt zu Tschetschenien war einfach: Wir retten die Welt vor dem internationalen Terrorismus. Wir retten Rußland vor dem drohenden Zerfall.

Drei Tage vor meinem Abflug sagte ich zu meinem »Double« Putin: »Es ist entschieden, Wladimir Wladimirowitsch, ich fahre.« Die Korrektur des Redemanuskripts setzte ich im Flugzeug fort. Von meinem Auftritt würde viel abhängen, wenn auch nicht alles. Nach all den Begegnungen mit Clinton wußte ich, daß er ein lebendiger, offener Mensch ist. Wenn nötig, schaltet er jedoch auf Kälte und Distanz um. Im persönlichen Gespräch kann man viel bei ihm erreichen.

Nochmals fügte ich eine Korrektur ins Manuskript ein: »Niemand hat das Recht, uns wegen Tschetschenien zu kritisieren.« Ich gab den Text Außenminister Igor Iwanow und meinem Assistenten Sergej Prichodko zur Endredaktion. Nach einer Weile kamen sie zurück und begannen auf mich einzureden: So gehe das nicht, der Satz müsse herausgenommen werden. Ich nahm ihnen das Manuskript aus der Hand, las es nochmals durch und sagte dann: »Geht, ich überlege es mir.« Am nächsten Morgen las ich den Text noch einmal und ließ den Satz stehen.

Clinton spürte wohl, daß ich schroff werden würde. Er kam nicht durch die vom Protokoll vorgesehene Tür herein, sondern ging durch den ganzen Saal, begrüßte alle mit einem Lächeln und zeigte, wer Herr der Veranstaltung war. Ich wies auf die Uhr: »Du kommst zu spät, Bill!« Er lächelte. Na bitte. Schon war mir leichter.

Mißtrauen und Unverständnis waren fast mit Händen zu greifen. Ich begann meine Rede mit großem Nachdruck vorzutragen und merkte, daß jedes Wort saß. Alle hörten aufmerksam zu, einige blickten mißbilligend, andere wohlwollend. Chirac und Schröder saßen mit unbewegten Mienen da. So viel Hartnäckigkeit hatten sie wohl nicht erwartet. Deutschland und Frankreich nahmen in bezug auf Tschetschenien die härteste Position ein. Ich verstand, daß beide Regierungschefs gezwungen waren, im Fahrwasser der öffentlichen Meinung ihrer Länder zu schwimmen. Nach der Konferenz kam Chirac zu mir und sagte, daß er und Schröder gern allein mit mir reden würden – wenigstens eine halbe Stunde. Es war ihre letzte Chance, Zugeständnisse von Rußland zu erreichen. »Nein«, sagte ich fest, »dazu ist später noch Zeit.«

Im Schlußkommuniqué des Treffens wurde das Tschetschenienproblem zwar erwähnt, unser Standpunkt aber nicht streng verurteilt, wie ursprünglich geplant. Chirac sah bei der Unterzeichnung nicht besonders glücklich aus. Ich lehnte sogar ein fünfminütiges Treffen mit ihm ab. Sollte er über seine Position nachdenken. Das war ein Sieg, ein wichtiger internationaler Sieg für Rußland. Dennoch flog ich mit gemischten Gefühlen aus Istanbul ab. Einerseits freute ich mich, daß die Sache hinter mir lag. Andererseits fühlte ich eine gewisse Leere und Traurigkeit. Das war mein letztes Gipfeltreffen gewesen.

Das »Jelzinsche« Jahrzehnt in der internationalen Politik war zu Ende. In diesem Jahrzehnt waren vertrauensvolle diplomatische Beziehungen, unterstützt durch persönliche Kontakte, entwickelt worden. Ich hatte der Diplomatie einen wichtigen neuen Terminus hinzugefügt – den der »multipolaren« Welt. Die Beziehungen zu Japan, Indien, Südkorea und anderen asiatischen Staaten waren verbessert worden. Besonders froh bin ich über das gute Verhältnis zu unseren chinesischen Freunden. Andererseits haben die Ereignisse des Jahres 1999 in Jugoslawien und im Kaukasus die Beziehungen zwischen Rußland und dem Westen belastet, obwohl wir es gern anders gehabt hätten. Dennoch hat sich unser Verhältnis, seit das neue Rußland existiert, grundsätzlich verändert. Wir haben nicht vor, in einen militärischen Wettlauf einzutreten. Wir werden keine riesige Armee im Ausland stationieren. Wir werden keine Diplomatie des Kräftemessens betreiben.

Rußland wird schrittweise ein Teil des vereinigten Europas werden. Dafür spricht alles – Politik, Wirtschaft, das Alltagsleben der Menschen. Wir sind schon jetzt ein Bestandteil des europäischen Marktes, des europäischen Hauses. Wir hängen von der Stimmungslage in Europa ab, sind seine Bewohner, und das in viel größerem Ausmaß, als es vor zehn Jahren der Fall war. Doch diese Entwicklung hat sowohl bei uns als auch in den USA und in Europa ernstzunehmende Gegner. Die Strategie der NATO – die Umwandlung des Bündnisses in ein Instrument zur Ausübung von politischem Druck – ignoriert noch immer die nationalen Interessen Rußlands. Leider kann ich dieses Problem nicht mehr lösen; ich überlasse es dem neuen russischen Staatsoberhaupt.

Es gibt verschiedene Lösungsmöglichkeiten. Man kann eine Integration in die NATO anstreben, sich als gleichberechtigter Partner in das europäische Sicherheitssystem einfügen. Doch in der NATO wartet man nicht auf uns. In den kommenden Jahren wird dieser Weg wohl kaum realistisch sein. Der zweite Weg ist die Schaffung eines neuen, starken Verteidigungssystems in den eigenen Grenzen. Das wirft die Frage von Militärstützpunkten in den GUS-Staaten auf, die teuer zu pachten wären. Doch das eigentliche Problem ist die Haltung der früheren Sowjetrepubliken. Derzeit wird versucht, sie um jeden Preis aus dem Einflußbereich Rußlands herauszulösen, unter anderem mit Hilfe besonderer Beziehungen zur NATO. Indes wohnen und arbeiten Millionen Bürger dieser Staaten in Rußland, und ihre Wirtschaft ist durch den Warenaustausch mit Rußland, die Lieferung von Energieträgern sowie durch Steuer- und Zollvergünstigungen eng an uns gebunden. Diese Ambivalenz in den Beziehungen zu uns ist auf Dauer unerträglich.

Vielleicht schließen sich beide Wege nicht aus. Doch den richtigen Weg kann man nur im politischen Dialog finden, nicht in der Isolation. Zur Isolation Rußlands darf es auf keinen Fall kommen. Aus der Brusttasche meines Jacketts ziehe ich die Rede, die nun nicht mehr gebraucht wird. Das Flugzeug setzt zur Landung an. Das war's.

Es ist vorbei. Gewiß stimmt es mich traurig. Aber ich bin davon überzeugt, daß Putin den wichtigsten Orientierungspunkt Rußlands, die Einzigartigkeit seiner Rolle in der Welt und seine vollständige Integration in die Weltgemeinschaft, stets im Blick behalten wird. Gott weiß, daß ich diesen Orientierungspunkt nie aus den Augen verloren habe.

»Jedinstwo« – die Partei der Mitte

Nachdem Wladimir Putin zum amtierenden Regierungschef ernannt worden war, fing ich an, über Teil zwei der Lösung unserer politischen Hauptaufgabe nachzudenken, den Wahlsieg. Putins Beliebtheit wuchs unaufhörlich. Doch nach den Parlamentswahlen, die von den Kommentatoren als Erfolg der Kommunistischen Partei und von Lushkows und Primakows Wahlbündnis »Otetschestwo – Wsja Rossija« (Vaterland – Ganz Rußland) gewertet wurde, konnte sich die Lage ändern.

Da an diesen Parlamentswahlen keine Putin nahestehende konservative Zentrumspartei teilgenommen hatte, bestand die Gefahr, daß seine Konkurrenten einen zu großen Vorsprung erreichten. Doch selbst wenn die Parlamentswahlen keinen großen Einfluß auf die Präsidentschaftswahlen haben würden, blieb immer noch die Frage, wie ein neuer Präsident mit der Duma zusammenarbeiten und eine solide Wirtschaftspolitik durchsetzen sollte, wenn das Parlament sein erbitterter Gegner war? Nach den Medienkampagnen der vorangegangenen Monate zu urteilen, würde es genau so kommen. Aber der künftige Präsident würde die Unterstützung der Duma brauchen. Andernfalls würde sich Putin – vorausgesetzt, er würde gewählt werden – wie ich viele Jahre lang abquälen müssen. Man kann kein Land ohne eine reguläre Gesetzgebung aufbauen.

Das bedeutete, eine Partei mußte her. »Endlich wieder eine Partei der Macht«, befanden die Zeitungen, die Lushkow und Primakow unterstützten. Bei den ersten Parlamentswahlen im Jahr 1993 wurden die Interessen des Präsidenten von der Partei »Wybor Rossii« (Wahl Rußlands) vertreten, die von Jegor Gaidar und seinen Anhängern, den Demokraten der »ersten Welle«, gegründet worden war. Auf der Woge der Ereignisse im Oktober 1993 und einer kraß antikommunistischen Stimmung, die mit dem mißglückten Putsch zusammenhing, schien das völlig logisch. Doch als Machtideologie war der Antikommunismus bereits erschöpft. Die Menschen brauchten etwas Positives, eine Hoffnung. Leider waren Gaidars Reformen höchst unpopulär, und vor allem war er selbst keine charismatische Führungspersönlichkeit. Dennoch gab es damals keine andere Partei, auf die ich mich stützen konnte.

1995 war Viktor Tschernomyrdin Vorsitzender der neuen »Partei der Macht«. Neu an ihr war, daß sie eine Partei der Mitte war, die eine gemäßigt liberale Position vertrat und die Priorität des Staates betonte. Diese »Nasch dom Rossii« (Unser Haus Rußland) genannte »Staatspartei« stützte sich in der Tat auf Vertreter des Staates – hohe Wirtschaftsfunktionäre, Gouverneure, Beamte. Das war ein offensichtliches Manko. Parteien, deren Aufgabe es ist, die Interessen großer sozialer Gruppen zu bündeln, dürfen sich nicht derart an der Staatsmacht orientieren. Deswegen befand sich sowohl Tschernomyrdins als auch Gaidars Partei im Parlament in der Minderheit, was für die Autorität des Staates, für die Wirtschaft sowie für die gesamte zivile Gesellschaft nachteilig war. Anstelle eines politischen Dialogs fand in diesen Jahren ein ständiger Kampf zwischen linker Duma und Präsident statt.

Im Rückblick denke ich, daß an diesen Mißerfolgen nicht nur bestimmte Führungskräfte oder Umstände schuld waren, nicht nur die politische Lage jener Tage, sondern auch mein Verhältnis zur Duma. Theoretisch war mir klar, daß das Parlament das wichtigste Instrument der Demokratie ist. Doch in der Praxis habe ich mich seit 1989, als noch unter Gorbatschow der Kongreß der Volksdeputierten tagte, in den nicht enden wollenden Parlamentssitzungen stets Kommunisten reinsten Wassers gegenübergesehen, aus deren hinlänglich bekannten Gesichtern nichts als Haß auf alle Reformen und Veränderungen sprach.

Unser Parlament ist mir immer als eine kommunistisch geprägte Institution erschienen. Von diesem Eindruck konnte ich mich nie frei machen.

Ich ging davon aus, daß man mit etwas politischem Willen die bitter nötigen Reformen vorantreiben konnte. Doch Jahr für Jahr mußte ich mich davon überzeugen, daß die Duma, die bei der Bevölkerung nur ein müdes Lachen hervorrief, es zu allem Übel auch noch fertigbrachte, negativ auf die Lage im Land einzuwirken. Für die Umgestaltung des Landes und die Entwicklung der Wirtschaft wichtige Gesetze wurden nicht angenommen, maßgebliche Entscheidungen der Regierung wurden blockiert. Jahr für Jahr belastete ein unrealistischer Haushaltsplan, den die Abgeordneten aufgestellt hatten, die Wirtschaft. Kurz, ich sah mich gezwungen, diese Fehlentwicklung zu korrigieren, und sei es erst am Ende meiner zweiten Amtszeit.

Zunächst bat ich meine Mitarbeiter, eine Umfrage in Auftrag zu geben: Wem vertrauen die Menschen in den Regionen? Welche Politiker oder öffentlichen Personen genießen in den Verwaltungsgebieten, Kreisen, Republiken hohes Ansehen? Vereinfacht gesagt: Wen mögen sie, wen halten sie für einen guten, gewissenhaften Menschen? Die Soziologen antworteten, daß eine solche Umfrage kaum durchführbar sei. Sympathie und Gewissenhaftigkeit ließen sich kaum in Ziffern ausdrücken; aber wer am meisten Vertrauen genieße, könnten sie herausfinden.

Viele Regionen hatten (und haben) tatsächlich ihre Helden, die hohes Ansehen genossen und gleichzeitig im ganzen Land bekannt waren. Doch das wichtigste war, daß diese Persönlichkeiten in politischer Hinsicht absolut sauber waren. In Kalmükkien zum Beispiel war dies eine Nachrichtensprecherin des Fernsehens, eine sehr sympathische junge Frau namens Alexandra Buratajewa. In Nowosibirsk war es ein legendärer Sportler, mehrfacher Sieger bei internationalen Wettkämpfen und Olympischen Spielen, der Ringer Alexander Karelin. Daraus folgerte ich, daß die Menschen die Berufspolitiker satt hatten und daß bekannte Persönlichkeiten, die nicht aus der Politik kamen, sich aber politisch betätigen wollten, um für die Interessen ihrer Landsleute einzutreten, große Chancen hatten.

Die Idee zur Gründung der Partei »Jedinstwo« (Einheit) entstand natürlich nicht von heute auf morgen. An ihrer Ausarbeitung waren viele beteiligt, sowohl mein Wahlkampfstab von 1996 als auch die Analytiker aus Putins Mannschaft. Um die Realisierung machte sich vor allem der Minister für Katastrophenschutz Sergej Schoigu verdient. Eine Führungsperson zu finden, die eine solche Bewegung leiten konnte, war das schwierigste. Schoigu war von der Liste der russischen Hoffnungsträger der bekannteste. Doch man konnte sich lange nicht dazu entschließen, ihn in dieser Sache zu behelligen. Er leitete ein arbeitsintensives Ministerium und mochte seine Arbeit. In die Parteipolitik zog ihn nichts. Als er sich dennoch entschloß, die Bewegung zu leiten, warf er sich mit ganzer Kraft in den politischen Kampf. Ihm schwebte eine neue Zentrumspartei vor, keine »Partei der Macht«, das heißt der Funktionäre, sondern eine Partei »apolitischer« Menschen, die in die Politik gehen, um sie bürgernah zu gestalten, moralisch zu reinigen, transparenter und verständlicher zu machen.

Die zweite Führungsfigur bei »Jedinstwo« wurde Karelin, die dritte ein ehemaliger Untersuchungsrichter, der Polizeigeneral Alexander Gurow, der schon in den achtziger Jahren als erster von der Mafia und dem organisierten Verbrechen im Lande gesprochen hatte. Schoigu, der Retter, eine wahrhaft romantische Figur, die den Idealismus der nachwachsenden Generation verkörperte, sollte die Jugend und die Frauen gewinnen. Mit Karelin wollte man die männliche Bevölkerung gewinnen, und Gurow sprach die älteren Menschen an.

Damit war eine hervorragende Troika gefunden. Doch der wichtigste Aspekt des Konzepts von »Jedinstwo« war meiner Ansicht nach ein neuer Konservatismus, der auf die Gesellschaft und nicht auf die politische Elite setzte. Dies drückte sich auch darin aus, daß »Jedinstwo« im Gegensatz zu den anderen Parteien, auf deren landesweiten Wahllisten die Namen von

Moskauer Funktionären standen, die Persönlichkeiten aufbot, denen die Menschen in den Regionen am meisten vertrauten. Ich zog mich schon bald aus dieser Arbeit zurück. Mir war von Anfang an klar, daß diese Partei des »sozialen Optimismus« im Bewußtsein der Wähler nicht mit meinem Namen assoziiert werden durfte, ebensowenig wie mit dem anderer bekannter Politiker der älteren Generation. Das Charakteristikum der neuen Bewegung bestand darin, daß sie absolut frisch und unverbraucht war. Daß »Jedinstwo« sich von mir distanzierte und die vorangegangene politische Epoche, einschließlich meiner Politik, kritisierte, störte mich nicht. Für mich waren die Prioritäten der Partei wichtiger: die Verteidigung der Staatsinteressen sowie der Schutz der Wirtschaft und der Bürgerrechte.

Putin hatte es da schwerer. In seinem Stab gab es zwei Fraktionen. Die »alten Kämpfer«, die bereits den Wahlkampf von 1996 geführt hatten – etwa der Soziologe Alexander Oslon oder der Leiter der Stiftung für effizente Politik, Gleb Pawlowski –, bestanden darauf, daß er sich zu »Jedinstwo« bekennen solle. Ihre Gegner forderten das Gegenteil. Putin solle seine Kräfte nicht für die Unterstützung einer so wenig profilierten, gerade erst gegründeten politischen Vereinigung verschwenden, argumentierten sie. Er sei der künftige Präsident aller Bürger und nicht nur einer bestimmten Gruppierung. Würde er für »Jedinstwo« Partei ergreifen, würden seine Chancen im März nicht, wie jetzt, bei fünfzig, sondern nur noch bei fünf Prozent liegen.

Putin entschied sich im Sinne der »alten Kämpfer«. In einem Fernsehinterview antwortete er auf die Frage eines Journalisten, für welche Partei er bei den Parlamentswahlen stimmen werde, knapp und bündig, es gebe nur eine Partei, die eindeutig seinen Kurs unterstütze, und zwar »Jedinstwo«. Diese kurze Erklärung verhalf der neuen, gerade erst geschaffenen Partei bei den Wahlen am 19. Dezember 1999 zu einem atemberaubenden Erfolg: 23 Prozent. Das hatte keiner erwartet. Die Kommunisten schnitten zwar besser ab, aber nur um ein Prozent. Die neue Partei der Hoffnung hätte noch etwa ein halbes Jahr gebraucht, um sich in den Regionen durchzusetzen und zur dominierenden politischen Kraft zu werden. Auch das »besondere Abstimmungsverhalten« im riesigen Moskau spielte eine Rolle. Dort erhielt »Jedinstwo« etwa zehn Prozent, während es in anderen Regionen zwanzig bis dreißig Prozent waren.

Da eine große Gruppe unabhängiger Abgeordneter ins Parlament gewählt worden war, die rechten Kräfte und der Block Primakow–Lushkow knapp acht Prozent erreicht hatten und auch die Liberaldemokratische Partei Rußlands und »Jabloko«, wenn auch mit einem geringen Prozentanteil, vertreten waren, ergab sich ein völlig neues Bild: Die linken Kräfte hatten nicht mehr die Mehrheit in der Duma. Das war ein Sieg unserer Sache.

Was wird aus dem russischen Parlamentarismus? Wohin entwickelt er sich? Ich denke, es wird viel Arbeit geben. Wenn die Führungskräfte von »Jedinstwo« sich nicht auf ihren Lorbeeren ausruhen und nicht vollständig in der Geschäftigkeit der Duma aufgehen, sondern ihre Bewegung ausbauen, können sie eine konservative Partei der Mitte schaffen, wie es sie in vielen entwickelten Ländern gibt – die Konservativen in England, die Republikaner in den USA, die Christdemokraten in Deutschland, die Liberaldemokraten in Japan. In gewissem Maße sind sie alle »Parteien der Macht«, die es aber nicht auf eine politische Monopolstellung abgesehen haben. In fast allen diesen Ländern haben die Konservativen potente politische Gegner, in der Regel sozialdemokratischer Ausrichtung, und so wird es wohl auch bei uns sein. Daher sollten die klugen Köpfe in der Kommunistischen Partei endlich die Losungen der Vergangenheit aufgeben und in der Wahl ihrer Verbündeten etwas anspruchsvoller sein. Wenn sie nicht den Mut finden, sich von den radikalen Linken abzugrenzen, könnten andere ihren Platz einnehmen, etwa das Bündnis »Otetschestwo – Wsja Rossija« (Vaterland – Ganz Rußland).

Doch das liegt in der Zukunft, und ich mag das Prognostizieren nicht, denn ich bin kein Politologe, sondern Politiker. Ich kann nur eine sichere Prognose abgeben: Das russische Parlament wird mit jedem Jahr und mit jeder Wahl an Leistungsfähigkeit, Modernität und Würde gewinnen. Diese Entwicklung begann in dem für uns so schwierigen und dramatischen Jahr 1999. Den ganzen 19. Dezember über flimmerten die sich ständig ändernden Ziffern der Wahlergebnisse über den Bildschirm. Doch schließlich konnten wir auf den Sieg von »Jedinstwo« anstoßen. In der Nacht, vor dem Einschlafen, grübelte ich darüber nach, was da geschehen war und wie man darauf reagieren sollte.

Am Morgen wachte ich mit dem Gedanken auf, daß das Wahlergebnis bestätigt hatte, worüber ich während der letzten Wochen ständig nachgedacht hatte: Wladimir Putin besitzt ein hohes Vertrauenspotential. Im Grunde haben die Menschen schon im Dezember für den neuen Präsidenten gestimmt, indem sie einer Partei ihre Stimme gaben, die er zwar nicht führte, aber als sein politisches Reservoir betrachtete. Das hieß, alles lief richtig.

Präsidiale Garantien

Die Zeit für meinen letzten, vielleicht wichtigsten Entschluß war gekommen. Nur wenige Tage vor den Wahlen hatte ich mich mit Wladimir Putin getroffen, und unser Gespräch hatte mich in meinem Entschluß endgültig bekräftigt: Es war Zeit zurückzutreten. Putin sollte nicht mehr aufgehalten werden. Ich muß zur Seite treten und ihm den Weg frei machen.

Schon einmal war ein Präsident vorzeitig zurückgetreten. Der erste und letzte Präsident der UdSSR, Michail Gorbatschow, hatte 1991 – ebenfalls im Dezember – sein Amt zur Verfügung gestellt. Das Schicksal Gorbatschows, das Schicksal unseres Verhältnisses, das Schicksal Rußlands in jener gefährlichen Zeit des Umbruchs Ende der achtziger, Anfang der neunziger Jahre – so manches Mal bin ich in Gedanken zu jenen Tagen zurückgekehrt, als Rußland einen politischen Systemwechsel vollzog. Die Sowjetunion wurde abgelöst von einem neuen Land mit anderen Grenzen, anderen Prioritäten in der Innen- und Außenpolitik, anderen politischen Institutionen und anderer Machtstruktur. Ich wußte, daß dieser Prozeß schwierig und schmerzhaft sein würde. Auch Gorbatschow wußte das.

Während unserer letzten Zusammenkünfte im Kreml im Herbst 1991, als wir die Namen der neuen Minister erörterten, die nach dem Augustputsch ernannt wurden (ich hatte sie mit Nachdruck vorgeschlagen, aber natürlich auch Gorbatschows Meinung berücksichtigt), hing das Thema des Scheiterns des alten Regimes in der Luft, ohne daß es angesprochen worden wäre. Konnte man das, was mit so viel Mühe im Lauf mehrerer Jahrzehnte aufgebaut worden war, so plötzlich einreißen? Gorbatschows Gesichtsausdruck war eindeutig zu entnehmen: Nein.

Vor meinem Auge standen die Bilder des Putsches: Panzer und Mannschaftswagen auf den Straßen, Gorbatschows Kampfgenossen, die beschlossen hatten, die Gesetze des Landes zu brechen. Ich dachte, wenn seine »Generäle«, gehorsame Diener des Systems wie Jasow, Krjutschkow, Pugo, die Vertreter der mächtigsten Behörden, die eigentlich verpflichtet waren, den Staat zu schützen, sich zu einem Putsch gegen den Präsidenten entschlossen, dann war dieses System nicht mehr lebensfähig. Den Generälen das Kommando über ein mit Atomwaffen gerüstetes Land zu überlassen kam nicht in Frage. Gorbatschow fürchtete panisch, die Sowjetmacht zu zerstören. Doch sie war strukturell, in ihrer inneren Funktionsweise dem Untergang geweiht. Ihr weiter zu vertrauen, bis sie sich unweigerlich selbst zerstören würde, hätte eine tödliche Gefahr heraufbeschworen.

Damit die sowjetischen Generäle kein Blutbad anrichteten und nicht auf die Idee kamen, sich als Junta aufzuspielen, war unverzüglich eine radikale politische Umgestaltung nötig. Man muß Michail Gorbatschow Gerechtigkeit widerfahren lassen, denn trotz aller Meinungsverschiedenheiten zwischen uns und trotz unseres schwierigen persönlichen Verhältnisses begriff er die Logik dieser politischen Entwicklung und wollte eine Zuspitzung der Situation vermeiden. Er hatte nicht vor, um seine persönliche Macht zu kämpfen. Ihm war klar, daß er sie durch den Putsch unwiederbringlich verloren hatte. In jenen Tagen im November und Dezember 1991 beunruhigte uns beide die Frage, wie die neue Weichenstellung vonstatten gehen konnte. Würden wir einen geordneten Übergang von einem Machtsystem zum anderen, von der sowjetischen bürokratischen »Parteidemokratie« zur wirklichen Demokratie mit echten Freiheiten gewährleisten können?

In dieser Hinsicht war der von den Staatsoberhäuptern dreier slawischer Staaten – Rußlands, der Ukraine und Weißrußlands – im Dezember 1991 in den Belowesher Wäldern unterzeichnete

Vertrag die einzig mögliche Lösung. Die Kommunisten hatten ein derart konsequentes Vorgehen nicht erwartet. Aufgrund des neuen politischen Status der ehemaligen Sowjetrepubliken verloren sie ihre wichtigste Waffe, das alte Verwaltungssystem. Sie befanden sich sofort in einer neuen Realität. Um neue Kräfte zu sammeln und sich neu zu organisieren – diesmal ohne Unterstützung des Staatsapparats – brauchten sie einige Zeit.

Vor dem Hintergrund der Ereignisse Ende 1991 und des Amtsverzichts von Gorbatschow habe ich auch die Frage der persönlichen Garantien für ihn und seine Familie erwogen. Für unser Land, für unsere Geschichte ging diese auf den ersten Blick persönliche Angelegenheit weit über die persönlichen Bedürfnisse des sowjetischen Präsidenten und die Frage, wie sich sein weiterer Lebensweg gestalten würde, hinaus. Für uns war dies eine wahrhaft historische Frage. In Rußland haben Herrscher ihre Macht nie freiwillig abgegeben. Es geschah stets durch Tod, Verschwörung oder Revolution.

Dies galt auch für das kommunistische Regime. Wie vormals der Zar hörte auch der Generalsekretär der KPdSU erst nach seinem Tod oder nach einem Umsturz auf, der Alleinherrscher zu sein. Daß der Machtwechsel von 1964 friedlich verlief und Chruschtschow am Leben blieb, ändert nichts am Wesen dieses Vorgangs. Chruschtschow wurde zwangsweise von der politischen Bühne entfernt und unter Hausarrest gestellt. Für die Bevölkerung war er gewissermaßen gestorben. Er konnte nicht mehr am Leben des Landes teilnehmen und durfte seine Datscha nicht ohne Erlaubnis verlassen. Über seinen Tod wurde nur in einer kurzen Zeitungsmeldung berichtet.

Im Fall eines geglückten Putsches und der Machtübernahme durch eine sowjetische Militärjunta hätte Gorbatschow vermutlich ein ähnliches Schicksal erwartet. Nun mußten er und ich eine schwierige Frage entscheiden: Welche Rolle sollte der ehemalige Präsident der UdSSR im neuen Rußland spielen? Es war wichtig, einen Präzedenzfall für den würdigen Umgang mit einer großen politischen Figur zu schaffen, die von der Bühne abgetreten war. Im Interesse des Landes bemühte ich mich um eine angemessene Lösung. Gorbatschow wurde eine staatliche Residenz zur lebenslangen Nutzung zur Verfügung gestellt (die Präsidentendatscha »Moskwa-5«, die er sich gewünscht hatte). Hinzu kamen Leibwächter, eine Staatskarosse für ihn und seine Familie sowie medizinische Versorgung und Pension.

Der entsprechende Erlaß vom Dezember 1991 enthielt noch einige andere wichtige Punkte. Vor allem wurde Gorbatschow die Möglichkeit einer neuen gesellschaftspolitischen Tätigkeit eröffnet. Der Gorbatschow-Stiftung wurde ein großer Gebäudekomplex im Zentrum von Moskau zur Verfügung gestellt. Später empörte sich die Presse, ich hätte Gorbatschow die Leibwächter, den Dienstwagen und die Datscha genommen. Das ist nicht wahr. Einen Teil des Gebäudes, das die Gorbatschow-Stiftung weitervermietet hatte, haben wir tatsächlich einer anderen Institution übergeben, einem geisteswissenschaftlichen Institut, doch dies geschah nicht aus politischen Erwägungen. Vielmehr widersprach eine kommerzielle Nutzung des Gebäudekomplexes dem Erlaß.

Im Lauf der neunziger Jahre hat Gorbatschow seinen Ruf als Elder Statesman in der Weltöffentlichkeit gefestigt. Seine Popularität als derjenige, der den Eisernen Vorhang beseitigte, hat weiter zugenommen. Oft kamen Berichte auf meinen Schreibtisch, in denen geschildert wurde, wie er bei Auslandsreisen und in seinen Büchern die Politik des neuen Rußlands kritisiert. Mir wurde verschiedentlich geraten, gegen ihn vorzugehen. Doch derartige Gespräche habe ich rasch beendet, obwohl es mir in den ersten Jahren nach Gorbatschows Rücktritt schwerfiel, mich zu zügeln. In mir kochte es, wenn ich hörte, was er im Ausland über mich und die Entwicklung in Rußland von sich gab.

Die Situation war paradox, denn der einzige Garant für die Unantastbarkeit Gorbatschows war ich. Es wäre einfach gewesen, ihn in der Öffentlichkeit zum Sündenbock zu machen und als politischen Verbrecher zu brandmarken. Viele Demokraten der ersten Stunde konnten ihm seine schwankende Haltung nicht verzeihen, und für das Volk verkörperte er die alte Parteinomenklatur, die für all unsere Leiden und Krisen verantwortlich war. Zudem legte es die Logik der Bürokratie nahe, die Sünden der Vergangenheit auf den Vorgänger abzuwälzen. Mit einem Wort, in Rußland war Gorbatschow eine der unpopulärsten Figuren. Dennoch hielt ich meine Gefühle im Zaum und zwang mich, unser konfliktreiches persönliches Verhältnis hintanzustellen. Denn daß Gorbatschow sein Leben führen konnte, wie ihm beliebte, daß er sagen konnte, was er wollte, und daß er 1996 am Präsidentschaftswahlkampf teilnahm, war für Rußland und die neue Demokratie mindestens so wichtig wie für ihn selbst.

Als mir nach meiner Wiederwahl 1996 eine Einladung an Gorbatschow für eine Feierstunde im Kreml zur Unterschrift vorgelegt wurde, spürte ich zum erstenmal nicht mehr die gewohnte innere Abwehr. Im Gegenteil, ich fühlte mich erleichtert und dachte, daß wir bei der Gelegenheit miteinander sprechen könnten. Zum Ende meiner zweiten Amtszeit bin ich endgültig der Auffassung, daß es richtig gewesen war, meinen Ärger und meine Emotionen zu zügeln. Längst waren sie verflogen, das Ziel aber war erreicht. Wir hatten das erste Mal in der russischen Geschichte den Präzedenzfall geschaffen, daß ein ehemaliges Staatsoberhaupt ein freies, ruhiges Leben führen konnte. Doch bis zur Amtseinführung Putins hat Gorbatschow nie auf meine Einladungen reagiert. So sind fast acht Jahre vergangen, seit wir uns das letzte Mal gesehen haben.

Den letzten Kontakt zwischen unserer Familie und den Gorbatschows gab es aus einem traurigen Anlaß, dem Tod von Raissa Maximowna. Ich war mir nicht sicher, ob ich zur Beerdigung fahren sollte. Mein Beileid wollte ich unbedingt zum Ausdruck bringen, doch ich befürchtete, daß meine Anwesenheit überflüssige Emotionen hervorrufen und das Leid vergrößern könnte. Also nahm Naina an der Beerdigung teil. Anschließend war sie fast eine Stunde mit den Gorbatschows zusammen, und die Begegnung war trotz der langen Unterbrechung offenherzig und freundschaftlich.

Heute hat sich die öffentliche Meinung über Gorbatschow gewandelt. Man hat ihm vieles verziehen. Um so mehr nach dem frühen Tod von Raissa Maximowna, als viele zum erstenmal Mitleid und Verständnis für das ehemalige Staatsoberhaupt aufbrachten.

Als ich über meine Rücktrittsentscheidung nachdachte, fragte ich mich natürlich auch, wie es weitergehen, wie man sich mir gegenüber verhalten werde. Ich machte mir keine Illusionen: Lieben und anbeten wird man mich nicht. Aber welche Reaktionen würde ich auslösen, wenn ich mich in der Öffentlichkeit zeigte, im Theater etwa – würde man mich auspfeifen? Im Lauf der Zeit, beruhigte ich mich, würden die Menschen vieles von dem, was ich getan habe, besser verstehen. Aber wie würde ich mich unmittelbar nach dem Rücktritt fühlen, wenn nach alter russischer Tradition dem Abgedankten alles Elend, alle Sünden angelastet werden?

In den ersten Wochen und Monaten nach Putins Amtsantritt als Regierungschef gab es meines Erachtens nur eine umstrittene Entscheidung, nämlich die Garantien, die er mir per Erlaß zugesichert hat. Ich habe nicht darum gebeten und es immer abgelehnt, dieses Thema zu erörtern. Mehrfach sind Abgeordnete der Duma zu mir gekommen, darunter Vertreter der Kommunistischen Partei, um mit mir über ein entsprechendes Gesetz zu reden. Doch ich habe immer gesagt: »Wollt ihr es annehmen? Dann nehmt es an. Mich geht das nichts an.« Das Gesetz wurde nicht angenommen.

Woloschin hat mir später eröffnet, daß die Juristen der Präsidialverwaltung darauf bestanden hatten, möglichst schnell einen Erlaß herauszugeben. Sie meinten, man dürfe nicht abwarten, bis die Duma das Gesetz verabschiede. Die Gesetzeslage weise eine Lücke auf, der verfassungsrechtliche Status eines scheidenden Präsidenten lasse aber keine solche Lücke zu. Laut Verfassung ist der Präsident, falls ein Gesetz fehlt, dazu verpflichtet, das

Rechtsvakuum durch einen Erlaß aufzuheben, und als ich am 31. Dezember 1999 meinen Abschied nahm, gab es keine gesetzliche Regelung. Doch selbst angesichts der Bedeutung dieser Frage war Putins Eile übertrieben, obwohl ich ihn verstehen kann. Übrigens sind sowohl bei uns als auch im Ausland absurde Gerüchte über den Inhalt des Erlasses in Umlauf. Angeblich sei meine gesamte Familie von jeder strafrechtlichen Verantwortung befreit, ich selbst genösse phantastische Privilegien. Der größte Unsinn ist die Behauptung, der Erlaß sei ein Kuhhandel zwischen mir und Putin, das heißt, ich hätte ihm als Gegenleistung für meine Immunität vorzeitig den Kreml überlassen. Es lohnt nicht, darauf einzugehen. Kein Erlaß der Welt kann Immunität verleihen. Nur ein naiver Mensch, der keine Ahnung von Politik hat, kann glauben, daß Erlasse oder Gesetze einem ehemaligen Staatsoberhaupt irgend etwas garantieren können. Wenn die Gesellschaft krank ist und einen Sündenbock sucht, wird sie mir die Schuld an allem Leid in die Schuhe schieben. Da hilft kein Erlaß oder Gesetz. Entwickelt sich das Land jedoch demokratisch und zivilisiert – und ich bin überzeugt, daß es so sein wird –, dann ist die gesunde Gesellschaft selbst der Garant für die Unantastbarkeit des Präsidenten im Ruhestand.

Aber nun zum wirklichen Inhalt des Erlasses. Der Punkt über die Immunität lautet: »Ein Präsident der Russischen Föderation, der sein Amt niedergelegt hat, ist unantastbar … Er kann weder zur strafrechtlichen oder administrativen Verantwortung gezogen noch festgenommen, inhaftiert oder einer Fahndung, Verhören und Durchsuchungen unterzogen werden…« Die Immunität erstreckt sich also nicht auf meine Angehörigen. Es existieren keinerlei juristische Klauseln, welche Ermittlungen in Fällen, die sich auf meine Umgebung beziehen, ausschließen. Das ist ein Märchen, das sich die Presse ausgedacht hat. Der Erlaß enthält einige, ich würde sagen amtliche Vorrechte, die der Staat dem ehemaligen Präsidenten gewährt: das Recht auf einen Dienstwagen und Leibwächter, auf die Nutzung von Sonderbereichen auf Bahnhöfen und Flughäfen und auf die Benutzung des Telefonsystems der Regierung. Darüber hinaus wird ihm eine staatliche Datscha zur lebenslangen Nutzung zur Verfügung gestellt und seine medizinische Versorgung garantiert. Nichts Sensationelles also.

Damals, Ende Dezember 1999, wußte ich noch nichts von diesem Erlaß. Mir gingen ganz andere Dinge im Kopf herum. Was mich beschäftigte, war das Leben nach dem 31. Dezember. Wie würde es sein?

Ein anderes Leben

In den ersten Tagen des Jahres 2000 befand ich mich in einer seltsamen Stimmung. Ich fühlte nahezu körperlich, wie eine Last von meinen Schultern fiel. Von einer Depression oder Leere, die ich gefürchtet und auf die ich mich eingerichtet hatte, konnte keine Rede sein. Ganz im Gegenteil, ich war in guter, ausgeglichener Verfassung.

Am 1. Januar kamen Wladimir Putin und seine Frau Ljudmila zu Besuch. In den Tagen nach meinem Rücktritt habe ich viele angenehme Worte gehört, zu viele sogar. Doch an Putins Neujahrstoast erinnere ich mich gern. Vergnügt stießen wir mit Sekt an, nicht nur auf das neue Jahr. Seit diesem Tag hat er in allem völlig freie Hand.

Für mich begann eine märchenhafte Woche. Gleich nach Neujahr flog ich mit Naina und den Töchtern nach Bethlehem zu den Feierlichkeiten aus Anlaß des zweitausendjährigen Jubiläums des Christentums. Wir flogen bei sehr schlechtem Wetter. Auf dem Flughafen fragte ich einen derjenigen, die uns abholten: »Na, ist der Stern von Bethlehem schon aufgegangen?« Er wurde verlegen und antwortete, daß man wegen des Regens keine Sicht habe. Mir aber schien, daß ich diesen Stern über Bethlehem unbedingt sehen würde. Schließlich war der Anfang des neuen Jahrtausends auch meine zweite Geburt.

Israel beeindruckte mich sehr. Die frische Mittelmeerbrise schien getränkt von Mythen, Geheimnissen und jahrtausendealter Geschichte. Der Höhepunkt unseres Programms war ein Gottesdienst in der Geburtskirche. Doch zuerst besuchten wir Jerusalem. Ich traf mich mit Präsident Ezer Weizman und erörterte mit ihm Fragen des bilateralen Verhältnisses. Das Treffen war noch vor meinem Rücktritt verabredet worden, und ich mußte mich zwingen, statt des gewohnten »Gut, so machen wir es« zu sagen: »Ich werde Ihre Worte an Wladimir Putin weiterleiten.«

Auf der Fahrt zur Residenz von Yassir Arafat wurde unser Auto plötzlich angehalten. Ich war nicht beunruhigt, aber Anatoli Kusnezow, der Sicherheitschef, wurde nervös – terroristische Anschläge sind in Israel keine Seltenheit. Doch dann stellte sich heraus, daß Autobusse voller palästinensischer Kämpfer mit hohem Tempo an uns vorbei in Richtung Arafats Residenz rasten: Der Palästinenserführer hatte beschlossen, mich mit einer Ehrenkompanie zu empfangen. Ich fühlte mich von solcher Gastlichkeit natürlich geschmeichelt.

Anatoli Kusnezow gehört übrigens zu jenen, die in all den Jahren meiner Präsidentschaft nicht von meiner Seite gewichen sind. Er ist freundlich, gutmütig und ein kluger Kopf. Wie mag sich sein Befinden geändert haben, jetzt, wo er einen Präsidenten im Ruhestand bewacht? Von außen gesehen scheint sich nichts verändert zu haben. Ich denke, daß sich innerlich für ihn wenig geändert hat. Tolja ist ein treuer, zuverlässiger Mensch.

In Israel fand noch eine andere, für mich wichtige Begegnung statt. Ich traf mich mit zwei Studienfreunden aus Swerdlowsk, Arnold Lawotschkin und Anja Lwowa, die ich schon weiß Gott wie lange nicht gesehen hatte. Vor einigen Jahren waren sie nach Israel übergesiedelt. Naina hatte sie angerufen, und so sitzen wir nun zusammen im Hotelzimmer. Arnold schlägt mir aufs Knie und ruft: »Borja! Wer hätte das gedacht!« Anja erzählt ausführlich vom Leben in Israel. Den Rentnern geht es hier wahrscheinlich nicht schlecht: das Meer, frisches Obst, Sonne, eine hervorragende Sozialversorgung. Aber für mich wäre das nichts: erstens die furchtbare Hitze im Sommer, und zweitens ist es zu Hause doch am schönsten. Aber Arnold hat kein Heimweh; er verdient sich mit Gelegenheitsjobs noch etwas hinzu, sogar als Hausmeister. Anscheinend haben Hausmeister in Israel viel zu tun. Aber Arnold beklagt sich nicht. »Hier ist alles anders, Borja!« sagt er. »Ein anderes Leben.«

Die Straßen in Jerusalem sind ständig voller Menschen. Das fiel mir beim Besuch des Patriarchen besonders auf. Der Sicherheitsdienst mußte die Menge mit Ellenbogen und vollem Körpereinsatz zurückhalten. In der Residenz des Patriarchen wurde mehreren Staatsoberhäuptern orthodoxer Länder der Ritterorden vom heiligen Grab, eine der höchsten Ehrungen der orthodoxen Kirche, verliehen. Neben mir standen meine ehemaligen Kollegen Kutschma, Lukaschenko, Schewardnadse und Lucinschi. Sie wirkten in der ungewohnten Umgebung alle ein wenig verstört. Die stille Jerusalemer Patriarchenresidenz war an diesem Tag voller Gäste – Journalisten, Politiker, Geistliche. Schließlich war ich an der Reihe. Die Situation erlaubte es nicht, daß ich meine Rede vom Blatt las, also steckte ich den Zettel mit dem vorbereiteten Text in die Jackentasche. Ich gab meiner Hoffnung Ausdruck, daß in dieser Stadt eines Tages ein internationaler Friedensvertrag unterzeichnet werden und ich meine ganze Kraft dafür einsetzen würde, dies zu erreichen. Ich vernahm deutlich, wie in die Stille des Saals hinein jemand auf russisch flüsterte: »Gut gesagt, Alter!«

Am nächsten Tag besuchen wir die Geburtskirche in Bethlehem. Zwischen den Häusern enge Gassen. Der Eingang der Kirche reicht mir gerade bis zum Gürtel. Alte, grauhaarige Patriarchen wie aus der Bibel. Halbdämmerung. Das Knistern von Kerzen. Und sehr heiß. In der Kirche waren viele Menschen versammelt, am Altar wurde in allen Sprachen der orthodoxen Völker das Loblied des Erlösers gesungen, und in einer Höhle unter dem Altar, wo Josef und Maria einst Schutz gesucht hatten, wurde still gebetet. Auf dem Boden schliefen offenbar von einer langen Reise erschöpfte Pilger. Ich war sehr aufgeregt. Als Kind bin ich getauft worden, doch an Gottesdiensten hatte ich, wie die Mehrheit der Sowjetbürger, nicht teilgenommen. Es war verboten, sich zu bekreuzigen, in die Kirche zu gehen, zu beten. Erst in den letzten Jahren bekennen sich die Menschen bei uns wieder zu ihrem Glauben.

Als ich aus der Kirche kam, wandten sich einige Pilger auf russisch an mich: »Guten Tag, Boris Nikolajewitsch! Wie geht es Ihnen? Wir werden an Sie denken! Frohe Weihnachten!« Ich hatte nicht erwartet, daß ich hier, so weit von zu Hause entfernt, so oft Russisch hören und so viele vertraute Gesichter sehen würde. Nach Hause flog ich mit gemischten Gefühlen. Immerhin war es meine erste Reise nach dem Rücktritt gewesen.

Am 7. Januar gingen Naina, Tanja und ich ins Bolschoi-Theater zur alljährlichen Verleihung des »Triumph«, eines von der Stiftung zur Unterstützung von Schriftstellern und Künstlern verliehenen Preises. Eigentlich hatte ich meine angeschlagene Gesundheit vorschieben wollen, um nicht mitgehen zu müssen. Es war meine nächste Prüfung in der neuen Rolle, der erste öffentliche Auftritt vor russischem Publikum. Tanja neckte mich: »Papa, wovor hast du Angst? Ich garantiere dir, sie werden dich nicht auspfeifen.«

Der Platz vor dem Bolschoi-Theater war in das gleißende Licht von Scheinwerfern und Leuchtschriften getaucht. Man erwartete uns am Bühneneingang und führte uns zu einer Loge hinauf. Als ich sie betrat, kniff ich zunächst unwillkürlich die Augen zusammen. Plötzlich stand das Publikum auf und applaudierte. Das hatte ich nach acht Jahren schwerer politischer Kämpfe und zumal dem letzten kritischen Jahr nicht erwartet.

Die Verleihung des »Triumph« ist ein großes kulturelles Ereignis in Rußland und außerdem eine wunderbare Feier des orthodoxen Weihnachtsfestes im Bolschoi-Theater. Viele große Künstler waren anwesend, unter ihnen die Lyriker Bella Achmadulina und Andrej Wosnessenski, der Satiriker Michail Shwanezki, der Pantomime Alexander Polunin und der Dramatiker Alexander Wolodin. Als sie auf mich zukamen, um mir zum Fest zu gratulieren, war das nicht nur eine Ehre für mich, sondern auch eine wichtige Bestätigung. Die Stellung eines Altpräsidenten zu achten, darin zeigt sich meiner Ansicht nach die Würde einer Nation. An diesem Abend hatte ich zum erstenmal das Gefühl, daß ich mit meiner neuen Position, der des gewesenen

»ersten Präsidenten Rußlands« (wie man mich jetzt nennt), zurechtkommen würde.

Ein, zwei Tage vergingen, in denen ich mich erholte. Dann stellte sich plötzlich dieses Gefühl der Leere ein, das ich schon früher erwartet hatte. Am Morgen des 10. Januar ging ich, nachdem ich früh erwacht war, wie immer in mein Arbeitszimmer. Sonst hatte mich dort immer ein Berg von Papieren erwartet. Viele Jahre lang hatte ich Tag für Tag in ihnen von Problemen gelesen, die das ganze Spektrum des gesellschaftlichen Lebens in Rußland abdeckten. Diese Papiere hatten mir die gewohnte Dosis Adrenalin ins Blut gejagt. Und nun war der Schreibtisch leer.

Ich griff zum Hörer der Sonderleitung. Kein Piepton. Das Telefon war abgestellt. Es gab nichts für mich zu tun in diesem Arbeitszimmer. Eine Weile saß ich im Schreibtischsessel und blickte vor mich hin, dann ging ich hinaus. Den ganzen Tag über spürte ich die Leere. Es war ein Gefühl der Einsamkeit und auch der Sehnsucht. Ich wollte meine Nächsten nicht damit belästigen, doch daß ich stärker in mich gekehrt war als in den Tagen zuvor, ließ sich nicht verbergen. Lena, Tanja und Naina musterten mich aufmerksam. Ich ging spazieren, aß zu Mittag, döste danach ein wenig. Am Ende des Tages entschloß ich mich herauszufinden, warum das Telefon abgeschaltet worden war. Man erklärte mir, daß die Leitungen neu geschaltet würden und morgen alles wieder funktionieren werde. Eine technisch bedingte Unterbrechung. Ich atmete auf.

Würde mich jede Kleinigkeit so aus der Fassung bringen? Wie sollte ich leben? Wie mich daran gewöhnen? Ich sah aus dem Fenster und grübelte. Nach einiger Zeit fand ich Antworten auf diese Fragen. Als erstes kam mir in den Sinn, daß ich mir zurückerobern mußte, worauf ich in den zurückliegenden Jahren hatte verzichten müssen: Besinnlichkeit, Nachdenken, Ruhe, die Freuden des Alltags, das Vergnügen an Musik, Theater, Literatur. Außerdem bin ich für all jene verantwortlich, die ich gefördert und mit denen ich zusammengearbeitet habe. Nach wie vor bin ich für alles, was um mich herum vor sich geht, verantwortlich, nicht als Präsident, aber als Mensch, der Verantwortung trägt für die politische Entwicklung, für den Weg, auf dem Rußland sich befindet. Jeder dieser Menschen einschließlich des neuen Präsidenten kann heute zu mir kommen, mich nach meiner Meinung fragen und Probleme, die ihn bedrücken, mit mir besprechen. Dabei muß ich die in langen Jahren eingeschliffenen Reflexe des Machthabers zügeln und mich als einfacher Gesprächspartner verhalten, der zwar Erfahrungen aufzuweisen hat und dessen Meinung geschätzt wird, der aber eben nur ein Gesprächspartner ist. Das ist eine ernstzunehmende Aufgabe.

Als drittes kam mir das Projekt meines Mitternachtstagebuchs in den Sinn, die Niederschrift meiner Gedanken, Notizen und Eindrücke. Jetzt kann ich diesem Buch so viel Zeit widmen, wie ich will. Auf jeden Fall wird es für mich eines der wichtigsten »Papiere« sein, an denen ich gearbeitet habe. Wie gut, daß ich niemandem etwas gesagt und den gestrigen Tag allein verbracht habe, dachte ich. Einen solchen Tag gibt es sicher im Leben jedes Menschen, der sein Leben lang gearbeitet hat und dann plötzlich in Rente geht. Mit diesen Gedanken schlief ich ein, und als ich erwachte, fühlte ich mich ausgeglichen und voller Kraft.

Von diesem Morgen an halte ich mich an eine neue, einigermaßen strenge Ordnung. Wie früher stehe ich gegen sechs Uhr auf; mein Organismus kann sich in dieser Beziehung nicht mehr umstellen. Ich trinke eine Tasse Tee und gehe ins Arbeitszimmer. Auch heute habe ich etwas zu lesen. Die Präsidialverwaltung schickt mir nach wie vor Umfrageergebnisse, Analysen der laufenden Ereignisse und einen Pressespiegel nach Gorki-9. Ich lese die Analysen, sitze jedoch immer öfter mit dem Diktiergerät da, später mit dem Buchmanuskript. Wenn es mir im Arbeitszimmer zu langweilig wird, gehe ich in den Garten, spaziere die Wege entlang und diktiere dort. Das Gerät habe ich zum Geburtstag geschenkt bekommen. Ich mußte mich erst daran gewöhnen, meine eigene Stimme zu hören.

Manchmal gehe ich morgens oder tagsüber zu den Pferden. Es handelt sich um Dutzende von Pferden, die man mir bei Staatsbesuchen geschenkt hat (das ist eine alte Tradition, besonders in Mittelasien) und die ich Pferdezüchtern überlassen habe. Doch ein Pferd, ein kasachischer Hengst, den mir Nursultan Nasarbajew geschenkt hatte, war so schön, daß ich ihn behalten wollte. Damit ihm nicht langweilig würde, haben wir ihm ein paar ruhige Pferde zur Gesellschaft gegeben. Ich hatte mir vorgestellt, daß meine Töchter und Enkelkinder reiten lernen könnten; für mich war es schon ein wenig spät. Doch daraus ist nichts geworden, da alle zu sehr mit anderen Dingen beschäftigt sind. Tanja steht mir zur Seite, Lena ist als junge Großmutter eingespannt, Katja ist eine junge Mutter, Mascha bereitet sich auf die Aufnahmeprüfung am Moskauer Staatlichen Institut für internationale Beziehungen vor. Borja würde sicher reiten lernen, doch er studiert im Ausland. Die Pferde aber sind geblieben. Ich besuche sie, berühre ihre warmen Nüstern, schaue in ihre erstaunlichen Augen, füttere sie – und gleich steigt meine Stimmung an.

Manchmal ziehen mich die Kleinen – der vierjährige Gleb und der zweijährige Wanka – zum Schwimmbecken. Es macht ihnen Spaß, mit ihrem Opa herumzuplanschen, zu spielen, Purzelbäume zu schlagen. Und die Freude ist beiderseits.

Ich komme zurück ins Arbeitszimmer. In vielerlei Hinsicht ist der Tag für mich ein Arbeitstag geblieben. Das Telefon klingelt, oder ich rufe alte Weggefährten an. Die Sonderleitung zu einigen wichtigen Gesprächspartnern ist noch geschaltet. Zwölf Uhr ist die Zeit für Termine. In den ersten Monaten nach meinem Rücktritt habe ich mich einige Male mit Wladimir Putin getroffen, um die Wahlen und das Tschetschenienproblem zu erörtern.

Aus dem gleichen Anlaß – Tschetschenien, die Armee – gab es einige Zusammenkünfte mit Verteidigungsminister Marschall Igor Sergejew, Generalstabschef Anatoli Kwaschnin und Innenminister Wladimir Ruschailo. Für mich ist Tschetschenien ein wunder Punkt. Ich bin fest davon überzeugt, daß noch in diesem Jahr dort Frieden einkehren wird.

Auch mit dem neuen Ministerpräsidenten Michail Kassjanow bin ich einige Male zusammengekommen. Er gefällt mir. Er ist ruhig, selbstsicher, kompetent. Überhaupt hat sich in dieser Regierung eine starke Mannschaft zusammengefunden – das ist beruhigend. Andere Gesprächspartner waren der Minister für Katastrophenschutz Sergej Schoigu, der Leiter des Grenzschutzes Konstantin Tozki, der Direktor des Kommunikations- und Informationsdienstes der Regierung (FAPSI) Wladimir Matjuchin. Des öfteren traf ich mich auch mit dem Chef des Föderalen Wachdienstes Juri Krapiwin. Schade, daß er – nur wenige Monate nach meinem Rücktritt – seinen Abschied nahm. Sein Arbeitsstil hat mir immer gefallen: unauffällig, aber absolut zuverlässig. Wir hatten ein sehr gutes persönliches Verhältnis. Wir treffen uns immer noch. Es gibt viele gemeinsame Erinnerungen, viel Gesprächsstoff.

Der Kreis meines privaten Umgangs hat sich im Lauf der letzten Monate erheblich erweitert. Ich lade weitaus häufiger Gäste ein. Jetzt habe ich die Möglichkeit dazu; früher war das schwierig. Meine politische Karriere verlangte einen hohen Preis: den Verlust der Gesundheit und den von Kindheits- und Jugendfreunden. Sie sind fast alle in Swerdlowsk geblieben, aber auch mit denen, die nach Moskau gezogen sind, trafen wir uns selten. Es fehlte die Zeit, auch die Kraft. Meine Gedanken kreisten ausschließlich um das politische Leben.

Um ein Uhr gibt es Mittagessen. Meine Vorliebe für einfache Kost hat sich in der letzten Zeit noch verstärkt. Besondere kulinarische Entdeckungen habe ich auf meinen offiziellen Reisen nicht gemacht. Immer bekam ich mein Präsidentenmenü aus vom Sicherheitsdienst geprüften Lebensmitteln – nichts Erlesenes. Auf Empfängen esse ich nicht gern; dazu ist die Anspannung zu groß.

Eine Ausnahme war, als Tanja und Naina in Peking beschlossen, die berühmte Pekingente zu probieren, und spät am Abend eine Portion aufs Hotelzimmer bestellten, damit ihnen niemand verbieten konnte, etwas Ungeprüftes zu essen. Ich hatte mich schon schlafen gelegt, wachte durch das Klopfen des Zimmerservice auf und ging im Morgenmantel ins Wohnzimmer unserer

Suite hinüber. »Was eßt ihr denn da? Das will ich auch probieren!« überraschte ich die beiden und machte mich über die Ente her. Aber das war, wie gesagt, eine Ausnahme.

Außerdem versuche ich jetzt abzunehmen. Tanja hat eine elektronische Waage gekauft. Das ist fast wie beim Sport. Tägliches Wiegen, Diät. Tanja und ich führen einen Wettkampf, wer als erster das Wunschresultat erreicht. Ich gebe ihr Ratschläge. Sie lacht: Die Waage wird es zeigen! Ich esse wenig, zum Abendbrot trinke ich ein Glas Kefir – mehr nicht.

Ende März begann ein regelrechter Theatermarathon. An der Aufführung von Shaws *Pygmalion* im Theater »Sowremennik«, meinem Lieblingstheater, hatten wir großes Vergnügen. Galina Woltschek, eine beeindruckende Frau mit feinem Humor, ist meine Lieblingsregisseurin. Ich habe mir dort früher einmal fast das gesamte Repertoire angesehen und weiß nicht, wo man in Moskau sonst noch eine solche Atmosphäre, ein solches Publikum und einen solchen Kontakt zwischen Schauspielern und Zuschauern erleben kann. Und was für Schauspieler: Nejolowa, Jelena Jakowlewa, Achedshakowa, Gaft, Kwascha und wie sie alle heißen.

Gleich am nächsten Tag lud Tanja uns in ein modernes Musical ins Operettentheater ein: *Metro*. Naina fragte: »Warum häuft sich das denn so? Holen wir jetzt das Versäumte nach?« Tanja antwortete: »Mama, das ist die tollste Inszenierung in Moskau! Das müßt ihr euch unbedingt ansehen!« Und da entschied ich: Wir gehen! Die tollste und jugendlichste Inszenierung werde ich auf keinen Fall versäumen.

Ich stieg auf der Puschkinstraße aus dem Auto. Plötzlich erhob sich ein solch ohrenbetäubendes vielstimmiges Mädchengekreisch, daß ich zusammenzuckte. An den Tagen, an denen *Metro* gespielt wurde, versammelte sich vor dem Theater stets eine Menge junger Musicalfans. Als sie den leibhaftigen Jelzin sahen, bereiteten sie ihm einen stürmischen Empfang. Natürlich äußerte sich darin die schiere Lebensfreude der Jugend, doch es schwang auch echte Sympathie mit.

Das wurde mir im Theater klar, als ein Mädchen aus dem Parkett (wir saßen in einer Loge) sich auf die Zehenspitzen stellte und mir ihr Programmheft entgegenstreckte: »Bitte, Boris Nikolajewitsch, ein Autogramm!« Ich erwiderte: »Entschuldigen Sie, ich habe keinen Stift dabei!« Sie: »Hier, nehmen Sie meinen Lippenstift, Boris Nikolajewitsch!« Nun, meine Frauen erlaubten es mir nicht, mit einem fremden Lippenstift ein Autogramm zu geben, und fanden umgehend einen Kugelschreiber. Eine Bagatelle, doch eine schöne Erinnerung.

Das Musical beeindruckte durch seine Dynamik, den reinen, klaren Gesang – und die Lautstärke. Die Darsteller waren ausgezeichnet, und die ganze Inszenierung war sehr zeitgemäß. Eine der Figuren, ein zynischer Produzent, spricht im Verlauf der Handlung mit irgendeinem wichtigen Chef, wobei er auf seinem Handy angerufen wird. Er nimmt das Gespräch an und sagt natürlich: »Ich höre, Boris Nikolajewitsch!« Das Publikum im Saal war jung und lachte vergnügt. Im Parkett saß übrigens mein Enkel Borja mit drei Freunden, die das Stück offensichtlich genossen. Schade, daß ich nicht bis zum Ende bleiben konnte, weil ich noch einen Termin hatte.

In letzter Zeit höre ich viel Musik, meistens Klassik – Mozart, Vivaldi, Tschaikowski –, aber auch Musicals, etwa Andrew Lloyd Webbers *Das Phantom der Oper*. Besonders gefällt mir das französische Musical *Notre-Dame de Paris*.

Was das Lesen betrifft, bevorzuge ich Sachbücher. In letzter Zeit ist sehr viel Literatur mit neuen Erkenntnissen über den Zweiten Weltkrieg erschienen, die ich am liebsten vollständig lesen würde. Verständlicherweise interessiere ich mich auch für Memoiren, zumal von Staatsmännern und großen Herrschern der Weltgeschichte.

Meine neuen Gewohnheiten? Es gibt jetzt einen Fernseher in meinem Leben. Ich sehe die Nachrichten, doch politische Sendungen mag ich immer noch nicht. Hin und wieder sehe ich mir einen Spielfilm an, obwohl die guten Filme leider immer erst nach Mitternacht gezeigt werden und ich für gewöhnlich früh zu Bett gehe. Auf meine Bitte hin hat Tanja beim Staatlichen Filmfonds alle Filme von Wladimir Motyl bestellt. Seinen Film *Die weiße Wüstensonne* kenne ich praktisch auswendig, und meine Familie auch. Mit großem Vergnügen habe ich auch seine älteren Filme wiedergesehen, zum Beispiel *Shenja, Shenetschka und Katjuscha, Traum vom fernen Glück, Der Wald.* Ich möchte diesen großartigen Regisseur zum Abendessen ins Restaurant einladen. Und wissen Sie in welches? *Die weiße Wüstensonne.*

Das ist mein Tagesablauf. Doch es gibt natürlich Ausnahmen. Voller Nervosität fuhr ich zum Beispiel nach langer Unterbrechung erstmals wieder in den Kreml. Wenn man das erste Mal an seinen alten Arbeitsplatz zurückkehrt, ist das kein leichter Gang. Der Grund meines Besuchs war ein Treffen mit den Journalisten, die mich seit 1996 auf allen Reisen begleitet hatten: Tatjana Malkina, Natalja Timakowa, Veronika Kuzyllo, Swetlana Babajewa, Wjatscheslaw Terechow und viele andere. Die Begegnung fand in einem Konferenzraum im Großen Kremlpalast statt. Es war bewegend. Sogar der gehässige Alexej Wenediktow vom kritischen Radiosender Echo Moskau gab sich liebenswürdig. Jedem Gast schenkte ich die berühmte Präsidentenuhr, den Damen einen Blumenstrauß. Keiner hatte Lust zu gehen. Irgend jemand, ich glaube es war Tatjana Malkina, fragte plötzlich: »Wie werden Sie Ihren Geburtstag feiern, Boris Nikolajewitsch?« – »Wie wohl?« entgegnete ich. »Ich werde ihn zu Hause feiern. Wollen Sie kommen?« Sie: »Laden Sie uns ein?« – »Natürlich lade ich Sie ein!«

Es wurde ein fröhliches Geburtstagsfest. Danach hatte ich ein neues Spielzeug: das Diktiergerät. Natürlich schlief Naina die Nacht davor kaum, backte Torten, um die vielen Journalisten zu bewirten. Die Redakteurinnen der Zeitung *Kommersant* schenkten mir eine Extraausgabe ihres Blattes in einer Auflage von fünfzig Stück, in der die besten Artikel über mich gesammelt waren. Nach einigen Tagen – offenbar hatten sie solange gebraucht, um sich Mut zu machen – riefen sie an: »Boris Nikolajewitsch, könnten Sie uns ein Exemplar zurückgeben – mit Ihrem Autogramm?«

Am 14. März hatte Naina Geburtstag. Meine Töchter und ich berieten uns, was wir ihr schenken könnten. Schmuck? Ein Kleid? Dann fiel uns ein, daß sie vor kurzem gesagt hatte: »Hört mal, sollte ich nicht doch noch anfangen zu nähen? Davon habe ich mein ganzes Leben geträumt.« Eine Nähmaschine! Tanja fuhr sofort los und kaufte das neueste Modell. Als ich das Gerät sah, traute ich meinen Augen nicht: Pure Elektronik, man muß nur einige Knöpfe drücken, und schon legt sie los. Man hat den Eindruck, als brauche man diese Nähmaschine nur mit einem Stück Stoff zu füttern, und sie spuckt einen fertigen Anzug aus.

Am frühen Morgen rollten wir ein Tischchen mit Blumen und dem Nähmaschinencomputer in Nainas Zimmer, ganz nach unserer Tradition: Das Geburtstagskind wacht auf, und die ganze Familie ist mit Blumen und Geschenken versammelt. Merkwürdig war nur, daß ich an diesem Morgen nirgendwohin mußte. Ich stand einfach da und sah zu, wie sich Naina über die Maschine freute. »Was werde ich nur mit diesem teuren Stück machen?« – »Stick mir meine Initialen auf die Taschentücher«, sagte ich. »Fürs erste.«

Wie selten sind Naina und ich in den Jahren meiner Präsidentschaft ins Theater oder Restaurant gegangen! Jetzt wollten wir einen Anfang machen. Wir luden Dr. Sergej Mironow ein, der lange Jahre Leiter meines Ärzteteams gewesen war. Wir entschieden uns für das georgische Restaurant »Suliko«. Es war ein gelungener Abend. Mironows Frau Julia sang zusammen mit einem georgischen Männerchor; sie hat eine herrlich tiefe Bruststimme. Als die rhythmischen georgischen Lieder erklangen, begann ich sogleich mit dem Löffel den Takt zu schlagen.

Über meinen Hang, mit Löffeln auf den Tisch zu schlagen, haben die Journalisten oft gelacht. Doch was soll man machen? Als ich jung war, gab es keine aufwendigen Schlaginstrumente wie heute, und so lernte ich das Schlagen des Rhythmus mit Löffeln. Und ich bin ein durch und durch rhythmischer Mensch, wenn auch auf meine Weise. Ich mag heftige Wendungen im Gespräch, hin und wieder eine Pause, unerwartete Abläufe, ich halte den Rhythmus und kann öde Monotonie nicht ausstehen. Der Wirt wollte das Restaurant schließen, damit wir ganz unter uns sein konnten, doch ich bat ihn, es nicht zu tun. Es war laut, fröhlich, ein echter georgischer Abend, mit echtem georgischem Essen und Alexandrouli-Wein aus Tiflis.

Der Februar und März 2000 waren erfüllt von den Aufregungen der Vorwahlzeit. Ich war vom Sieg Wladimir Putins überzeugt. Dafür sprach alles, meine Intuition, die öffentliche Meinung, die »Diagnosen« der Soziologen und die reale Situation. Außerdem gab es keine Alternative.

Ich erwartete den 26. März in ruhiger, leicht gehobener Stimmung. Dennoch war der Wahltag selbst für mich sehr aufregend. Ich erfuhr die vorläufigen Ergebnisse übers Telefon und rief sogleich die Gouverneure jener Verwaltungsgebiete und Regionen an, in denen die Wahl schon beendet war. Tanja versuchte, mich zur Vernunft zu bringen: »Papa, warum regst du dich auf? Er wird sowieso gewinnen!« – »Das weiß ich selbst. Ich möchte nur so schnell wie möglich das Ergebnis haben«, antwortete ich.

Als auf dem Bildschirm die ersten offiziellen Wahlergebnisse aufflackerten, rief ich alle zusammen: »Bringt Sekt! Schnell!« Alle im Haus waren in Hochstimmung. Ich konnte vor Aufregung nicht stillsitzen. Sieg! Möglicherweise war dies mein wichtigster Sieg. Wie lange hatte ich darauf gewartet! Übrigens war Lena mit ihrem Sohn Wanka zum Wahllokal gegangen, wo der Zweieinhalbjährige unter Mißachtung aller Wahlgesetze lautstark forderte, daß alle für Putin stimmen sollten. Als die Ergebnisse bekanntgegeben wurden, sagte Lena zu ihm: »Schau, dein Kandidat hat gewonnen. Weißt du, als was er jetzt arbeiten wird?« – »Weiß ich!« rief Wanka. – »Als was denn?« – »Als Jelzin!«

Im April kam der ehemalige japanische Ministerpräsident Rytaro Hashimoto nach Moskau. Ich lud ihn in die Ferienresidenz »Rus« ein, in mein geliebtes Sawidowo, wo uns Tanja mit dem Elektrocart zu einem Teich fuhr, in dem Forellen und Spiegelkarpfen gezüchtet werden. Leider hatte Rytaro seit Krasnojarsk nicht gelernt, eine Angel mit Köder anzurucken. Und eine Spinning mit Metallköder konnte vom Ufer aus nicht eingesetzt werden. So nahm er seufzend eine russische Angel in die Hand und hatte, was die Fangmenge betraf, wieder das Nachsehen. Das bekümmerte ihn allerdings kaum. Er wollte herausfinden, wieweit ich dem neuen Präsidenten vertraute. Er wollte nicht verlieren, was wir in Krasnojarsk erreicht hatten, und ich versicherte ihm, daß ich Putin absolut vertraute und daß die Politik der Partnerschaft mit Japan fraglos fortgeführt werden würde.

Ich denke, daß auch der neue Ministerpräsident Yoshiro Mori, der unter so traurigen Umständen sein Amt angetreten hat (im April 2000 war unerwartet Ministerpräsident Keizo Obuchi verstorben), diesen Kurs beibehalten wird, um so mehr, als er für sein besonderes persönliches Verhältnis zu Rußland bekannt ist.

Auf dem Rückweg vom Angeln kam mir die Idee, einen internationalen Klub ehemaliger Präsidenten und Regierungschefs zu gründen. Solch starke Persönlichkeiten wie Kohl, Bush, Thatcher, Clinton, Hashimoto, Wałęsa oder Mandela, die auf der internationalen politischen Bühne den Ton angegeben haben, können sich nicht von einem Tag auf den anderen ins Privatleben zurückziehen. Von mir selbst weiß ich, wie schwer es ist, in ein anderes Leben überzuwechseln. Ein solcher »Klub der Elder Statesmen« könnte moralischen Einfluß auf die politische Großwetterlage ausüben. Sobald ich dieses Buch beendet habe, werde ich die Idee wieder aufgreifen.

Noch ein Treffen: Bill Clinton kam am 5. Juni zu einem Staatsbesuch nach Moskau. Nach den Unterredungen mit Putin im Kreml, den öffentlichen Auftritten und dem offiziellen Programm besuchte er mich in Gorki-9. Wir hatten uns lange nicht gesehen, und, ehrlich gesagt, er fehlte mir sogar ein bißchen. Und da öffnete sich das Tor, und die Eskorte des amerikanischen Präsidenten kam in unseren Garten gefahren. Ich fragte Clinton, wie oft wir uns wohl schon getroffen hätten. Er lächelte und sagte: »Das kann man gar nicht mehr zählen.«

Die Zeit rast, obwohl sie in politischen Krisenzeiten zu kriechen scheint. Doch wir sprechen jetzt von einer anderen Zeit, von der individuellen, menschlichen Zeit. In dieser haben Bill und ich uns im Lauf der Jahre angefreundet. »Hat dir Putin gefallen?« fragte ich. »Eine gute, starke Führungspersönlichkeit«, antwortete Bill. »Ich weiß, er genießt in Rußland große Autorität. Doch er macht gerade mal seine ersten Schritte, und um ein großer Politiker zu werden, muß er mehr auf sein Herz und seine Empfindungen hören.«

Ich fragte, wie das Gespräch über das von den Amerikanern geplante Raketenabwehrsystem verlaufen sei. Clinton wich aus. Diese Frage habe philosophische, politische und technische Aspekte. Unsere entsprechenden Vereinbarungen müßten von den Militärs präzisiert werden. Ich erinnerte ihn daran, wie wir in scheinbar ausweglosen Situationen gemeinsam Lösungen gefunden hatten. Er dachte nach. Ich wußte, worüber. Bill wollte vor Ende seiner Amtszeit das Problem der Raketenabwehr endgültig lösen, um es nicht dem neuen Präsidenten zu hinterlassen. Wie würde der Dialog zwischen unseren Ländern fortgeführt werden? Welche Ergebnisse würde er für die Welt haben? Ich bin überzeugt, daß wir nur durch beiderseitige Zugeständnisse bewahren können, was wir auf dem Gebiet der Abrüstung erreicht haben. Und nur so kann die Hoffnung der Menschheit darauf, daß das 21. Jahrhundert ein Jahrhundert des Friedens sein wird, erfüllt werden.

Ich fragte Bill, wie es Hillary geht. Er erzählte daraufhin eine Episode vom Vortag: »Gestern war ich im russischen Radio (er hatte live auf Fragen von Hörern geantwortet). Da gab es eine amüsante Frage, Boris. Was ist, wenn Hillary amerikanische Präsidentin wird? Wie werde ich mich in der Rolle des Gatten der Präsidentin fühlen? Ich habe gesagt: ›Nun, dann werde ich eben den Tee servieren.‹«

Mir hat Bills Offenheit, seine Freiheit und Leichtigkeit in der Unterhaltung immer gefallen. Auf einem feierlichen Empfang haben wir einmal lange nebeneinander gestanden und auf irgend etwas gewartet, als mein Blick auf seine Schuhe fiel. »Bill, welche Schuhgröße hast du eigentlich?« Er lachte und machte sich daran, seinen Schuh auszuziehen. Er ist genauso groß wie ich, aber ich habe nur Größe dreiundvierzig, er sechsundvierzig.

Ich hatte Bill allein erwartet, doch es kam fast die komplette amerikanische Delegation. Es waren diejenigen, die Bill in den letzten Jahren viel geholfen und eng mit uns zusammengearbeitet hatten. Alle wollten mir die Hand drücken und einige nette Worte sagen. Das tat gut. Zum Schluß stand ich auf, um den Gast zur Tür zu begleiten. Beim Abschied sagte Bill etwas Bemerkenswertes: »Du wolltest dein Land verändern, Boris, und du hast es verändert.« – »Du hast dein Land auch verändert, Bill«, gab ich zurück. Ich hatte den Eindruck, dies waren mehr als höfliche Worte.

Wir traten vors Haus. Es war ein wunderbarer Sommertag. Tanja und Naina ließen sich mit dem amerikanischen Präsidenten fotografieren. Er winkte und ging zu seinem Auto. Vor ihm lief ein Offizier mit dem Atomkoffer. Trotz der Hitze trug er Handschuhe. Als Bill fort war, sah ich mir lange das Foto an, das er mir geschenkt hatte. Darauf sitzen wir beide in Roosevelts berühmten Korbsesseln und sehen in die Ferne. Zwei Präsidenten. Zwei Menschen. Ein schönes Foto.

Die Maifeiertage begannen. Bis zu Putins Amtseinführung waren es nur noch wenige Tage. Ich wurde immer nervöser. Woloschin, nach wie vor Chef der Präsidialverwaltung, brachte mir den vorläufigen Plan für die Zeremonie. Es gab zwei mögliche Orte: den Kongreßpalast, wo meine Amtseinführung 1996 stattgefunden hatte, oder den Großen Kremlpalast. Mit meiner Vereidigung 1996 verband ich nicht gerade die schönsten Erinnerungen, weshalb ich mich freute zu hören, daß man beschlossen hatte, die Amtseinführung nicht im Kongreßpalast aus Glas und Beton, sondern im Andreassaal im frisch renovierten alten Kreml durchzuführen.

In den Sälen dieses Palastes – im Georgs-, Andreas- und Alexandersaal – waren die Zaren gekrönt worden. An dieser Analogie ist nichts Schlechtes. Es ist unsere Geschichte, der wir Liebe und Achtung zollen. Wieviel Sitze es im Kongreßpalast gibt, war bekannt. Aber niemand wußte, wieviel Menschen in diese Säle passen. Das Problem wurde praktisch gelöst: Man ließ Soldaten am ausgerollten Teppich Aufstellung nehmen und zählte sie einfach durch.

Den Ablauf hatte ich aufmerksam studiert. Sollte ich wirklich zusammen mit Putin auf die Bühne gehen, sollte ich wirklich eine Rede halten? Ich hatte Bedenken. Doch dann wurde mir klar, daß bei dieser speziellen Amtseinführung die Rolle des ehemaligen Präsidenten nicht von den Zufälligkeiten des Ablaufplans vorgegeben wurde, sondern von der Geschichte. Als ich an meiner Rede zu arbeiten begann, nahm meine Unruhe weiter zu. Achteinhalb Jahre war ich in Rußland an der Macht gewesen. Achteinhalb Jahre hatte ich versucht, das Land vor Erschütterungen zu bewahren, und dabei schwierige, unpopuläre Maßnahmen ergreifen müssen. Achteinhalb Jahre voller Anspannung, für die ich in der Weltpolitik des letzten Vierteljahrhunderts keinen Vergleich sehe. Wie sollte ich das auf einer einzigen Seite zum Ausdruck bringen?

Am 7. Mai standen wir wie immer früh am Morgen auf, die Frauen bereiteten mich auf die Abfahrt vor. Tanja fragte, welchen Anzug ich anziehen wolle. »Ich weiß es nicht. Welchen schlägst du vor?« Sie schlug den dunkelblauen vor. Ich meinte, daß Schwarz seriöser aussähe. Sie überzeugte mich, was nicht oft vorkam. Dann geleitete mich die ganze Familie zum Tor.

Im Großen Kremlpalast drängten sich die Menschen. Es herrschte große Anspannung. In den angrenzenden Sälen waren anderthalbtausend Ehrengäste versammelt, Vertreter der russischen Eliten, Politiker, Beamte, Journalisten, Unternehmer, Künstler, Geistliche aller Konfessionen. Auch Michail Gorbatschow war da. In den riesigen Kristallüstern glitzerte das Tageslicht, goldene Samtkordeln trennten das Publikum vom Weg, auf dem der neue Präsident zur Bühne gehen würde. Zur Mittagsstunde, als die Gäste längst ungeduldig waren, fuhr ein Konvoi von Autos und Motorrädern vor dem Kreml vor. Wladimir Putin trat den endlosen Weg durch das Spalier der Repräsentanten der Gesellschaft an, die von nun an jeden seiner Schritte, jede seiner Bewegungen verfolgen würde. Wie lang werden ihm diese Minuten vorgekommen sein?

Die Amtseinführung war sehr feierlich. Der Fernsehsender CNN und andere westliche Nachrichtensender haben sie live in die ganze Welt übertragen. In Rußland waren die drei föderalen Sender live dabei. Jede Kleinigkeit war durchdacht, und das ganze Land saß wie gebannt vorm Fernseher. Nur eines war schlecht: Die Scheinwerfer waren ungünstig postiert, so daß ich auf dem Monitor, auf dem die Zeilen meiner Rede liefen, nur einzelne Worte erkennen konnte. Als ich ein Stück zurücktrat, änderte sich der Blickwinkel, und das Bild wurde besser. Man könnte das symbolisch verstehen: Ich habe im Kreml von Anfang bis Ende keine einzige leichte Minute gehabt.

Nach der Zeremonie gingen Putin und ich hinaus auf den Sobornaja-Platz innerhalb des Kreml. Ein leichter Wind wehte, die Sonne schien schwach. Ich empfand Wehmut, obwohl ich diesen Tag seit langem erwartet und mich auf ihn vorbereitet hatte. Die Kreml-Garde marschierte an der Tribüne vorbei. Mir war, als würde ich das alles in einem Film sehen. Vom Moskwaufer schallte das Donnern der Kanonen herüber, und damit endete diese schwierige, von Erschütterungen geprägte Ära des Übergangs, in der ich eine der wichtigsten handelnden Personen gewesen war.

Vergangene Nacht wachte ich auf und dachte: Ist auch alles richtig in meinem Buch? Ich bin so beschaffen, daß ich nur über das schreiben kann, was ich selbst weiß und fühle. Lange Jahre bin ich Präsident Rußlands gewesen, und von meinen Entscheidungen, ob sie nun richtig waren oder nicht, hing viel ab. Doch letztlich wird die Geschichte nicht von einzelnen Menschen geschrieben. Es gibt allgemeine, mitunter geheimnisvolle Gesetzmäßigkeiten im Leben der Nationen. Bin ich nicht zu überheblich, habe ich nicht übertrieben?

Ich denke, nein. Ich fühle mich verpflichtet, ehrlich Rechenschaft abzulegen über alles, was ich gedacht und gefühlt habe und über die Gründe, aus denen ich so und nicht anders gehandelt habe. Doch eine Frage bleibt: Wie geht es weiter? Wer bin ich heute, hier und jetzt? Ich fühle mich wie ein Läufer, der die Marathon-Distanz hinter sich hat.

Das ist mein heutiger Zustand. Ich habe mich mit Leib und Seele in den Präsidentenmarathon gestürzt. Jetzt, am Ende, habe ich ehrlich Bericht erstattet. Falls ich mich für irgend etwas rechtfertigen muß – hier ist sie, meine Rechtfertigung, und falls ihr es besser könnt, probiert es, lauft diese vierzig Kilometer schneller, besser, eleganter, leichter. Ich habe die Strecke immerhin geschafft.

Anstelle eines Epilogs

Vier Uhr morgens. Mein Arbeitszimmer. Wieder sitze ich am Manuskript. Ich kann nicht schlafen, obwohl das Buch eigentlich fertig ist. Doch es bleibt das Gefühl, nicht alles gesagt zu haben. Wahrscheinlich ist das gar nicht möglich.

Im Sommer sind die Nächte kurz. Gleich wird es hell. Zwischen den Bäumen im Garten hängen Nebelschwaden, feuchte Luft dringt durchs geöffnete Fenster.

Womit soll ich das Buch beenden? Ich habe es absichtlich vermieden, eine offizielle Haltung einzunehmen, habe darauf geachtet, so wenig wie möglich aus Verträgen, Erlassen, Ansprachen zu zitieren und lieber meine subjektive Sicht auf die Ereignisse wiederzugeben. In gewissem Sinn sind dies meine privaten Aufzeichnungen.

Ein Dokument möchte ich dennoch zitieren, und zwar hier, am Ende des Buches, denn es handelt sich um ein äußerst ungewöhnliches Dokument mit emotionaler Sprengkraft. Jedes Wort darin kommt von Herzen. Im Grunde genommen ist es ein privater Brief, jedoch nicht an einen, sondern an alle Menschen. Es ist meine letzte Ansprache als Präsident an die Bürger Rußlands.

Liebe Mitbürger!
Nur wenig Zeit bleibt noch bis zu einem magischen Datum unserer Geschichte. Das Jahr 2000 beginnt. Ein neues Jahrhundert, ein neues Jahrtausend.
Wir alle haben unser Leben auf dieses Datum bezogen, zuerst in der Kindheit, dann als Erwachsene. Wir haben ausgerechnet, wie alt wir im Jahr 2000 sein werden, wie alt

unsere Mutter, unsere Kinder dann sein werden. Damals schien es, als wäre dieses ungewöhnliche Neujahr weit entfernt.

Nun ist dieser Tag gekommen.

Meine lieben Freunde!

Heute wende ich mich das letzte Mal mit meinen Neujahrsglückwünschen an euch. Doch das ist nicht alles. Heute spreche ich das letzte Mal als Präsident Rußlands zu euch.

Ich habe eine Entscheidung getroffen.

Das Nachdenken darüber war lang und qualvoll. Heute, am letzten Tag dieses Jahrhunderts, werde ich zurücktreten.

Oft habe ich gehört: Jelzin wird sich mit allen Mitteln an die Macht klammern und sie niemandem abtreten. Das ist dummes Geschwätz.

Es geht um etwas anderes. Ich habe immer gesagt, daß ich von der Verfassung keinen Deut abweichen werde, daß innerhalb der von der Verfassung festgesetzten Fristen die Parlamentswahlen durchgeführt werden müssen. So ist es auch gekommen. Ebenso wollte ich, daß die Präsidentschaftswahlen fristgemäß im Juni 2000 stattfinden, was für Rußland sehr wichtig ist. Wir schaffen damit den außerordentlich wichtigen Präzedenzfall einer zivilisierten, freiwilligen Machtübergabe von einem Präsidenten Rußlands an einen anderen, der neu gewählt wurde.

Dennoch habe ich eine andere Entscheidung getroffen. Ich trete vor dem vorgesehenen Termin zurück. Ich habe eingesehen, daß es unabdingbar für mich ist, dies zu tun. Rußland muß das neue Jahrtausend mit neuen Politikern beginnen, mit neuen Gesichtern, mit neuen, klugen, starken, dynamischen Menschen. Wir aber, die wir schon viele Jahre an der Macht sind, wir müssen gehen.

Als ich sah, mit welcher Hoffnung und welchem Glauben die Menschen bei den Dumawahlen für die neue Politikergeneration gestimmt haben, wußte ich, daß ich die wichtigste Sache in meinem Leben geschafft habe. Rußland wird nie mehr in die Vergangenheit zurückkehren. Rußland wird sich nur noch vorwärts bewegen.

Ich darf diese natürliche Entwicklung der Geschichte nicht stören. Soll ich mich noch ein halbes Jahr an die Macht klammern, während es im Lande einen starken Menschen gibt, der würdig ist, Präsident zu sein, und mit dem heute praktisch jeder Russe seine Zukunftshoffnungen verbindet? Warum sollte ich ihm im Wege stehen? Warum sollte ich noch ein halbes Jahr warten? Nein, das ist nicht meine Art. Das widerspricht meinem Charakter.

Heute, an diesem für mich außerordentlich wichtigen Tag, möchte ich ein paar persönlichere Worte als gewöhnlich sagen.

Ich möchte euch um Verzeihung bitten.

Dafür, daß viele unserer gemeinsamen Träume nicht in Erfüllung gegangen sind und daß sich das, was uns einfach zu sein schien, als überaus schwierig erwiesen hat. Ich bitte um Verzeihung dafür, daß ich die Hoffnungen der Menschen nicht erfüllt habe, die glaubten, wir könnten auf einen Schlag aus der grauen, stagnierenden, totalitären Vergangenheit in die helle, reiche, zivilisierte Zukunft hinüberwechseln. Ich habe selbst daran geglaubt. Es schien, als könnten wir das alles auf Anhieb schaffen.

Auf Anhieb hat es nicht geklappt. Ich war zu naiv, und manche Probleme waren übermäßig schwierig. Wir haben uns den Weg durch Fehler, durch Mißerfolge gebahnt. Viele Menschen haben in dieser schwierigen Zeit Niederlagen erlitten.

Doch ich möchte, daß ihr folgendes wißt: Ich habe es nie gesagt, doch heute ist es mir wichtig, es auszusprechen – der Kummer eines jeden von euch hat in meinem Herzen Schmerz ausgelöst. Schlaflose Nächte, quälende Sorgen: Was ist zu tun, damit die Menschen ein klein wenig besser und leichter leben können? Es gab für mich keine wichtigere Aufgabe.

Ich trete ab. Ich habe getan, was ich konnte. Eine junge Generation tritt an meine Stelle, die Generation derer, die mehr und Besseres schaffen können.

In Übereinstimmung mit der Verfassung habe ich im Zuge meines Rücktritts den Erlaß über die Übertragung der Pflichten des Präsidenten Rußlands auf den Ministerpräsidenten Wladimir Wladimirowitsch Putin unterzeichnet. In den kommenden drei Monaten wird er in Übereinstimmung mit der Verfassung das Staatsoberhaupt sein. Und in drei Monaten, ebenfalls in Übereinstimmung mit der Verfassung, werden die Präsidentschaftswahlen stattfinden.

Ich war immer von der erstaunlichen Weisheit der Russen überzeugt. Deshalb habe ich keinen Zweifel, welche Wahl ihr Ende März 2000 treffen werdet.

Ich verabschiede mich und möchte jedem von euch Glück wünschen. Ihr habt Glück verdient. Ihr habt Glück und Frieden verdient.

Ein frohes Neujahr! Ein frohes neues Jahrtausend, meine Lieben!

Personenregister

Jumaschew, Valentin 10, 11, 14, 16, 22, 34, 78f., 91, 104f., 168, 179f., 185ff., 190–193, 214ff., 220f., 237f., 263, 286f., 315, 321, *Abb. 18*

Kasannik, Alexander 224
Kalaschnikow, Michail 148
Karelin, Alexander 342f.
Karimow, Islam 162, 209
Kasakow, Alexander 94
Kassjanow, Michail 361
Katja (Jekaterina), [Enkelin Jelzins] 296, 299–302, 304, 361, *Abb. 4*
Kent, Prinz Michael von 294
Kirijenko, Sergej 84, 95, 98, 101, 103–108, 168, 171, 173–184, 186ff., 194, 270, 276
Kisseljow, Jewgeni 285
Kiwilidi, Iwan 225
Kohl, Helmut 47, 49, 108f., 111f., 114, 135, 138, 140ff., 368, *Abb. 26, 27, 29*
Kokoschin, Andrej 150, 190f.
Komissar, Michail 221
Korotschenja, Wladimir 167
Korshakow, Alexander 20, 25f., 32–35, 41f., 53, 76, 218, 237, 315f., *Abb. 14*
Kotscharjan, Robert 163
Kowaljow, Nikolai 316ff.
Kowaljow, Sergej 59
Krapiwin, Juri 362
Krascheninnikow, Pawel 261
Krasnow, Michail 150, 218, 315
Krjukow, Oleg 328
Krjutschkow, Wladimir 348
Kudrin, Alexej 84
Kulik, Gennadi 201, 211
Kulikow, Anatoli 63f., 67f., 92, 94, 97f., 238

Kusnezow, Anatoli [Chef des Sicherheitsdienstes] 14, 16, 356
Kusnezow, Anatoli [Schauspieler] 148
Kutschma, Leonid 150, 159, 161, 164, 167, 357
Kuwajew, Alexander 212
Kuzyllo, Veronika 365
Kwascha, Igor 363
Kwaschnin, Anatoli 135, 361

Ladynina, Marina 312
Lawotschkin, Arnold 356f.
Lebed, Alexander 29, 33, 38f., 53, 61–67, 81, 185, 219, 221, 294, *Abb. 12*
Lena (Jelena) [Tochter Jelzins] 21, 43, 46f., 121, 296f., 299–306, 359, 361, 367, *Abb. 4*
Lenin, Wladimir 257
Lessin, Michail 46, 221
Lewinsky, Monica 130
Lichatschow, Dmitri 53, 293f.
Lissow 235
Lissowski 33f.
Listjew, Wlad 225
Liwschiz, Alexander 135f., 180, 218, 315
Lucinschi, Petru 161, 164, 357
Lukaschenko, Alexander 157f., 164, 357
Lushkow, Juri 50, 81, 102, 161, 187–191, 193, 201, 221, 230f., 233ff., 248, 280, 282–285, 287f., 291, 310f., 321, 340, 345
Lwowa, Anna 356

Major, John 141
Makaschow, Albert 211ff., 221, 318
Malaschenko, Igor 24, 29, 76, 185, 221, 286

Bildnachweis